Thomas Metscher

Sein und Bewusstsein

Ontologische Reflexionen

Thomas Metscher

Sein und Bewusstsein
Ontologische Reflexionen

Erste Auflage
Thomas Metscher: Sein und Bewusstsein – Ontologische Reflexionen
Lektorat: Dieter Kraft
Druck: CPI buchbücher.de GmbH
Umschlag: Niki Bong
Titelbild: Channarong Pherngjanda / Shutterstock
www.mangroven-verlag.de
info@mangroven-verlag.de
ISBN: 978-3-946-94632-8

Für Hans Heinz Holz
Lehrer und Freund
Im Juli 2022

Der Tag unserer ersten Begegnung war ein Sommertag wie er so häufig ist im südlichen Teil der Alpen an einem der großen Seen. Glücklich, wer hier seinen Wohnort hat und doch die Dunkelheiten der Erde, den Hunger, die Krankheit, das Elend der Vielen nicht vergisst und seine Stimme erhebt im Chor des großen WiderstandS. Die Sonne schien, als wir uns trafen, und der See leuchtete – als würde das Licht nie enden. Es ging dem Abend zu. Wir sprachen über Philosophie an diesem Abend, über Kunst und Politik, und der Bund war geschlossen. Wir haben uns seitdem viele Male getroffen, meist in San Abbondio am Großen See, doch auch in Berlin und an anderen Orten. Wir haben zusammen gedacht, gesprochen, gestritten und geschrieben, gegessen und getrunken. Unvergessliche, gedankenreiche Stunden. Am schönsten war der See, als die Sonne langsam versank und die Schatten fielen. Dann färbte er sich mit dunklem Grün.

Inhalt

I. Babij Jar.

Der Spiegel des Sees und die Form des Gedankens. Lyrische Montage[1]

In Memoriam Hans Heinz Holz

Ob die Sonne brannte
Oder die Schatten fielen
Mit dunkelndem Grün
Auf dem Wasser des Sees
Bei San Abbondio
Lago Maggiore
Spiegel von Himmel und Welt

Wir waren gern zu Gast bei Dir
Und bei Silvia
Denkend und lernend
Dankend
Auch im Streit
Über die gemeinsame Sache
Das Einfache, das schwer zu machen ist
Und die Wege dorthin

1 Im Folgenden gebe ich nur die weniger bekannten der von mir montierten Texte an; im Falle Jewtuschenkos die mir zugänglichen englischen und deutschen Übersetzungen.

Doch hat die Leidenschaft den Wein nie bitter gemacht
Den wir tranken
Nie sauer das Brot
Das wir aßen
Vor dem leuchtenden Spiegel des Sees

Dem alles verschlingenden Spiegel
Dem Du vertrautest
Mehr als ich selbst
Aus der Skeptiker Zunft
Oft verloren im wüsten Land des Gedankens
Den Du zu klären wusstest
Vor der verschlingenden Tiefe des Sees

Unreal city
Waste Land of thought[2]
Under the brown fog of a winter dawn
A crowd flowed over London Bridge, so many
I had not thought death had undone so many

Doch wollte ich wie Du den Toten entfliehen
Die Roten Fahnen leuchten sehn
Auf den Dächern der Städte, den Gipfeln der Berge
Weltweit

Real city
Bandiera Rossa

Nicht brennen sollen die Häuser
In Kiew nicht, nicht in Leningrad, Moskau oder Berlin
Und in keiner anderen Stadt

Sie sollen nicht vergessen werden, wenn sie brannten

2 T.s. Eliot, *The Waste Land.*

BABIJ JAR UND DIE ERINNERUNG

Erinnert werden soll vor allen anderen Babij Jar
Die Schlucht bei Kiew und die erschossenen Juden in ihr
Dreißigtausend waren es oder mehr
Genau hat sie wohl niemand gezählt

Die Stille, die alle Laute in sich trägt

Die Mörder
die Kumpanei von SS und Bandera-Banditen
noch heute geehrt als Speerspitze im Kampf gegen das neue Russland
Mit dem NATO-Faschismus im Ziel vereint, dies Russland zu ruinieren
Dass nichts mehr sei als ein Land von Ruinen

So die neue Stimme aus Deutschland
Über die achtundzwanzig Millionen Toten
Als Summe des deutschen Kriegs
Hören wir nichts
Die Mörder haben die Kleider gewechselt und die politische Formation
Im Kampf um die Herrschaft der Welt

Erinnert werden soll Babij Jar, sage ich
Dass nie wiederkehre, was dort geschah
Dass nie vergessen werde
nie vergessen die Trauer um die Toten

Babij Jar ist ein Schweigen, von Schrecken voll
Stille voll Laut
Fluch, Klage, Gebet
wilder Protest und der Befehlston der Sieger
das Schießen, im Abschuss der Mord

Die Stille, das Schweigen sei Zeuge im Gericht der Völker
Einer anderen, besseren Zeit

Es steht kein Denkmal über Babij Jar
Die steile Schlucht gemahnt als stummes Zeichen
Die Angst wächst in mir
Mir ist, als wenn ich selbst ein Jude bin
Verlass Ägyptens Land in Todesnöten
Gekreuzigt spüre ich, wie sie mich töten
Aus Nägelmalen rinnt mein Blut dahin
Jetzt bin ich Dreyfus, trage sein Gesicht
Die Spießer meine Kläger, mein Gericht
Rings seh ich Gitter, Feinde, dicht bei dicht

One soundless cry

Stille, die alle Laute schluckt
Die Stimmen
Der hier Ermordeten
Hier Vergrabenen
Und ihrer Mörder

Das Schweigen wird hier, die Stille
Zum Gericht der Völker

I am every old man here shot dead
I am every child here shot dead
Nothing in me will ever forget this

Die Stille der Sprache, die Stille der Musik
Wer hat sie gehört, wer sie gesprochen

Dmitri hat sie gehört
Hat ihrer musikalisch gedacht.
Jewgenij in der Form der Dichtung[3]

3 Dmitri Schostakowitsch, *13. Symphonie zu Texten von Jewgenij Jewtuschenko.*

Auch an Anne Frank dachten sie
Transparent as a sprig in April
Ein knospenzarter Zweig in Frühlingswehen

Und an ihre Mörder

An Allegretto, den Witz, dachten sie
Der unter dem Galgen noch seine Tänze tanzt
Seine Lieder singt
Und den Häschern entkommt

An die Frauen im Laden dachten sie
Tief vermummt, wie Kampfbrigaden
Geduldig ums Essen besorgt, ums tägliche Brot
Für den Kampf, für harte Arbeit und Krieg, Tag und Nacht
Ohne die es den Sieg nicht gäbe
Keinen Triumph über Mörder und Faschisten

Hörbar werden die Stimmen der Unteren
Im rauen Wind der Frühe
Beim Aufgang eines klaren Tags

Hamish Hendersons Lied
Kündigt Schottlands Stimme an

Rough the wind in the clear day's dawnin
Blaws the clouds heilster-gowdie owre the bay
But thair's mair than a rough wind's blawing
Through the Great Glen o the warld the day.

Schottlands Stimme
Vereint sich mit anderen Stimmen
Aus allen Kontinenten.
Marx folgend und Engels
Der ermordeten Rosa Luxemburg.

Zu hören ist: die Stimme Nerudas
Seines „Grossen Gesangs", Weltgedicht, Marx folgend
Gegengedicht zu den „Pisaner Gesängen" Ezra Pounds
Und dem „Wüsten Land" Eliots
Als Dichtung eines weltgeschichtlichen Nihilismus
Der Hauptstimme der bürgerlichen Moderne

Neruda singt vom Frieden für die Lebenden und die Toten
„Die Abenddämmerungen, die kommen"
„Die Stadt am Morgen
Wenn das Brot erwacht"

Friede für den Fluss
Mississippi, Strom der Wurzeln
Friede im Buche – wie ein Siegel aus Luft
Friede für das große Kolchos von Kiew
Friede der Asche dieser Toten.

Nerudas „Grosser Gesang"
Hat Brecht zu seinem „Friedenslied" inspiriert
Im Wortlaut:

Friede auf unserer Erde!
Friede auf unserem Feld!
Dass es auch immer gehöre
Dem, der es gut bestellt!
(…)
Friede in unserem Hause!
Friede im Haus nebenan!
Friede dem friedlichen Nachbarn,
Dass jedes gedeihen kann!

Friede dem Roten Platze!
Und dem Lincolnmonument
Und dem Brandenburger Tore
Und der Fahne, die drauf brennt!

Friede den Kindern Koreas!
Und den Kumpels an Neiße und Ruhr!
Friede den New Yorker Schoffören
Und den Kulis von Singapore
(…)
Friede der Frau und dem Manne!
Friede dem Greis und dem Kind!
Friede der See und dem Lande
Dass sie uns günstig sind

Hier spricht keine andere Stimme
Als die des Widerstands und des Kampfes
Um Frieden und Recht und Brot
Freunde, Genossen vereint
Brüderlich, schwesterlich

Stimmen der Stille
Dem Gedenken der Völker eingeschrieben
Die den Aufruf zum Handeln hörten

Die Internationale
Die die Stimmen und Völker vereint

An Babij Jar sei erinnert
Wenn die Internationale ertönt
Wird das Schweigen zum Richterspruch

.

Über Babij Jar rauscht leis das wilde Gras
Die Bäume blicken streng, wie Richter schauen
Das Schweigen hier ist Aufschrei ohne Maß
Mein Haar erbleicht vor namenlosem Grauen

Und schweigend bin ich Widerhall des Schreis
Von allen, deren Blut man hier vergossen
Bin selbst der hingemähte Greis
Bin selbst der Kinder eins, die hier erschossen

Da erklingt dann auch der See
Der große See bei San Abbondio
Wenn im Spiegel des Gedankens
Die Internationale erklingt

Dann leuchtet der See
Wie die Fahnen über ihm

Bandiera rossa

Real City
Die freie Stadt ist gewonnen

Die Bandera-Banden aber, samt den Asow-Faschisten
Weltweit
Was immer ihr Name und Maske
Die Mordbrenner von Odessa

Sie ertränke der See
Der Große See
Der dem Denken geleuchtet hat

Dunkel wird dann der See
Pechschwarz
Zu kochendem Teer
Speit sie aus
In einen anderen See
Den Eissee
Im untersten Höllengrund
Wo der Eine noch den Anderen frisst

Wie
Geführt von Vergil
Dem hellsten Geist der Antike
Dante erzählt
Der Florentiner Politiker und Dichter

Verstoßener Sohn seiner Stadt
In Terzinen zeitlos das Ganze berichtend

Seine Dichtung nannte er
Commedia
Beschreibung des Wegs
Durch Hölle und Läuterungsberg
Den Berg der Heilung
Zum irdischen und zum himmlischen Paradies

Inferno – Purgatorio – Paradiso
Lauten die Stufen des Aufstiegs

Doch der Weg so weit
So weit und so schwer
Durch die Kerkerwelt der Verdammten
Die Bergwelt derer, die Heilung erhoffen

Dante folgte ihnen als Erzähler und Zeuge
Der Verurteilten und der Hoffenden
Oft abgestoßen
Oft voller Mitleid
Doch immer Erzähler

Täter wie Opfer
Ausgestoßen von den Wegen des Heils
Untrennbar oft Unschuld und Schuld
Die Gedanken fassen es nicht

Doch sichtbar
Im Spiegel des Sees
Beim Fall der Schatten
Sichtbar auch diese

Sichtbar in der Form des Gedichts
Sichtbar in der Form der Musik

Sichtbar in der Form des Gedankens
Dessen Ziel das Messen des Ganzen ist

Only by the form, the pattern
Can words or music reach
The stillnes
as a Chinese jar still
Moves perpetually in its stillness[4].

So lautet die Formel

Nur in der Form der Wörter
Wird die Stille der Sprache erreicht
Nur im Muster der Töne
Erwacht zur Stille Musik
Stille als Summe und Ziel
Ruhe in der Bewegung

Wie eine chinesische Vase
Sich ewig bewegt
In ihrer Stille

Hohes Glück und höchster Augenblick[5]
Auf freiem Grund mit freiem Volke stehn

Dein war die Form, war das Muster
Des Ganzen
Wie die Gedanken die Deinen waren
Als Spiegel der Welt

4 T.s. Eliot, *„Burnt Norton"*.
5 Goethe, *Faust II.*

II. Sein und Bewusstsein.

Ontologische Reflexionen im Anschluss an Holz' Denken

Vorwort

Die Theorie des Bewusstseins ist noch immer ein Desiderat marxistischen Denkens. Bewusstsein wird meist unter dem Gesichtspunkt des Ideologischen behandelt – Theorien der Ideologie gibt es, samt der dazu gehörenden Kontroversen, in großer Zahl und einer Pluralität von Inhalten. Dabei wird meist vergessen, dass Ideologie zwar eine notwendige Form menschlich-gesellschaftlichen Bewusstseins ist, dieses aber *mehr* ist als Ideologie, ja, dass dieses ‚Mehr' eine Voraussetzung ist, dass so etwas wie Ideologie und ‚mehr als Ideologie' überhaupt existieren und wahrgenommen werden kann.

Auch ein Buch, das sich mit der Frage menschlich-gesellschaftlichen Bewusstseins befasst, ist so wenig ideologisch reduzierbar wie es – auf der anderen Seite der Medaille zeitgenössischen Denkens – in seinen Erkenntnissen neurophysiologisch reduzierbar ist, und diese Einschränkung gilt für die ganze Linie von Roth bis Metzinger. Trotz der beeindruckenden Ergebnisse der neueren Gehirnforschung und des autoritativen Auftretens ihrer Vertreter: die Analyse des physiologisch-materiellen Trägers von Bewusstsein erklärt nicht das menschlich-gesellschaftliche Bewusstsein in Gestalt seiner Inhalte und geschichtlichen Erscheinungen – keine neolithische Steinsetzung, kein Satz des Heraklit, kein Shakespeare-Sonett, keine Mozartsonate, keine Dichtung Eliots oder Nerudas wird in Form und Bedeutung gehirnphysiologisch erklärbar sein, von der *Odyssee*, den Eklogen Vergils, der Lyrik Chinas, dem *Faust*, der Neunten Sinfonie, dem Werk Mozarts, Schuberts oder Schostakowitschs, den großen Romanen der letzten Jahrhunderte, Hegels *Logik* oder der Relativitätstheorie gar nicht zu reden. Bewusstsein, das ist die hier vertretene Grundthese, lässt sich allein ‚phänomenal': in seinen Tätigkeiten,

Produktionen und Rezeptionen, aus der Vielgestalt seiner historisch-gesellschaftlich auftretenden Formen – in diesem Sinn ontologisch – erschließen: als Wirklichkeitsform und struktureller Bestandteil des geschichtlichen Ensembles gesellschaftlicher Verhältnisse.

Diese Frage, die Frage nach Sein und Bewusstsein war eine zentrale Frage der Gespräche zwischen Holz und mir. Einige Ergebnisse seien hier im Vorgriff notiert.

Der Mensch, nach Marx, ist „bewusste Lebenstätigkeit" – „freie bewusste Tätigkeit" – eine Bestimmung anthropologischen Charakters. Bewusstsein gehört wesensmäßig zum menschlichen Sein – und so wenig es Bewusstsein ohne Sein gibt, so wenig gibt es Sein – menschliches Sein – ohne Bewusstsein. Sicher gibt es Bewusstsein – Spuren von Bewusstsein – im tierischen Bereich, doch nicht mehr. Welcher Art ein Bewusstsein ist und welcher Art ein ihm entsprechendes Sein, lässt sich dann nur im Einzelnen und letztlich historisch, bezogen auf die Geschichte von Arten und Gattungen klären. Bereits bei Marx gibt es erhellende Hinweise, bei Engels fundierte Erläuterungen dazu.

Bewusstsein als menschliches ist unmittelbar als Sprache gegeben. Es ist lebenspraktisch präsent im Wissen des Alltags. Es ist konstitutiver Bestandteil menschlicher Arbeit, menschlicher Tätigkeit überhaupt. Es existiert in Gestalt eines Welt-erschließenden elementaren Logos, der Bedingung menschlicher Reproduktion wie kultureller Weltbildung ist. Es existiert als Denken zwischen den Polen von Metapher, Symbol und Begriff. Es existiert in den historischen Weltanschauungssystemen: Mythos, Religion, Kunst, Philosophie. Es existiert in der Form der Wissenschaft. Und es hat, im Kontext seiner sozialen Genese, Funktion und Wirkung, den Charakter von Ideologie – es ist, als materielles gesellschaftliches Verhältnis, notwendig ideologisch. Bewusstsein hat so auch seine Existenz als ideologische Form. Um diese Vielfalt der ontologischen Formen von Bewusstsein theoretisch zu fassen, wird hier der Begriff des ‚Logos' gebraucht – er besitzt die größte Bedeutungsbreite des uns zur Verfügung stehenden Wortfelds.

In den Gesprächen mit Holz wurde mir klar, dass Bewusstsein in diesem umfassenden Sinn zu behandeln ist. Ein letztes Wort dazu ist noch nicht gesprochen. Es waren im Grunde Einzelfragen, die wir prüften, über die wir gesprochen haben. ‚Reflexionen' ist vielleicht das beste Wort dafür. Die Argumente wurden gewendet, verglichen, die Gedanken abgewogen, hin und her geschoben, auf ihre Brauchbarkeit geprüft. In manchen Fällen nahm ich die Gedanken auf, systematisierte sie und entwickelte sie weiter. Doch immer gingen sie aufs Gespräch, aufs gesprochene Wort zurück, und immer stand Hans Heinz am Beginn des Gedankens. Dies ist vor allem im mittleren Teil, den ontologischen Reflexionen der Fall. Hier konnte ich anknüpfen, was ich in *Logos und Wirklichkeit*, meinem eigenen Buch bereits gedacht hatte. Die Entdeckung des Gemeinsamen wie des Eigenen war eine Freude für mich. Und zum Gemeinsamen gehörte, dass es uns immer ums Ganze ging. Das Ganze war immer vorhanden, wenn oft auch nur als Hintergrund – wobei Hans Heinz an der Quelle des Gedankens stand, ich selbst als Lernender, der dann auch eigene Wege ging. Für ihn, nicht für mich, konnte der große See zur Metapher – zum Spiegel des Ganzen – werden, und der Spiegel ist bekanntlich die Grundmetapher des Holzschen Denkens. Erinnert sei, was das Wort ‚Ontologie' bedeutet und dass es hier genau zutrifft.[6] Es ist neueren Ursprungs, steht für das Seiende im Ganzen – also dafür, wofür Metaphysik einmal stand: steht für das Ganze in einer metaphysikkritischen Zeit. So habe ich denn einzelne der ontologisch gewendeten Gedanken in systematisierter Form in einem Buch behandelt, das unter dem Titel *Logos und Wirklichkeit. Beiträge zu einer Theorie des gesellschaftlichen Bewusstseins* im Jahr 2010 bei Peter Lang, Internationaler Verlag der Wissenschaften zu Frankfurt a.M. erschien. Ob ich das Buch im Ganzen mit Hans Heinz noch habe diskutieren können, weiß ich gar nicht mehr. Was ich aber weiß, ist, dass viele seiner Gedanken, und nicht die schlechtesten, aus den Gesprächen mit Hans Heinz hervorgingen, In dem Buch unternehme ich den Versuch, Bewusstsein als omnipräsentes Phänomen menschlichen Seins, Teil menschlicher materieller Lebenstätigkeit zu behandeln, seinen Ort im geschichtlichen Ensemble gesellschaftlicher Verhältnisse zu bestimmen, es als Element dieses Ensembles zu erklären und abzuleiten. Das Buch zielt also auf so etwas wie eine materialistische Ontologie des gesellschaftlichen Bewusstseins – ganz im Sinn unserer Gespräche. Aus diesen Gesprächen gingen nicht nur orientierende Gedanken hervor, sondern

6 ‚Ontologie' ist eine Neubildung des R. Glocenius (*Lexicon philosophicum* von 1613), verstanden als Lehre von den allgemeinsten Seinsbegriffen, hier als Lehre vom Sein und seinen Begriffen. Das hier untersuchte Sein ist das Feld von Sein und Bewusstsein, wir können auch sagen: vom gegebenen Seienden des Bewusstseins.

auch geschriebene Texte: Texte zur Mimesis und ihrer Theorie,[7] Texte zu Holz und Texte zu eigenen Gedanken, schließlich auch Texte von Holz über meine eigenen Bemühungen. Die Zusammenarbeit kulminierte in der gemeinsamen Arbeit an dem *Lemma Widerspiegelung/Spiegel/Abbild* des sechsten Bandes der bei Metzler, Stuttgart 2005 erschienenen Ästhetischen Grundbegriffe.[8] Unsere Gemeinschaft bedeutete Gemeinsamkeit der philosophischen, ästhetischen und politischen Gesinnung. Sie bedeutete keine Abhängigkeit des Einen vom Anderen. Im Gegenteil: unsere Freundschaft entstand aus der Verbindung von Übereinstimmung und Differenz, war deshalb vielleicht haltbarer als Freundschaften, die Differenzen nicht zulassen wollen.

Der einleitende Beitrag entzieht sich dem, was im Bereich wissenschaftlichen Denkens noch als zulässig gilt. Der Form nach ist er eine Montage, ein Stück philosophischer Literatur, das sich der poetischen Collage bedient. Kundige Leser werden die Anspielungen und versteckten Zitate zu entschlüsseln wissen. Der Text bedient sich ungewöhnlicher Mittel – er ist Dokument einer poetischen wie politischen, nicht zu sagen persönlichen, ja existentiellen Betroffenheit, für mich das einzige Medium, um meine Solidarität mit dem philosophischen Schriftsteller Holz auszudrücken.

Der Terminus ‚Reflexionen' im Titel des Haupttexts verweist auf den Versuchscharakter des Unternehmens. Es entspricht meiner Schreib- und Denkart. Was ich in meinen Schriften, in der Vergangenheit auch in meiner Lehre, anzubieten hatte, ist nirgendwo ein wie auch immer geschlossenes System. Es sind Überlegungen zu Problemfeldern, die zu lösen noch weiterer intensiver Arbeit bedarf. Auch die in dem vorliegenden Band niedergelegten Gedanken, taugen sie etwas, sind nicht mehr als Bausteine, vielleicht auch nur Vorbereitungen für einen noch zu schreibenden Text. Sollte der kleine Band einige neue Gedanken enthalten, so sind sie zumeist den Gesprächen mit Holz geschuldet, gerade auch da, wo sie über ihn hinausgehen.

Das betrifft nicht zuletzt auch Überlegungen zu dem von Holz hoch geschätzten Thema des *Marxismus als Theorie des Gesamtzusammenhangs*. In der von Holz gebrauchten Bedeutung steht er, so verstehe ich es, für den Begriff

7 So: Th. Metscher u.a. (Hg.), *Mimesis und Ausdruck*, Dialectica minora 13, Köln 1999; ders., *Mimesis*, Bielefeld 2001.

8 H.H. Holz / Th. Metscher, *„Widerspiegelung/Spiegel/Abbild"*, in: Ästhetische Grundbegriffe, hg. von K. Barck u.a., Stuttgart 2005, Bd. 6, S. 617–669.

des Seienden im Ganzen, bezieht sich also auf Ontologie, im weitesten historischen Sinn auch auf Metaphysik – sicher auf den Gedanken der Auflösung der Metaphysik in Dialektik. Eine nähere Deutung des Begriffs des Gesamtzusammenhangs im Sinne marxistischen Denkens wird von Holz allerdings, wenn ich recht sehe, nirgendwo in entwickelter Form gegeben. Hier wird weitergehendes Denken zur Notwendigkeit. Mein eigener Versuch auf diesem Feld geht den Weg einer Konkretisierung des Begriffs – der einzig sichere Weg, scheint mir, auf diesem abschüssigen Gelände. Es ist ein Denkversuch, dem Holz seine Zustimmung – als Versuch – kaum entzogen hätte.

Des Weiteren behandelt dieses Buch Themen, über die wir eher unsystematisch sprachen, die mir dann aber Anlass zum Überprüfen des Gedachten und Stoff zum Weiterdenken wurden. Über viele habe ich mit Holz nicht mehr sprechen können. Bereits zu meinem ersten Gesichtspunkt – der mangelnden Dialektik in traditionellen Auslegungen des Verhältnisses von Sein und Bewusstsein und den Folgen der hier vorliegenden verfehlten Rezeption – hätte ich gern seine Meinung dazu.

Der letzte Beitrag des Bandes enthält, ich sagte es, eine grundsätzliche Auseinandersetzung mit einem der Zentralbegriffe, mit denen Holz philosophisch gearbeitet hat. Er erschien in Heft 7/2015 der Holz gewidmeten *Aufhebung. Zeitschrift für dialektische Philosophie*[9]. Zu diesem Zeitpunkt war die persönliche Auseinandersetzung mit dem Widmungsträger nicht mehr möglich. Was immer Holz zu meinen Überlegungen hätte sagen können, der Text bewegt sich im Spielraum seiner Gedanken.

9 S. 13–57.

Erster Teil.

‚Sein und Bewusstsein' – Struktur und dynamische Bewegung

Es gibt, innerhalb neueren Denkens, kaum ein zweites Beispiel eines Sachverhalts mit vergleichbaren theoretischen und politischen Folgen wie jenem, der, verbunden mit dem Begriffspaar ‚Sein und Bewusstsein', im *Vorwort* zu Marx' Schrift *Zur Kritik der Politischen Ökonomie* von 1859, als Grund-Satz des Marxismus weltweit Verwendung fand und, wenn auch in reduzierter Form, noch immer findet.

Gehen wir auf den Text zurück. Wir sprechen über einen besonderen Passus im *Vorwort* von Marx' Schrift *Zur Kritik der Politischen Ökonomie*,[10] die zwischen August 1858 und Januar 1859 geschrieben wurde[11] und eine Stufe markiert, auf der er Ergebnisse seiner Studien auf dem Weg zum *Kapital* zusammenfasst. Der Passus ist weltweit bekannt. Er hat Geschichte gemacht, nicht zuletzt auch, weil er einer besonderen Auslegung des Marxismus den Boden bereitete. Er sei im Kern hier zitiert:

In der gesellschaftlichen Produktion ihres Lebens gehen die Menschen bestimmte, notwendige, von ihrem Willen unabhängige Verhältnisse ein, Produktionsverhältnisse, die einer bestimmten Entwicklungsstufe ihrer materiellen Produktivkräfte entsprechen. Die Gesamtheit dieser Produktionsverhältnisse bildet die ökonomische Struktur der Gesellschaft, die reale Basis, worauf sich ein juristischer und politischer Überbau erhebt, und welcher bestimmte gesellschaftliche Bewußtseinsformen entsprechen. Die Produktionsweise des materiellen Lebens bedingt den sozialen, politischen und geistigen Lebensprozeß überhaupt. Es ist nicht das Bewußtsein der Menschen, das ihr Sein, sondern umgekehrt ihr gesellschaftliches Sein, das ihr Bewußtsein bestimmt.[12]

10 MEW 13, S. 7–11 (Vorwort).

11 So die Einleitung in MEW 13, S. 4. Anderen Orts wird die Abfassung des Texts etwas anders notiert, nämlich bezogen auf den Zeitraum zwischen Januar 1859 und Februar 1860. Für die Bedeutung des Texts, politisch wie theoretisch, sind solche Unterscheidungen jedoch völlig unwesentlich.

12 Ebd., S. 8f.

Teil des hier benannten Problembereichs, und zwar konstitutiver Teil, ist, wie wir sehen, das *Verhältnis von Sein und Bewusstsein* – von *gesellschaftlichem Sein und gesellschaftlichen Bewusstseinsformen.* Grundbestimmung hier ist die ökonomische Struktur, die als *reale Basis* der formationsgeschichtlichen Totalität einer Gesellschaft zugrunde liegt. Über dieser Basis erhebt sich, von dieser bestimmt, der Überbau als Bereich des Bewusstseins und seiner Formen. Dass Marx hier an große institutionelle Bereiche denkt, zeigen die Beispiele, die er gibt: juristischer und politischer Überbau. Er hätte gleichfalls an Kunst und Philosophie denken können. Für sie wie für alle anderen institutionellen Formen der entwickelten menschlichen Gesellschaft gilt der Satz, dass die „Produktionsweise des materiellen Lebens (…) den „sozialen, politischen, und geistigen Lebensprozess" bedingt. „Es ist nicht das Bewusstsein der Menschen, das ihr Sein, sondern umgekehrt: ihr gesellschaftliches Sein, das ihr Bewusstsein bestimmt."

Wir kommentieren: Der Satz, dass *‚das Sein das Bewusstsein bestimmt',* gilt, nach Wortlaut des Texts, für alle Ebenen und Formen eines behandelten Wirklichkeitsfeldes. Die Frage nach Differenzen in ihm wird hier nicht näher gestellt. Sicher ist, als gesellschaftstheoretisches Axiom, dass das ‚Sein' dem ‚Bewusstsein' entgegengesetzt ist, das *gesellschaftliche Sein das Bewusstsein bestimmt.* Mit ‚Sein' gemeint ist die ‚ökonomische Struktur' als „Gesamtheit der Produktionsverhältnisse". Diese bildet die ‚reale Basis' einer entwickelten Gesellschaft, wobei Produktionsverhältnisse zugleich im Sinne von Eigentumsverhältnissen zu verstehen sind.

Die ökonomische Struktur als reale Basis der Gesellschaft bedeutet, ontologisch wie sozialtheoretisch bestimmt, der Logik des Texts nach, ein *Sein ohne Bewusstsein,* obwohl, der Sache nach, das Bewusstsein der gesellschaftlich agierenden Subjekte (so das agierende Proletariat) sehr wohl eine bestimmende Rolle spielt: Jede Maschine bedarf der Produktion, Kontrolle und Wartung, wofür menschliche Wesen als interagierende Subjekte, genauer gesprochen *das Bewusstsein* dieser Subjekte, auf hoher Stufe erforderlich sind. In der hochtechnologischen Produktionsweise der Gegenwart, mit Aussicht auf die technologische Erschließung des Weltraums, ist die Anforderung an das menschliche Bewusstsein, das Unermessliche der technologischen Vernunft auf hohe Weise gestiegen. Dem 19. Jahrhundert waren solche Einsichten durchaus möglich – man denke an den Zweiten Teil von Goethes *Faust,* an die Phantasien E.T.A. Hoffmans, das Avangardistische der Musik der radikalen

Romantik in der Entwicklung zur Moderne hin (an Schubert, Mahler, Berlioz, Janacek), an Brontes *Wuthering Heights*, Goyas *Desastres*, an Conrads *Heart of Darkness*, Melvilles *Moby Dick*, an Wagners *Ring*, Eliots *Waste Land*, an Thomas Mann, Faulkner, Tony Morrison, Alice Walker, Louise Erdrich und viele andere mehr. Dennoch wird die technologische Vernunft im Verhältnis von Mensch und Maschine von Marx nicht aufgenommen, ja, es brauchte mehr als ein Jahrhundert, den Weg zu Wolfgang Harich, um dieses Problem überhaupt zu erkennen und als Grundproblem des existierenden Marxismus zu erfassen.[13] Im Marxschen Marxismus dieser noch relativ frühen Phase steht den interagierenden Subjekten die materiale Objektwelt als statische Struktur gegenüber. Basis und Überbau hier bezeichnen eine simple Dualität. Was bei Marx in dieser noch frühen Phase seiner Entwicklung herausfällt, ist gerade das, was im entwickelten Marxismus das konstitutive Prinzip ist: *Dialekt* – wie von Holz in seinem umfassenden Werk zur Problemgeschichte der Dialektik im europäischen Denken, doch auch in der eher erkundenden kleinen Schrift zur chinesischen Philosophie ausgearbeitet wird; mit dem Ziel der Grundlegung marxistischen Denkens heute.[14]

Doch zurück zum Marxschen *Vorwort*. Tatsache ist, dass der Marxismus auf der Grundlage dieses Textes bei Anhängern wie Gegnern weltweit Verbreitung fand und noch heute als im Kern deterministische Theorie zustimmend wie ablehnend rezipiert wird. Beide Rezeptionen jedoch übersehen den Widerspruch, nicht zu sagen das Falsche, der gedanklichen Ausführungen in diesem nicht zu Unrecht als „berühmt“ bezeichneten Text. Dieses besteht nicht darin, dass hier ein Sachverhalt benannt wird, der in der Wirklichkeit nicht vorkäme, sondern vielmehr in der Tatsache, dass die Rolle des Bewusstseins, damit die inhärente *Dialektik* des Gegensatzes von Sein und Bewusstsein, mit ihr des Wirklichkeitsfeldes, auf den sich das *Vorwort* bezieht, weitgehend unerkannt blieb; von dem Verfasser des *Vorworts*, zum Zeitpunkt, als er es schrieb, im vollen Umfang wohl auch nicht erkannt worden war. Zu vermuten ist, dass der gesamte oben zitierte Passus des *Vorworts*, damit die Aus-

13 Seit 2013 erscheint im Tectum-Verlag (Baden-Baden) der Nachlass W. Harichs in 16. Bänden, hg. von A. Heyer.

14 H.H. Holz, *Dialektik. Problemgeschichte von der Antike bis zur Gegenwart*, 5 Bde, Darmstadt 2010; ders., *China im Kulturvergleich*, Köln 1994.

führungen über Basis und Überbau, den Begriff von Produktivkräften und Produktionsverhältnissen, der politischen Ökonomie und Produktionsweise, der Epochen der ökonomischen Gesellschaftsformation, der Formen des gesellschaftlichen Produktionsprozesses und angeschlossene Probleme – der Kern also dessen, was in der späteren Entwicklung marxistischer Theorie als ‚historischer Materialismus' oder ‚Geschichtsmaterialismus' (W.F. Haug) genannt wird – einen grundlegenden Fehler enthält. Dieser besteht im Mangel eines *dialektischen Verständnisses* der im *Vorwort* benannten Seinsverhältnisse, im Mangel an Einsicht in die interne Verfassung des benannten Wirklichkeitsfeldes, die als feste Struktur verstanden wird und nicht als dialektisches Feld ihrer Teile. Die Stärke der marxschen Theorie, die schließlich auch die Theorie des eminent historisch denkenden Engels war, besteht in der Einsicht der Einheit des Historischen und Dialektischen als den Bauformen der wirklichen Welt, die es zu erkennen und zu verändern gilt. Die Erkenntnis solcher Dialektik hatten Marx wie Engels bereits in der *Deutschen Ideologie* und den ihr sich anschließenden *Feuerbach-Thesen* erreicht als Grundlage des „neuen Materialismus" (Marx) und der ihm angeschlossenen Praxis revolutionärer Veränderung.

Von dieser Sicht her ist das *Vorwort* nicht frei von Zügen einer Zurücknahme. Der fundamentalen Einsicht in die Grundverfassung entwickelter kapitalistischer Gesellschaften treten Fragen entgegen, die nicht gründlich behandelt werden – zum Zeitpunkt seiner Verfassung wohl auch nicht behandelt werden konnten. So ist zu fragen, worin der Kern des benannten Wirklichkeitsfeldes besteht. Rolle und Funktion der arbeitenden Klassen bleiben unbehandelt, Klassenverhältnisse, ja, die Frage eines sinnlich-gegenständlich handelnden Subjekts wird gar nicht gestellt. Dabei ist zu fragen, was heißt ‚Determinismus', was bedeutet ‚Dialektik' in diesem Bereich überhaupt, und wie verhält sich dieser zu den Fundamentalbestimmungen anthropologischen Charakters, die Marx an anderen Stellen seines Werks mehrfach äußert, wenn er vom Menschen als „bewusster Lebenstätigkeit" spricht, von „freier bewusster Tätigkeit" und angeschlossenen Definitionen.

Die Widersprüche liegen auf der Hand. Sie durchziehen Marx' ganzes Werk, sind nicht auf bestimmte Phasen beschränkt. Nicht zuletzt handelt es sich um Widersprüche, die erst mit der Entwicklung der Dialektik zu lösen waren – deshalb sind die ‚sog. Konspekte' Lenins zu Hegels *Logik* (die mehr als bloße Konspekte sind) von grundlegender Bedeutung. Und in ihnen bringt es Lenin denn auch auf den Punkt: „Das Bewußtsein des Menschen widerspiegelt nicht nur die objektive Welt, sondern schafft sie auch."[15]

Im Fall des *Vorworts* sind es Widersprüche, die in einfachster Form auf das Verhältnis einer ‚determinierenden Struktur und dynamischen Bewegung', auf *‚Struktur und Subjekt'* gebracht werden können, ja dass in geschichtlich/gesellschaftstheoretischer Betrachtung in vielen Fällen von einer *statischen Struktur* gesprochen werden muss, der die *dynamische Bewegung* des Subjekts gegenübertritt. In vielen historischen Lagen ist dies der Fall, ja, es ist eine Konstellation, die in der Geschichte des Theaters eine wichtige Rolle spielt; man denke allein an Mozarts *Figaro*, Goethes *Egmont*, Schillers *Don Carlos*, die Geschichte der Verdi-Oper. Eine dynamische Bewegung kann, wie jede Veränderung der Objektstruktur, nur von interagierenden Subjekten ausgehen, die Teile des Objektbereichs sind, in diesen einwirken und ihn verändern. Hier kann historisch punktuell von der Dialektik einer statischen Struktur und einer dynamischen Bewegung gesprochen werden. Statisch ist diese Struktur, so lange sie Bewegung allein als Entwicklung der Produktivkräfte, nicht als dynamisches Wirken agierender Subjekte, gerade auch bei der Entwicklung der Produktivkräfte, kennt; nicht anerkennt, dass die dynamische Bewegung sich auf alle Seiten und Kräfte der menschlichen Welt beziehen kann, ja, dass eine Produktivkraftentwicklung ohne agierende Subjekte gar nicht möglich ist.

Im Text des *Vorworts* selbst wird eine Bestimmung des Verhältnisses von Sein und Bewusstsein über das Gesagte hinaus nicht gegeben, das Gesagte aber ist, genau gesehen, viel. Es betrifft, genau betrachtet, alle Seiten des weltschaffenden Subjekts – also dessen, was *kulturelle Bildung* heißen kann. Der Kern des Arguments lautet in Kontinuität und Deutlichkeit: *dass nicht das Bewusstsein der Menschen ihr Sein, „sondern umgekehrt ihr gesellschaftliches Sein (...) ihr Bewusstsein bestimmt"*. Es handelt sich, wenn falsch gelesen (und so ist es gelesen worden), um Strukturen, die aufeinandertreffen bzw. gegeneinanderstehen, nicht um interagierende Menschen, ihre Begegnung, ihre Handlung und die Veränderung ihrer Welt.

Dies klingt sehr nach Strukturalismus und ist auch strukturalistisch gelesen worden; in einer Weise, die zu sagen zwingt, dass über weite Strecken,

15 LW 38, S. 203.

die mit dem Namen Althusser und anderen verbunden sind, der theoretische Marxismus durch den Strukturalismus zerstört wurde – mit gravierenden Folgen für linke Politik. Die kritische Geschichte dieser Zerstörung ist noch nicht geschrieben. Es wird Zeit, dass dies geschieht – bevor der Marxismus im Orkus der Geschichte versinkt.

Denn wo bleiben in dieser theoretischen Deformation die lebendigen Menschen, die mit Bewusstsein agierende Macher ihrer Geschichte sind? Wo das menschliche Sein, das bewusste Lebenstätigkeit ist – die zentrale anthropologische Kategorie der Marxschen Theorie? Nähere Erläuterungen werden an dem zitierten Ort nicht gegeben. Vielmehr zeigt es sich, dass der Text des *Vorworts* mehrfach von Unklarheiten getrübt ist. Wie ist, bezogen auf die in ihr agierenden Menschen, die „ökonomische Struktur" oder „reale Basis" einer menschlichen Gesellschaft zu denken? Eine „ökonomische Struktur" ohne agierende Menschen aber gibt es nicht. Dies ist schon in der weit früheren *Deutschen Ideologie* zu lesen. Und wo steht jetzt die ‚freie bewusste Tätigkeit', die Marx ansonsten nicht vergisst? Eine ‚Struktur' ohne ‚Subjekt' ist so schwer vorstellbar wie selbsttätig handelnde Strukturen oder menschliche Subjekte ohne Struktur. In jedem Fall: was hier gegeben wird, ist die Vorstellung einer Gespensterwelt – ein weiteres Kapitel eines Swiftschen *Gulliver*. Zu fragen ist weiter, in welchem Umfang und in welcher Form es innerhalb der ökonomischen Struktur (oder Strukturen) ein determinierendes Bewusstsein gibt, das nur als menschliches, als bewusster Fall menschlicher Lebenstätigkeit denkbar ist.

Wir bewegen uns hier unleugbar auf einem Feld von Aporien, doch ist ein axiomatischer Satz festzuhalten. Es ist der Satz *‚das Sein bestimmt das Bewusstsein'*. Er ist selbstevident. Er besitzt, wenn richtig verstanden, einen axiomatischen Charakter. Menschliches Sein ohne Bewusstsein gibt es so wenig, wie es in der menschlichen Welt Bewusstsein ohne Sein gibt. Der Satz ‚das Sein bestimmt das Bewusstsein' ist zu lesen als ein dialektischer Satz, wenn er wahr werden soll. Das Eine ist nicht ohne das Andere. Das Bewusstsein von Menschen mag falsch sein, verzerrt oder getrübt (und ist es sicherlich in einer trügerischen Gesellschaft), doch bleibt es auch im Status der Verzerrung oder des Trugs menschliches Bewusstsein – wie auch ein fauler Apfel ein Apfel bleibt. Der Mensch ohne Bewusstsein, könnte man meinen, ist ein Fall der medizinischen Pathologie, nicht der Sozialphilosophie – allenfalls einer dystopischen Science-Fiction. Im Marxschen *Vorwort* aber hat der Mensch, sofern es ihn gibt, den Charakter einer lebenden Struktur. Er ist Teil der „Gesamtheit der Produktionsverhältnisse“ als der „realen Basis“ oder „ökonomischen Struktur“ der Gesellschaft. Um zu ergänzen: in die Menschen hineingeboren werden, und von der her ihr Bewusstsein (bereits ihre Psyche) bestimmt ist. Wie sie in ihr agieren, bleibt offen; ja offen bleibt, ob es überhaupt Möglichkeiten rationalen Handelns in der gegebenen, vom Kapital bestimmten Gesellschaft gibt, und wenn es sie gibt, welche sind es, wie sehen sie aus? Fragen, die ohne Antwort bleiben. Was das Subjekt, den konkreten Menschen angeht, so ist er für das *Vorwort* ohne Belang. Die Bedingungen seiner Gesellschaft kommen in rudimentärer Form zur Sprache, mehr nicht. Jede Aussage fehlt zu den konkreten Bedingungen politischen, kulturellen und individuellen Handelns.

Als Determinante bewussten Handelns wird *Bewusstsein im Sinne bewussten Seins* auf dieser Stufe strikt ausgeschaltet. Bewusstsein im Sinne bewussten Seins wird, so ist zu vermuten, dem Überbau vorbehalten, der sich über der Basisstruktur erhebt. In ihm allein kann es, folgen wir der Logik des Texts, *determinierendes Handeln (eine deterministische Struktur) im Sinne bewusster Lebenstätigkeit – also menschlichen Bewusstseins* – geben. Dies ist anzunehmen, ausdrücklich gesagt wird es nicht.

Zusammengefasst: Im *Vorwort* spricht Marx ausdrücklich vom sozialen, politischen und geistigen Lebensprozess der Gesellschaft, der von der Produktionsweise des materiellen Lebens, der Basisstruktur bestimmt ist. Wir dürfen voraussetzen, dass hier Menschen agieren, doch ist ihr Bewusstsein eingeschränkt, funktional begrenzt durch ihr soziales Sein. Dass sie gegenständlich handelnde, tätige Wesen sind oder sein können, tritt an diesem Ort in den Hintergrund. Im Kern bleiben sie Knechte der sie unterwerfenden ökonomischen Struktur. Es ist bezeichnend, dass in diesem Teil von Marx’ Werk von Akten der Selbsttätigkeit und Befreiung nicht die Rede ist.

Was das *Vorwort* entwirft, ist im Kern das Modell eines strukturdeterminierten Denkens, das die Menschen als handelnde Subjekte weitgehend ausschaltet. Sie sind Bestandteile der sie unterwerfenden sozial-ökonomischen Struktur. Ihr Sein ließe sich als mechanistisches Modell beschreiben, wie es E.P. Thomson am Beispiel Althusser polemisch treffend getan hat. Tatsache ist, dass es nach dem Untergang der realsozialistischen Welt für einen Typus (schein)marxistischen Denkens Grundlage wurde, der den Marxismus objektivistisch okkupierte und den intellektuellen Siegeszug eines mit linken Federn geschmückten Strukturalismus bewirkt. Dieser entsorgt mit dem Marxismus zugleich den *Humanismus* jeglicher Spielart, der jetzt, im positiven Sinn verstanden, als *Historizismus* (historisches Denken jeder Spielart) bezeichnet wird. *Humanismus/Historismus* lautet jetzt der Titel, mit dem die Restbestände bürgerlichen Denkens, gleich welcher Herkunft und Machart, bedacht wurden.

Damit aber wurden dem Marxismus die Zähne gezogen, und was bleibt, ist ein zahnloser Mund. Doch zu hoffen ist, dass mit dem strukturalen Struwelpeter – eben, weil er kein Marxismus mehr ist und nie ein solcher war – auch die Regierungszeit des Althusserianismus an ihr Ende gekommen ist – und mit dem Ende der Sozialdemokratie und der diversen linkssektiererischen Gruppen auch die Zeit der Marxverfälschungen. In jedem Fall ist es heute erste Aufgabe, den realen Marxismus aus seinen verfälschten und verfälschenden Bildern wiederzugewinnen. Ohne die Lösung dieser Aufgabe wird auch der Widerstand gegen die Kräfte der Repression und des Hasses, wird der Weg in eine freie, auf universalem Recht gegründete Welt für immer versperrt bleiben.

Zu dieser Einsicht gehört der Blick in eigene Irrtümer und Fehler – die mangelnde Erkenntnis, dass die Klassiker ein widerspruchsvolles Werk hinterließen, das kritisch zu interpretieren ist und das nur dialektisch weitergeführt werden kann. Die Kritik mangelnder Dialektik betrifft auch Marx selbst, der schließlich der Autor des hier kritisch behandelten *Vorworts* ist. Dialektisch heißt hier wie anderen Orts: *aus der Erkenntnis seiner Widersprüche.* Der Marxismus, verstanden als historischer Materialismus mit dem Kern des Basis-Überbau-Modells, ist bei Feind und Freund in mangelnder Kenntnis seiner Widersprüche über die Bühne gegangen – eben als historisch determinierte Struktur und nicht als das offene Modell einer stets sich ändernden Gesellschaft, das er ist und das mit einer neuen historischen Lage neu zu gewinnen ist; worin schließlich seine Stärke besteht: als Teil einer *dialektischen Theorie von Natur und Gesellschaft.* Er ist eine Theorie, die einer neuen historischen Lage entsprechend der kritischen Aneignung bedarf: und Aneignung ist mehr und anderes als Theorie. Der Marxismus ist deshalb auch eine Theorie, die *aus Gründen* nie fertig werden kann; die deshalb kein Ende kennt. Ihr Ende wäre gleichbedeutend mit dem Ende der bewussten menschlichen Geschichte – mit dem Ende der menschlichen Weltzivilisation. Allein als solche Theorie – als *kritische Theorie menschlicher Weltzivilisation* – wird der Marxismus Zukunft haben; ist er, recht verstanden, allen anderen heute konkurrierenden Theorien menschlicher Zivilisation überlegen; vermag er die historische Aufgabe des *Baus einer menschlichen Gesellschaft,* der *societas vere humana*: des Wohnorts einer vom Hass befreiten, zum Frieden gereiften Menschheit – wie es Thomas Mann mit Blick auf Goethes *Faust* und den späten Freud gesagt hat – zu erfüllen.

Das Potential: Grundriss und Material zum Bau dieses Hauses sind gegeben. Es liegt in dem bereit, was ich, pointiert formuliert, *Marxismus II* nenne: die kontrollierte Entfaltung der Produktionsverhältnisse und ihrer philosophischen Theorie. Was aber fehlt, und worauf es schließlich ankommt, sind die *konkreten Menschen als Handelnde*: ihr *Wille zur revolutionären Tat, Marxismus I,* pointiert gesprochen. Denn um nichts Geringeres geht es als um den *Umbau der Erde zur Heimat,* wie es Ernst Bloch treffend genannt hat.[16] Zwei Prinzipien werden diesen Umbau begleiten müssen, damit er gelingt. Es ist das *Prinzip Hoffnung,* wie es Bloch ausgearbeitet hat, und es ist das *Prinzip Liebe,* wie es Goethe im *Faust* poetisch gestaltete, dessen theoretische Ausarbeitung freilich noch aussteht, zumal es nicht nur ein individuelles, sondern ein Weltverhältnis meint. Damit betrifft es nicht nur den Einen, sondern die Vielen, im Idealfall Alle. In vielen Formen sagte es schon die Utopie, solange sie sich an Vergil, Dante, Pico, Erasmus und Morus orientierte. Shakespeare ist hinzuzunehmen, weil er es in seinen Stücken sagt: den Geschichtsdramen, Komödien, Tragödien, dem epischen Spätwerk. Er beschränkt sich nicht auf das eine Werk, sondern sagt es in allen seinen Stücken. Die moderne Weltliteratur hat es in vielfacher Form nachgesprochen.

Der strukturale Marxismus, in allen seinen Formen, den postmodernen zumal, überschritt nirgendwo die Ebene vordialektischen Denkens. Er wandte sein entfremdetes Marxwissen auf alle möglichen Wissensgebiete an und war erstaunt, dass ihm auf diesem Wege keine bemerkenswerten Erkenntnisse zuwuchsen und die Gruppe seiner Anhänger sich im Wald der Ideologien verlief. Es dürfte deutlich sein, was gemeint ist, wenn ich am Beispiel des *Vor-*

16 Siehe: E. Bloch, *Das Prinzip Hoffnung,* Frankfurt a.M. 1959. Es ist dies die Grundtendenz von Blochs Buch, wenn nicht seiner ganzen Philosophie.

worts von einer Fehlinterpretation des frühen marxschen Denkens spreche – Fehlinterpretation, solange es der Dialektik als erkenntniskritischem Prinzip des neuen Materialismus äußerlich bleibt im Unterschied zu einem Denken, dessen Folgen hilfreich sind und zum Bau der Welt als *societas humana* beitragen.

Halten wir also fest – als Minimum unserer Erkenntnis: der Marxismus ist mehr und anderes als eine Struktur mit angehängten Subjekten. Der theoretische Klassenkampf ist immer auch Kampf um Erhalt und Weiterführung der Theorie über jeden Ökonomismus, Strukturalismus, über Postmoderne und andere ‚Ismen' hinaus – in Richtung einer ontologischen Dialektik, die in den besten Formen dialogisch erfolgt und so auch Nichtmarxisten einzubeziehen vermag. Ich denke an Dieter Kraft als Vertreter einer Dialektischen Theologie, Burkhard Luber als Vertreter eines Existentiellen Protestantismus, Ernesto Cardenal als katholischen Dichter und Theologen, mit ihm die ‚linke' Theologie der lateinamerikanischen Welt, zu der auch der gegenwärtige Papst zu zählen ist; ein Entwicklungskomplex, der auf verschiedenen, oft unverbundenen Wegen erfolgt: in Deutschland bei Marx selbst und Engels, die von der Grundorientierung her sich keineswegs einlinig entwickeln, dann Luxemburg, Liebknecht, Brecht, Lukács, Kuczynski, Heise, Klenner, Haug, Harich und Holz; Letzterer wohl die gewichtigste Stimme seit den Klassikern. Ihm nicht zuletzt verdanken wir den weitesten Vorstoß des Marxismus ins Neuland der Theorie.

Blicken wir über die deutschsprachigen Grenzen hinweg nach draußen, so wäre als Erster James Connolly zu nennen, der in der blutigen Mitte des 1. Weltkriegs das progressive Erbe der Aufklärung – Menschenrecht und Recht der Völker – mit dem demokratischen Nationalismus und dem marxistischen Sozialismus der Arbeiterbewegung zu verbinden suchte. Im antikolonialen Aufstand 1916 ging er dafür in den Tod. In Russland war es Lenin, der, neben seinen Leistungen in der revolutionären Politik, auch theoretisch, vor allem in der Hegel-Deutung und den Imperialismus-Studien, den Marxismus auf den Stand der Zeit brachte. Nicht ohne Zögern ist hier auch Trotzki zu nennen, Stalin mit einem Teil seines Werks (dessen Leistung dem innerparteilichen Terror unversöhnlich entgegensteht). Für Italien sind es Labriola und Gramsci, außereuropäisch dann Fidel Castro, Chinua Achebe, Ngugi wa Thiongo, Wole Soyinka, die vielfältigen Stimmen einer marxistischen Theologie in Lateinamerika. Hier wären weitere Namen zu nennen, nicht zuletzt aus dem

Raum Indien und Bangladesch, außerhalb der anglophonen Linie oder als Kritik dieser Linie insgesamt: man denke allein an die im Mangroven-Verlag erschienenen Werke von Samir Amin (zum Eurozentrismus), Aijaz Ahmad (zu Klassen, Nationen, Literaturen), Radhika Desai (zur geopolitischen Ökonomie). Frauenstimmen treten hinzu, außerhalb wie innerhalb eines feministischen Marxismus im Sinne von Frigga Haug. Die Forschung, die auf diesen Feldern nur internationalistisch betrieben werden kann, steht hier erst in den Anfängen, von einer komparatistischen Debatte dazu kann nicht die Rede sein.

Die Grundthese meiner Überlegungen lautet, zusammengefasst, dass mit dem Marxschen *Vorwort* von 1858/59 ein Konzept des Denkens in die Welt getreten ist, das, restriktiv gelesen, mit dem dialektischen Kern des Marx-Engelsschen Denkens, wie es in der *Deutschen Ideologie* und den ihr angeschlossenen *Feuerbach-Thesen* beeindruckend entwickelt wird, wenig mehr zu tun hat. Die Grundbestimmung des Menschen als „bewusste Lebenstätigkeit" begreift diesen als mit Bewusstsein handelndes, gegenständliches Wesen.

Wörtlich gelesen, wird mit dem *Vorwort* Dialektik, als ontologischer Grund dieses Denkens, einfach annihiliert. Die Menschen gelten hier als im Kern determinierte, in keiner Weise mehr frei handelnde, selbst-determinierende Lebewesen. Sie sind *konstitutiv unfrei*, ihr Sein ist Sklaverei – welcher Art auch immer. Ob Lohnsklaven, ob Leibeigene, ob Geschöpfe des Geldgötzen, ob versklavt durch die Medien im Bündnis mit Ersatzreligionen und Polizei – die Formen der Sklaverei wechseln, ihr Sachverhalt bleibt. Es bleibt der Tatbestand der Unterdrückung, der Ausbeutung, des Welthungers – es bleibt aber auch, im Medium dialektischen Denkens und Handelns, die Möglichkeit des Widerstands, des Aufstands, der Rebellion. Es bleibt, was mit dem großen Wort REVOLUTION gemeint ist, das aber einen sehr unterschiedlichen Inhalt haben kann. REVOLUTION MARXISTISCH meint den Umsturz der Produktions- und Eigentumsverhältnisse im Maßstab des Kapitals, die Verteilung des akkumulierten Reichtums im Maßstab Aller. Es bleibt die Forderung, dass das von Allen Erwirtschaftete an Alle zu verteilen sei – wie von Brecht, wie von Wolfgang Harich gefordert. Dies als Grundlage der Orientierung, der ein fundamentaler Umsturz – Wechsel und Transformation in allen Bereichen des Kulturellen – folgen muss.

Solcher Maßstab und solche Potentiale gelten allerdings noch nicht für das Denken des *Vorworts*. Dieses ist dualistisch konzipiert, nicht dialektisch konstruiert. In der Konsequenz und solitär gedacht reißt es den Boden ein, auf dem der neue Materialismus als dialektisches Denken steht. Sofern es im *Vorwort* noch um Materialismus geht, ist dieser empirisch-mechanistisch, nicht dialektisch gemeint. Für sich selbst genommen, zerstört es den Marxismus als revolutionäre Kraft und damit auch als Weltanschauung der arbeitenden Menschen.

Zumindest für Europa und den anglophonen Sprachraum der übrigen Welt, die englischsprachige Weltkultur also, dürfte gelten, dass hier der Boden der Selbstbestimmung im höchsten Maß eingeschränkt, selbstdeterminiertes Handeln kaum möglich ist – die Hände zum Handeln gefesselt sind. Julian Assange ist ein sehr aktuelles Beispiel dafür. Er soll gerichtet werden in einem ihm fremden Land, von dem er am besten wohl nur das Gefängnis kennt. Das alte Wort ‚Kerker' trifft hier den Nagel auf den Kopf. 47 Jahre sind vorgesehen – ohne Außenkontakt. Ein lang hingezogenes Todesurteil, eine Folterhaft mit einzig dem Tod als Ende. „Die Wahrheit wagt' ich kühn zu sagen, / Und die Ketten sind mein Lohn." So Fidelio in Beethovens gleichnamiger Oper. Keine Leonore wird kommen, ihn zu befreien, jeden zu retten. „Wer du auch seist, ich will dich retten" – dies ihr kategorischer Imperativ. Er ist das Signal der Befreiung aller. Doch so wenig sie zu dieser Stunde zu erwarten ist, auch hier gilt: ‚was ist, braucht nicht zu bleiben, wie es ist'. Man folge Brecht. „Wer niedergeschlagen wird, der erhebe sich! / Wer verloren ist, kämpfe! / Wer seine Lage erkannt hat, wie soll der aufzuhalten sein? / Denn die Besiegten von heute sind die Sieger von morgen, / Und aus Niemals wird: Heute noch!" Die Zeiten ändern sich, und wir mit ihnen. Neue Formen des Widerstands tun sich auf. Ob sie für Julian Assange reichen, für ihn hilfreich sein können, ist zu wünschen, kaum zu glauben. Doch wird er bleiben: als unzerstörbare Erinnerung investigativer Opposition. In anderen Teilen der Welt, außerhalb der Europa-Nordamerika-Zone, den imperialistischen Kernländern, sieht es schon anders aus. Der Tatbestand der Selbstbestimmung hat dort bereits heute eine andere Bedeutung gewonnen als in den Jahren, als Marx das berühmte *Vorwort* schrieb. Basis und Überbau sind mit der Entwicklung der hochtechnologischen Produktionsweise in neue Relationen getreten. Sie bringen neue Formen der Dialektik hervor, mit ihnen neue Formen des Kampfes, der Repression und des Widerstands. Damit auch neue Formen der Befreiung. So ist heute im Weltmaßstab die Bedeutung der Dialektik gestiegen, auch wenn der Marxismus als Welttheorie gegenwärtig an weltgeschichtlicher Bedeutung verloren hat.

So ist der revolutionäre Status des neuen Materialismus, also der Kern des Marx-Engelschen Denkens, heute noch näher und neu zu erklären. Der scheinbar weltweite Sieg der Konterrevolution hat Vieles in die Vergessenheit gerissen, was gesicherte Erkenntnis zu sein schien. Das Marxsche *Vorwort* ist ein im Grunde analytischer Text. Seine Wahrheit ist durch Interpretation und Aneignung, sie ist also dialektisch zu erschließen. Dann erst wird erkennbar, worin das Revolutionäre des Marx-Engelsschen Denkens besteht. Klar dürfte sein, dass es nicht im analytischen Modell des *Vorworts per se* bestehen kann, sicher auch nicht im revolutionären Habitus einer Haltung, sondern allein in der Verbindung, die die Haltung mit dem analytischen – also theoretisch erkannten – Modell, mit *erkannter Wirklichkeit* eingeht. Dass es eben *nicht nur um die Interpretation, sondern um die Veränderung der Welt geht.* Dies ist der springende Punkt. Ihn hatten Lenin, Gramsci, Castro, Brecht im Blick. *Das theoretisch Erkannte ist durch Praxis: also subjektive Handlung in die Wirklichkeit zu überführen. „Wer verloren ist, kämpfe./Wer seine Lage erkannt hat, wie soll der aufzuhalten sein?"*

Es kommt darauf an, dass durch das Handeln der Subjekte selbst der Determinismus des Handelns, seine Objektbestimmtheit fortschreitend überwunden wird, dem selbstbestimmten Handeln, der materialistischen Dialektik also zunehmend eine konstitutive Rolle zukommt, geschichtliches Handeln ins Weltgeschichtliche wächst. Das aber kann nicht das Werk Einzelner, sondern allein das Werk Vieler, schließlich der assoziierten Menschheit sein.

Hier darf ich nicht missverstanden werden. Meine kritischen Anmerkungen zur Objektanalyse des *Vorworts* richten sich nicht gegen den Kern substantieller Erkenntnis, den es enthält, sondern allein gegen bestimmte Formen seiner Interpretation und Aneignung, die den Marxismus für einen langen Zeitraum seiner Geschichte, ja bis zum heutigen Tag theoretisch und politisch deformiert haben. Der Strukturalismus als linkes Paradigma wie die scheinradikalen Formen der Postmoderne sind, in großen Teilen zumindest, Folgen einer objektivistischen Deutung des *Vorworts.* Seine objektivistische Appropriation erniedrigt den Marxismus im Kern zu einer mechanischen Struktur, die die Menschen für mehr als ein Jahrhundert in der Metapher des Maschinenmenschen – des *„l'homme maschine"* – gefasst hat. Zu Ende gedacht, werden die Menschen hier zum Sinnbild einer intellektuellen Bewegung, die die Selbstzerstörung der Menschen von innen her betreibt, ihr Inbild so wenig substantiell wie seine Zeichnung im Sand vor kommender Flut. Die Alternative zu solcher Bewegung der menschlichen Form ins Nicht und Nicht-Mehr kann dann auch nicht in der Rückkehr zu oktroyierten Formen im Rahmen einer staatlichen Ideologie bestehen (die in ihren realen historischen Formen trotz ihrer theoretischen Beschränktheit an wesentlichen Bestandteilen des Marxismus festhielt). Erst dialektisch gelesen, und allein dialektisch gelesen, wird der Text des *Vorworts* zum Grundtext des ‚neuen', nämlich dialektischen Materialismus, damit auch zum Fundament revolutionären Denkens und der gesuchten gesellschaftlichen Ordnung. Deren politische Entsprechung wäre in gesellschaftlichen Formen zu finden, die den Kommunismus, mit Brecht, als *Große Ordnung* begreifen, als politische Rechtsgesellschaft (d.i. eine solche, die die Rechtsgleichheit aller Bürgerinnen und Bürger garantiert), als *societas humana* – vom Hass geheilt und zum Frieden gereift, wie Thomas Mann es sagte, mit ausreichendem Wohnraum, mit Nahrung und medizinischer Betreuung für alle, Einwohner und Gäste, Freund der Kunst und den Künsten. „Selbst die schmalsten Stirnen, in denen der Frieden wohnt", sagt Brecht, „sind den Künsten willkommener als jener Kunstfreund, der auch ein Freund der Kriegskunst ist."

Meine Kritik der Rezeption des Marxschen *Vorworts* in der Geschichte der Politik und des Denkens, nicht zuletzt in der Geschichte des Marxismus selbst, bedeutet also nicht die Zurücknahme seines weltgeschichtlich wegweisenden analytischen Gehalts, sicher nicht des Basis-Überbau-Modells als Strukturmodell entwickelter Klassengesellschaften. Sie konstatiert vielmehr den analytischen Irrweg einer historisch folgenreichen Interpretation, an der Marx selbst, so scheint mir, nicht unbeteiligt war. Sie fordert ihre Korrektur mit Blick auf den Typus dialektischen Denkens, den Marx und Engels selbst, auch in historisch früheren Texten, vertreten haben.

Die Frage lautet also: wie verhält sich der Standpunkt des *Vorworts* im Vergleich mit dem früherer Texte derselben Autoren? Es erstaunt, dass in diesen Auffassungen vertreten werden, die weit über den objektivistischen Materialismus des *Vorworts* hinausgreifen und einen ‚neuen', anderen Materialismus fordern, der mit guten Gründen dialektisch genannt werden kann. Ich denke an die *Deutsche Ideologie* von 1845/46, die Marx in Kooperation mit Engels verfasste, explizit an die im Frühjahr 1845 geschriebenen *Thesen über Feuer-*

bach, die zu Recht als zur *Deutschen Ideologie* gehörend behandelt werden. Wenn wir in Rechnung stellen, dass diese Texte erst in den dreißiger Jahren des vorigen Jahrhunderts deutschsprachig publiziert wurden (da Marx und Engels sie zur Selbstklärung verfasst und nicht für die Veröffentlichung bestimmt hatten), so erklärt sich Vieles, was bei Unkenntnis dieses Sachverhalts unerklärt bliebe. Es erklärt, dass die Dichotomie des Texts von 1858/59 (die Form eines letztlich ungelösten Dualismus) Schwierigkeiten widerspiegelt, denen Marx und sicher auch Engels bei ihren Versuchen einer dialektischen Theorieentwicklung in den von ihnen bearbeiteten Wissenschaftsbereichen begegnet waren. Der Rückfall in eine dichotome Konstruktion im *Vorwort* lässt vermuten, dass beide Autoren an diesem Punkt ihrer theoretischen Bildung den Standpunkt einer entwickelten Dialektik noch nicht in vollem Umfang erreicht hatten. Aus diesem Grund bewegt sich Marx mit dem Konzept von BASIS-ÜBERBAU als Grundbegriff geschichtlicher Totalität noch auf der Ebene eines verdeckten (nicht voll überwundenen) Dualismus, und dieser hat in der Tat in der ‚neuen' Dialektik keinen Ort.

Der Marxismus, verstanden als historischer Materialismus mit dem Kern des Basis-Überbau-Modells, ist dann auch in wesentlichen Teilen bei Freund und Feind als historischer Determinismus über die Bühne gegangen und gerade nicht als das, was er in Wahrheit ist: als *Teilbereich einer dialektischen Theorie von Natur und Gesellschaft*. Nur als solche ist zu fassen, worin ihre theoretische Stärke besteht – und nur als solche wird sie in greifbarer Zukunft die Aufgabe einer Rettung der Menschheit: des Aufbaus einer *societas vere humanum* erfüllen können. Nicht weniger als das ist ihre historische Mission.

In der Tat: der Marxismus, verstanden als dialektische Theorie, ist mehr und anderes als eine feste, ökonomische Struktur mit angehängten Subjekten. Die Weiterentwicklung marxistischer Theorie über den strukturellen Marxismus hinaus in eine wahrhaft dialektische Weltanschauung erfolgte dann auch diskontinuierlich; auf verschiedenen, meist unverbundenen Wegen, die in Deutschland von Marx und Engels bis Haug und Holz reichen. Zum Repertoire des Letzteren gehören Dialektik, Widerspiegelung und Theorie des Gesamtzusammenhangs als Kernbereiche, bei Haug Warenästhetik, Kapitalanalyse und der Bau eines Lexikons nach internationalen Maßstäben.

Die fundamentale Entwicklung des Konzepts geschichtlicher Totalität als *Dialecticum*, damit auch des Aufbaus dialektischer Analyse und Kritik, erfolgt bei Marx selbst wie auch bei Engels. Im Rahmen der zusammen mit Engels verfassten *Deutschen Ideologie* legt Marx zur Grundorientierung des *neuen Materialismus*,[17] an dem er und Engels arbeiten, die Einsicht vor, dass es die *menschliche Tätigkeit* ist – *Praxis* als *sinnlich-gegenständliche Tätigkeit* –, die als Ausgangspunkt und Kern des neuen Denkens: als dialektische Analyse und Kritik zu betrachten sei; so auch grundlegend in den zur *Deutschen Ideologie* gehörenden *Feuerbach-Thesen*. „Hauptmangel" des bisherigen oder „alten" Materialismus sei, so Marx, dass dieser den „Gegenstand, die Wirklichkeit, Sinnlichkeit" nur „unter der Form des Objekts" begriffen habe – als objektiv gegebene, materiell existente, im Kern unwandelbare Welt, nicht als durch „sinnlich menschliche Tätigkeit, Praxis", also nicht als „subjektiv" änderbar. Die „tätige" Seite, sagt er, sei vom Idealismus entwickelt worden, der wiederum die „wirkliche, sinnliche Tätigkeit nicht kennt".[18] Marx mag hier an die Hauptlinien europäischen Denkens von Platon und Aristoteles bis Cusanus, dann aber auch an die Transzendentalphilosophie Kants und den Kantianismus, so an die Fichtesche Linie des Denkens neben der Hegelschen Philosophie gedacht haben. Der „neue Materialismus", diese Folgerung legt er nahe, geht aus der Synthesis des alten Materialismus und des Idealismus hervor – eine fugenlose dialektische Operation. Erst der „neue Materialismus" begreift die Wirklichkeit als sinnlich-gegenständliche Welt, den Menschen als in dieser Welt handelndes, also weltgestaltendes Naturwesen, als Wesen, das imstande ist, eine Welt zu errichten, die auf Frieden und Solidarität beruht, auf tätiger Menschenliebe. Menschliches Handeln, in dieser Sicht, ist Arbeit an veränderbarer Wirklichkeit. Nur auf dieser Grundlage dann und in diesem Sinn ist die elfte Feuerbach-These zu verstehen: „Die Philosophen haben die Welt nur verschieden interpretiert, es kömmt drauf an, sie zu verändern." Die Veränderung der Welt ist das Ziel des neuen Denkens, dem mit Recht der Name des dialektischen Materialismus zukommt. Für diesen Zweck treten hier die zwei Seiten philosophischen Denkens zusammen, die die Philosophie von ihren frühen Anfängen an bewegt haben: die Interpretation von Welt und ihre Veränderung: Welterkenntnis und Weltveränderung. In dieser Form erst hat die Dialektik des neuen Materialismus Wirklichkeit.

17 Marx selbst verwendet dieses Wort in den *Feuerbach-Thesen*.
18 MEW 3, S. 4–7.

Es ist unbestreitbar, dass hier ein Begriff des Menschen in die Welt gekommen ist, der mit dem des *Vorworts* in vielen Punkten kollidiert. Allein in dieser Sicht aber vermag der praktisch handelnde, gegenständlich tätige Mensch die ökonomische Struktur, in der er handelt und das menschliche Handeln in ihr in weltveränderndes Tun zu übersetzen, das den Charakter einer revolutionären Veränderung besitzt; ansetzend im Kern des Gegebenen, den Produktionsverhältnissen, die im Rahmen des Möglichen, also nach dem Maß des Entwicklungsstands der Produktivkräfte, zu gestalten oder umzugestalten sind. In dem neuen, also dialektischen Begriff geschichtlichen Handelns treten alle Bestimmungen des *Vorworts* zusammen, doch in einer Weise, die sie als Momente revolutionären Handelns – also als Teile einer dialektischen Totalität: einer *Welt in Bewegung* – erkennbar machen. Die zentrale anthropologische Kategorie solchen Handelns ist die der *Möglichkeit*, die bereits Pico della Mirandola in ihrer Bedeutung erkannte: *Humanität*, die *societas humana* nicht als Gegebenes, sondern als Aufgegebenes: als Möglichkeit, herstellbar durch menschliches Handeln. In dieser Möglichkeit allein besteht die Würde des Menschen. Pico spricht als Denker der Hochrenaissance – als dialektischer Idealist – im Sinne der *Feuerbach-Thesen*.

Der Subjektbegriff des neuen Materialismus umfasst subjektive und objektive Welt als Klassenrelation: die objektive Welt als historische Totalität, den handelnden Menschen als Klassensubjekt in ihr. Solches Subjekt aber ist nur denkbar als mit Bewusstsein handelndes. Das Verhältnis von Basis und Überbau, Sein und Bewusstsein erhält, als dialektisches gedacht, einen Sinn, der von dem überlieferten wesentlich abweicht. Das bewusste Subjekt als handelnder, weltverändernder und weltgestaltender Mensch bleibt im Modell des *Vorworts* unsichtbar. Diese Einsicht negiert nicht das eingangs zitierte Modell, doch sie fasst es neu als dialektisches. Das objektive Modell, dialektisch gefasst, gerät in Bewegung. Seine Empirie wird erweitert. Die Produktivkräfte werden durch menschliches Handeln entwickelt. Mit ihrer Entwicklung verändern sich die Produktionsverhältnisse. Das Movens dieser Entwicklung ist die menschliche Arbeit, in welcher Form auch immer. Menschliche Arbeit ist nie ohne Bewusstsein. Auch erzwungene Arbeit, entfremdete Arbeit, auch Sklavenarbeit und Kinderarbeit bleibt menschliche Arbeit, wie auch freie Arbeit menschliche Arbeit ist. Der Mensch, können wir jetzt sagen, auf welcher Stufe auch immer, ist nur denkbar als *Wesen mit Bewusstsein*, wie er auch nur als solches Wesen manipuliert und missbraucht werden kann. Wir bewegen uns damit bereits auf der Ebene einer dialektischen Anthropologie, die untrennbar zu einem dialektischen Materialismus gehört.

Im *Kapital* gibt es einen interessanten Passus, der zeigt, dass Marx, zum Zeitpunkt, als er sein Hauptwerk verfasste, mit der Einsicht in die konstitutive Rolle menschlichen Bewusstseins im Arbeitsprozess auf die engste Weise verbunden war. Und zwar geht es um den Abschnitt ‚Arbeitsprozess' im fünften Kapitel des dritten Abschnitts: „Die Produktion des absoluten Mehrwerts". Marx erörtert hier, was der ‚Arbeitsprozess' im allgemeinen Sinn, also „unabhängig von jeder bestimmten gesellschaftlichen Form" betrachtet, ist – was mithin auch menschliche von tierischer Arbeit unterscheidet. Da dieser Passus für das behandelte Thema zentral ist, sei er in seinem wichtigsten Teil zitiert:

Die Arbeit ist zunächst ein Prozeß zwischen Mensch und Natur, ein Prozeß, worin der Mensch seinen Stoffwechsel mit der Natur durch seine eigne Tat vermittelt, regelt und kontrolliert. Er tritt dem Naturstoff selbst als eine Naturmacht gegenüber. Die seiner Leiblichkeit angehörigen Naturkräfte, Arme und Beine, Kopf und Hand, setzt er in Bewegung, um sich den Naturstoff in einer für sein eignes Leben brauchbaren Form anzueignen. Indem er durch diese Bewegung auf die Natur außer ihm wirkt und sie verändert, verändert er zugleich seine eigne Natur. Er entwickelt die in ihr schlummernden Potenzen und unterwirft das Spiel ihrer Kräfte seiner eignen Botmäßigkeit. (…) Wir unterstellen die Arbeit in einer Form, worin sie dem Menschen ausschließlich angehört. Eine Spinne verrichtet Operationen, die denen des Webers ähneln, und eine Biene beschämt durch den Bau ihrer Wachszellen manchen menschlichen Baumeister. Was aber von vornherein den schlechtesten Baumeister vor der besten Biene auszeichnet, ist, daß er die Zelle in seinem Kopf gebaut hat, bevor er sie in Wachs baut. Am Ende des Arbeitsprozesses kommt ein Resultat heraus, das beim Beginn desselben schon in der Vorstellung des Arbeiters, also schon ideell vorhanden war. Nicht dass er nur eine Formveränderung des Natürlichen bewirkt, er verwirklicht im Natürlichen zugleich seinen Zweck, den er weiß, der die Art und Weise seines Tuns als Gesetz bestimmt und dem er seinen Willen unterordnen muß.[19]

19 MEW 23, S. 192f.

Deutlicher kann man es nicht sagen. Zum Menschen gehört Bewusstsein als regulative Kraft, und zwar auf allen Stufen menschlicher Arbeitstätigkeit. Diese hat eine teleologische Struktur: Sie ist zweckbestimmt. Genau das ist es, was ihn von jedem Tier (auch Hund und Biene) unterscheidet. Es ist eine Unterscheidung klassischen Formats, denn schon bei Aristoteles wird der Mensch als mit dem Logos ausgestattetes politisches Lebewesen verstanden (und Logos steht für Bewusstsein, Vernunft, Denkfähigkeit und einiges mehr); eine Auffassung, die auch Engels in der *Dialektik der Natur* mit großer Selbstverständlichkeit vertritt. Er schreibt: „Und so werden wir bei jedem Schritt daran erinnert, daß wir keineswegs die Natur beherrschen wie ein Eroberer ein fremdes Volk beherrscht, wie jemand, der außer der Natur steht – sondern daß wir mit Fleisch und Blut und Hirn ihr angehören und mitten in ihr stehen, und daß unsere ganze Herrschaft über sie darin besteht, im Vorzug vor allen anderen Geschöpfen ihre Gesetze erkennen und richtig anwenden zu können."[20] Freiheit sei daher nichts anderes als die „Existenz in Harmonie mit den erkannten Naturgesetzen".[21]

Engels' Grundeinsicht in das Hauptwerk von Marx, das *Kapital*, ist von einer doppelten Einsicht getragen: zum einem, dass Marx, der Leistung Darwins vergleichbar, der „das Gesetz der organischen Natur entdeckte", das „Entwicklungsgesetz der menschlichen Geschichte", erkannte: die bisher unter ideologischen Überwucherungen verdeckte „einfache Tatsache", „daß die Menschen vor allen Dingen zuerst essen, trinken, wohnen und sich kleiden müssen, ehe sie Politik, Wissenschaft, Kunst, Religion usw. treiben können."[22] Bereits in seiner Erläuterung der Begriffe von ‚Wert' und ‚Mehrwert' legt Engels den Tatbestand frei, dass diese Begriffe auf die konkret geleistete Arbeit der Arbeitenden und die Aneignung dieser Arbeit (zumindest eines Teils von ihr) durch den Kapitalisten, den sog. ‚Arbeitgeber', zurückgehen. Zu Recht kann Engels von der „Entdeckung des Mehrwerts" sprechen und damit auch von der Entdeckung des Charakters des Kapitals. Dabei kommt er ohne das mechanistische Modell des *Vorworts* aus und geht auf die lebendige Arbeit zurück.

20 MEW 20, S. 453.
21 Ebd., S. 107.
22 Fr. Engels, *Einführungen in „Das Kapital" von Karl Marx*, a.a.O., S. 3.

Es ist im höchsten Maß bedauerlich, dass Engels' *Dialektik der Natur* Fragment blieb, das auch der *Anti-Dühring* nicht ersetzen kann. Der Marxismus hätte mit einer ‚naturtheoretischen Wende' – mit Blick auf Goethe und Alexander von Humboldt über Darwin hinaus – vielleicht einen anderen Weg genommen.[23] Durch die einseitige Orientierung auf Hegel und seine Tradition ist, in der Geschichte marxistischen Denkens, der gesamte Bereich der Natur, in seiner produktiven wie katastrophischen Dimension, erst spät und theoretisch unzureichend in den dialektischen Materialismus und in die Praxis sozialistischer Bewegungen aufgenommen worden.

Diese Einsicht, das Feld menschlicher Handlung beschreibend, betrifft das Zentrum marxistischer Theorie. Sie formuliert die Bedingung der Erkenntnis und Veränderung der Welt; die Bedingung damit auch für die Existenz des Sozialismus/Kommunismus als gesellschaftliche Formation, die Bedingung für das Ziel des Geschichtsprozesses, wie er vom Stand der Gegenwart überhaupt konzipierbar ist.

Sein und Bewusstsein, im Sinn einer strukturellen Statik aufgefasst, findet nicht nur bei Gegnern des Marxismus Verwendung, mit dem Ziel, dessen anthropologische Beschränkung aufzuweisen. Es wurde und wird oft auch von marxistischer Seite im guten Glauben vertreten, dass in der Behauptung der Priorität der Struktur: des ökonomischen Seins vor allen anderen Formen menschlichen Seins das Spezifikum einer ‚echt' materialistischen Anschauung menschlicher Welt und Gesellschaft zu finden sei; allein ein so gefasster Materialismus die Chance bietet, die Welt in einer vernunftbestimmten, den Menschen zuträglichen Weise zu verändern. Allen solchen Vorstellungen – seien sie konservativ-reaktionär motiviert oder links und revolutionär – ist mit Entschiedenheit entgegenzutreten: mit dem Grundsatz, dass die Entgegensetzung von Sein und Bewusstsein im vorgestellten Sinn auf einem fundamentalen Irrtum beruht, einem *‚proton pseudos'* im exakten Sinn, unabhängig davon, welche Motive dem falschen Grundsatz zugrunde liegen.

23 Die Bedeutung Goethes, gerade auch in naturphilosophischer Hinsicht, habe ich in einer demnächst erscheinenden Studie nachgewiesen (siehe: Th. Metscher, *Faust und die Dialektik, Studien zu Goethes Dichtung*, Berlin 2023).

Der Marxismus, wie er sich in seinen Spitzenleistungen und internationalistischen Maßstäben bewegt, ist eine weltorientierte Theorie des Seins und in diesem Sinn eine praktische Philosophie, die die gegenständliche menschliche und nichtmenschliche Welt = ‚Natur' umfasst. In dieser Welt finden wir Spuren von Bewusstsein innerhalb der nichtmenschlichen Natur, allein im Menschen als Naturwesen entdecken wir Bewusstsein als Konstitutivum des Seins, das den Aufbau einer von handelnden Subjekten bestimmten Welt gestattet. Damit sind Heil wie Unheil als Möglichkeiten menschlichen Seins gesetzt – wie schon Pico della Mirandola wusste – nicht weniger und nicht mehr. Welche Möglichkeit im menschlichen Handeln ergriffen wird, ist offen. Der Marxismus als Theorieform tritt ein für die Möglichkeit einer humanen Welt. Deren Name ist Kultur. Der Name der Gegenwelt ist Barbarei. Als bewusste Naturwesen sind die Menschen zwischen die Extreme von Kultur und Barbarei gestellt.

Zweiter Teil.

Logos und Wirklichkeit. Zur Ontologie des neuen Materialismus. Kernkategorien[24]

Die kategoriale Trinität des neuen Materialismus: gegenständliche Tätigkeit, Geschichte, Dialektik

Der neue Materialismus hat drei miteinander verbundene Kernkategorien: *gegenständliche Tätigkeit, Geschichte* und *Dialektik*. Diese haben grundlegenden Charakter: ontologisch wie logisch-methodologisch. Das heißt: der logische Zusammenhang der Kategorien bildet einen Seinszusammenhang ab. Die Argumentation hat sie folglich auch als einen solchen Zusammenhang und in der genannten Abfolge zu explizieren. Dabei sei erinnert, dass Kategorien mit Marx als reale „Daseinsformen" bzw. „Existenzbestimmungen" zu verstehen sind[25] – ich spreche von *begrifflichen Äquivalenten von Daseinsformen*. So verstanden, hat ‚Kategorie' einen zugleich logischen und ontologischen Sinn: Der Begriff entspricht einer objektiv gegebenen Daseinsform oder einem Teil derselben. Kernkategorien entsprechen strukturell grundlegenden Aspekten von Wirklichkeit.

I. Gegenständliche Tätigkeit als erste Kernkategorie

Tätigkeit innerhalb der Natur

Menschliche Tätigkeit, als sinnliche, gegenständliche Tätigkeit, ist, in einem ontologischen Sinn, *stets Tätigkeit innerhalb der Natur*. Der dieser Bestimmung

24 Die Grundgedanken dieses Teils – doch nicht alle hier erörterten Gedanken – sind in meinen Gesprächen mit Holz zur Sprache gekommen. Meist lagen unseren Gesprächen stichwortartig ausgearbeitete Konzepte, im Sinne von Kernkategorien zugrunde. Sie sind deshalb, in Fehlern wie in Verdiensten, von mir zu verantworten. Gleiches gilt für die Systematisierung der Gedanken, die ich vorschlage.

25 MEW 13, S. 637.

zugrunde gelegte Naturbegriff freilich hat mit jedem dualistischen Konzept von Natur und Mensch, Materie und Geist, *res extensa* und *res cogitans* unwiderruflich gebrochen. Der sinnliche, gegenständlich tätige Mensch ist selbst ein Teil der Natur, ein Wesen, das „mit Fleisch und Blut und Hirn" der Natur angehört,[26] Der Einsatz bei der „Produktion und Reproduktion des wirklichen Lebens"[27] setzt ein bei *einem innernatürlichen Vermittlungsverhältnis*: den alltäglichen Akten der Vermittlung mit Natur, mit denen wir selbst als mit spezifischen, naturgeschichtlich gewordenen Eigenschaften ausgestattete Naturwesen zum Zweck unserer Lebenserhaltung befasst sind. Diese Vermittlungsakte sind das uns gegebene Unmittelbarste, die evidente Basis unseres Lebens wie jeder Reflexion über uns; alltäglicher Umgang mit Natur: mit uns selbst als leiblich existenter Natur wie mit Natur um uns und außer uns. ‚Natur / Materie' ist uns in diesen Vermittlungsakten gegeben als *Natur in uns, um uns und außer uns.* Der Marxsche Materialismus begreift also die Wirklichkeit, in der wir uns vorfinden – Natur und menschliche Welt – als organischen, durch menschliche Tätigkeit vielschichtig vermittelten Zusammenhang, dessen Ansichsein evident ist; evident in den alltäglichen Akten menschlicher Produktion und Reproduktion wie in anderen Modi menschlichen Tuns und Handelns, evident in der Praxis als „sinnlich menschlicher Tätigkeit". Natur und menschliche Welt bilden dieser Auffassung zufolge eine durch menschliches Tun vermittelte, kraft dieser Vermittlung als sinnhaft konstituierte, in sich strukturierte, geordnete und in diesem Sinn ‚gesetzmäßige' Ganzheit (= konkrete Totalität). Das bedeutet also: eine kohärent strukturierte, gesetzmäßig verfasste Welt wird in der menschlichen Lebenstätigkeit – fundamental: in den Akten materieller Produktion und Reproduktion – je schon vorausgesetzt. Ohne diese Voraussetzung sind Akte menschlicher Reproduktion gar nicht denkbar. Für diesen Tatbestand soll der Begriff der *materiellen Apriorität des Seins* (Materie / Natur / Wirklichkeit) eingeführt werden. Er bezeichnet rein formal, ohne jedes transzendentalphilosophische Implikat, die notwendigen und allgemeinen Bedingungen menschlicher Reproduktion. Von diesem Ansatzpunkt her ist es möglich, sowohl die Subjekt-Seite als auch die Objekt-Seite des Verhältnisses von Mensch und Natur, als des unmittelbarsten uns gegebenen Seinsverhältnisses, theoretisch zu erörtern.

26 MEW 20, S. 453.
27 MEW 37, S. 463.

Zusammengefasst: das neue Denken nimmt seinen Ausgangspunkt in einem Handlungskomplex sinnlich-tätiger Individuen, in den fundamentalsten und notwendigsten Handlungen, mit denen wir selbst ständig und unausweichlich – nicht zuletzt auch im Sinne der materiellen Bedingung dieses unseres Denkens – befasst sind: Produktion und Reproduktion des wirklichen Lebens. Es nimmt seinen Einsatz in Stoffwechselprozessen, die menschliche Individuen als Naturwesen mit der Natur und in der Natur vollziehen; in einem Vermittlungsverhältnis tätiger Subjekte in der Natur: der Natur-Subjekte mit sich selbst und mit äußerer Natur – ein Tätigkeitskomplex, der sich innerhalb eines umfassenden Naturganzen vollzieht.

Menschliche Tätigkeit vollzieht sich biotisch innerhalb eines Zyklus gesellschaftlicher Reproduktion mit den Polen Zeugen, Gebären, Wachsen, Altern und Sterben im Sinne eines sich stets erneuernden Ablaufs. Ich spreche von dem *biotischen Schema menschlicher Reproduktion*. Auf der Basis dieses Schemas spielt die Arbeit, für die große Mehrzahl menschlicher Gesellschaften und sicher für alle menschlichen Gesellschaften von einem entwickelten zivilisatorischen Niveau, die Rolle fundamentaler menschlicher Lebenssicherung. Ja, sie ist der Motor menschlicher Bildung. Aus ihr hervor geht das gesamte Werk der Zivilisation: der *Bau der menschlichen Welt*. Und nicht zuletzt bildet sie, in ihrem Charakter als ‚teleologische Setzung' (Lukács), das Modell jeder bewussten Lebenstätigkeit überhaupt.

Der Mensch ist *welthaft tätig*: Menschen stehen stets in einem vielschichtigen (sich auf mehreren Ebenen zugleich vollziehenden) Vermittlungs- und Handlungsgefüge mit objektiv gegebener Wirklichkeit: Natur und durch menschliche Tätigkeit erzeugte Welt. Ist das menschliche Wesen „in seiner Wirklichkeit (…) das ensemble der gesellschaftlichen Verhältnisse",[28] so ist das Individuum ein *Ensemble mannigfaltiger Tätigkeiten*, durch welche die Verhältnisse, die es vorfindet und in denen es agiert, *reproduziert*, *modifiziert* und *verändert* werden. Tätigkeit also bezieht sich auf die *Gesamtheit* der *reproduktiven* (welterhaltenden) und *produktiven* (weltgestaltenden, weltumgestaltenden, in diesem Sinn weltbildenden) Fähigkeiten des gesellschaftlichen – individuellen und kollektiven – Subjekts: des Menschen als Gattung wie als Individuum.

28 MEW 3, S. 6.

Arbeit als ontologisches Datum: fundamentum in re

Wenn, nach dem Wortlaut der *Deutschen Ideologie,* der neue Materialismus keine anderen Voraussetzungen macht als die der empirischen Tatsache unserer eigenen materiellen Existenz, so wird hier – das zumindest sollte jetzt sichtbar geworden sein – nicht auf ein unproblematisch Einfaches rekurriert, sondern auf einen Komplex von Bestimmungen, die durch die produktiv-reproduktiven Handlungen der Individuen je schon konstituiert sind, die Momente dieser Handlungen selbst bilden, und zwar notwendige Momente. Im Kern dieser Bestimmungen steht die Kategorie *menschlicher Arbeit,* als Grundbegriff in einem ontologisch-anthropologischen Sinn. Arbeit ist Grundtatsache und Substrat, *fundamentum in re* menschlichen Lebens, und zwar auf allen Ebenen der menschlichen Gattungsgeschichte jenseits primitivster archaischer Stufen. Sie ist zudem das Modell menschlicher Tätigkeit überhaupt.

Dem Begriff Arbeit kommt der Charakter eines Universalen und Allgemeinen zu. Marx hat diesen Tatbestand in aller wünschenswerten Klarheit ausgesprochen. „Der Arbeitsprozeß", schreibt er in seinem Hauptwerk, „ist zweckmäßige Tätigkeit zur Herstellung von Gebrauchswerten, Aneignung des Natürlichen für menschliche Bedürfnisse, allgemeine Bedingung des Stoffwechsels zwischen Mensch und Natur, ewige Naturbedingung des menschlichen Lebens und daher unabhängig von jeder Form dieses Lebens, vielmehr allen seinen Gesellschaftsformen gleich gemeinsam."[29] „Die Arbeit", so auch Engels, „ist die erste Grundbedingung alles menschlichen Lebens, und zwar in einem solchen Grade, daß wir in gewissem Sinn sagen müssen: Sie hat den Menschen selbst geschaffen."[30]

Menschliche Arbeit ist von ihren instinktartigen Vorformen wie von tierischer Arbeit klar zu unterscheiden. Das Unterscheidungsmerkmal ist die *konzeptive und antizipatorische Leistung des Bewusstseins.* Diese gehört zur notwendigen, ‚ewigen' Bedingung menschlichen Daseins. Das heißt: *Bewusstsein gehört zum Sein, sofern es menschliches ist.* ‚Bewusstsein' und ‚Sein' sind in Bezug auf den Menschen untrennbar. Dieser Satz ist nicht mit der vielzitier-

29 MEW 23, S. 198 (*Kapital I*).
30 MEW 20, S. 444.

ten Aussage zu verwechseln, dass *das Sein das Bewusstsein bestimmt*. Letztere steht im Zusammenhang sozialtheoretischer Überlegungen: Sie betrifft das Verhältnis Basis-Überbau. Die Analysen allgemeiner Arbeit im *Kapital* aber besitzen keinen primär sozialtheoretischen, sondern einen *ontologisch-anthropologischen* Sinn. Marx fragt nach stabilen, fundierenden Strukturen gesellschaftlichen Seins, die allen Gesellschaftsformen gemeinsam sind. Auf der ontologischen Ebene nun sind Bewusstsein und Sein, wir dürfen sagen: für den Menschen *gleichursprünglich* gegeben. Menschliches Sein ist nie ohne Bewusstsein (mit der Ausnahme pathischer Sonderfälle). Das Sein als menschliches ist von vornherein von Bewusstsein geprägt, wobei wir das Un- und Vorbewusste dem Bereich des Psychischen zuordnen. Menschliches Sein also ist geprägt von *Psyche/Bewusstsein*. Dabei wird Bewusstsein naturgeschichtlich als Ergebnis eines Evolutionsprozesses verstanden: als Funktion und Teil der materiellen Welt. *Bewusstsein ist Teil der Materie oder, anders gesagt, Geist ist Teil der Natur. Menschliches Sein ist bewusstes materielles Sein.*[31]

Die Arbeit nun, sofern sie menschliche Arbeit ist (‚dem Menschen ausschließlich angehört'), hat den Charakter *bewusster Lebenstätigkeit*. Sie ist ‚teleologische Setzung': konzeptiv geplanter, praktisch-zielgerichteter Prozess, an dessen Ende ein Resultat herauskommt, das beim Beginn desselben schon im Bewusstsein des Arbeitenden, also ideell vorhanden war. Arbeit ist zweckorientierte bewusste Tätigkeit. In menschlicher Arbeit ist *Bewusstsein als Bestandteil von Sein* gesetzt. Sie ist Synthesis physischer und ideeller Momente im Materiellen selbst. Pointiert formuliert: Arbeit ist *Einheit von Sein und Bewusstsein*: Stoffwechselprozess von Mensch und Natur, in dem die Naturmacht Mensch dem Naturstoff gegenübertritt und diesen durch planmäßige, zweckbestimmte Tätigkeit in einer für das menschliche Leben brauchbaren Form aneignet. Zur Naturmacht Mensch gehören sämtliche der menschlichen Leiblichkeit eignende Naturkräfte: die ausführenden Arme, Hände und Beine ebenso wie der ideell konzipierende und planende, also ‚denkende' Kopf.[32]

31 Vgl. dazu Engels' Äußerung: „Die Geschichte ist nur als Entwicklungsprozeß selbstbewußter Organismen von der Geschichte der Natur verschieden" (MEW 20, S. 504) – sie begreift das Verhältnis des Menschen zur Natur als Selbstunterschied der Natur, und macht dieses Verhältnis am Tatbestand des Selbstbewusstseins fest (siehe dazu H.H. Holz, *Dialektik und Widerspiegelung*, Köln 1983, S. 34). Damit aber ist, im Rahmen der Bewusstseinstheorie, eine äußerste Gegenposition zu jeder Gestalt des Idealismus bezogen.

32 MEW 20, S. 444.

In der Totalität dieser Bestimmung – dass in der Arbeit alle menschlichen Kräfte involviert sind – liegt der Grund dafür, dass mit der Arbeit das Werk menschlicher Zivilisation seinen Anfang nimmt. In diesem Sinn ist sie der Ursprung menschlicher Kultur. Arbeit bedeutet einen qualitativen Sprung in der Geschichte menschlicher Tätigkeiten. Erst in ihr wird die Struktur, die aller menschlicher Tätigkeit inhäriert, explizit. In diesem Sinn ist sie Modell solcher Tätigkeit überhaupt.

Der Einsatz bei menschlicher Tätigkeit – im genetischen Sinn: bei in der Natur tätigen, in ihr handelnden, mit zuhandenem Naturstoff umgehenden Menschen – ist von jedem transzendentalphilosophischen Ansatz eben dadurch unterschieden, dass dieser tätige Mensch mit allen seinen Organen, vom denkenden Kopf bis zur bildenden Hand, als eine Kraft der Natur selbst gedacht ist, die sich innerhalb der Natur von jeder anderen Natur dadurch unterscheidet, dass sie in der Natur bewusst handelnd eine eigene Welt ausbildet. Sie transzendiert also die Unmittelbarkeit des natürlichen Daseins, in der alles andere Seiende verbleibt, ohne freilich – bei Strafe des Untergangs – die Grenzen der Natur überschreiten zu können. Bei Strafe des Untergangs: weil die Grenzen der Natur die Grenzen der Menschheit sind. Dieser Selbstunterschied – mit allen seinen Folgen – definiert im anthropologischen Sinn die ‚Sonderstellung' des Menschen in der Natur.

In den Grenzen der Natur verbleibt alles menschliche Leben. Auch die hochtechnologische Zivilisation der Moderne vermag diese Grenzen nicht zu überschreiten, selbst wenn sie den Schein erzeugt, sie sei aus dem Kreis der Natur herausgetreten – auch der Homunkulus wird nach den Gesetzen der Natur erzeugt. Der endgültige Austritt aus dem Kreis der Natur wäre gleichbedeutend mit dem Akt der Selbstzerstörung.

II. Geschichte als zweite Kernkategorie

Der Terminus ‚Geschichte' hat einen Doppelsinn: Er meint einmal ein gegenständliches zeitliches Geschehen (Ablauf, Handlung und Prozess), und er meint den Bericht bzw. die Erzählung davon (im Englischen ist der Unterschied mit ‚history' und ‚story' terminologisch deutlicher gefasst). Der ursprüngliche Wortsinn im Griechischen ist ‚Erkundung' und bezieht sich ursprünglich auf Naturkunde und Naturphilosophie. Bei Aristoteles erhält er den Sinn von ‚Geschichtsschreibung' und kann so von der Dichtkunst unterschieden werden.[33] Auch lateinisch ‚historia' meint primär Erkundung, Kunde, Erzählung, auch Kenntnis und Wissensstoff, bezieht sich erst in einem weiteren Sinn auf das Geschehen selbst. Der *ontologische Geschichtsbegriff* (d.h. ein solcher, der sich auf ein objektives raum-zeitliches Geschehen bezieht und damit auf eine *Struktur von Wirklichkeit)* hat zwei Wurzeln: eine theologisch-heilsgeschichtliche und, mit dieser widersprüchlich verbunden, die Verdiesseitigung des Denkens, von der im Ersten Teil die Rede war. Zu dessen Kernbestand gehört die Begrifflichkeit einer Natur und Menschenwelt umfassenden Geschichte, damit auch der Gedanke der *Geschichtlichkeit* (des Werdens und Gewordenseins) natürlicher und menschlicher Wirklichkeit. Er bildet sich im Denken der Neuzeit graduell heraus.

Geschichtlichkeit: Geschichte als ontologischer Begriff. Die Geschichtlichkeit der menschlichen Welt

Im Denken von Marx und Engels ist Geschichte ein *ontologischer* Begriff – er bezieht sich auf eine grundlegende Konstitution von natürlicher und menschlicher Wirklichkeit. Wenn es in der *Deutschen Ideologie* heißt: „wir kennen nur eine einzige Wissenschaft, die Wissenschaft von der Geschichte",[34] so geht es nicht um die Inthronisation einer Fachdisziplin zur Universalwissenschaft, sondern um die Einsicht, dass die Wirklichkeit geschichtlich verfasst ist und jede Wissenschaft, die von Wirklichkeit handelt, deren geschichtliche Verfasstheit zum Zentrum der Untersuchung machen muss. Es geht um die Priorität des Geschichtlichen in allen Wissenschaften, deren Gegenstand Wirklichkeit ist.

Geschichte, heißt es schon beim jungen Engels, ist „unser Eins und Alles".[35] Die menschliche Geschichte, so Marx in den *Pariser Manuskripten* von 1844, ist der „Entstehungsakt der menschlichen Gesellschaft" als „in

33 Vgl.: Ritter, HWP, Bd. 3, S. 344.
34 MEW 3, S. 18.
35 MEW 1, S. 545.

der menschlichen Geschichte (…) werdende Natur".[36] Naturgeschichte und menschliche Geschichte werden also bereits im Frühwerk als Einheit in der Differenz gedacht. Die menschliche Geschichte ist „ein *wirklicher* Teil der *Naturgeschichte*, des Werdens der Natur zum Menschen",[37] mit der Bildung des sinnlichen menschlichen Wesens als Resultat. „Die *Bildung* der 5 Sinne ist eine Arbeit der ganzen bisherigen Weltgeschichte."[38] Geschichte, laut *Deutscher Ideologie*, „kann von zwei Seiten aus betrachtet, in die Geschichte der Natur und die Geschichte der Menschen abgeteilt werden", die sich aber, „solange Menschen existieren", gegenseitig bedingen. „Die Ideologie selbst ist nur eine der Seiten dieser Geschichte."[39] Es gibt, so lässt sich im Bilde schließen, nichts Ungeschichtliches unter der Sonne – wobei die Sonne selbst geschichtlich ist.

Die Wirklichkeit ist also geschichtlich verfasst, und sie ist als *dialektische* geschichtlich verfasst. Dialektisch heißt hier: als Struktur und Prozess, als gegensätzlich strukturierter, bewegter Zusammenhang – dialektisch als Bewegung in Zeit und Raum. Ist der neue Materialismus *dialektisch*, so ist er *als* dialektischer auch geschichtliches Denken. Der dialektische Materialismus ist *historischer* Materialismus – nicht als Addendum, sondern in dem Sinn, dass das eine aus dem anderen hervorgeht. Die Momente des Dialektischen und Historischen grenzen den neuen Materialismus von jedem anderen Materialismus ab.

Geschichtlichkeit ist damit der Dialektik zugeordnet. Die strukturellen Merkmale von Geschichtlichkeit sind Entwicklung und Transformation. Sie gelten für die menschlich-gesellschaftliche wie für die natürliche Welt und haben ontologische wie logisch-methodologische Bedeutung: Geschichtlich verfasst ist die Wirklichkeit, und geschichtlich verfasst sind die Verfahren, mit denen Wirklichkeit erkannt wird.

Geschichte als Determinationsgefüge

Die kritisch-historische Wende des Gesellschaftsbegriffs, die Marx mit der materialistischen Geschichtsauffassung vollzieht, hat ihren Kern in dem Ge-

36 MEW, Ergbd. I, S. 543.
37 Ebd., S. 544.
38 Ebd., S. 541f.
39 MEW 3, S. 18.

danken, dass Gesellschaft als „Produkt des wechselseitigen Handelns der Menschen“[40] geschichtlich bestimmt ist, wobei die „soziale Geschichte der Menschen (…) stets nur die Geschichte ihrer individuellen Entwicklung (ist), ob sie sich dessen bewußt sind oder nicht“.[41] Diese beruht insgesamt auf den materiellen Verhältnissen, in denen die Menschen ihre Lebensbedingungen produzieren und reproduzieren, die somit „die Basis aller ihrer Verhältnisse“ bilden.[42] Auf diese Weise entsteht mit der Erzeugung und Tradierung der Produktivkräfte von einer Generation zur anderen „ein Zusammenhang in der Geschichte der Menschen“, der umso mehr „Geschichte der Menschheit ist, je mehr die Produktivkräfte der Menschen und infolgedessen ihre gesellschaftlichen Beziehungen wachsen.[43] Das aber geschieht nicht von selbst, sondern durch menschliche Tätigkeit. Um die jeweils erreichten Resultate ihrer Tätigkeit zu sichern und „um die Früchte der Zivilisation nicht zu verlieren“, sind die Menschen gezwungen, „alle ihre überkommenen Gesellschaftsformen zu ändern“[44], sobald die „Art und Weise ihres Verkehrs“ „den erworbenen Produktivkräften nicht mehr entspricht“.[45] Was hier ‚Art und Weise des Verkehrs‘ heißt, lautet anderen Orts „Verkehrsform“[46] bzw. Form der „Produktionsverhältnisse“.[47]

Die Menschen machen also „ihre eigene Geschichte, aber sie machen sie nicht aus freien Stücken, nicht unter selbstgewählten, sondern unter unmittelbar vorgefundenen, gegebenen und überlieferten Umständen“.[48] Jedes geschichtliche Handeln, ja alle menschliche Tätigkeit vollzieht sich innerhalb konkreter, vorgefundener geschichtlich-gesellschaftlicher Bedingungen, die den *Spielraum menschlicher Handlungsmöglichkeit* eingrenzen. Sie fungieren so als Determinanten menschlichen Handelns. Sie determinieren eine konkrete Situation in der Dialektik von Wirklichkeit und Möglichkeit – die Möglichkeit als Teil der Wirklichkeit. Innerhalb solcher Spielräume sind Menschen ‚frei‘. Sie können eine gegebene Möglichkeit ergreifen oder verfehlen. Denken

40 Ebd.
41 Ebd.
42 Ebd.
43 Ebd., S. 452f.
44 Ebd., S. 453.
45 Ebd.
46 Ebd., S. 36, 70f.
47 MEW 13, S. 8f.
48 MEW 8, S. 115.

wir eine historische Situation als determiniert, so sind die historischen Subjekte – die Akteure in dieser Situation – selbst als Teil der Determinanten zu verstehen. Wie das Gefüge der Determinanten – das Gesamt der geschichtlich-gesellschaftlichen Bedingungen – Resultat menschlichen Handelns ist, so kann es durch menschliches Handeln verändert werden. Die geschichtliche Bewegung selbst vollzieht sich auf keine andere Weise als in der Form determinierter Handlungen.

Chronotopos: Geschichte als Zeit-Raum-Kontinuum

Nach einer verbreiteten Auffassung ist „jede Thematisierung von Geschichte eine erzählende Anordnung vergangener Ereignisse nach temporalen Strukturen".[49] Eine solche Sicht ist einseitig. Geschichtliches Handeln und Geschehen ist nicht nur zeitlich strukturiert, sondern zugleich auch räumlich.[50] Es ist *Sein in der Zeit* und gleichursprünglich *Sein im Raume*. Geschichte ist ein *Zeit-Raum-Kontinuum*. Sie ist, mit einem anderen Begriff, *Chronotopos*. Das zeitlich Seiende ist ein Geschehen im Raum, wie das räumlich Seiende zeitlichen Abläufen (eben: temporalen Strukturen) unterliegt. Zeit und Raum bedingen einander. Das Eine ist nicht ohne das Andere, der ‚reine Raum' so wenig vorstellbar wie die ‚reine Zeit'. Raum und Zeit stehen in einem Verhältnis wechselseitiger struktureller Abhängigkeit. Menschliches Sein ist Sein in einer räumlich-gegenständlichen Welt, das in seiner subjektiven wie objektiven Seite zeitlich ist – aus dieser Grundeinsicht ergibt sich die ontologische Gleichwertigkeit von Zeit und Raum im materialistischen Begriff der Geschichte. Ist die Welt „alles, was der Fall ist" (Wittgenstein), so ist alles, was der Fall ist, Teil einer raum-zeitlichen Ordnung.

Die *temporale Struktur* (Zeitstruktur) von Geschichte begreift diese als Konjunktion von Vergangenheit, Gegenwart und Zukunft. Dabei bildet die

49 Ritter, HWP, Bd. 3, S. 436.

50 Zu Recht beklagt Edward W. Said in *Culture and Imperialism* die Unterbewertung der Räumlichkeit im traditionellen Begriff der Geschichte (E.W. Said, Culture and Imperialism, London 1994). Er argumentiert, dass ihr gleichwertiger Einbezug enorme Auswirkungen für die Historiographie der neueren europäischen Geschichte hätte (vor allem im Hinblick auf den Kolonialismus). Die Unterbewertung der Räumlichkeit im Geschichtsbegriff ist Indiz idealistischen Denkens: Die Materialität der räumlichen Welt ist diesem fremd.

Gegenwart einer historischen Handlung den Brennpunkt, in dem die Vergangenheitslinien zusammentreten, von dem die Zukunftslinien ausgehen. Sieht der Historismus jede Epoche als gleichursprünglich zu Gott, so der historische Materialismus alle Vergangenheit aus der Perspektive der Gegenwart mit der Zukunft als dem prospektiven Horizont des Möglichen. In diesem Sinn ist die Gegenwart stets zugleich determiniert und determinierend. Zukunft heißt: in der Gegenwart schlummernde Möglichkeit, die im Vergangenen ihren Grund hat. „Das Heute geht gespeist durch das Gestern in das Morgen" (Bert Brecht).

Die *Raumstruktur* von Geschichte denkt die Transformationen der geschichtlichen Welt in Kategorien geographischer Räume und damit auch in der Relation von Mikro- und Makrostrukturen: von der regionalen Räumlichkeit unverbundener Geschichten über Staatenbildung, Imperien und Weltgeschichte. Wenn es im *Kommunistischen Manifest* heißt, die Bourgeoisie habe über den Weltmarkt die Beziehungen aller Ländern kosmopolitisch gestaltet, so ist ein Prozess weltgeschichtlicher Verräumlichung gemeint, der heute nicht nur die Erde, sondern tendenziell auch den Weltraum erfasst hat – nicht nur ‚globalen', sondern bereits ‚planetarischen' Charakters ist.

Gesellschaftsformation und Epoche. Der geschichtstheoretische Formationsbegriff

Gesellschaftliche Formationen bilden sich zu hochkomplexen Systemen aus, deren Bereiche ihre eigenen internen Regularitäten entwickeln. Sie sind in einem relativen Sinn autonom. Sie sind miteinander vermittelt, bedingen einander, doch ist kein Bereich auf den anderen reduzierbar. Ich spreche deshalb von der *Autochthonie* der gesellschaftlichen Bereiche einer gegebenen Formation. Die Produktionsweise als strukturierendes Moment bedeutet allein: sie bildet die Grundlage (die ‚Basis') und setzt damit Bedingungen, unter denen sich die einzelnen Bereiche entwickeln. Der aus den ökonomischen Verhältnissen entspringenden Klassenstruktur kommt im Aufbau einer gesellschaftlichen Formation eine prioritäre Bedeutung zu. Sie ist dennoch so wenig die einzige eine gesellschaftliche Formation prägende Struktur wie sie der einzige Motor geschichtlicher Handlung ist. Das Geschlechterverhältnis ist ein weiteres, den Aufbau der Gesellschaft prägendes Grundmuster.

Der Gesichtspunkt der Autochthonie betrifft nicht nur synchron die Bereiche innerhalb einer gegebenen Formation, er betrifft auch im diachronen Sinn deren Abfolge: die *Geschichte gesellschaftlicher Formationen* selbst. Formationen sind autochthone Gebilde, ihre Transformationen erfolgen in der Regel in langen Zeiträumen, ja, bestimmte Schichten existieren auch in späteren Formationen fort. Die Geschichte gesellschaftlicher Formationen folgt weder einem prädeterminierten teleologischen Schema noch ist sie als Geschichte eines linearen Fortschritts, des notwendigen Übergangs der einen in die andere zu denken. Von ‚logischer Notwendigkeit' kann hier in keinem Sinn die Rede sein. Zwar gibt es *Gesetze* des Geschichtsprozesses, doch besitzen diese keinen anderen Charakter als den struktureller Regularitäten. Als Determinanten bestimmen sie einen Spielraum geschichtlichen Handelns. Für den gegenwärtigen Zeitpunkt lässt sich allein sagen, dass sich aufgrund bestimmter struktureller Bedingungen – zu denen die Entwicklung der technologischen Produktivkräfte ebenso gehörten wie die Globalisierung der gesellschaftlichen Grundverhältnisse, die enorme Akkumulation ökonomischen wie kulturellen Reichtums (materiell und geistig) und die Zunahme des gesellschaftlich verfügbaren Wissens – die sozialistisch-kommunistische Formation als Gesellschaft universaler menschlicher Emanzipation im Sinn einer realen Möglichkeit des geschichtlichen Prozesses herausgebildet hat. Diese Möglichkeit freilich kann allein wirklich werden durch Aufhebung der die gegebene Gesellschaft zugleich prägenden und deformierenden Klassenstruktur (den in der Produktionsweise begründeten Antagonismus von Bourgeoisie und Proletariat) wie auch aller anderen Gestalten der Herrschaft von Menschen über Menschen. Eine solche Aufhebung hätte den Charakter eines *revolutionären Akts,* da sie die Umgestaltung der Gesellschaftsformation im Ganzen betrifft. Die herzustellende Gesellschaft universaler Emanzipation wäre von der gegebenen kapitalistischen wie von allen anderen bekannten Gesellschaftsformationen qualitativ unterschieden. In ihr wäre die die gesamte bisherige Geschichte seit dem Ausgang der Urgesellschaft prägende repressive Klassenstruktur vernichtet. Eine solche Gesellschaft ist eine im Schoß der Geschichte herangereifte Möglichkeit – mehr nicht. Sie ist eine Möglichkeit, die durch geschichtliches Handeln ergriffen, aber auch verfehlt werden kann. Nach Maßgabe marxistischen Denkens freilich wäre das Verfehlen dieser Möglichkeit identisch mit einem Rückfall in die Barbarei – mit der möglichen Konsequenz des Menschheitssuizids.

Mit dieser geschichtstheoretischen Konzeption ist ein irreversibler Bruch mit allen Formen einer teleologischen (auch teleologisch-heilsgeschichtlichen) Geschichtskonzeption vollzogen, wie sie das neuzeitliche Geschichtsdenken bis in die idealistischen Systeme hinein auf weite Strecken prägt. Folgte noch Hegels Begriff der Geschichte als eines „Fortschritts im Bewusstsein der Freiheit" zumindest in seinen systematischen Aspekten einer Konstruktion, in die theologische Motive strukturbildend hineinspielen, so hat der Marxsche Materialismus mit allen solchen Auffassungen gebrochen. Geschichtlicher Fortschritt ist eine gegebene Möglichkeit geschichtlichen Handelns selbst, die ergriffen, doch auch verfehlt werden kann. Sicher gibt es, in einem bestimmten, konkret zu spezifizierenden Sinn, Fortschritt in der Abfolge gesellschaftlicher Formationen (technologisch, politisch, juristisch, kulturell, ästhetisch, wissenschaftlich usf.), doch nicht mehr in der Bedeutung einer prädestinierten Struktur oder logischen Notwendigkeit. Auch eine ergriffene Möglichkeit zivilisatorischen Fortschritts, ein Stück verwirklichter Freiheit, ist bedroht, stets zu sichern, womöglich neu zu erkämpfen; bedroht vom Rückfall in einen Zustand überwundener geschichtlicher Stufen, wenn nicht gar vorzivilisatorischer Barbarei. „Nur der verdient sich Freiheit wie das Leben, / Der täglich sie erobern muß".[51] Der Fortschritt selbst unterliegt einer internen Dialektik. Marx nennt ihn einmal einen „scheußlichen Götzen", der den Nektar aus den Schädeln Erschlagener trinkt – erst in der sozialistischen Gesellschaft würde sein Preis nicht mehr das Menschenopfer sein.[52]

Perspektivität und Objektivität historischen Erkennens

Eine ‚neutrale' Geschichtsschreibung, die objektiv ist in dem Sinn, dass sie erzählt, ‚wie es wirklich gewesen ist', gibt es nicht. Sie ist eine ideologische Fiktion. Jede Geschichtsschreibung, jede Erzählung von Geschichte, jeder geschichtliche Bericht ist *standpunktgebunden*. Jede Erzählung, die über die bloße Sammlung von Fakten hinausgeht, hat *perspektivischen Charakter*. Sie interpretiert. Sie erfolgt von einem bestimmten Standpunkt, den der Erzähler

51 Goethe, *Faust II*.
52 MEW 9, S. 226.

als historisches Subjekt bezieht – ja, selbst das Sammeln von Fakten unterliegt dem Prinzip perspektivischer Auswahl. Welche Fakten ausgewählt und welche verworfen werden, ist nicht zufällig. Die Auswahl unterliegt Vorentscheidungen, für die der hermeneutische Begriff des ‚Vor-Urteils' zutreffend ist. Sie legen fest, was ausgewählt wird und was nicht. Sie regeln die Kriterien der Auswahl. In diesem Sinn ist jede Geschichtsschreibung ‚parteilich', ob sie es will oder nicht, ob sie es weiß oder nicht.

Für die Geschichtsschreibung gilt also, was des Näheren unter dem Begriff der allgemeinen Erkenntnistheorie auszuarbeiten ist: *Perspektivität und Objektivität des Erkennens*. Denn Standpunktgebundenheit, Perspektivität und Parteilichkeit bedeuten nicht, dass das historische Erkennen subjektiv, willkürlich und beliebig sei. Mit einem billigen Relativismus hat diese Einsicht nichts zu tun. Es gibt Objektivität historischen Erkennens, und dieses beruht auf der Objektivität historischer Tatsachen, doch sind diese nur in Gestalt einer perspektivischen Brechung zugänglich. Auswahl, Interpretation und Wertung historischer Fakten erfolgen nach Gesichtspunkten, die im historischen Standpunkt, sozialen Ort und Interesse (weltanschaulich, politisch, epistemisch) des die Geschichte erkennenden und sie erzählenden Subjekts seinen Grund haben.

In den *Geschichtsphilosophischen Thesen* hat Walter Benjamin den Gesichtspunkt der Perspektivität historischen Erkennens mit großer Prägnanz beschrieben. Er wirft die Frage auf, „in wen sich denn der Geschichtsschreiber des Historismus eigentlich einfühlt" (und ‚Historismus' kann hier für die konventionelle Geschichtsschreibung insgesamt stehen). Die Antwort, die er gibt, lautet: „unweigerlich: in den Sieger. Die jeweils Herrschenden sind (…) die Erben aller, die je gesiegt haben. Die Einfühlung in den Sieger kommt demnach den jeweils Herrschenden allemal zu gut."[53] Herrschende Geschichtsschreibung also ist die Geschichtsschreibung der Herrschenden. Ihr gegenüber betrachtet es der historische Materialist „als seine Aufgabe, die Geschichte gegen den Strich zu bürsten", gegenüber der Tradition der Herrschenden, die die konventionelle Geschichtsschreibung perpetuiert, die „Tradition der Unterdrück-

53 W. Benjamin, *Schriften*, 2 Bde., Frankfurt a. M. 1955, Bd. 1, S. 497.

ten" zu setzen.[54] Zum „Subjekt historischer Erkenntnis" wird jetzt „die kämpfende unterdrückte Klasse selbst", „die das Werk der Befreiung im Namen von Generationen Geschlagener zu Ende führt".[55]

III. Dialektik als dritte Kernkategorie

Der neue Materialismus, so wurde ausgeführt, ist als *historischer* und als *dialektischer* zu bestimmen. Ist im Sinn seiner theoretischen Begründung die gegenständliche Tätigkeit seine erste Kernkategorie, so treten *Geschichte* und *Dialektik* als Kategorien gleich fundamentaler Bedeutung hinzu – als zweite und als dritte Kernkategorie. Ich knüpfe an meine Ausführungen dazu an und halte fest:

1. Das ‚Ganze einer Welt' – d.h. die Gesamtheit der Dinge der Welt wie ihrer Verhältnisse – ist im Charakter seiner Geschichtlichkeit als Zusammenhang von Gegensätzen konstituiert. Das bedeutet: es ist *dialektisch* konstituiert. Die Einheit von Dialektik und Geschichte ist für den neuen Materialismus grundlegend. *Materialismus dialektisch und historisch* meint die Auffassung einer Wirklichkeit, die dialektisch und historisch verfasst ist. In diesem Sinn haben Dialektik und Geschichte den Status ontologischer Begriffe. Dabei besitzt Dialektik eine strukturelle (logisch-ontologische) Priorität: Die Geschichte selbst ist dialektisch verfasst.

2. Dialektik wird hier in einem zugleich ontologischen und logischen Sinn verstanden: als Wirklichkeitsstruktur und als Gedankenform bzw. Methode, Wirklichkeit zu erkennen – damit auch als Voraussetzung, verändernd in die Wirklichkeit einzugreifen. Dialektik als Methode meint ein Verfahren *genetischer Rekonstruktion*. Dialektik fragt nach der Genesis des Gegebenen: der Herkunft des Gewordenen in der Perspektive seiner Veränderung. Sie legt Sein als Werdend-Gewordenes frei – verflüssigt scheinbar feste Verhältnisse. Sie ist damit zugleich auch ein Verfahren der Kritik.

54 Ebd., S. 498.
55 Ebd.

3. Ihrer logischen Struktur nach ist Dialektik die Einheit von Negation und Synthesis – ein Zusammenhang von Sich-Widersprechendem. Ihre Grundfigur ist das umgreifende Allgemeine. Das bedeutet: materialistische Dialektik ist dem Kern nach *synthetisches Denken*. Ihr Ziel ist der Gewinn positiven Wissens: die Erkenntnis der Welt als Bedingung ihrer Veränderung. Das synthetische Denken schließt notwendig das Moment des Kritischen ein: Es ist die Einheit von Kritik und positivem Wissen. Alles positive Wissen ist kritisch zu gewinnen. So ist der Marxsche Materialismus eine zugleich kritische und positive Theorie. Sein Ziel ist der Gewinn gesicherten Wissens, das dem Zweck praktischen Handelns dient.

Als zugleich ontologischer und logischer Begriff gehört Dialektik also sowohl der Ontologie als auch der Theorie des Bewusstseins an. Dialektik bildet den Schnittpunkt zwischen ontologischer und bewusstseinstheoretischer Argumentation.

Dialektik sei hier mit Rekurs auf Lenins *Konspekte zu Hegels Wissenschaft der Logik* näher zu erörtern. Dazu ist freilich anzumerken, dass der Begriff des ‚Konspekts', auf Lenins Text bezogen, wenig angemessen ist. Dieser ist mehr als eine ‚Übersicht' oder ein ‚Verzeichnis', was Konspekt im üblichen Wortsinn (auch im Sinn des *Duden*) bedeutet. Im Fall Lenins handelt es sich um erläuternde und kommentierende Notizen, oder Notate, die Lenin im Verlauf seines Studiums der *Logik* Hegels im Herbst 1914 verfasste – immerhin im ersten Jahr des Ersten Weltkriegs. Diese Bezüge sind alles andere als nebensächlich. Man sollte besser von Notaten oder Notizen sprechen, aus denen sich die Grundlinien eines materialistischen Begriffs von Dialektik herausschälen. Wenn hier auch von einer durchgängigen Systematisierung die Rede nicht sein kann, so lässt sich hier die Grundstruktur eines systematischen Konzepts sehr wohl ausmachen. Die Systematisierung geht so weit, dass hier von einem Grundlagentext materialistischer Dialektik gesprochen werden kann, der den (weitaus kürzeren) *Feuerbach-Thesen* an die Seite zu stellen ist.

Grundelemente der Dialektik. Logischer und ontologischer Status des Begriffs

In Lenins Aufzeichnungen werden die Ausführungen zur Dialektik einer Erläuterung des Hegelschen Begriffs der absoluten Idee angeschlossen.[56] Die absolute Idee sei „die Einheit der theoretischen Idee (der Erkenntnis) *und der Praxis*".[57] Die Bestimmung benennt den Horizont, vor dem die Erörterung der Dialektik erfolgt. Es ist das Verhältnis von Theorie und Praxis. Die Einheit von Theorie und Praxis kann so im weitesten Sinn als Grundbestimmung materialistischer Dialektik gelten; diese Einheit freilich begriffen als Resultat: das Ergebnis menschlichen Handelns (wie, bereits auf idealistischem Boden, Hegels absolute Idee allein als Resultat Existenz hat).

Lenin notiert zunächst drei allgemeine „Grundelemente" (er sagt auch „Grundsätze") der Dialektik:

1. *die Betrachtung des Dings selbst in seinen Beziehungen und seiner Entwicklung,*

2. *das Herausarbeiten des Widersprechenden im Ding selbst, der „widersprechenden Kräfte und Tendenzen in jedweder Erscheinung",*

3. *die Vereinigung von Analyse und Synthese.*

Sie bestimmen Dialektik im doppelten Sinn: als einen zugleich *logisch-methodologischen* und *ontologischen* Begriff. Dialektik ist eine Methode, Wirklichkeit zu erkennen und zugleich ein Begriff, der die Struktur von Wirklichkeit (von Lenin meist ‚Ding' oder ‚Erscheinung' genannt) abbildet: Wirklichkeit, wie sie uns gegeben ist, die ‚phänomenale Welt' ist *im Kern* dialektisch verfasst. ‚Wirklichkeit, dialektisch verfasst', heißt: Sie bewegt sich im Widerspruch, enthält widersprechende Kräfte und Tendenzen, ist ihrer inneren Struktur nach in einer Entwicklung begriffen, die erkannt werden kann, enthält zumindest das Potential von Entwicklung im Sinn der Bewegung inhärenter Kräfte und Tendenzen der Wirklichkeit selbst. Jedes statische Weltbild wird damit unterlaufen. Bewegung, Entwicklung, Veränderung, Vergangenheit wie Zukunft (als Zeitkategorien der Bewegung) treten in den Blick. Ein solches Konzept von Dialektik begreift die Wirklichkeit als offenen Prozess, der erkannt und in den verändernd ein-

56 LW 38, S. 210–214.
57 Ebd., S. 211.

gegriffen werden kann. Dialektik als zugleich logischer und ontologischer Begriff meint gerade die Einheit von Wirklichkeitsverfassung, Wirklichkeitserkenntnis und Wirklichkeitsveränderung – von Theorie und Praxis im oben angezeigten Sinn.

Das Erkennen von Wirklichkeit als Bewegung und Prozesszusammenhang ist vollständig nur möglich, wenn es methodisch zugleich *analytisch* und *synthetisch* verfährt: der Wirklichkeitsausschnitt, der erkannt werden soll – ‚das Ding' als besonderer Gegenstand des Erkennens – ist in einem ersten Schritt analytisch in seine strukturierenden Elemente zu zerlegen. In einem zweiten Schritt ist der analytisch zerlegte Gegenstand konstruktiv zusammenzusetzen. Die Teilelemente sind, im Akt der Synthesis, zu einem Ganzen zusammenzufügen. Das Bild des Ganzen, das als *erkanntes* erst Ergebnis des vollständigen Erkenntnisprozesses ist, resultiert aus dem Zusammenfügen des Zerlegten, einer *Konstruktion* also aus den erkannten Teilelementen (Gegenstandssegmenten). Erst durch eine solche ‚Vereinigung von Analyse und Synthese' ist Erkenntnis von Zusammenhängen, schließlich Denken eines Ganzen möglich. Erkennen, zeigt sich, ist *Abbildung und Konstruktion*.

Diese methodologische Bestimmung gilt in besonderem Maß für den neuen Materialismus selbst. Dieser setzt, als ‚empirisches' Denken (im Marxschen Sinn) beim unmittelbar (‚phänomenal') Gegebenen, einer ‚Welt-Tatsache' an (Lenin selbst spricht von ‚Ding' und ‚Erscheinung'), hat die Unmittelbarkeit des Gegebenen freilich im analytischen Zugriff zu durchstoßen, um zum Kern des Gegebenen vorzudringen. In ihrem methodologischen Ziel ist der Akt des Erkennens eine Konstruktion von Zusammenhängen: der Synthesis des Getrennten. Erkennen ist ein Zusammenfügen von zugleich analytischem und synthetischem Denken.

Dialektik als Weg des Denkens und Bewegung des Seins

Dialektik heißt also zweierlei: Weg des Denkens und Bewegung des Seins, und beides ist als Zusammenhang zu sehen. Im folgenden Teil seiner Aufzeichnungen wird Lenins Grundeinsicht, Dialektik als einen einheitlich logisch-ontologischen Begriff zu verstehen, in sechzehn Gesichtspunkten erläutert.

1. *Erkennen der Wirklichkeit, wie sie an sich selbst ist*

In seiner ersten und grundlegenden Bestimmung meint Dialektik zwei Seiten eines Zusammenhangs: a) das Erkennen von Wirklichkeit und b) die objektive Verfasstheit der Wirklichkeit selbst. Logik und Ontologie, Methode und Wirklichkeit, Erkennen und Sein sind als Zusammenhang, letztinstanzlich als Einheit (Einheit wiederum im dialektischen Sinn) zu sehen. Logik / Methode und Wirklichkeit sind, wie in der Mehrzahl heute herrschender Philosophien, keine getrennten Seinsbereiche. Die Logik ist Teil der Ontologie, das Erkennen Teil der Wirklichkeit – ja, es wird diese in ihrem Ansichsein nur erkennen können, wenn es sich als solchen Teil versteht und nicht der Wirklichkeit mit einem ihr fremden Instrumentarium entgegentritt. Damit entfällt auch die Kantsche Dichotomie von Erscheinung und Ding an sich – der Dialektik geht es, wie Lenin sagt, um die ‚*Objektivität der Betrachtung*': das ‚Ding an sich selbst'. Ziel ist, *Wirklichkeit, wie sie an sich selbst ist,* zu erkennen. Die Erkenntnistheorie ist damit auch der Ontologie angeschlossen, sie ist ihr subordiniert.

2. *Das Ganze als Mannigfaltigkeit zusammenhängender Beziehungen*

Dialektik bezieht sich auf die ‚ganze Totalität der mannigfaltigen Beziehungen dieses Dings zu den anderen'. Dialektik zielt auf den Zusammenhang eines Ganzen und auf die Erkenntnis, das Wissen dieses Zusammenhangs. Zentralkategorie dieses Zusammenhangs ist die *Relation*: die Beziehung von Wirklichkeitssegmenten (-teilen) zueinander. Diese Beziehungen sind stets mannigfaltig (komplex, nie ‚einfach'). Erst die Mannigfaltigkeit dieser Beziehungen bildet eine Totalität. ‚Totalität' ist damit als Grundkategorie vindiziert. Damit freilich ist keine metaphysische oder im positivistischen Sinn ‚statische' Totalität gemeint, sondern eine konkrete: die *Mannigfaltigkeit zusammenhängender Beziehungen* (als Lebendigkeit des Wirklichen), also im Grund eine unendliche Bewegung (als ‚Wesen' von Lebendigkeit). Jeder besondere, bestimmte Gegenstand, jedes einzelne ‚Ding', jede gegebene ‚Erscheinung' steht in einem konkreten Zusammenhang solcher Beziehungen. Totalität wird als Beziehungsgeflecht oder ‚Beziehungsstruktur' gedacht. Totalität meint ein in sich *bewegtes, dynamisch strukturiertes Ganzes*. Jeder

Totalitätsbegriff, der Ausschließung und Abgrenzung meint, ist zurückzuweisen.

3. *Wirklichkeit als Bewegung, Entwicklung, Lebendigkeit*

Dialektik meint die *Entwicklung* von Wirklichkeit, des konkreten Weltdings (‚dieses Dings'). Jedes solches Ding hat ‚seine eigene Bewegung, sein eigenes Leben'. Der Realismus der Betrachtung, die Objektorientierung der Theorie verstärkt sich hier. Lenin arbeitet heraus, dass jedes einzelne Weltding – damit auch jeder Gegenstand menschlicher Tätigkeit und Erfahrung – seine eigene Wirklichkeit, Bewegung, Lebendigkeit, Entwicklung, mithin seine Geschichte hat. Wirklichkeit ist *Bewegung*, Bewegung als Qualität von Lebendigkeit. Jede Stasis, jeder Stillstand bedeutet Tod. Lenins Wirklichkeits-(wie Materie-)begriff ist dynamisch (im Gegensatz zu jedem mechanistischen Wirklichkeitsbegriff). *Lebendigkeit* ist Charakteristikum des organischen Seins (doch auch das anorganische hat ‚Geschichte'). Im organischen Sein erhält die für alle Materie geltende Qualität der Bewegung den Charakter von Lebendigkeit. Lebendigkeit, so können wir den Gedanken weiterdenken, schließt ein *energetisches Potential* ein: eine Kraft, die Entwicklung ermöglicht – die Fähigkeit der Selbstorganisation. Diese transformiert sich in höher entwickelten Formen in *entelechische Energie,* d.h. eine solche, die Formprägungen in sich enthält – „geprägte Form, die lebend sich entwickelt"[58]. (An diesem Punkt wäre der Anschluss an eine Gedankenlinie zu finden, die von Aristoteles über Spinoza zu Goethe reicht.) Das energetische Potential erfährt im menschlichen Sein eine weitere Transformation. Die Qualität zweckorientierter Tätigkeit, schließlich bewusster Selbstproduktion tritt hinzu: Kultur im Sinne menschlicher Selbstproduktion.

4. *Widerspruch als Grundbegriff*

Dialektik bezieht sich – in einem weiteren Schritt theoretischer Konkretion – auf die ‚innerlich widersprechenden Tendenzen (und Seiten)' in der Wirk-

58 Goethe, *Urworte Orphisch.*

lichkeit, in jedem Weltding wie jedem Gegenstand der Tätigkeit und Erfahrung. Damit rückt der Widerspruchsbegriff in den Status eines ontologischen Schlüsselbegriffs. Die innere Bewegung eines Weltdings wie jedes Zusammenhangs von Weltdingen, der Wirklichkeit überhaupt ist immer eine Bewegung von Widersprüchen. So wenig damit eine ‚negative Dialektik' im Sinne Theodor W. Adornos nahegelegt wird – dialektisch ist nicht ein Widerspruch an sich, sondern allein ein *Zusammenhang von Widersprüchen* –, so sind doch Negation und Widerspruch als konstituierende Kategorien des Dialektischen etabliert.

5. *Wirklichkeit als Summe und Einheit der Gegensätze*

Diesen Gesichtspunkt ausführend, wird das je konkrete Weltding (die Wirklichkeit überhaupt) als ‚Summe und Einheit der Gegensätze' bestimmt. Lebendigkeit ist mehr als bloße Negativität, unendliche Negation, perennierender Widerspruch. Auch pure Negativität bedeutet Tod. Lebendigkeit trägt die Tendenz zur Synthesis, der Auflösung von Widersprüchen in sich. Wirklichkeit ist stets auch aufgelöster Widerspruch. Ontologisch wie logisch meint Dialektik die Einheit von Widersprüchen, das die Widersprüche umgreifende Allgemeine. Das Lebendige ist nicht auf Zerstörung und Tod gerichtet, sondern auf Erhaltung und Reproduktion, damit auf Versöhnung und Ausgleich, kulturell gesprochen auf Harmonie. In diesem Zusammenhang hat auch die Schönheit – als Kategorie des Ästhetischen – ihren Ort. Sie ist der höchste Begriff ästhetischer Synthesis.

6. *Kampf respektive Entfaltung*

Die sechste Bestimmung bezieht sich auf den Weg, auf dem die Gegensätze des Wirklichen zur Einheit kommen: durch ‚Kampf resp. Entfaltung dieser Gegensätze, der widersprechenden Bestrebungen etc.' Hier werden Möglichkeiten der Wirklichkeitsentwicklung benannt. *Kampf resp. Entfaltung* heißt: durch gewaltsame Auseinandersetzung, die die Möglichkeit der Zerstörung einschließt, den ‚Sprung', doch auch durch organische Entwicklung, Wachsen, einen graduellen Prozess. Dies gilt nicht nur für die natürliche, es gilt auch für die geschichtliche Welt. Entwicklungsprozesse, Transformationen sind ‚revolutionär' und ‚evolutionär' denkbar. Der ‚organische' Weg der Veränderung steht neben dem des revolutionären Sprungs. Evolution ist nicht notwendig ein Gegensatz zu Revolution. Revolutionäres Handeln ist sinnvoll nur dann, wenn es in den realen Verhältnissen seinen Grund hat, eine notwenige Form der Bewegung der Wirklichkeit selbst ist. Es ist sinnlos und verkehrt als rein voluntaristischer Akt. Das entscheidende Kriterium für eine dialektische Transformation ist nicht der Weg, sondern das Resultat: die *qualitative Veränderung*, der Umschlag in eine neue Gestalt und Qualität des Seins. Er kann auf verschiedenen Wegen zustande kommen.

7. *Vereinigung von Analyse und Synthese als Grundfrage der Methode. Negation, Kritik, konkrete Negation*

Die siebente Bestimmung wendet sich erneut der Frage der Methode zu. Genauer wird jetzt ausgeführt, was Vereinigung von Analyse und Synthese bedeutet: ‚das Zerlegen in einzelne Teile und die Gesamtheit, die Summierung dieser Teile'. Analyse und Synthese sind notwendige Momente des Denkens selbst. Die analytische Konzentration auf Einzelfragen und Teilprobleme ist in ihr Recht eingesetzt und wird zugleich überschritten – Philosophie ist immer auch Konstruktion eines Ganzen. Die Schärfe analytischen Denkens, die Fähigkeit des ‚Zerlegens' ist auszubilden. Sie ist genauso unverzichtbar für dialektisches Denken wie die Arbeit an der Synthesis.

Der Gesichtspunkt des Widerspruchs als Frage der Methode ist in den Bestimmungen *sechs* und *sieben* mitgedacht. Dialektik als Negation, als Kampf der Gegensätze heißt, methodologisch gesprochen: *Arbeit der Kritik*. Mit Brecht ist Dialektik „eine zusammenhängende Folge intelligibler Methoden, welche es gestattet, (…) gegen herrschende Ideologien die Praxis geltend zu machen", die „Kunst des praktischen Negierens"[59]: Dialektik als *konkrete Negation*. So verkürzt die Reduktion von Dialektik auf diesen einen Gesichtspunkt wäre (das klassische Beispiel einer solchen Reduktion

59 B. Brecht, *Gesammelte Werke*, 20 Bde., Frankfurt a.M. 1967, Bd. 20, S. 152, 71.

ist Adornos ‚negative' Dialektik), so fatal wäre es, ihn aus der Dialektik herausfallen zu lassen. In beiden Fällen wäre Dialektik als komplexes Konzept preisgegeben.

8. *Mannigfaltigkeit, Allgemeinheit, Universalität*

Auf weitreichende Probleme beim Denken des Ganzen zielt die achte Bestimmung, wenn es heißt: ‚die Beziehungen jedes Dinges (jeder Erscheinung) sind nicht nur mannigfaltig, sondern allgemein, universell. Jedes Ding (Erscheinung, Prozess) ist mit *jedem* verbunden'. Postuliert wird hier ein universaler Zusammenhang des Seienden im Ganzen, und zwar als allgemeines Gesetz des Seins. Das führt über die oben erörterte Bestimmung von Totalität als Zusammenhang mannigfaltiger Beziehungen von Wirklichkeitssegmenten hinaus, lässt sich dieser doch durchaus als historisch eingeschränkt denken. Hier jedoch ist von der *Allgemeinheit* und *Universalität* des Beziehungsgeflechts die Rede – die Idee universaler Vermittlung, des Verbundenseins von jedem mit jedem. Postuliert wird damit Einheit des Wirklichen und der Welt in einem *metaphysischen* Sinn. Der Gedanke benennt einen Punkt, an dem Ontologie an Metaphysik angrenzt. Er bewegt sich in einem Grenzbereich. Er formuliert ein Problem, keine Lösung.

9. *Übergang*

Die neunte Bestimmung variiert und erweitert den Gedanken von Dialektik als Einheit der Gegensätze. Sie lautet: ‚nicht nur Einheit der Gegensätze, sondern Übergänge *jeder* Bestimmung, Qualität, Eigenheit, Seite, Eigenschaft in *jede* andere (in ihren Gegensatz)'. Sie greift zurück auf die grundlegenden Gedanken von Lebendigkeit und Bewegung. Alles ist in Fluss. Jeder Stillstand bedeutet Tod. Jede erreichte Einheit tritt wieder in Bewegung oder ist in Bewegung zu bringen. Sie ist aufzulösen. Bewegung aber heißt Übergang in Anderes. Dies ist Grundgesetz des Seins. Übergang in Anderes heißt nicht in jedem Fall: in ‚Höheres'. Welcher Art das Andere ist, ist immer nur konkret auszumachen. In einer so aufgefassten Wirklichkeit gibt es zwar Determinanten, doch keine durchgehende Determination.

10.–12. *Der Erkenntnisprozess als unendliche Bewegung: Erkennen als Entdecken und die Metapher des Abstiegs. Erscheinung und Schichten des Wesens. Bergarbeiter und Licht der Vernunft*

Die zehnte bis zwölfte Bestimmung wendet sich erneut dem Problem der Erkenntnis zu. Der Vorgang des Erkennens und der Wissensgewinnung wird charakterisiert als ‚unendlicher Prozess der Erschließung neuer Seiten, Beziehungen etc.' Das bedeutet: er ist nie als abgeschlossen denkbar. Jede endgültige Festschreibung, jede Dogmatik widerspricht seinem Wesen. *Bewegung* ist die entscheidende Qualität des Seins wie des Erkennens. Auch hier gilt die Kategorie des Übergangs. Die Bewegung des Erkennens ist kein in sich kreisender Selbstzweck, sondern Erkennen von Wirklichkeit, Erschließung von Neuem, Entdeckung.

Erkenntnis, Wissensgewinnung ist, ihrem dialektischen Begriff nach, immer Entdecken von Verdecktem, Verborgenem in einer Sache, einem Weltding, der Wirklichkeit selbst. Deshalb bedeutet Erkennen als ‚unendliche Bewegung' eine ständige Vertiefung im Akt des Erkennens selbst: ein *Hinabsteigen in die Tiefen der Wirklichkeit*. Der Gedanke impliziert die Metapher von Erd- als Wirklichkeitsschichten: Einsetzend bei der Erscheinung, einem Empirisch-Gegebenen dringt Erkennen stufenweise in die Wirklichkeit ein. Der idealistischen Metapher des Emporsteigens (von der Dunkelheit der Erde zum Licht jenseits der Erde) setzt der Materialismus die Metapher des Hinabsteigens in die Dunkelheit der Materie entgegen; wobei das die Dunkelheit erhellende Licht nichts anderes ist als menschliches Bewusstsein. Das sich einstellende Bild des Erkennenden ist vergleichbar dem Bergarbeiter, der Erdschicht für Erdschicht freilegt, das einzige Licht die an seiner Stirn befestigte Lampe. Was hier ‚Wesen' heißt, wird nicht essentialistisch als Singular, es wird als *Plural* gedacht. Der ‚unendliche Prozess der Vertiefung' ist ein Gang ‚von den Erscheinungen zum Wesen und vom weniger tiefen zum tieferen Wesen'. Es ist eine Wühlarbeit in der Erdtiefe, der Gedanke ein Maulwurf, der die Erde durchfurcht – *old mole! Canst work i' th' earth so fast? A worthy pioner!* (*Hamlet*, I,V).

Jede *Metaphysik des Ganzen* ist damit verabschiedet. Das Ganze des Seienden ist uns zugänglich nur aufgrund unserer tätigen Welterfahrung, es ist uns also immer nur *relativ* zugänglich, innerhalb wechselnder Grenzen und in perspektivischer Brechung, als Resultat eines bestimmten geschichtlichen Erkenntnisakts. Das Ganze kann nie etwas anderes sein als eine Konstruktion, die der erkennende Geist vornimmt. Erkennen ist ein Auf-Zeichnen und Aus-Legen des Erfahrenen (der im Herabsteigen und Hinausgehen begegnenden Wirklichkeitssegmente) und in der Erfahrung Erkannten. Es ist vergleichbar dem Verzeichnen einer neu begegneten Welt auf einer Landkarte: ein *mapping out* erfahrener Wirklichkeit. Erkennen, wie auch der Begriff des Ganzen selbst (wie auch die Kategorien, mit deren Hilfe erkannt wird) ist nie ein einfaches Abbilden, sondern immer auch *Konstruktion*: die Aufzeichnung des in der Erfahrung Gegebenen; Rekonstruktion erfahrener Welt, eines Anderen, das kein amorphes Etwas ist, sondern als sich bewegende Materie *Gestalt*, *Struktur* und *Form* besitzt; Rekonstruktion auch der Erfahrung unseres Selbst, das, als Teil der sich bewegenden Materie, gleichfalls *Gestalt*, *Struktur* und *Form* besitzt.

Von diesem Ansatz her schließt Erkennen von Welt den Entwurf von Horizonten des Wissens ein, dem Lichtschein vergleichbar, den eine Lampe in ein Dunkel wirft; ein Lichtschein, in dem neue Gegenstände begegnen und erkannte Gegenstände ins Dunkle zurücktreten. Leistung und Grenzen des Wissens sind so bestimmbar. Die Horizonte des Wissens sind gebunden an Gestalten und Strukturen menschlicher Tätigkeit; denn Tätigkeit liegt den Bewegungen des Leuchtens zugrunde (wie der Akt des Erkennens selbst eine Form von Tätigkeit ist). Die durch Wissen erkannte Welt ist mit der durch unsere Tätigkeit erschlossenen identisch. Darüber hinaus gibt es keine sichere Erkenntnis, allenfalls hypothetische Annahmen. Das ‚Ganze des Seins' kann deshalb mehr sein als ein hypothetisches Konstrukt: regulative Idee unseres Erkennens. Als metaphysischer Begriff ist es materialistisch unzugänglich. Es kann so wenig Gegenstand unseres Erkennens und Wissens sein wie es je durch unsere Tätigkeit erschlossen werden kann.

Kunst ist eine besondere Weise, in der Welt und Ich erkannt werden: erfahrbar in den Medien des Bildes, des Klangs und der Sprache, damit das im Lichtschein Erblickte nicht stumm ins Dunkle zurückfalle, dass Erinnerung sei an das Geschaute und im Schauen Erkannte. So ist Kunst die Erinnerung der Menschheit, Mnemosyne die Mutter der Musen.

Eine weitere Bestimmung erläutert den Vorgang des Erkennens methodologisch im Sinn wissenschaftlicher Erkenntnis: ‚vom Nebeneinander zur

Kausalität und von der einen Form des Zusammenhangs und der wechselseitigen Abhängigkeit zu einer anderen, tieferen, allgemeineren'. Der unmittelbaren Wahrnehmung stellt sich Wirklichkeit als unverbundenes, diffuses Nebeneinander dar. Das Herausarbeiten von Kausalität – der ursächlichen Bestimmung eines Einen durch ein Anderes – bedeutet eine erste Stufe der Zusammenhangserkenntnis. Es ist noch nicht die dialektische. Diese beginnt mit der Erkenntnis der wechselseitigen Abhängigkeit des Einen vom Anderen: mit der Erkenntnis eines grundlegenden Reflexionsverhältnisses. Aber sie beginnt erst hier. Der Weg des Aufdeckens, Entdeckens und Hervorholens hat von dieser Stufe aus zu ‚anderen, tieferen, allgemeineren' weiterzugehen. Der Weg des Erkennens ist dem Abstieg Fausts in die Welt der Mütter vergleichbar, die Tiefen der Materie. Ein anderes Bild, das sich aufdrängt, ist, bezogen auf die geschichtliche Welt, Thomas Manns Bild des ‚Abstiegs' in den ‚Brunnenschlund der Menschengeschichte' (*Joseph und seine Brüder. Vorspiel: Höllenfahrt*): „Tief ist der Brunnen der Vergangenheit. Sollte man ihn nicht unergründlich nennen?"

13.–16. *Wirklichkeit als Prozess: Wiederholung, Rückkehr, Übergang, Inhalt-Form. Nichtlineare Fortschrittskonzeption. Möglichkeit, Hoffnung, Freiheit*

Die Bestimmungen dreizehn bis sechzehn knüpfen an die ontologischen Erörterungen der Punkte zwei bis sechs, acht und neun an. Sie erläutern das Verhältnis des Einen zum Anderen als Wiederholung in bestimmten Stadien der Entwicklung, als scheinbare Rückkehr zum Alten, als Übergang von Quantität und Qualität und umgekehrt. Sie erläutern die Dialektik von Inhalt und Form als Kampf des Inhalts mit der Form wie der Form mit dem Inhalt, als Abwerfen der Form und Umgestaltung des Inhalts.

Die Bedeutung der hier niedergelegten Gedanken reicht weit. Ihren Kern haben sie in der Frage von Bewegung und Entwicklung als Progress: des geschichtlichen Fortschritts. Dieser lässt sich materialistisch-dialektisch nicht als linear denken. Eher ist von einem nichtlinearen Fortschritt zu sprechen. Anderen Orts verwendet Lenin dafür die Metapher der Spirale. Peter Weiss hat sie in der Ästhetik des Widerstands unter Berufung auf Lenin aufgenommen. In den Mittelpunkt rückt, was auch heute wieder von brennendem politischem

Interesse ist: die Wiederkehr des Alten (scheinbar oder real), die Fortexistenz des Alten in der neuen Form, Wiederholung und Rückkehr, die Formen des Übergangs und der Umgestaltung, die offene, nie vollständig prognostizierbare Vielfalt dieser Formen, ausgedrückt in den Sätzen: ‚Inhalt kämpft mit Form, und Form kämpft mit Inhalt.' ‚Inhalt wirft die Form ab, transformiert sich selbst im Abwerfen der Form'. Es liegt nahe, bei dieser Konzeption von einer *Dialektik des Fortschritts* zu sprechen.

IV. Wirklichkeit, Möglichkeit und Welt: kategoriale Überlegungen

1. Welt, im Anschluss an Wittgenstein, ist „alles, was der Fall ist": die „Gesamtheit der Tatsachen". Eine Tatsache ist „das Bestehen von Sachverhalten", ein Sachverhalt „eine Verbindung von Gegenständen". Welt ist „die Gesamtheit der bestehenden Sachverhalte". Die Gegenstände bilden die „Substanz" der Sachverhalte. Sie enthalten so auch „die Möglichkeit aller Sachverhalte".[60]

Welt, in Differenz zu Wittgenstein, ist ein geschichtlicher Begriff. In ihrer materialen Verfasstheit sind die Gegenstände der Welt wie ihre Verbindungen werdend-gewordene. Sie unterliegen Veränderungen. Sie sind prozessual: Resultat und Ausgangspunkt von Prozessen. Sie sind in der Zeit, wie sie im Raume sind. In diesem Sinn sind sie geschichtlich. Sie sind geschichtlich als Gegenstände der Natur, und sie sind in besonderer Weise geschichtlich als Gegenstände der Menschenwelt. Diese sind durch menschliche Tätigkeit hervorgebracht. Die gegenständliche menschliche Welt wie die menschlichen Weltverhältnisse (das Naturverhältnis ebenso wie die Verhältnisse von Eigentum, Herrschaft und Geschlecht) sind das Ergebnis menschlichen Tuns. Dieses ist mit sinnlich gegebenen Gegenständen befasst: mit naturhaft gegebenen und mit menschlich gemachten. Menschliches Handeln ist Tun im Umgang mit Gegenständen oder gegenständliches Herstellen. Handelnde Menschen finden sich in einer durch vorgängiges Handeln determinierten Welt, in der sie selbst handelnd, Welt gestaltend und umgestaltend tätig sind. Sie sind

60 Ich folge Ludwig Wittgenstein, *Tractatus Logico-philosophicus* (1921), Stuttgart o.J.

produziert und produzierend zugleich. Die Weltverhältnisse sind gemacht, und sie sind machbar. In diesem dialektischen Sinn wird hier der Begriff der determinierten Freiheit eingeführt. Es wird gesagt: menschliches Handeln bedeutet das Ergreifen von Möglichkeit. Es erfolgt im Rahmen eines Determinationsgefüges, das einen variablen Spielraum von Handlungsmöglichkeiten enthält. So trägt jede gegebene geschichtliche Wirklichkeit – ja, jede Handlungssituation – einen Spielraum möglichen Handelns in sich. In diesem Sinn wird von determinierter Möglichkeit und determinierter Freiheit gesprochen.

2. Welt ist also Bewegung in Raum und Zeit. Sie ist Raum-Zeit-Kontinuum. Wir führten den Begriff des Chronotopos ein. Genauer lässt sich vielleicht von einem Raum-Zeit-Gefüge sprechen, das mit der Struktur gegenständlicher Tätigkeit gegeben ist, das jeder gegenständlichen Tätigkeit inhäriert. Dabei ist von wesentlicher Bedeutung, dass im Rahmen des an gegenständlicher Tätigkeit orientierten Weltbegriffs Zeit und Raum keine separaten Entitäten sind (noch sind sie im Kantschen Sinn rein subjektive Formen der sinnlichen Anschauung), sondern aufeinander bezogene Formen der gegenständlichen Welt. Diese besitzt, kraft des ihr inhärenten Raum-Zeit-Gefüges, eine vierdimensionale Struktur. Zur Dreidimensionalität des Raums tritt die ‚Zeit-Linie' als vierte Dimension hinzu: die Zeitlichkeit aller Gegenstände der uns bekannten Welt – dass sie werdend-gewordene sind, ihr Sein Bewegung ist.[61]

3. Das schließt kategorial ein: Welt ist Werden, Vergehen, Veränderung, Transformation, „Gestaltung, Umgestaltung, / Des ewigen Sinnes ewige Unterhaltung".[62] Dabei wird das Werden der menschlichen Welt als durch menschliches Tun bewirkt bzw. mitbewirkt. Menschliche Welt ist durch menschliche Praxis konstituiert. Der Mensch ist Baumeister seiner Welt. Die menschliche Welt ist Bauwerk des Menschen selbst. In diesem Sachverhalt hat der Begriff der Kultur seinen Ort.

61 Die terminologische Nähe zum Denken Alberts Einsteins ist zufällig: Dieses bewegt sich auf einer anderen Ebene der Argumentation als es die hier vorgetragene ist. So ergibt sich die Vierdimensionalität der gegenständlichen Welt, wie sie hier gemeint ist, aus der rein phänomenologischen Analyse der Struktur gegenständlicher Tätigkeit wie der Struktur gegenständlicher Objekte.

62 Goethe, *Faust II*, 1. Akt.

4. Eine weitere Differenzierung sei hier eingeführt: die Unterscheidung zwischen Wirklichkeit und Welt. Wirklichkeit als Wirklichkeit des Menschen nenne ich Welt. Welt ist Resultat der gegenständlichen Tätigkeit des Menschen. Diese ist im ontologischen Sinn eine Tätigkeit innerhalb der Natur. Folglich treffen im Weltbegriff zwei Dimensionen zusammen: die Dimension des Ansich: der Naturgrund von Welt, und die Dimension des Für-uns: Welt als durch menschliche Tätigkeit konstituiert. Beide Seiten des Weltbegriffs existieren vermittelt in jedem uns gegebenen Weltgegenstand – in jedem Segment von Welt. Ontologisch freilich ist klar zwischen beiden zu unterscheiden.

Wirklichkeit als ontologische Kategorie umfasst ihrerseits zwei Dimensionen:

1. die Wirklichkeit kosmischer Natur, die auch ohne den Menschen ist, die menschliche Wirklichkeit aber einschließt (das ‚Seiende im ganzen' als ‚materielles Sein' = Wirklichkeit A) und

2. die durch menschliches Tun konstituierte zweite Wirklichkeit ‚Welt' (Wirklichkeit B). Wirklichkeit im umfassenden Sinn – als ontologischer Begriff – wird dabei (im Sinn einer Hypothese formuliert) als vermittelte Ganzheit verstanden, d.h. als dialektisch verfasstes Reflexionskontinuum, strukturiert im Sinne einer „Dialektik des Dings an sich selbst" (Lenin): als Summe und Einheit der Gegensätze wie als Beziehungsgefüge, in dem das eine Ding zum anderen steht. Wirklichkeit, so verstanden, ist ein Reflexionsverhältnis: ein Zusammenhang von Beziehungen der Einzelnen, aus denen die Ganzheit besteht. Das ‚Ding an sich' ist kein statisches Objekt, sondern eine aus Wirklichkeitssegmenten zusammengesetzte Strukturbeziehung, eine Ganzheit aus vermittelten Einzelnen: „die ganze Totalität der mannigfachen Beziehungen dieses Dinges zu anderen", die „seine eigene Bewegung, sein eigenes Leben", folglich „Entwicklung" hat, gründend auf den „innerlich widersprechenden Tendenzen (...) in diesem Ding". Das „Ding" ist „Summe und Einheit der Gegensätze"[63], Wirklichkeit als konkrete: „eine reiche Totalität von vielen Bestimmungen und Beziehungen" – wie Marx in der Einleitung zu den Grundrissen notiert. „Das Konkrete ist konkret, weil es die Zusammenfassung vieler Bestimmungen ist, also Einheit des Mannigfalti-

63 LW 38, S. 212ff.

gen".[64] Diese Bestimmungen gelten für die kosmische Natur, und sie gelten für die menschliche Gesellschaft. So besteht das Konkrete einer gesellschaftlichen Formation in ihrer Ganzheit als organische Synthesis mannigfaltiger Teile.

V. Weitere Bestimmungen des Weltbegriffs

1. In der Struktur gegenständlicher Tätigkeit, wie sie am Modell der Arbeit erläutert wurde, ist ein Begriff menschlicher Welt impliziert, der als Totalität, Gesamtzusammenhang, universelle Relationalität zu beschreiben ist. Dieser Weltbegriff versteht das zuhandene Seiende, das Gegenstand der Arbeit ist, wie auch das Subjekt der Arbeit selbst als Teil eines raum-zeitlichen Zusammenhangs, eines Ensembles von Seienden. Das Subjekt der Arbeit ist nicht anders denn als soziales zu denken, Teil der gesellschaftlichen Menschheit, Teil eines besonderen Ensembles gesellschaftlicher Verhältnisse, die in ihrem Zusammenhang erst eine konkrete menschliche Welt konstituieren. Das Objekt der Arbeit selbst ist Teil einer Ding-Welt, in deren Zusammenhang allein es seinen besonderen Ort hat. Es ist Teil einer Ding-Relation, aus der der einzelne Gegenstand erst ausgesondert werden muss, um Objekt der Arbeit werden zu können.

2. Welt bezeichnet einen Zusammenhang von Gegenständen, eine Ding-Relation (von naturhaft vorhandenen und kulturell produzierten Dingen) und einen Zusammenhang von Menschen, eine soziale Relation. Beide Relationen sind geschichtlich-gesellschaftlichen Charakters. Die Geschichte des Menschen ist die Geschichte seiner Gegenstände. Die Welt ist als ganze – als Gesamtzusammenhang – durch menschliche Tätigkeit konstituiert, nicht nur einzelne ihrer Teile. Das ist gemeint, wenn gesagt wird: sie ist kulturell konstituiert. Auch die Natur, sobald sie Bestandteil menschlicher Welt wird, tritt in die Zusammenhänge kultureller Konstitution.

3. Eine menschliche Gesellschaft ist stets eine so oder so verfasste konkrete historische Welt von Gegenständen und sozialen Beziehungen, die einen geschichtlich entstandenen Zusammenhang bilden: ein ‚Ensemble gesellschaft-

64 MEW 42, S. 35.

licher Verhältnisse', das durch die Vergangenheit determiniert, auf die Zukunft hin offen ist. Es ist ein Determinationsgefüge mit offenen Horizonten. Diese sind nicht beliebig, aber auch nie eindeutig festgelegt. In ihnen verwurzelt ist die Kategorie möglicher Welt – der Möglichkeitsmodus historischer Welt –, damit auch die Kategorie konkreter Utopie. Der Möglichkeitsmodus einer historischen Welt ist in jeder gegebenen historischen Situation durch die Interpretation von Welt zu erschließen.

4. Jede historische Welt ist also Resultat vorgängiger und Ausgangspunkt weiterführender Prozesse. Der Ausgangspunkt ist durch die vorgängigen Prozesse geprägt; Prägungen, die in die fortlaufenden Prozesse hineinwirken. Das Resultat ist zugleich der Ausgangspunkt. Dieser Sachverhalt konstituiert die Zeitstruktur historischer Gegenwart. Sie ist der Schnittpunkt von Zukunft und Vergangenheit. In jedem Fall: menschliche Wirklichkeit ist historisch nie ‚fertig'. In jedem gegebenen Augenblick ist sie „Raum für neue Taten" (Goethe, Faust). In dieser Konstellation steht menschliches Handeln. Mit Blick auf sie ist von determinierter Freiheit – Handeln in einem Gefüge determinierter Möglichkeit – zu sprechen.

5. Zur kulturellen Konstitution von Welt gehört ihre epistemische Erschließung: gehören Wissen, Verstehen und Interpretation. Diese sind Konstitutiva des materialistischen Weltbegriffs.

6. Welt als menschliche Wirklichkeit ist Synthesis von materiellem und geistigem Sein. Stricto sensu ist auch die materielle Basis durch menschliches Bewusstsein geprägt, der Arbeitsprozess selbst die Einheit von Sein und Bewusstsein. Keine epistemische Entität existiert ohne materiellen Träger, nichts Natürliches ist für den Menschen ohne psychisch-geistige Prägung. Dennoch ist im ontologischen Sinn die Differenz von materiellem und geistigem Sein von entscheidender Bedeutung.

VI. Möglichkeit, Faktizität und Utopie

1. Möglichkeit als ontologischer Begriff gehört dem umfassenden Wirklichkeitsbegriff (Wirklichkeit A) zu. Möglichkeit ist eine Kategorie materiellen

Seins. So ist Welt als menschlich konstituierte Wirklichkeit (Wirklichkeit B) eine in Wirklichkeit A angelegte Möglichkeit – wie auch die Nichtexistenz von Wirklichkeit B (ihr mögliches Verlöschen) eine in Wirklichkeit A angelegte Möglichkeit ist. Freilich verändert die Möglichkeitskategorie auf der Ebene von Wirklichkeit B ihren Charakter. Ist sie auf der Ebene von Wirklichkeit A allein eine Latenz innerhalb des materiellen Seins, so wird sie auf der Ebene von Wirklichkeit B zur Potenz menschlicher Tätigkeit, damit auch zur Option sozialen und politischen Handelns, die erkannt und ergriffen (aber auch verfehlt und vermieden) werden kann. Erst auf dieser Ebene kommt die Kategorie determinierter Freiheit ins Spiel, verwandelt sich Möglichkeit von einer Kategorie des latenten zu einer Kategorie des bewussten Seins.

2. Welt, wurde gesagt, ist ein Determinationsgefüge: gewordenes Resultat menschlichen Handelns. Sie ist Netzwerk gegenläufiger Tendenzen. Dieses Netzwerk enthält Situationen mit Möglichkeitshorizonten: historische Orte neuen Handelns, individuell wie kollektiv. Freiheit bezieht sich auf das Ergreifen und Nichtergreifen gewordener Möglichkeit. Freiheit meint (in der kulturell entwickeltsten Form): selbstbestimmtes Handeln in historisch determinierten Handlungsspielräumen. Diese sind in ihren Grenzen festgelegt. Erst aufgrund dieser Grenzen konstituiert sich der Spielraum von Möglichkeiten. Möglichkeit ist stets begrenzt, unbegrenzte Möglichkeiten gibt es nicht. Grenze gehört zum Begriff der Möglichkeit. Diese Grenzen aber verschieben sich ständig. Sie erweitern oder verengen den Spielraum kollektiven und individuellen Handelns. Möglichkeitshorizonte können sich öffnen, und sie können sich schließen. Von offenen Horizonten sprechen wir in Lagen, die angefüllt sind mit Möglichkeit von Handeln und Tätigkeit. Von geschlossenen Horizonten reden wir, wenn der Spielraum unseres Tuns zusammenschmilzt. Freiheit schließt ein: Möglichkeiten des Handelns können ergriffen oder verfehlt werden. Der Begriff determinierter Freiheit macht auch den Gedanken des Tragischen wieder denkbar. Für diesen Zusammenhang ist der Begriff einer Differenz zwischen Existenz und Wesen unverzichtbar, und das schließt ein: die Möglichkeit eines Widerspruchs zwischen beiden. Dieser Widerspruch formuliert das „wesentlichste Problem der Existenz des Menschen" (Wolfgang Heise).

3. Determiniert ist also immer Wirklichkeit im Horizont von Möglichkeit. Ein solches Gefüge bildet den Grund geschichtlichen Handelns; einen Grund, der

sich durch Handeln selbst verändert und umstrukturiert. Das Netzwerk, von dem wir sprachen, verändert ständig seine Maschen, es knüpft sich neu. Dabei sind zwei Dimensionen des Weltbegriffs zu unterscheiden: Faktizität und Möglichkeit. Faktizität meint die Gesamtheit der Tatsachen als faktisch Gegebenes einer Weltsituation. Möglichkeit meint das Unabgeschlossene, nach vorn Offene in ihr. Der Standpunkt der Faktizität ist der Standpunkt der fertigen Phänomene, die von der Vergangenheit bestimmte reine Gegenwart. Der Standpunkt der Möglichkeit sieht die Gegenwart als punctum saliens eines Prozesses mit offener Zukunft. Sein Blick ist nach vorn gerichtet, kann aber auch richtungslos in die Ferne schweifen. Eine gegebene Welt-Wirklichkeit ist dialektisch zu denken als Einheit des Gegebenen und des Möglichen. Ersteres begrenzt die Horizonte des Möglichen und bestimmt die innerhalb eines historischen Möglichkeitshorizonts offenen Handlungsalternativen, deren Zahl variabel und ständiger Wandlung unterworfen ist. Möglichkeitshorizonte können auf einen Nullpunkt (ein Nichts von Handlungsspielräumen) zusammenschrumpfen. Sie können sich zu historischen Alternativen, ja, zu Entscheidungssituationen von weltgeschichtlicher Bedeutung erweitern.

4. Faktizität als kritischer Begriff meint die Positivität des Gegebenen, der ‚realen Verhältnisse' in ihrer empirischen Unmittelbarkeit, Welt als Gesamtheit abgeschlossener Tatsachen. Der Standpunkt der Faktizität in diesem Sinn ist die Dominanz des bloßen Sachverhalts, die Akzeptanz der facta bruta als normativer Macht. Der gesunde Menschenverstand fordert ihre uneingeschränkte Anerkennung. Faktizität in diesem Sinn meint Welt-Wirklichkeit abstrahiert von dem ihr inhärenten Möglichkeitshorizont. Faktizität fungiert hier als ideologische Macht. Sie fordert die Akzeptanz des Gegebenen und die Unterwerfung unter seine Verhältnisse. Sie argumentiert mit der scheinbar unwiderlegbaren Sprache der Tatsachen, im Namen eines sog. ‚Realitätsprinzips'. Sie gibt sich als einzig mögliche Form des Realismus aus. Seinem Diktat unterstellt sie die Menschen. Sie nimmt ihnen so die Fähigkeit zukunftsorientierten Handelns – individueller wie kollektiver Selbstbestimmung. Mehr noch: Faktizität als Ideologie verklärt die existierende Verstümmelung, die reale Unfreiheit wie die Erfahrung von ihnen zum unabänderlichen Geschick. Die ‚Realität', die solcher Realismus uns vor Augen hält, ist der ideologische Abguss erstarrter Wirklichkeit, Welt, aus der Vernunft wie Seele gewichen sind. Diese will als Norm unseres Urteilens und

Handelns anerkannt werden. Wer in ihr versteinertes Antlitz starrt, verfällt selbst dem Zustand der Erstarrung.

Das Argument abgeschlossener Tatsachen ist Lüge, wenn es vorhandene Möglichkeit verdeckt. In Situationen geschrumpfter oder geschlossener Möglichkeit wächst ihm ein Schein von Wahrheit zu.

5. Das Mögliche kann zur Utopie werden, sobald es sich von den Sachverhalten zu lösen beginnt. Das Mögliche, das den Boden unter den Füßen verliert, ist die abstrakte Utopie – bis hin zur negativen Utopie oder ‚Dystopie', als dem ‚schlechten Ort'. Sie ist die Gefährdung des Utopischen, so notwendig dies ist, um in Zeiten der Not den realistischen Blick auf das Real-Gegebene nicht zu verlieren. Not-Zeiten sind Hoch-Zeiten der Utopien. In ihnen sind Utopien Lebens-Mittel, gelegentlich auch Überlebensmittel für Menschen, für ihre Hoffnung auf ein geglücktes Leben. Solche Hoffnung kann für Menschen lebensnotwendig werden. Sie ist den materiellen Lebensmitteln an die Seite zu stellen. In einer solchen Zeit leben wir.

Konkrete Utopie meint die Vorwegnahme eines Möglichen, das im historisch Wirklichen schlummert, in bestehenden Sachverhalten seine Wurzeln hat: Möglichkeit im materiellen Prozess der Geschichte.

VII. Dialektik als Aufgabe

1. Im Schnittpunkt von Faktizität und Möglichkeit setzt die dialektische Analyse ein. Auch die Künste, wenn sie ihrem Begriff entsprechen, haben in ihm ihren Ort. Sie loten Möglichkeitsspielräume aus. Sie modellieren Handlungskonzepte innerhalb des Schnittpunkts historischer Zeitlinien. Sie machen offene, geschrumpfte, verstopfte und geschlossene Möglichkeiten sichtbar. Sie artikulieren die verfehlte Möglichkeit ebenso wie die erreichte, die falsche Entscheidung wie die richtige. Die Kunst ist so das Medium konkreter Utopie.

2. Das Verhältnis von Erscheinung und Wesen ist ein erkenntnistheoretisches, es ist auch ein ontologisches Problem: ein Problem des Wirklichkeitsbegriffs, der Verfassung von Wirklichkeit selbst. Wie jede dialektische Theorie weiß, ist Erscheinung mehr als bloße Täuschung. Erscheinung ist,

wie Hegel sagt, „dem Wesen wesentlich" – das Wesen „wäre nicht, wenn es nicht schiene und erscheine". Die Welt, in der wir leben, ist Welt der Erscheinungen, phänomenale Welt. Das uns unmittelbar Gegebene – die Sachverhalte – ist das Erscheinende, und niemand, außer den borniertesten Idealisten, wird behaupten, dass unsere sinnlich-gegenständliche Welt ein bloßes Trugbild sei. Materialistisches Denken jedenfalls setzt inmitten des Düngers der Erscheinungen an. Auf der anderen Seite aber ist nicht zu leugnen, dass das unmittelbar Gegebene Täuschung und Trug sein, die Erscheinung uns einen Schein vorgaukeln kann, der sich für das Wesen ausgibt. Eine Erfahrung des Alltagslebens ist, dass zwischen Schein und Sein unterschieden werden muss, will man nicht der Betrogene sein. Vom Fetischcharakter der Warenwelt spricht die Kritik der politischen Ökonomie, und damit gemeint ist, dass uns die warenproduzierende Gesellschaft einen Schein vortäuscht, der die wahren Verhältnisse auf dem Kopf stellt. Die kritische Analyse erst vermag den Schein des Falschen zu durchbrechen und zu den wirklichen Verhältnissen (dem wahren Charakter der Ware und ihrer Welt) vorzudringen. Teil dieser Analyse ist die genetische Rekonstruktion. Sie fragt der Herkunft des Erscheinenden nach – der Herkunft der Sachverhalte. Beides gehört zur Arbeit eines Denkens, dessen Ziel es ist, das Wesen in der Erscheinung freizulegen. Aus diesem Grund hat der dialektische Ideologiebegriff im Verhältnis von Wesen und Schein seinen Kern. Die Differenz zwischen notwendigem (wahren) und trügerischem (unwahrem) Schein ist für ihn konstitutiv. Auch die ästhetische Theorie wird – im Begriff ästhetischer Wahrheit – auf diese Dialektik zurückkommen müssen.

3. Zur Aufgabe dialektischer Analyse gehört es, das Gegebene als Wirklichkeit mit Möglichkeitshorizonten freizulegen. Der Begriff der Situation (Welt-Situation) meint die konkrete Verfasstheit einer gegebenen historischen Wirklichkeit, in der sich die Menschen als handelnde Subjekte finden. Situation heißt Welt-Wirklichkeit als Ort konkreter Handlung. Mit wechselnden Möglichkeitshorizonten wechseln die Situationen des Handelns. Möglichkeit kann offen, geschrumpft, geschlossen oder verstopft sein. 1789 und 1917 waren Situationen mit offenen Möglichkeitshorizonten par excellence. Eine umfassende Analyse der heutigen Welt-Situation steht noch aus. Keineswegs ist ausgemacht, dass gegenwärtig jede Handlungsalternative verstopft ist. Der heute geschlossene Horizont kann morgen schon aufreißen.

Eine Situationsanalyse in der Situation selbst ist immer schwer zu erbringen. Erst dem rekonstruierenden Rückblick erschließen sich die Möglichkeitshorizonte einer Situation voll. Dann erschließt sich auch das Erreichte und das Verfehlte in voller Wucht.

Dritter Teil.
Logos als dialektischer Begriff

Als Grundbegriff der in dieser Arbeit verwendeten Bewusstseinsstrukturen verwende ich den in vielfacher Form überlieferten und höchst unterschiedlich gebrauchten Logosbegriff. Der Sinn dieses Gebrauchs wird, so hoffe ich, aus den hier entwickelten Gedanken, bereits aus der wort- und begriffsgeschichtlichen Argumentation einsichtig werden.

I. Zur Wort- und Begriffsgeschichte

Die Bedeutung von ‚Logos' im ursprünglichen Wortsinn ist bei weitem umfassender als der stark am begrifflichen Denken orientierte moderne Vernunftbegriff. Langenscheidts *Taschenwörterbuch Altgriechisch-Deutsch*[65] gibt sechsunddreißig Bedeutungen von Logos an. Zu diesen gehören: *Denkkraft, Vernunft, Rede, Redefähigkeit, Wort, Ausdruck, Unterredung, Gespräch, Beratung, Erzählung, Buch, Redeweise, Darlegung, Erzählung, Sprichwort, Lehrsatz, Orakelspruch, Proportion, Vorwand.* Nach Ritter bedeutet Logos ursprünglich *Aufzählung, Berechnung, Rechenschaft, Rechtfertigung,* woraus sich als weitere Bedeutungen ergeben: *Verhältnis, Proportion, Erklärung, Beweisführung, Vernunft, Bericht, Darlegung, Aussage, Wort, Ausdruck, Gegenstand der Unterredung.*[66] Der Terminus entwickelt sich als philosophischer Begriff aus dem gewöhnlichen Sprachgebrauch, dem er ursprünglich zugehört, und nimmt jetzt die spezifische Bedeutung rationalen (begrifflichen) Denkens und Sprechens an. Als solches tritt der Logos in einen expliziten Gegensatz zu *Mythos, Meinung* (Doxa) und *Wahrnehmung* (Aisthesis), ja, wird bereits bei Heraklit zur Bezeichnung des „immanenten Prinzips kosmischen Werdens", der „Gesetzmäßigkeit der Welt", des „Sinns und Grunds des Weltgeschehens", der „Norm und Regel,

65 Berlin 1986.

66 J. Irmscher (Hg), *Lexikon der Antike,* Bayreuth 1985, 6. Aufl., verzeichnet unter ‚Logos' auch die Bedeutung ‚Sammeln, Ordnen' als Leistung des Denkens. Danach wäre Logos die sammelnde und ordnende Tätigkeit des Denkens.

welche alles bestimmt",[67] wird also zu einem metaphysisch-kosmologischen Grundbegriff transformiert. Von diesem ist der Weg zum Logosbegriff des *Neuen Testaments* – als „Wort Gottes, das die Schöpfung trägt" – deutlich vorgezeichnet. Hoffmeister zufolge bedeutet Logos in der griechischen Grammatik die *in Buchstaben darstellbare menschliche Rede,* in der griechischen Rhetorik *die Rede, die Prosaerzählung, die Fabel einer Dichtung,* in der griechischen Logik den *Aussagesatz, das logische Urteil, die Definition und den definierten Begriff,* in der griechischen Psychologie und Metaphysik die *im Menschen als Mikrokosmos enthaltene, die übrigen Seelenteile beherrschende Vernunft* (als ausgesprochener oder unausgesprochener Gedanke), die ihrerseits Teil ist der *den Makrokosmos beherrschenden Weltvernunft.* In der griechischen Theologie dann benennt Logos den *obersten Gott selbst oder dessen erste und höchste Kraft.*[68]

Das Bedeutungsfeld des Worts reicht also von der Sprache der Praxis bis zur theoretischen Sprache, vom Diskurs des Alltags zu Metaphysik und Theologie. Dabei ist zwischen *drei Sinnebenen* des Logosbegriffs zu unterscheiden. Die *erste* und ursprünglichste hat ihr Zentrum in Akten *sprachlich-geistiger Welterschließung,* was wir heute *kognitive Aneignung* und *kommunikative Verständigung* nennen würden. In diesem semantischen Feld wäre Logos als Denkkraft, welterschließende Rede, auch als Unterredung, Gespräch zu verstehen.

Eine *zweite* Ebene benennt als Logos das strikt *begriffliche Denken*: den *theoretischen Begriff, wissenschaftlich-philosophische Rationalität* und in diesem Sinn *Vernunft.* Es ist dies der Logosbegriff der Philosophie. Es leuchtet ein, dass dieser den strikten Gegensatz markiert zu Meinung, Wahn, Vorurteil (*Doxa*), sinnliche Wahrnehmung (*Aisthesis*), nicht zuletzt auch zum Mythos wie zu allem ästhetisch-symbolischen Denken, nicht zuletzt auch zur Metaphorologie, wie sie Hans Blumenberg vertritt. Ja, nach einer vertrauten Auffassung war der Logos gegen den Mythos erst durchzusetzen. Der mythoskritische Logosbegriff bildet die Grundlage aufklärerischer Rationalität: des *Rationalismus der theoretischen Vernunft* wie jeder wissenschaftliche Aufklärung; ein Logosbegriff, der das europäische Denken in weiten Teilen bestimmt und seinen Rang begründet hat; der freilich, sofern er sich absolut

67 Ritter, HWP, Bd. 5, S. 491f.
68 J. Hoffmeister u.a., *Wörterbuch der philosophischen Begriffe,* Darmstadt 1998, S. 389.

setzt und alle anderen Formen intellektueller Welterschließung zu vertreten beansprucht, zum Gegensatz seiner selbst und zu Formen einer neuen Unterwerfung werden kann.

Eine *dritte* Ebene hat ihr Zentrum in der metaphysisch-theologischen Bedeutung von Logos als *kosmologischem Prinzip*, als *Weltvernunft* oder *Gott*. Für die metaphysisch-theologische Bedeutung von Logos steht seit Anaxagoras auch *nous* (lat. *intellectus*) im Sinne des den Weltstoff formenden, weltordnenden Geists zur Verfügung. Der Logosbegriff dieser Ebene ist das klassische Medium einer metaphysischen Weltdeutung und wird in einer traditionellen Bedeutung heute kaum noch in einem humanistisch-progressiven Sinn zu gebrauchen sein. In diesem Sinn ist es auch zu verstehen, wenn Holz, im Versuch, metaphysisches Denken für eine materialistische Dialektik zu bewahren, den Dialektik-Begriff in den Stand zu setzen versucht, die positiven Seiten traditioneller Dialektik im Hegelschen Sinne aufzuheben.

Im Sinne der unterschiedlichen Ebenen des Logosbegriffs spreche ich von einem *primären*, *sekundären* und *tertiären* Logosbegriff. Das Gemeinsame dieser Ebenen liegt in dem Bedeutungsfeld *Denken/Denkkraft, Sprache (Wort, Rede, Aussage, Bericht), Vernunft, Gesetzmäßigkeit* und *Proportion*, auf das sich der Logosbegriff auf allen drei Ebenen direkt oder indirekt bezieht. Zugeordnete Termini sind *Bewusstsein*, *Erkennen* und *Wissen* (Episteme). Im Sinne dieses Bedeutungsfelds und seiner Zuordnungen spreche ich vom *epistemischen Logos*.

Die Weite und Durchlässigkeit eines solchen Logosbegriffs lassen ihn für den Zweck dieses Versuchs besonders geeignet erscheinen. Dabei steht der *primäre* Logosbegriff, mit ihm die weltaufschließende Funktion von Bewusstsein und Sprache, die *Sprache als sinnliche Existenz des Bewusstseins und Medium der Verständigung und Tradierung* im Zentrum der Überlegung. Ihm ist der Begriff des *basalen* (*elementaren*) Logos zuzuordnen. Der *sekundäre* Logosbegriff wird von mir als Modus (Form) des primären Logos verstanden. Seine Bedeutung und Gültigkeit im präzisen, doch eingeschränkten Sinne wissenschaftlicher (begrifflich-theoretischer) Rationalität bleibt dabei unbestritten, so sehr sie auch gegenüber dem elementaren Logosbegriff einzuschränken ist. Neben den *begrifflichen Logos* ist, als geschichtlich-epistemisch gleichbedeutende Gestalt, im Sinn einer dialektischen Differenz der *symboli-*

sche Logos zu stellen, der sich menschheitsgeschichtlich in Mythos, Religion und Kunst ausprägt, der in die Religion als ideologische Institution hineinspielt. Die *tertiäre* Bedeutung von Logos – der Logos als Medium einer den Gesamtzusammenhang erfahrener Welt betreffenden Weltdeutung – des Weltverstehens und der Sinnartikulation – ist als Leistung des Logosbegriffs auch dort festzuhalten, wo eine solche Deutung nicht mehr auf dem Boden metaphysischer oder theologischer Voraussetzungen erfolgt, also auch im Rahmen einer ametaphysischen, so der materialistischen Weltsicht. Dem Logosbegriff auf dieser Ebene sind auch die Kategorien des *Verstehens*, der *Interpretation* und *Deutung* zugeordnet. Er fungiert in diesem Sinn als ,Hermeneuticum'. Er ist zudem Medium der Bildung von Weltanschauung und Ideologie.

Von dem primären Logosbegriff her ist der traditionelle Gegensatz von *Logos und Mythos* nicht aufrecht zu halten; ein solcher besteht allein auf der Ebene des sekundären Logosbegriffs. Meint Mythos im ursprünglichen Sinn *Wort, Rede, Erzählung, Ursprungsgeschichte* und *Welterklärung*[69], so ist dieser in der Perspektive des primären Logos *selbst eine seiner Gestalten*: eine Form welterschließender und weltdeutender Rede.[70] Noch der aristotelische Mythos-Begriff – der Mythos als Handlungsmuster bzw. Handlungsstruktur der dramatischen Form (Poetik, Kap. 6–14)[71] – gehört dem Logosbegriff zu. Als weltdeutende Erzählungen und Handlungsmuster sind Mythen Formen geordneter und ordnender Rede. Sie sind *logische Ordnungsmuster* und damit Modi des elementaren epistemischen Logos.

69 Sandkühler, EEPW, Bd. 1, S. 887.

70 K. Ziegler / W. Sontheimer (Hg.), *Der kleine Pauly. Lexikon der Antike in fünf Bänden*, München 1979, Bd. 3, S. 710ff.

71 Die traditionelle Übersetzung von *mythos* als Fabel ist ungenau: *mythos* in der *Poetik* ist nicht einfach die erzählte oder dargestellte Geschichte, sondern umschließt die Form, in der diese erzählt oder dargestellt wird (Francis Fergusson spricht in *The Idea of a Theatre*, Princeton 1949, daher zurecht von „the structure of an action"), im Ödipus Rex etwa nicht einfach das gesamte narrative Material, sondern zugleich die analytische Methode seiner Präsentation: die Konzentration auf die letzte Phase des Geschehens – ,nachdem alle Taten getan sind'.

II. Der Logos im Wirklichen

1. *Der Logos im Ensemble der gesellschaftlichen Verhältnisse: Bewusstsein und gegenständliche Tätigkeit*

Ich schließe resümierend an das bereits Gesagte an: Der gesuchte elementare Logos hat seinen Ort im Ensemble der gesellschaftlichen Verhältnisse, die *in ihrer Gesamtheit* das menschliche Wesen konstituieren (vgl. *Feuerbach-Thesen*), und ‚Ensemble der gesellschaftlichen Verhältnisse' meint das zusammenhängende Ganze menschlicher Lebenstätigkeiten, ihrer Vergegenständlichungen und gesellschaftlichen Formen in einem synchronen wie diachronen Sinn. Der Logos ist notwendiger, konstitutiver Bestandteil dieses Ensembles. Er äußert sich historisch-phänomenal in einer Vielgestalt von Bewusstseins-, Rationalitäts- und Wissensformen wie in den Unterscheidungen symbolischen und begrifflichen Denkens. Menschliches Sein ist *bewusste Lebenstätigkeit*, und dies auf allen seinen Ebenen. Der Begriff des Logos, wie er hier konzeptiv verstanden wird, meint in seinem Kern das den historisch auftretenden Bewusstseins-, Rationalitäts- und Wissensformen strukturell Zugrundeliegende: deshalb die Wahl der Termini ‚logisches Substrat', ‚elementarer' bzw. ‚basaler' Logos.

Die Unterscheidung zwischen historisch auftretenden differenten ‚Rationalitätstypen' und einer diesen zugrunde liegenden allgemeinen und universalen Vernunft – ich spreche vom *Logos im Wirklichen* – ist bereits von Jindrich Zeleny herausgearbeitet worden. Zeleny fasst die Rationalitätstypen als verschiedenen Manifestationen eines und desselben rationalen Grundverhältnisses: der Einheit des erkennenden und tätigen Verhaltens des Menschen zur Welt. Er schreibt: „Die Vernunft (...) entsteht und entwickelt sich als Fähigkeit des gesellschaftlichen Menschen in untrennbarem Zusammenhang einerseits mit der Arbeit, andererseits mit der Sprache, und hat einen biosomatischen Träger: sie ist an das Gehirn und an das Nervensystem des in der Gesellschaft lebenden Menschen gebunden."[72] Sie ist „eine habituelle Eigenschaft

72 J. Zeleny, *Dialektik der Rationalität*, Köln 1986, insbes. S. 11f. und 19f.

gesellschaftlich stets in konkret-historischen Einwicklungsformen vereinter Menschen. Sie äußert sich a) in der Fähigkeit, Bedeutungen zu schaffen, begründend zu verbinden und zu trennen und sie in Bezug auf ihre Wahrhaftigkeit zu beurteilen; b) in der Fähigkeit eines Handelns, das auf die Befriedigung der materiellen und geistigen Bedürfnisse durch Verwirklichung im voraus gestellter Ziele unter Zuhilfenahme zweckmäßiger Mittel ausgerichtet ist."[73] Holz knüpft ausdrücklich an Zeleny an, wenn er ausführt, dass „alle Rationalitätstypen in letzter Instanz auf eine homogene Elementarform von Vernunft und Vernünftigkeit bezogen" sind. Dies sei deshalb der Fall, weil „auch unter verschiedenen Aspekten der gegenständlichen Tätigkeit (...) die ontologisch wesentlichen Merkmale der materiellen Welt dieselben" sind und „aus dieser Realitätsvorgabe auch bestimmte gleiche oder analoge Grundformen von Weltverhältnissen" resultieren.[74] In seinem China-Buch vertritt er die These, dass wir beim Vergleich chinesischer und europäischer spekulativer Metaphysik „sowohl die einheitliche Grundlage von Rationalität als auch die Strukturverschiedenheit von Rationalitätstypen aufzeigen können". Bei beiden handele es sich „um unterschiedene, aber homologe Typen einer dialektisch-logischen Konstruktion von Weltbegriffen"[75]. Auch Renate Wahsner postuliert: „Um zur Einheit der Vernunft zu gelangen, muss (...) vorrangig die Einheit von theoretischem und praktischem Verhalten des Menschen (als Gattung) zur Natur gedacht werden."[76] In allen Fällen ist die Richtung des Gedankens deutlich meinen eigenen Überlegungen analog. Die nähere Ausarbeitung des elementaren Vernunftbegriffs – „der homogenen Elementarform von Vernunft und Vernünftigkeit" – ist freilich, wenn ich recht sehe, bis heute ein Desiderat geblieben.

73 Ebd., S. 11f.

74 H.H. Holz, *Rationalität, Totalität, Widerspiegelung*, in: TOPOs. Internationale Beiträge zur dialektischen Theorie, Heft 20 (2002), S. 22; vgl. auch: Ders., *China im Kulturvergleich*, a.a.O., S. 14ff.

75 H.H. Holz, *China im Kulturvergleich* a.a.O., S., 62f.

76 R. Wahsner, *Ermöglicht die Einheit der Vernunft eine Vielfalt der Rationalitätstypen*, in: TOPOS 20, S. 47.

Der elementare Logos, in meiner Sicht, ist nicht nur das logische Substrat der Bewusstseins-, Rationalitäts- und Wissensformen, er ist zudem Bedingung und Bestandteil menschlicher Lebenstätigkeit und Reproduktion. Da dieser Logos seinen Grund in der materiellen Welt hat und nichts ist außer ihr, spreche ich vom *Logos des Wirklichen*. Der Begriff ‚Logos des Wirklichen' bzw. ‚Logos im Wirklichen' geht tendenziell in die gleiche Richtung wie Blochs Konzept des „Logikon in der Materie", ist mit diesem jedoch nicht identisch. Blochs Rehabilitation eines, wie er sagt, „entelechetischen" Materiebegriffs (der Entelechie als in und aus der Materie sich entwickelnder „geprägter Form"), die Bestimmung von „Kraft und Logikon" als Attribute der Materie selbst[77] ist ein weitreichender Entwurf modernen Denkens, dessen Dimensionen keineswegs ausgelotet sind. Meine eigenen Bemühungen befinden sich im Vorfeld dieses Gedankens, über dessen Gültigkeit und Grenze hier nicht entschieden werden soll. Die quasi-metaphysische Dimension, die der Blochsche Begriff impliziert, sein verborgener Aristotelismus ist von mir nicht intendiert – wenn ich ihn als Denkmöglichkeit auch keineswegs ausschließe. Im Rückgriff auf diesen Logos, so meine These, kann das Postulat der *Einheit und konkreten Universalität der Vernunft* materialistisch eingelöst werden. Es kann eingelöst werden, wenn gezeigt werden kann, dass *Einheit und Universalität der Vernunft in der konkreten Verfasstheit des Wirklichen gründen*. Ihr Grund im materiellen Sein muss benennbar sein. Damit würde auch ein zweites, zugeordnetes Postulat begründbar: das der *Universalität menschlicher Sprache*. Logos und Sprache könnten als *konkrete Universale* einsichtig gemacht werden.

Der elementare Logos ist strukturell grundlegend, sagte ich. Das bedeutet: er ist ontologisch situiert. Er wurzelt in materiellen Seinsverhältnissen. Materielle Seinsverhältnisse freilich meint hier *menschliche* materielle Seinsverhältnisse – nur in diesem Sinn würde ich, mit Bloch, vom „Logikon in der Materie" sprechen. In menschlichen materiellen Verhältnissen – im Ensemble je gegebener gesellschaftlicher Verhältnisse – ist der basale Logos ein Elementares, das, unabhängig von jeder besonderen Gestalt des Bewusstseins, allen historisch gegebenen und möglichen Gestalten des Bewusstseins im genetischen Sinn als Substrat (‚logisches Substrat') zugrunde liegt. Er ist das

77 E. Bloch, *Das Materialismusproblem, seine Geschichte und Substanz*, Frankfurt a.M. 1985, S. 474f.

Fundament aller historischen Formen, die der Logos annehmen kann. Festzumachen ist er am Praxisbegriff der *Feuerbach-Thesen*. Praxis heißt dort *sinnlich menschliche* bzw. *gegenständliche Tätigkeit*[78]: konkretes Handeln des sinnlichen Subjekts Mensch im Umgang mit Gegenständen in einer Welt von Gegenständen: von Dingen und Ding-Relationen, naturhaft vorgefundenen wie durch menschliches Handeln erzeugten. Der Mensch ist *konkretes Subjekt*, gesellschaftlich und sinnlich tätig, und er bleibt auch dort noch tätiges Subjekt, wo er leidend ist – wie er auch dort noch gesellschaftlich ist, wo er sich vereinzelt. Konkretes Subjekt meint die empirischen Individuen in einer besonderen historischen Situation, agierend unter je gegebenen materiellen Bedingungen, die zugleich naturhaft und sozial produziert, d.h. durch vorgängiges (vergangenes) gegenständliches Tun hergestellt sind.

Elementarform bewusster Lebenstätigkeit und Modell gegenständlicher Tätigkeit überhaupt ist, wie gezeigt wurde, die *Arbeit*. Sie ist Elementarform, weil sie menschliches Überleben, die Reproduktion der Gattung in allen entwickelten Gesellschaften sichert. Zugleich ist sie das Fundament des Prozesses der Kultur. Der elementare Logos wird daher am Arbeitsbegriff zu explizieren sein. Er ist *ontologisch-dialektisch* zu explizieren: im Sinn seiner *genetischen Rekonstruktion*. Dem unmittelbar Empirischen ist er nicht abzulesen, da in den empirisch gegebenen Gestalten des Logos seine logische Elementarform nur verborgen anwesend ist. Sie ist allein dem genetischen Zugriff erschließbar.

Die menschliche Arbeit (ich knüpfe an die vorgetragene Argumentation an) ist ein Stoffwechselprozess zwischen Mensch und Natur, in dem sich eine „Naturmacht" mit einem „Naturstoff" vermittelt[79]. Zur „Naturmacht" Mensch gehören als „Naturkräfte" Arme, Beine, Hand und Kopf. Der Kopf nun ist kein physisches Mittel, sondern ein ideell-konzeptives. Er ist der Träger des Gehirns: der somatische Ort des Logos. ‚Kopf' steht für Denken, Bewusstsein, die konzeptive Fähigkeit des Menschen, die den Arbeitsprozess vorbereitet, ordnet und begleitet, die strukturbildend in ihn eingeht. Das bedeutet aber, dass bereits auf der anthropologisch elementarsten Stufe, der Bestimmung menschlicher Arbeitskraft als erster menschlicher Produktivkraft, dem *Bewusstsein* eine

78 MEW 3, S. 5.
79 MEW 23, S. 192ff.

konstitutive Funktion im Ensemble menschlicher Vermögen (= „Naturkräfte") zukommt. Es ist notwendiger Bestandteil dieser Vermögen, so notwendig wie es die physischen Vermögen (Arme, Beine, Hände) sind. Gegenständliche Tätigkeit ist konzeptives Tun: bewusstes zielgerichtetes Handeln in einer objektiv gegebenen gegenständlichen Welt. Damit aber ist Bewusstsein als Teil des materiellen Seins gesetzt. Ja, die *Arbeit als erste Produktivkraft* ist Einheit physischer und ideeller (‚logischer') Momente, das Menschlich-Materielle *ist* diese Einheit, dies ist sein Spezifikum. Es ist konstituiert als *Synthesis*, es besitzt eine *dialektische Struktur* – ich werde darauf zurückkommen.

Im Arbeitsprozess gesetzt sind ein *Subjekt der Arbeit*, ein *Objekt der Arbeit*, die *Instrumente der Arbeit*, das *Ziel der Arbeit* und der *Arbeitsprozess selbst*. Dieser ist als Tätigkeit zur Herstellung von Gebrauchswerten zugleich ein Akt der Aneignung der Natur. Er ist allgemeine Bedingung des Stoffwechsels von Mensch und Natur und ewige Naturbedingung des menschlichen Lebens. Als Bedingung jeder Form dieses Lebens ist er von allen seinen besonderen Formen unabhängig. Er ist das materielle Fundament dieser Formen, die allen Gesellschaftsformen gleich gemeinsame Bedingung ihrer Existenz. Die Rolle des Bewusstseins für diesen elementaren Zusammenhang besteht nun darin, dass es diesen Prozess konzeptiv strukturiert: ihn plant und sein Ende antizipierend vorwegnimmt. „Am Ende des Arbeitsprozesses kommt ein Resultat heraus, das beim Beginn desselben schon in der Vorstellung des Arbeiters, also schon ideell vorhanden war". Dies unterscheide „von vornherein den schlechtesten Baumeister vor der besten Biene"[80], ich habe den Passus zitiert. Arbeit bedeutet Formveränderung *des* Natürlichen und bewusste menschliche Zweckverwirklichung *im* Natürlichen, und diese Bestimmung gilt, in einem grundlegend-anthropologischen Sinn, für jede Gestalt menschlicher Arbeit und für jede Form menschlicher Kultur – bis in die archaischen Stufen zurück. Sie gilt für den Arbeitsprozess „unabhängig von jeder bestimmten gesellschaftlichen Form", in einer Form allerdings, worin er „dem Menschen ausschließlich angehört"[81], also unterschieden ist von den Arbeiten der Spinne und Biene wie auch von den „erst tierartig instinktmäßigen" Formen

80 MEW 23, S. 193.
81 Ebd., S. 192f.

menschlicher Arbeit in der Phase der Bildung des Anthropos. Auf dieser Ebene („der Mensch einmal gesetzt […], als beständige Voraussetzung der Menschengeschichte […], als beständiges Produkt und Resultat“[82]) gilt, dass der Produzent das Arbeitsprodukt erst im Kopf produziert, bevor er es durch praktische Tätigkeit gegenständlich in die Welt setzt. Menschliche Arbeit besitzt, als Formveränderung des Natürlichen und Zweckverwirklichung im Natürlichen, eine *teleologische Struktur* – sie ist „zweckmäßige Tätigkeit“[83], eine „teleologische Setzung“ (Lukács). Ich spreche hier vom *teleologischen Bewusstsein*, das mit dem Arbeitsprozess, mit gegenständlicher Tätigkeit überhaupt, in der Welt ist.

Zu diesem Bewusstsein und als Bestandteil ihm zugeordnet gehört weiter das Wissen des Mittels – *instrumentelles Bewusstsein*. Das Arbeitsmittel ist „ein Ding oder ein Komplex von Dingen, die der Arbeiter zwischen sich und den Arbeitsgegenstand schiebt und die ihm als Leiter seiner Tätigkeit auf diesen Gegenstand dienen“.[84] Sein Gebrauch setzt ein komplexes Wissen über den Charakter des Mittels, das Verhältnis von Mittel und Gegenstand sowie die Mittel-Zweck-Relation voraus.[85] Der Mensch ist „ein Werkzeuge fabrizierendes Tier“, „der Gebrauch und die Schöpfung von Arbeitsmitteln (…) charakterisieren den spezifisch menschlichen Arbeitsprozess“[86]. In dem elementaren instrumentellen Bewusstsein liegt der genetische Grund für den Rationalitätstypus der instrumentellen Vernunft, der unter den Bedingungen kapitalistischer Herrschaft zum heute dominanten Rationalitätstypus geworden ist.

Zum Arbeitsprozess gehört also ein komplexes System des Wissens. Es umfasst innerhalb der teleologischen Struktur neben dem instrumentellen Wissen und an dieses gekoppelt die genaue *Kenntnis des Arbeitsgegenstands*. Dieser muss in seinen Eigenschaften erkannt und bekannt sein. Nur dann kann er in Präferenz vor anderen Gegenständen als je besonderer ausgewählt, der geeignete dem ungeeigneten vorgezogen werden, kann eine Selektion unter

82 MEW 26 / 3, S. 482.
83 MEW 23, S. 193.
84 Ebd., S. 194.
85 Heidegger hat diesen Gesichtspunkt im zweiten und dritten Kapitel von *Sein und Zeit* aufgenommen.
86 MEW 23, S. 194.

zuhandenem Seienden erfolgen. In diesem Sinn ist das teleologische Bewusstsein *objektbezogen*, ja, seine Objektbezogenheit hat Vorrang vor dem Bewusstsein des Mittels. Je nach Beschaffenheit des Objekts wird das Mittel gewählt.

Zum teleologischen Bewusstsein gehört neben dem objektbezogenen und gleichrangig mit ihm das *subjektbezogene* Bewusstsein und damit ein Moment von Selbstreflexivität: ein Wissen des Arbeiters von sich selbst; so die Fähigkeit, seine eigenen Kräfte einzuschätzen und auszubilden. Ja, die Fähigkeit, einen Arbeitsgegenstand zu erkennen und auszuwählen – als identischen (A=A) zu setzen –, hat im intelligiblen Vermögen des Subjekts seinen Grund. Weiter gehört zu diesem Bewusstsein ein *methodisches* Wissen: die Fähigkeit, die einzelnen Arbeitsschritte zu planen und in Arbeitsverfahren umzusetzen. Das Bewusstsein auf dieser Ebene ist ein solches einer expliziten Subjekt-Objekt-Relation. Diese wird im Folgenden näher zu betrachten sein.

2. *Logos und Dialektik*

Der Arbeitsprozess ist dem Subjekt der Arbeit also in seiner gesamten kategorialen Blüte *gewusst*. Dieses Bewusstsein ist als Voraussetzung des Arbeitsprozesses gesetzt, und es ist gesetzt für den Prozess seiner Abfolge. Es ist damit gesetzt als Bedingung seiner Existenz. Damit aber sind *Quantität*: Einheit, Vielheit, Allheit, *Qualität*: Realität, Negation, Limitation, *Relation*: Inhärenz und Subsistenz, Kausalität und Dependenz (Ursache und Wirkung), Gemeinschaft (Wechselwirkung zwischen dem Handelnden und dem Leidenden) und *Modalität*: Möglichkeit – Unmöglichkeit, Dasein – Nichtsein, Notwendigkeit – Zufälligkeit als Seinsbestimmungen gesetzt, und sie sind als *gewusste*. Ich beziehe mich hier auf die vier Grundkategorien im Sinne Kants. Freilich geht der hier verwendete Kategorienbegriff über den Kants insofern hinaus, als Kategorien in der von mir vertretenen Auffassung (wie ausgeführt) mehr sind als bloße „Gedankenformen" bzw. „Verstandesbegriffe" – sie sind als Gedankenformen zugleich Existenzbestimmungen: der Ausdruck von Seinsformen. Der Schritt von Kant über Hegel zu Marx wird hier also mitgedacht. Kategorien, so lässt sich auch sagen, sind Reflexionsbestimmungen, die Strukturen des Seins abbilden. Die Sprache ist der Raum, in dem die Kategorien angesiedelt sind. Insofern sind die Gedankenformen auch Sprachformen, die freilich erst (wie von Aristoteles bis Kant und Hegel geschehen) in philosophischer Arbeit begrifflich freigelegt werden mussten: *Der Begriff arbeitet die Kategorien aus dem Material der Sprache heraus.*

Ein Naturgegenstand kann nur Gegenstand der Arbeit werden, wenn er in seinem *Sosein* (zu dem die Bestimmungen von Quantität, Qualität, Relation und Modalität notwendig gehören) auch *erkannt* und *gewusst* ist. Dieses Wissen liegt dem Arbeitsprozess voraus und begleitet ihn in seinem gesamten Verlauf. Gesetzt sind auch *Raum* und *Zeit* als strukturelle Konstitutiva – als materiale Apriori – dieses Prozesses selbst. Ein Arbeitsgegenstand ist raumzeitlich gegeben: als Gegenstand an einem bestimmten Ort zu einer bestimmten Zeit. Der Arbeitsprozess ist ein zeitlicher Vorgang und folgt, in seiner sozialen Form, einer ‚Ökonomie der Zeit'. Entscheidend für unseren Zweck ist dabei nicht, *dass* es so ist, sondern dass es als *Gewusstes* so ist, dass es mit Bewusstsein und als Gewusstes geschieht. Marx arbeitet diesen Gesichtspunkt mit großer Klarheit heraus. Der Mensch, so setzt er den zitierten Passus im *Kapital* fort, „verwirklicht im Natürlichen (…) seinen Zweck, den er weiß, der die Art und Weise seines Tuns als Gesetz bestimmt und dem er seinen Willen unterordnen muss"[87]. Der bewusst konzipierte (im Kopf gebaute) Zweck, *den der Mensch weiß*, fungiert als *Gesetz*, das die Art und Weise des Tuns im Prozess der Arbeit bestimmt, dem der Arbeiter seinen Willen subordinieren muss, soll der Zweck seiner Arbeit erfüllt werden. *Bewusstsein* ist *strukturelles Apriori menschlicher Tätigkeit.*

Zu den Setzungen des Bewusstseins im Arbeitsprozess – in der gegenständlichen Tätigkeit, verallgemeinert gesprochen – gehören also im umfassenden Sinn *Erkennen* und *Wissen* als epistemologische Basiskategorien. Zu ihnen gehört ebenso *Verstehen* als hermeneutische Kategorie: die Voraussetzung einer verstandenen und interpretierten Welt. Ein zuhandenes Seiendes muss als Teil eines raum-zeitlichen und sozialen Zusammenhangs – eines Ensembles von Seienden – verstanden worden sein, um überhaupt Gegenstand der Arbeit werden zu können, wie auch das Subjekt der Arbeit sich als Teil einer Welt – also gesellschaftlich – verstanden haben muss, um in den Arbeitsprozess eintreten zu können. *Welthaftigkeit* – interpretierte Welt – ist Voraussetzung von Arbeit wie von gegenständlicher Tätigkeit überhaupt. Sie ist die Bedingung dafür, dass ein Arbeitsprozess seinen konkreten Ort hat.

87 MEW 23, S. 193.

Es zeigt sich: die gegenständliche Tätigkeit ist der elementare Ort menschlichen Bewusstseins. Sie ist damit auch, so dürfen wir vermuten, die Keimzelle aller seiner logisch-epistemischen Formen. Der entscheidende Prüfstein für diese Vermutung – deren hypothetischen Charakter ich betone – ist die Frage nach der *Genesis der dialektischen Vernunft*: ob und inwiefern aus der ontologischen Struktur der Arbeit (der gegenständlichen menschlichen Tätigkeit überhaupt) das *Grundmuster dialektischer Vernunft* (das Grundmuster, nicht die entfaltete Form) rekonstruiert werden kann, ob eine solche genetische Rekonstruktion überhaupt möglich ist. Prüfstein ist diese Frage deshalb, weil die dialektische Vernunft die strukturell komplexeste Gestalt des Logos ist. Im Folgenden sei eine erste Antwort auf diese Frage skizziert.

In der Arbeit gegeben, das sahen wir, sind Subjekt-Objekt als umgreifendes Reflexionsverhältnis. Das Ganze des Arbeitsprozesses umgreift seine Glieder als eine Einheit im Gegensatz. Ein Natur-Subjekt tritt einem Natur-Objekt gegenüber, setzt seine Kräfte in Bewegung und verändert, indem es seine Kräfte in Bewegung setzt, seinen Gegenstand, bewirkt mit dieser Veränderung aber auch eine Veränderung seiner selbst. Es „verändert (…) zugleich seine eigne Natur", „entwickelt die in ihr schlummernden Potenzen".[88] In dem Produkt der Arbeit ist nicht allein das Objekt der Arbeit, sondern zugleich auch ihr Subjekt als verändertes aufgehoben. Das Produkt *ist* die Vergegenständlichung von Subjekt und Objekt, Vergegenständlichung in Form einer Synthesis. Das Resultat also ist die Synthesis des Differenten. Das Ende des Prozesses lässt Subjekt und Objekt als veränderte zurück. Was am Beginn dieses Prozesses als doppelte Identität gegeben war, ein identisches Subjekt der Arbeit ($S = S$) und ein identisches Objekt als sein Gegenstand ($O = O$), unterliegt im Verlauf dieses Prozesses einer Veränderung ($S = Non\text{-}S$, $O = Non\text{-}O$) und tritt im Produkt zusammen in Form einer Synthesis ($S = O$). „Der Prozess", sagt Marx, „erlischt im Produkt"[89]. Im Produkt verwirklicht das Subjekt sein konzeptiv gesetztes Ziel, das Objekt eine in ihm liegende Möglichkeit.[90]

88 Ebd., S. 192.
89 Ebd., S. 195.
90 Die Transformation eines Naturgegenstands zu einem Gebrauchswert ist nur möglich, insofern ein Gegenstand von seinem Materialcharakter her eine bestimmte Transformation überhaupt zulässt – aus einem Stein kann man keinen Löffel schnitzen (ich denke hier an das Beispiel des Löffelschnitzers in Nikolaus Cusanus' Dialog *Idiota de Mente*).

In der Folge von *S=S/O=O-S=Non-S/O=Non-O-S=O* artikuliert sich der dialektische Prozess einer Aneignung, Transformation und Neugestaltung.[91] Zugleich artikuliert sich die selbstreflexive Struktur des menschlichen Weltverhältnisses. Zu Recht bezeichnet Holz das in der Arbeit realisierte Verhältnis von Subjekt und Objekt als „wechselseitiges Reflexionsverhältnis“[92]. Das übergreifende Allgemeine als dialektische Grundfigur ist diesem Verhältnis inhärent. Es hat *selbstreflexiven* Charakter, da es im Subjekt sein Zentrum hat: Das Agens der Arbeit ist nicht das Objekt, sondern das Subjekt. Zugleich aber ist dieses Agens nicht autonom, sondern wie das Objekt ein Attribut der Natur – Teil eines beide Seiten umgreifenden Zusammenhangs.

Es zeigt sich, dass diesem Prozess, und zwar im Verhältnis seiner Glieder, Grundkategorien dialektischer Logik inhärieren. So *Sein, Negation* und *Werden*: ein Seiendes wird ein Anderes in einem zeitlichen Ablauf, die neue Identität konstituiert sich auf dem Weg einer Nicht-Identität. Das *Sein* selbst bestimmt sich nach *Qualität, Quantität* und *Maß*. Die Kategorie des *Wesens* (Wesenheit, Erscheinung, Wirklichkeit) betrifft Subjekt und Objekt des Arbeitsprozesses zugleich: die Naturkraft, die als Vermögen konzeptiver Produktion und Gestaltung wirklich werden muss, um auf den Gegenstand wirken zu können, die materielle Verfasstheit eines so und nicht anders beschaffenen wirklichen Gegenstands, der auf Grund dieser Verfasstheit seine Bearbeitung und zielgerichtete Veränderung überhaupt erst ermöglicht. In seiner rein logischen Form schließlich ist der Arbeitsprozess der Weg vom *subjektiven Begriff* (dem Konzept des Produkts im Kopf des Baumeisters) über das *Objekt* (den Arbeitsgegenstand) zur *Idee* (dem fertigen Produkt als Synthesis von Begriff und Gegenstand). Was in der logischen Produktion die Idee, ist in der materiellen Produktion der Gebrauchswert.

Die Vermutung der Inhärenz dialektischer Vernunft in der Struktur der Arbeit findet sich also bestätigt. Doch überprüfen wir den Sachverhalt noch einmal. So unterscheidet Holz vier zusammenhängende Komplexe, die im System ontologischer Prinzipien wie in der Methode der Gegenstandsbetrachtung stets auftreten, wenn in einem systematischen Sinn von Dialektik die Rede ist:

91 Diesem Modell kommt für die künstlerische Produktion eine besondere Bedeutung zu.
92 H.H. Holz, *Dialektik und Widerspiegelung*, a.a.O., S. 24.

I. *Totalität – Gesamtzusammenhang – universelle Relationalität,*

II. *Eigenbewegung – Veränderung – Entwicklung mittels Negation,*

III. *Diskontinuität – Sprung – Übergang von Quantität in Qualität,*

IV. *Identität und Nicht-Identität – Widerspruch – Einheit und Kampf der Gegensätze.*[93]

Alle vier Komplexe treffen, dem Grundmuster nach, auf die Struktur der Arbeit zu. Der Arbeitsprozess ist die Verausgabung von Kraft, ein mühevolles Tun (‚Kampf'), in dem Widersprüchliches, das gleichwohl zusammengehört, über seine Veränderung zu einer neuen Einheit geführt wird. Diese Veränderung hat den Charakter einer Eigenbewegung, da ihr Agens eins der Glieder dieses Prozesses ist. Die Veränderung erfolgt mittels Negation. Sie hat den Charakter eines Übergangs, der über die Stufen der Diskontinuität, des Umschlags von Quantität in Qualität verläuft. Der Punkt dieses Umschlags ist als Sprung (*punctum saliens*) zu qualifizieren. Die Kategorien der Totalität, des Gesamtzusammenhangs schließlich erläutern wir mit dem Begriff *menschlicher Welt*.

Welt als Gesamtzusammenhang, Totalität, universelle Relationalität ist in der dialektischen Struktur der Arbeit impliziert. Dieser Weltbegriff versteht das zuhandene Seiende, das Gegenstand der Arbeit ist wie auch das Subjekt der Arbeit selbst als Teil eines raum-zeitlichen Zusammenhangs, eines Ensembles von Seienden, das in der Natur seinen ontologischen Ort hat – die Dialektik der Arbeit als Modus der Dialektik der Natur. Zugleich ist das Subjekt der Arbeit nicht anders denn als *soziales* zu denken: Teil der gesellschaftlichen Menschheit, Teil eines Ensembles gesellschaftlicher Verhältnisse, die in ihrem Zusammenhang erst eine konkrete menschliche Welt ausbilden. Das Objekt der Arbeit selbst ist Teil einer Ding-Welt, die zugleich naturhaft und geschichtlich-gesellschaftlich ist, in deren Zusammenhang erst es seinen besonderen Ort hat. Es ist Teil einer *Ding-Relation*, aus der der einzelne Gegenstand ausgesondert werden muss, um Objekt der Arbeit werden zu können.

93 H.H. Holz, *Widerspiegelung*, in: Sandkühler, EEPW, Bd. 4, S. 563f.

Zur Totalität der Welt als Gesamtzusammenhang gehört ihr *Sein in Raum und Zeit*. Subjekt wie Objekt der Arbeit haben ein raum-zeitliches Dasein. Sie befinden sich an einem bestimmten Ort und stehen in räumlicher Relation zueinander. Sie haben Zeit, insofern sie über Zeit verfügen, zeitlicher Veränderung unterworfen sind, der Arbeitsprozess innerhalb eines bestimmten, in der Regel begrenzten Zeitraums abläuft (der Zeitfaktor ist bereits Teil des konzeptiven Plans, der dem Arbeitsprozess voraus liegt). Welt ist *Chronotopos*: ein *Raum-Zeit-Gefüge*, dessen strukturelles Merkmal *Geschichtlichkeit* ist. Menschliche Welt ist Gesamtzusammenhang erst als geschichtlicher Prozess. Allein mit Blick auf diesen kann von der Totalität menschlicher Welt die Rede sein, wobei die Geschichte der menschlichen Welt – die Geschichte der Kultur – Teil der Geschichte der Natur ist. Diese doppelte Geschichte ist Raum-Zeit-Kontinuum: von zeitlicher wie von räumlicher Struktur. Auch in diesem Sinn ist Welt ein Relationsbegriff. Im geschichtlichen Geschehen sind Zeit und Raum korreliert.

Welt bezeichnet einen Zusammenhang von Gegenständen, eine *Ding-Relation* (naturhaft vorhandener und kulturell produzierter Dinge) und einen Zusammenhang von Menschen, eine *soziale Relation*. Geschichtlich-gesellschaftlich ist sie in Bezug auf beide. Die Geschichte des Menschen ist die Geschichte seiner Gegenstände. Die Welt als ganze – Gesamtzusammenhang – ist durch menschliche Tätigkeit – gegenständliche Tätigkeit – konstituiert. Genau das ist gemeint, wenn gesagt wird, sie ist *kulturell konstituiert*. Auch die Natur, sobald sie Bestandteil menschlicher Welt wird, tritt in die Zusammenhänge kultureller Konstitution.

Die Rekonstruktion dialektischer Vernunft aus der gegenständlichen Tätigkeit, das zeigt sich, verfällt damit nicht in den von Holz kritisierten Fehler, Dialektik „ganz auf die produktive Leistung des Subjekts" zu gründen.[94] Holz bezieht sich hier auf Peter Furth und Peter Ruben und postuliert die Priorität der Ontologie vor der Erkenntnistheorie[95] – ein Postulat, dem ich zustimme. In diesem Zusammenhang wendet er sich gegen die Auffassung, im Arbeitsmittel ein Modell zu sehen, „in dem die dialektische Beziehung von Subjekt

94 H.H. Holz, *Weltentwurf und Reflexion*, Stuttgart 2005, S. 383.
95 Ebd., S. 384; ders., *Dialektik und Widerspiegelung*, a.a.O., S. 37f.

und Objekt gegenständlich wird". Das Arbeitsmittel sei „ohne den Menschen, der es handhabt, ein toter Gegenstand, ein bloßes Ding. In der Deutung der Arbeit vom Arbeitsmittel her geht die Naturmacht der lebendigen Arbeit verloren".[96]

Im Gegenteil: ausdrücklich wird hier Natur als das Umgreifende, „lebendige Arbeit" als „Naturmacht" verstanden, menschliche Welt und Tätigkeit als Modus der Natur, unüberschreitbar in diese eingebunden. Dennoch hat Vernunft – der Logos in allen seinen Formen – ihren *Ort* im Subjekt und nirgendwo sonst in der Natur, wurzelt in dessen konzeptivem Vermögen und entfaltet sich in dessen gegenständlicher Tätigkeit. Ja, der Logos als dialektische Vernunft ist wesentlich *tätiger Logos*, da er in der gegenständlichen Tätigkeit des Subjekts erst hervortritt, aus ihr also auch genetisch rekonstruiert werden kann.

Die Frage, ob und in welchem Sinn auch unabhängig vom Subjekt und einer menschlich-gegenständlichen Welt von einer Dialektik der Natur gesprochen werden kann, ist hier nicht Gegenstand näherer Überlegung. Ich spreche allein hypothetisch vom *Postulat einer Dialektik der Natur*, die als Fundamentum im ontologischen Sinn jeder Gestalt der Dialektik zugrunde liegt. Im Sinne einer Stufung kann weiter von einer aus der Tätigkeit des Subjekts hervorgehenden *Dialektik der Kultur* gesprochen werden. Sie hat in der gegenständlichen Tätigkeit des Subjekts ihren genetischen Ort. Eine dritte Stufe wäre die *Dialektik der Vernunft*. Beide gründen genetisch im Subjekt als einer Naturmacht – haben also ihren Grund in der (hypothetisch angenommenen) Dialektik der Natur. Auf diesem Weg ist möglicherweise auch der Zugang zu dieser zu finden.

3. *Elementarer Logos und historische Vernunft. Der Begriff der epistemischen Welterschließung*

Der elementare Logos ist die Keimzelle einer Pluralität von Rationalitätsformen und Wissensgestalten – des logischen Universums historischer Vernunft. Begriffliches Denken hat hier ebenso seinen Grund wie symbolisches, Wissen

96 H.H. Holz, *Weltentwurf und Reflexion*, a.a.O., S. 282.

ebenso wie Verstehen und Deutung. Keimzelle bedeutet, dass der elementare Logos im hohen Maße form- und entwicklungsfähig ist. Er ist *Produktivkraft*, konstitutiver Bestandteil des Ensembles menschlicher Produktivkräfte, tätiges Vermögen, das in der gegenständlichen Praxis des Menschen seinen Ort hat. Zugänglich ist er allein der *genetischen Rekonstruktion*, d.h. einer solchen, die hinter die gegebenen Formen historischer Vernunft zurück geht und dem ihnen Zugrundeliegenden nachfragt.

Der *elementare Logos* ist erkennendes und über Erkenntnis Wissen produzierendes Bewusstsein. Er ist der Grund der Formen der Rationalität und des Universums des Wissens. In dieser Eigenschaft ist er, des Näheren bestimmt, *epistemischer Logos*.

Grundformen des epistemischen Logos sind *Symbol* und *Begriff* – symbolisches und begriffliches Denken. Zum *symbolischen Denken* gehören Mythos, Kunst, in einem bestimmten Sinn auch die Religion, zum *begrifflichen Denken* Wissenschaft und Philosophie. *Rationalität* tritt in einer Vielfalt von Formen (‚Rationalitätstypen') auf, die historisch und kulturell determiniert und als differente in dieser Determination zu beschreiben sind. Analog bildet sich *Wissen* zu einem vielgestaltigen Universum aus, zu dem Wissen des Alltags, mythisches, religiöses, ästhetisches, begriffliches Wissen, an privilegierter Stelle auch die Sprache gehören. Für den hier gebrauchten Wissensbegriff setze ich den Terminus *Episteme*.[97] Ihm zugeordnet sind als weitere Kategorien von fundamentaler Bedeutung *Verstehen*, *Interpretation* und *Deutung* (= *Welt-Deutung*): die Trias hermeneutischer Kernkategorien. Diese haben gleichfalls im elementaren Logos ihren Grund. Verstehen, Interpretation und Deutung (von Welt) bilden Stufen zunehmender Organik und Systematizität. Weltdeutungen kristallisieren sich in *Weltbildern* und (mythischen, religiösen, ästhetischen und theoretischen) *Weltanschauungen*. Ist Verstehen eine anthropologische Universalie, d.h. eine Kategorie, die allen Stufen menschlicher

97 Die Gründe für den Gebrauch des Episteme-Begriffs sind die gleichen wie die für den Gebrauch des Logosbegriffs. ‚Episteme' hat einen weiten, durchlässigen Sinn, der sich durch kein einzelnes Wort im Deutschen wiedergeben lässt. Episteme bedeutet *Wissen, Kenntnis, Erkenntnis, Einsicht*, aber auch *Geschicklichkeit, Können* (das ‚knowing how' als in praktischen Fertigkeiten sedimentiertes Wissen). *Wissenschaft* bedeutet Episteme erst in einem weiteren, abgeleiteten Sinn. Die Reduktion des Episteme-Begriffs auf Wissenschaft, wie heute in der disziplinären Bedeutung von Epistemologie weitgehend üblich, ist eine Verkürzung des ursprünglichen Wortsinns.

Bildung, auch den primitivsten (archaischsten) zuzuschreiben ist, so setzen Interpretation und Deutung entwickelte Kulturstufen voraus, ja, sie bilden Voraussetzungen für deren progredierende Entwicklung. *Mythos, Religion, Kunst* und *Wissenschaft/Philosophie* sind die Institutionen oder sozialen Objektivationssysteme, in denen sich die Vorgänge geschichtlicher Weltdeutung, in den entwickelten Stufen von Religion, Kunst und Theorie auch die Systematik von Weltanschauungen artikulieren. Zugleich bilden sie *Formen von Ideologie* im Sinn gesellschaftlich determinierten, notwendigen Bewusstseins. Das bedeutet, sie fungieren immer auch als *ideologische Mächte* im Kontext von Herrschaft und Emanzipation, Unterwerfung und Widerstand. Verstehen, Interpretation und Deutung stehen in einem notwendigen, je-spezifischen Verhältnis zum Wissen. Sie sind in ihrer jeweiligen Gestalt abhängig von dem je gegebenen, historischen Stand des Wissens. Nicht nur gründen sie, zusammen mit dem Wissen, auf dem elementaren Logos, sie kooperieren mit dem Wissen in der epistemischen Erschließung von Welt. In diesem Zusammenhang hat die *Sprache* eine zentrale Position. Sie bildet die monadische Kernzone des logischen Universums, von dem hier die Rede ist: die Zone, in der die vielfältigen Aspekte des Logos sedimentiert sind. Zugleich enthält sie das entelechische Potential ihrer nahezu unbegrenzten Entwicklung.

Epistemische Welterschließung ist die eigentliche Leistung des epistemischen Logos. Sie ist Teil dessen, was hier als *kultureller Prozess* verstanden wird: die Bildung menschlicher Welt. In dieser kommt der epistemischen Welterschließung eine Schlüsselrolle zu. Erst als gewusste, verstandene und gedeutete wird die Wirklichkeit der Natur zur Welt, in der wir leben: menschliche Welt als Wirklichkeit für uns.

Vierter Teil.

Epistemischer Logos

Epistemischer Logos I

Symbolisches und begriffliches Denken. Die Metapher als Mittleres zwischen Symbol und Begriff

Die epistemische Welterschließung bedient sich, blicken wir auf die Geschichte der menschlichen Kultur von ihren frühesten Formen an, einer Vielzahl von Instrumenten. Als ein solches Instrument ist als erstes zu nennen die *Sprache*. Die zwei anderen von anthropologisch grundlegender Bedeutung sind *Symbol* und *Begriff* – symbolisches und begriffliches Denken. Die Unterscheidung zwischen beiden ist von zentraler Bedeutung für die hier vorgetragenen Überlegungen. Symbol und Begriff sind zwei grundlegende – und grundlegend unterschiedene – Formen des Logos, die von frühen historischen Stufen an bis auf den heutigen Tag koexistieren und distinkte, doch unersetzliche Funktionen erfüllen. Sie sind notwendige Gestalten des menschlichen Bewusstseins, die in spannungsvollem Widerspruch zueinanderstehen und doch einander ergänzen.

Zu unterscheiden ist also zwischen dem *symbolischen* und dem *begrifflichen* (theoretischen) Logos als Grundformen des epistemischen Logos, wobei der ästhetische Logos dem symbolischen zugeordnet ist. Der symbolische Logos artikuliert sich im sinnlichen Material, der begriffliche in der Form kategorialer Abstraktion, in Formel- oder in anderer schematischer Gestalt. Der *symbolische Logos* hat den Charakter sinnlicher Anschauung, er ist ästhetisch, bilderstiftend, imaginativ. Der *begriffliche Logos* zielt auf die Eindeutigkeit klaren und deutlichen Erkennens (= Theorie). Die *Metapher*, als sinnliche Form des Begriffs, bildet ein Mittleres zwischen beiden. Auf der Seite des symbolischen Logos stehen Mythos, Religion und Kunst, auf der Seite der begrifflichen Wissenschaften und Philosophie – jede Form theoretischen Denkens. Die Mathematik kann als die ‚reinste', weil abstrakteste Form des begrifflichen Logos gelten. In der Praxis geistiger Tätigkeit greifen beide Formen des Logos wie die Metapher als Mittleres ineinander. In ihren charakteristischen Ausprägungen sind sie gleichwohl deutlich voneinander getrennt, ja sie können sich als feindliche Gegensätze artikulieren.

Der entscheidende Gesichtspunkt der hier entwickelten Konzeption ist die Einsicht, dass Symbol, Metapher und Begriff Formen des Logos und damit kompatibel sind. Nur vor dem Hintergrund dieser prinzipiellen Gemeinsamkeit können Andersartigkeit und Differenz des symbolischen, begrifflichen und metaphorischen Logos, können historische Vielfalt und Verschiedenheit ihrer Erscheinungen, Funktionen und Bedeutungen, kann die Vielgestalt der Formenwelt der Gestalten des Logos erfasst und im Einzelnen erschlossen werden. Von der Grundlage dieser Gemeinsamkeit her ist auch das Problem des Verhältnisses von Mythos, Logos und Metapher, von Dichtung und Philosophie aufzulösen, das das europäische Denken seit seinen vorsokratischen Anfängen bedrängt.[98] Auch Mythos und Dichtung sind Formen des Logos im Sinn welterschließender Rede,[99] so sehr diese auch im Verlauf der geschichtlichen Entwicklung auseinandertreten; die Geschichte des Wissens im europäischen Kulturraum ist durch die Dominanz des begrifflichen Logos, oft verbunden mit der Abwertung des symbolisch-ästhetischen, gekennzeichnet. Von Solons Satz, dass die Dichter lügen bis zu Hegels epistemologischer Abwertung der Künste im System des absoluten Geistes ist eine Linie zu ziehen. Auf der anderen Seite aber gibt es in dieser Geschichte – genau: seit der *Poetik* des Aristoteles – auch die gegenläufige Auffassung, die den symbolischen Logos – im Bereich der Kunst zumindest – dem begrifflichen als prinzipiell wahrheitsfähig an die Seite stellt.

Der *begriffliche Logos* zielt auf Eindeutigkeit, auf klares und deutliches Erkennen (‚clare et distincte', seit Descartes), methodisch erworbenes und argumentativ entwickeltes, damit auch überprüfbares Wissen, schließlich auf Systematizität und Zusammenhalt. Sein Erkenntnisziel ist das Erkennen des Allgemeinen, von Regel und Gesetz. Seine Erkenntnisform ist kategorial, also unsinnlich, abstraktiv, schematisch. Es ist die Form des *kategorialen*

98 Auf die philosophische Bedeutung der Metapher – im Blumenbergschen Sinn des Metaphorologischen – kann ich hier nicht näher eingehen. Nach Holz ist die Metapher keine Konkurrentin des Begriffs, sondern seine Ergänzung, die den Begriff in die Nähe des Ästhetischen rückt.

99 K. Ziegler / W. Sontheimer (Hg.), *Der kleine Pauly*, a.a.O., Bd. 3, S. 710ff.

oder *theoretischen Begriffs*.[100] Seine ideale Erkenntnisart ist die Wissenschaft, und in ihr sind es die Naturwissenschaften mit ihren streng empirischen oder am Leitbild der Mathematik ausgerichteten Methoden. In der Wissenschaft hat, in der Mehrzahl zumindest, das Subjektive keinen Ort, es sei denn als Gegenstand der wissenschaftlichen Untersuchung selbst. Die Wissenschaft ist *desanthropomorphisierend* (Lukács) in einem konstitutiven Sinn. Ihre Gegenstände sind (im Gegensatz zum Kunstwerk) möglichst frei von subjektiver Färbung und Einstellung aufzunehmen; nur so können Regel und Gesetz, kann idealiter das *An-sich* von Wirklichkeit theoretisch erkannt werden.

Symbol meint, im genauen Wortsinn, ‚das Zusammengeworfene'. Es war ursprünglich ein Wahrzeichen oder Merkmal, auch verabredetes Erkennungszeichen zwischen zwei Parteien in Form eines in zwei Hälften zerbrochenen Gegenstands. Im allgemeinsten Sinn ist Symbol ein sinnliches Zeichen, das für eine Idee steht (oder sagen wir vorsichtiger: einen Komplex von Bedeutungen), ohne mit dieser identisch zu sein. Das Symbol, sagt Goethe, verwandelt „die Erscheinung in Idee, die Idee in ein Bild, und so, dass die Idee im Bild immer unendlich wirksam und unerreichbar bleibt und, selbst in allen Sprachen ausgesprochen, doch unaussprechlich bliebe" (*Gespräch mit Eckermann* vom 17. Januar 1827). Die wahre Symbolik sei dort zu finden, wo „das Besondere das Allgemeine repräsentiert" (*Maximen und Reflexionen*). Bedingung des symbolischen Zeichens sind sinnliche Präsenz und Gegenständlichkeit, die Selbständigkeit also einer Trägergestalt, die diese (wie etwa eine Rose) auch außerhalb ihrer symbolischen Funktion bedeutsam macht. Dabei sind Symbole nicht an ein bestimmtes materiales Medium gebunden, sondern in (fast) jedem Medium möglich. Jedes gegenständliche Medium, selbstverständlich auch Stein, Töne, Sprache, kann Träger der symbolischen Bedeutung werden. Im Symbolbegriff ist also keine Präferenz eines besonderen Mediums gesetzt.

Das symbolische Zeichen verweist auf einen Komplex von Bedeutungen, die der Begriff nicht ausschöpft bzw. nicht zu artikulieren vermag oder (so in frühen Kulturstufen) für die begriffliches Denken noch nicht

100 Gemeint ist der ‚reine', unsinnliche, d.h. mit abstrakten Termini arbeitende Begriff im Unterschied zum ‚sinnlichen Begriff', wie er im metaphorischen Sprechen verkörpert ist.

zur Verfügung steht. Im Symbol ‚zusammengeworfen' sind nicht nur sinnliche Gegenständlichkeit und Idee, auch in der Idee sind vielfältige Bedeutungen konnotiert, die vom Rationalen zum Psychischen, vom Bewussten zum Unbewussten reichen. Gerade das Traumatische, Surreale, Imaginative und Phantastische, Angst, Sehnsucht, Hoffnung und Traum finden im Symbol den Ort ihrer Artikulation. Die Bedeutung des Symbols ist deshalb, wie Goethe erkennt, im Unterschied zur Allegorie begrifflich unausschöpfbar. Aus diesem Grund hat auch im Zeitalter der Wissenschaft der Begriff nie das Symbol völlig verdrängen, geschweige denn ersetzen können. Die Künste bilden idealiter das Terrain des Zusammentritts von Begriff und Symbol in der Moderne, ja das moderne Kunstwerk ist aus dieser Synthesis zu bestimmen. Zugleich sind sie die intellektuelle Form, in der Symbol und Begriff zusammentreten.

Die symbolische Repräsentation hat den Charakter eines Zeigens. Dieses Zeigen hat in seinem logischen Aufbau die dreifache Struktur von Zeichen, Gegenstand und Bedeutung. Nehmen wir als Beispiel das Symbol der Rose. Das Wort ‚Rose' dient als Zeichen für ein doppeltes: den sinnlichen Gegenstand, die Blume Rose, die das Wort ‚Rose' evoziert und den Bedeutungskomplex (die ‚Idee'), auf den das Wort ‚Rose' über den Gegenstand Rose verweist. Im Fall der Rose ist dieser Bedeutungskomplex höchst heterogen: Er reicht von der mittelalterlichen Himmelsrose (Dantes „weißer Rose", in deren Bild die Himmelsschar erscheint, der „Christus sich mit seinem Blut verlobte") über die Rose als Symbol der Liebe und Liebeserfahrung (Burns' „My luve is like a red, red rose / That's newly sprung in June", Goethes „Heidenröslein") zum Enigma menschlicher Existenz (Rilkes „Rose, oh reiner Widerspruch, Lust, / Niemandes Schlaf zu sein unter soviel / Lidern") – bis in die ironische Zurücknahme der symbolischen Bedeutung der Rose bei Gertrude Stein („A rose is a rose is a rose is a rose"). Wenn Goethe die symbolische Idee ‚unerreichbar' und ‚unaussprechlich' nennt, so dürfte er meinen, dass diese zwar durch das symbolische Zeichen – das ‚Bild' – gezeigt, doch nicht in begriffliches Sagen aufgelöst werden kann. Akzeptieren wir diese Ansicht, so ist zu überlegen, ob nicht Wittgensteins Begriff des Zeigens aus dem Tractatus logico-philosophicus für die Leistung des Symbols Verwendung finden könnte. ‚Zeigen' steht bei Wittgenstein im Gegensatz zum ‚Sagen'. „Es gibt", schreibt er, „Unaussprechliches", d.h. solches, was sich nicht sagen (das meint sprachlich-begrifflich fassen) lässt. Dies ‚Unaussprechliche' freilich „zeigt sich".

Wittgenstein nennt es „das Mystische".[101] Die Konnotationen des Irrationalen brauchen wir hier nicht zu übernehmen. Wir wollen Wittgenstein vom Kopf auf die Füße stellen und sagen: das Symbol zeigt, was nicht gesagt werden kann, – was sich der direkten kategorialen Benennung entzieht. Die Unersetzbarkeit der symbolischen Artikulation wäre damit vindiziert.

Für diesen Zusammenhang ist von erheblichem Interesse, dass bereits Shakespeare das Zeigen als Leistung des Theaters – des Spiels der Schauspieler – charakterisiert. Der Zweck des Spielens, heißt es im Hamlet, sei es, „dem Zeitalter seine innere Form und äußere Gestalt zu zeigen" („to show the very age and body of the time his form and pressure" (Hamlet, III, 2) – also sichtbar zu machen, was sich der unmittelbaren Empirie entzieht. Im Theater geht es um das Sinnlich-Erfahrbar-Machen des inneren Wesens einer Zeit[102].

Das Symbol ist der *Logos, der zeigt*: In dieser besonderen Eigenschaft ist es *eine Gestalt des Denkens*: eine Weise, in der der Logos etwas zu erkennen gibt, dem Begriff im Widerspruch verbunden. Erst die Einheit beider bildet das Ganze, als Einheit im Gegensatz menschlichen Denkens. Im Zeigen des symbolischen Logos treten Repräsentation und Interpretation, Erkennen und Deuten, Wissen und Interpretation zusammen. Das Symbol hat eine ‚aufschließende', Weltverhältnisse sichtbar machende, Welt deutende Funktion. Es ist deshalb nicht allein ein epistemologisches, sondern auch ein hermeneutisches Phänomen, und als epistemologisches ein hermeneutisches. In ihm vereint sich das epistemologische mit dem hermeneutischen Interesse.

Symbolisches Denken ist die älteste Form menschlichen Denkens, und erst in einer zivilisatorisch späteren Phase tritt mit der Entstehung der Wissenschaft an die Seite des Symbols der Begriff (allein im Medium der Sprache, so nehmen wir an, reichen Spuren begrifflichen Denkens in die menschliche Frühzeit hinab). In den frühesten menschlichen Kulturen, so in neolithischen Kultstätten, lassen sich Spuren symbolischen Denkens nachweisen. Solche Kultstätten als symbolische Orte zu verstehen, wird durch Funde nahegelegt. Für diesen Zusammenhang sind Überlegungen Klaus Holzkamps wichtig. Dieser unterscheidet zwischen zwei elementaren Symbolformen, der ikonischen und der sprachlich-diskursiven, die beide der menschlichen Arbeit ent-

101 L. Wittgenstein, *Tractatus Logico-philosophicus*, a.a.O., 6.522.
102 Dazu des Näheren: Th. Metscher, *Shakespeares Spiegel I. Shakespeare und die Renaissance*, Hamburg 1995, S. 52–57.

springen und integrale Bestandteile des Reproduktionsprozesses der menschlichen Gattung seit der frühesten Phase ihrer Geschichte sind; im Anschluss an Georg Knepler ist eine akustisch-musikalische Symbolform als dritte hinzuzufügen.[103] Die Funktion, die diese Symbolformen im Zusammenhang mit der menschlichen Reproduktion erfüllen, beschränkt sich nicht auf sekundäre Qualitäten bloß abbildender, passiv-reflektorischer Tätigkeit. Vielmehr vollbringen sie die Leistung grundlegender Weltorientierung. Sie organisieren psychische und soziale Prozesse, setzen Emotionalität und Kognition in ein Verhältnis und fungieren als Medien der Konstitution menschlichen Welt- und Selbstbewusstseins. Ja, sie sind Motoren des Prozesses menschlicher Selbstproduktion: des kulturellen Bildungsprozesses der Gattung als eines Vorgangs menschlicher Selbstschöpfung. In ihrer Totalität (und im Verbund mit anderen Faktoren: gestisch-mimischen Handlungen, Riten, kultischen Tänzen) bilden sie die Grundlage für die Welt der Künste: Sprachkunst, bildende Kunst, Musik, Theater und Tanz.

Der hier vorgeschlagene Begriff des Symbolischen ist von dem ‚universalistischen' Symbolbegriff Ernst Cassirers abzugrenzen. Dieser gründet in der Auffassung, dass der Mensch in einem anthropologischen Sinn „in einem symbolischen Universum lebt", mithin als „animal symbolicum" zu definieren ist.[104] Nach Cassirer kann sich das Denken nicht anders als in Symbolsystemen artikulieren. Ja, die symbolische Tätigkeit ist Bedingung der Konstitution menschlicher Welt, ‚Wirklichkeit' eine interne Funktion der verschiedenen Symbolsysteme. Die Abgrenzung betrifft hier nicht allein Cassirers Kantianismus, der Wirklichkeit allein als Konstrukt geistiger, nämlich symbolischer Tätigkeit begreift, sondern richtet sich zugleich gegen einen Symbolbegriff, der, indem er die Totalität geistiger Manifestationen diesem subsumiert, auch interne Differenzierungen des menschlichen Geistes nicht mehr angemessen zu erfassen vermag. Cassirers Symbol gleicht der Nacht, in der alle Katzen grau sind. Demgegenüber soll hier der Symbolbegriff eingeschränkt und differenziert verwendet werden. So werden, jetzt im Anschluss an Cassirer, Mythos, Kunst und Religion als symbolische Formen begriffen, doch gilt dies mitnichten für alle Formen der Kultur. Der Begriff ist dialektischer Op-

103 Th. Metscher, *Herausforderung dieser Zeit. Zu Philosophie und Literatur der Gegenwart*, Düsseldorf 1989, S. 170–185.

104 E. Cassirer, *Philosophie der symbolischen Formen*, Darmstadt 1994 (9. Aufl.), S. 50f.

ponent des Symbolischen und bildet zusammen mit der ihm zugeordneten Welt der Wissenschaft ein eigenständiges kulturelles Universum neben und im Zusammenhang mit dem Universum des Symbols, dem Mythos, Religion und Kunst angehören. Sprache (die Cassirer zu den symbolischen Formen zählt) hat am Begriff teil wie am Symbol, ja, Sprache lässt sich bestimmen als Schnittpunkt von Symbol und Begriff. Soziale, politische, ideologische Institutionen, so sehr sie Symbole gebrauchen, werden im Ganzen kaum zum symbolischen Universum zu rechnen sein. Sie sind sehr reale Apparate der Macht. Das Symbolische also, wie ich es verstehe, ist ein Teil des Kulturellen, es hat seinen Ort in ihm in Differenz zu Anderem. Es ist eine Grundform des epistemischen Logos, der Begriff ist eine andere, und als solche notwendiger Bestandteil menschlicher Weltkonstitution. Erst das Zusammenspiel der differenten Formen, und in ihm als Basis der Bereich menschlicher Reproduktion, bildet die historische Totalität der menschlichen Welt – das, was Marx das *Ensemble der gesellschaftlichen Verhältnisse* nennt.

In der Bestimmung des epistemischen Logos, insbesondere in der Unterscheidung und im Verhältnis seiner beiden Grundformen, sind weitere Differenzierungen vonnöten. Das menschheitsgeschichtlich primäre Artikulationsmedium des Logos ist die *Sprache* (nicht zufällig wird Logos im *Johannes-Evangelium* als ‚Wort' übersetzt), wie auch im lexikalischen Bedeutungsfeld des Begriffs sprachliche Artikulationen (Wort, Rede, Unterredung usw.) dominant sind. Für den symbolischen Logos freilich ist charakteristisch, dass er sich nicht nur sprachlich, sondern auch visuell (ikonisch), akustisch, taktil, ja in einer prinzipiell unbegrenzten Zahl gegenständlicher Medien zu artikulieren vermag (dies ist insbesondere in seinem ästhetischen Modus, den Künsten der Fall). Der symbolische Logos reicht von archaischen Steinsetzungen bis zur Metapher als dem Mittleren zwischen Symbol und Begriff. Der Vielgestalt seiner Artikulationsmedien wegen habe ich eingangs den symbolischen Logos als ästhetisch-sinnlich, *bilderstiftend* und *imaginativ* charakterisiert: ‚ästhetisch-sinnlich' bezieht sich auf seine sinnliche Artikulation in und außerhalb der Künste, ‚bilderstiftend' auf die Fähigkeit der visuell-ikonischen Artikulation im weitesten Sinn, ‚imaginativ' auf die Dimension von Phantasie und Erfindung (‚Einbildungskraft'), die in vielen seiner Formen zu beobachten ist.

In diesem Zusammenhang kommt der *Metapher* eine besondere Bedeutung zu. Sie ist der privilegierte Ort, an dem der symbolische Logos auf den begrifflichen trifft. In ihr treten Symbol und Begriff zusammen. Sie markiert damit den Übergang des Symbolischen zum Begriff, wie ihn die Kunst als System in den entwickeltsten ihrer Formen vollzieht.

Mit der Stellung zwischen Symbol und Begriff weise ich der Metapher einen Ort zu, der von Auffassungen abweicht, wie sie in neueren Theorien zur Metapher (von Blumenberg bis Holz und Zimmer) vertreten werden. In diesen Theorien, so unterschiedlich sie in anderer Hinsicht wiederum sind, wird der Metapher eine Eigenständigkeit als Denkform zugesprochen, die ich mit dem Argument einer ‚mittleren Stellung' relativiere. Sicher gibt es Gründe, eine Eigenständigkeit der Metapher zu behaupten. Ihr privilegierter Ort zwischen Symbol und Begriff legt sie nahe. Doch gibt es auch Gründe, an der epistemologischen Priorität des Symbolbegriffs festzuhalten. Dieser ist der umfassendere und in seiner umfassenden Funktion der genauere Begriff. So ist die Metapher in ihrem Geltungsbereich weitgehend auf das Visuelle und das Sprachlich-Ikonische eingeschränkt. Die Priorität der Visualität ist ihr eingeschrieben. Metaphern artikulieren *bildhaft* (was an ‚klassischen' Metaphern wie ‚Spiegel', ‚Widerspiegelung' deutlich abzulesen ist),[105] ja, ihr eigentlicher Ort ist die Sprache.[106] In dieser Eigenschaft liegen die Grenzen ihrer Reichweite und ihres Gebrauchs. So ist es nur im übertragenen, also selbst metaphorischen Sinn möglich, von einer musikalischen Metapher zu reden, und wenig sinnvoll wäre es, die Metapher auf frühgeschichtliche Funde, unterirdische Kammern oder Konstruktionen aus Steinblöcken anzuwenden, denen gleichwohl eine eminent symbolische Bedeutung zukommen kann. Denn im Unterschied zur Metapher ist das Symbol, ich sagte es, auf keine besondere Gegenständlichkeit als Medium der Artikulation beschränkt. Die gesamte menschlich-dingliche Welt steht ihm, prinzipiell gesehen, für diesen Zweck zur Verfügung.

In ihrer logischen Grundstruktur ist die Metapher, in der von mir vertretenen Auffassung, ein Modus des Symbols – metaphorisches Denken ein Modus des symbolischen. Wie das symbolische Denken hat das metaphorische den Charakter eines *Zeigens*. Die Metapher verweist auf Wirklichkeit oder Welt – ein Seiendes, ein Ensemble von Seiendem, das Seiende im Ganzen –, doch

105 „Eine entwickelte philosophische Theorie des Metaphorischen", vermerkt Holz zu Recht, „wird (...) den Gesamtbereich des bildhaften Sprechens einzubeziehen haben" (H.H. Holz, *Weltentwurf und Reflexion*, a.a.O., S. 285), aber eben doch nur des bildhaften.

106 J. Zimmer, *Metapher*, Bielefeld 1999, passim.

nicht so, wie ein Wegweiser auf eine Stadt verweist, als bloßes Hinweisen im Sinne eines orientierenden Richtunggebens, sondern im Sinn einer sinnlichen Vergegenwärtigung dessen, auf das gezeigt wird, im metaphorischen Zeichen selbst. Die Metapher *evoziert* das Gezeigte; zumindest eignet ihr immer das Moment einer sinnlichen Evokation. Sie ist die sinnliche Form eines Begriffs. Zu sprechen ist von der strukturellen Eigenständigkeit des sinnlichen Zeichens. Das bedeutet, dass die Anschaulichkeit des metaphorischen Trägers zumindest in einem assoziativen Sinn gegeben sein muss. Hier sind Grade der Anschaulichkeit, Konkretion und Abstraktion des metaphorischen Trägers zu unterscheiden. Der Mensch als „Haus des Seins" (Martin Heidegger) evoziert eine Gegenständlichkeit, die unterschiedlich vorgestellt werden kann, aber das Moment sinnlicher Anschaulichkeit (des visuell Vorstellbaren) ist gegeben (ganz im Unterschied zur Definition des Menschen als ‚animal rationale'). Innerhalb bestimmter Grenzen variiert das sinnliche Material des metaphorischen Trägers, wenn auch das Moment des Visuellen in der metaphorischen Artikulation überwiegt (hier liegt, ich sagte es, die Grenze im Gebrauch des Metaphernbegriffs). Metapher und Bild stehen dicht beieinander, ja im traditionellen philologischen Gebrauch wird gewöhnlich die Metapher als Modus des Bildes verstanden.

Die Metapher repräsentiert nicht nur Welt im Sinn eines sinnlichen Zeichens, sie deutet auch das, was sie als sinnliches Zeichen repräsentiert. Sie verkörpert die *Synthesis von Repräsentation und Interpretation*. Die Deutung nun hat ihren Grund nicht im Was des Gezeigten, sondern in seinem *Wie*: also im Akt des Zeigens selbst. Wenn Shakespeares Schauspieler dem Zeitalter den ‚Körper der Zeit' zeigen, so tun sie dies in keiner anderen Weisen als durch das Spielen, das ihr Akt des Zeigens ist. Für die Kunst bedeutet das: in ihr vollzieht sich die Deutung der Welt im Medium der ästhetischen Form.

Im semantischen Modus des Metaphorischen fallen, wie im Symbol, nicht nur Repräsentation und Interpretation, sondern auch Erkennen, Wissen und Deuten zusammen. Weltdeutung zeigt sich als Modus der Welterkenntnis, Verstehen in Einheit mit Wissen. Als diese Synthesis ist die Metapher die prototypische Form des epistemischen Logos. Sie ist es, weil in ihr Symbol und Begriff zusammentreten. Sie hat im ausgezeichneten Sinn eine Welt erschließende, Weltverhältnisse erkennbar machende Funktion. Sie ist ein semantisches Konzentrat, das einen komplexen Sachverhalt in einem vielschichtigen Zeichen zusammenschließt. Daher kann sie, als komplexe Metapher, theoretisch nie vollständig aufgelöst werden. In ihrer Bedeutung als Synthesis von Symbol und Begriff ist die Metapher in Gestalt und Funktion weder durch eine andere symbolische Form noch durch einen kategorialen (theoretischen) Begriff ersetzbar. In diesem Sinn ist sie einmalig und eigenständig.

Die strukturelle Eigenständigkeit der Metapher, ihre sinnliche Form ist die Bedingung für die Besonderheit der epistemischen Welterschließung, die das metaphorische Denken leistet. Kraft dieser Form besitzt es, und dies verbindet es mit der Kunst, Möglichkeiten assoziativer Welterfassung und Bedeutungszuordnung, die dem kategorialen Begriff als unsinnlichem Abstraktum verschlossen sind. Hier liegt die spezifische Differenz zwischen beiden. Zugleich aber bleibt die Metapher mit dem kategorialen Begriff in einem semantischen Bezugsfeld verbunden, in einer Weise, dass sie als ,sinnlicher Begriff' bezeichnet werden kann. Die Differenz der Metapher zur Kunst ist eine des Modus. Die kompositorische Selbständigkeit, die die ästhetische Form in den Künsten besitzt, geht der Metapher ab. Doch wird sie von den Künsten als Teil der ästhetischen Werkgestalt gebraucht, wie sie vom theoretischen Denken gebraucht wird, soll die Grenze des kategorialen Begriffs im Rahmen einer Bild und Begriff umschließenden Reflexion überschritten werden.

Die Besonderheit und Struktur der Metapher, ihre Unersetzbarkeit als eigenständige Form des Denkens ist in der neueren Literatur theoretisch am schlüssigsten von Holz und im Anschluss an diesen von Zimmer ausgearbeitet worden. Holz bestimmt die Metapher als eine spezifische Form des *logos semantikos*,[107] das ist jene „Art der Rede, die einen auf etwas bringt. *Semainein* heißt: jemanden auf etwas durch ein Zeichen hinweisen, jemandem etwas durch ein Zeichen zu erkennen geben“. Die Metapher ist demnach ein „Zeichen, durch welches der Logos etwas zu erkennen gibt“.[108] In der Bestimmung der Metapher als Form des *logos semantikos* zeigt sich ihre Affinität mit dem Symbol, denn nichts anderes als das ist auch dessen Grundbedeutung.[109] Das Spezifikum der Metapher aber besteht gerade in deren Verhältnis zum

107 Den Begriff entnimmt Holz den *Untersuchungen zu einer hermeneutischen Logik* von Hans Lipps, Frankfurt a.M. 1938, S. 7ff. In der hier vorgeschlagenen Terminologie wäre der *logos semantikos* als Funktion des epistemischen Logos zu bestimmen.

108 H.H. Holz, *Weltentwurf und Reflexion*, a.a.O., S. 285f.; ders., *Widerspiegelung; Ästhetik; Metapher*, a.a.O., S. 381.

109 Die oben niedergelegten Ausführungen zum Symbol stimmen mit Holz' Metapherndefinition bis in den Wortlaut überein.

Begriff. Der Gestalt nach ist sie eine „sinnliche Begriffsform". Metaphern sind „keine Bilder von Wirklichkeit, sondern auf Wirklichkeit verweisende intellektuelle Anschauungen".[110] Was in ihnen zur Anschauung gelangt, sind „geistige Selbstverhältnisse des Menschen"[111]. Sie sind „ursprüngliche Bilder menschlicher Selbsterkenntnis" und damit „unverzichtbare Medien für die Erschließung der Historizität menschlichen Daseins" wie der „philosophischen Reflexion"[112]. In dieser Funktion übersetzt die Metapher „prinzipiell erfahrungstranszendente Sachverhalte – wie die Einheit von Identität und Nicht-Identität (...) – in den Zusammenhang der Erfahrung und ermöglicht damit eine *Erfahrung im Denken*, der in der unmittelbaren äußeren Erfahrung nichts entsprechen kann"[113]. Sie ist in dieser Funktion *‚notwendig'*, da ohne sie „das Gemeinte überhaupt nicht erscheinen würde"[114], und sie ist der notwendige *Modus eines Begriffs* – in der Weise, „in der ein Begriff im Modus des Bildes entspringt"[115]. „Ohne Metaphern hätten wir kein Vokabular für das Unsinnliche, dank Metaphern haben wir Begriffe dafür. Die Metapher ist kein Ausdruck für Unbegriffliches, sondern die Erfindung eines Begriffs. (...) Metaphern stehen am Anfang der Begriffsbildung."[116] Folgen wir dieser Bestimmung, dann ist die Metapher beides: Modus des Symbols und Modus des Begriffs. In dieser Dialektik gerade besteht die Einmaligkeit und Unersetzbarkeit ihrer Funktion.

Alle Formen des Logos haben ihr Gemeinsames nicht nur darin, dass sie aus einem identischen elementaren Logos hervorgehen, sie haben ihr Gemeinsames auch in dem, was als Leistung des epistemischen Logos insgesamt ausgemacht wurde: die *epistemische Erschließung von Welt*. Sie ist Voraussetzung und Bestandteil des Prozesses der Zivilisation. In dieser Funktion kooperieren Symbol und Begriff, wobei im Gemeinsamen ihrer Kooperation beider Leistungen unterschiedlich sind, wie auch die Reichweite dieser Leistungen divergiert. Insgesamt gesehen und im historischen Rückblick besitzt der ästhetische Logos – die Kunst also – die größte Reichweite der epistemi-

110 H.H. Holz, *Weltentwurf und Reflexion*, a.a.O., S. 268.
111 Ebd., S. 19.
112 Ebd., S. 20f.
113 Ebd., S. 21.
114 Ebd., S. 285f.
115 J. Zimmer, *Metapher*, a.a.O., S. 25.
116 H.H. Holz, *Widerspiegelung; Ästhetik; Metapher*, a.a.O., S. 381.

schen Welterschließung. Der ästhetische Logos ist in einem bestimmten Sinn synthetischer Natur, da er nicht nur alle Gestalten des symbolischen Logos (so z. B. seine mythischen und religiösen Formen), sondern zumindest partiell auch den begrifflichen Logos zu integrieren vermag. Die Kunst markiert eine Schnittstelle zwischen Symbol und Begriff. Ihre epistemische Reichweite erstreckt sich von der theoretischen Vernunft und dem wissenschaftlichen Wissen bis in den vor-logischen Bereich des Unter- und Vorbewussten, den sie sprachlich, ikonisch und akustisch zu evozieren vermag.

Der epistemische Logos umfasst also das Theoretisch-Allgemeine und das Sinnlich-Partikulare: Bewusstes und Unbewusstes, Begriff und Affekt. Er ist das Medium – die menschliche Kraft –, in dem beides in den Status der *Reflexivität* tritt. In diesem Sinn ist der Logos *per se* – qua Produktivkraft – eine Reflexions- oder Widerspiegelungsform. Logos meint eine hochkomplexe Differenz als Einheit des Differenten: ein umgreifendes Allgemeines. Er ist ‚menschliches Vermögen', heißt: in der Psyche verwurzelte Produktivkraft. Eine theoretische Begründung dafür lässt sich bereits in der *Psychologie* des Aristoteles finden. Dieser zufolge ist der Logos im Psychischen verwurzelt. Er ist Vermögen der Psyche. Logos und Psyche sind keine Gegensätze, wie oft genug in späterem Denken, sondern sind *Einheit des (qualitativ) Differenten*. Für Aristoteles ist die Seele „die ursprüngliche Entelechie eines natürlichen organischen Körpers", d.h. das Prinzip der Vermögen, die diesen Körper konstituieren. Aristoteles kennt vier solcher Vermögen: 1. Ernährung und Zeugen (die „ernährende Seele" als das „ursprünglichste und allgemeinste Seelenvermögen"[117]), 2. Empfindung (sinnliche Wahrnehmung), 3. Denkkraft, 4. Bewegung. Das Denken zielt auf Erkenntnis und Wissen, es bedient sich der Einbildungskraft (Phantasie) wie der Vorstellungen. ‚Geist' nennt Aristoteles „die Kraft der Seele, welche denkt und Vorstellungen bildet"[118]. Relevant ist dieser Ansatz auch heute noch, weil Aristoteles einen komplexen Begriff der psychischen Verwurzelung des Logos entwickelt, der jede dualistische Konzeption von Seele und Vernunft, Psyche und Geist unterläuft – jedem mentalistischen Dualismus, wie er auch gegenwärtig wieder intellektuelle Mode ist, die Absage erteilt. Von einem

117 Aristoteles, *Hauptwerke*, hg. von W. Nestle, Stuttgart 1953, S. 172.
118 Ebd., S. 175.

solchen Ansatz her könnte eine Theorie des Logos als psychisches Vermögen und Produktivkraft weiter ausgearbeitet und in eine dialektische Anthropologie integriert werden.

Epistemischer Logos II

Das Universum des Wissens und die Interpretation von Welt

Der epistemische Logos, sagte ich, ist der gemeinsame Grund symbolischen und begrifflichen Denkens. ‚Epistemisch' meint alle Weisen des Wissens: vom lebenspraktischen Wissen des Alltags bis zum Wissen der Wissenschaften und der Künste. Nicht nur die Wissenschaften, auch die symbolischen Formen verkörpern Weisen des Wissens, wenn auch in jeweils unterschiedlicher Modalität und Stärke. Sprache ist die elementarste Form, in der Wissen akkumuliert ist. In ihrem Zusammenhang bilden die epistemischen Formen ein in sich gespanntes, konfliktreiches *Universum des Wissens* mit wechselnden Protagonisten aus. Im alltagspraktischen Wissen hat es sein Fundament.

In diesen Zusammenhang gehört auch die *Interpretation von Welt*. Diese ist nichts Beiläufiges oder Transitorisches, auf das auch verzichtet werden kann, sondern gehört unaufhebbar zu menschlichem Dasein. Interpretation von Welt gründet in Weltverstehen. Verstehen ist eine fundamentale epistemologische wie hermeneutische Kategorie. Ihr sind Interpretation und Deutung zugeordnet. Weltverstehen meint: Interpretation und Deutung von Welt: diese in einer bestimmten Weise auslegen, sich verständlich machen, erklären, ihr einen Sinn zu- oder abschreiben. Interpretation ist Teil geistiger Aneignung. Zwar sind Form und Gehalt einer Weltinterpretation historisch bestimmt und in diesem Sinn transitorisch – *dass* es Interpretation gibt, ist ein Anthropologicum. Welt, lässt sich sagen, wird zur menschlichen Welt erst als verstandene und interpretierte. Unverstanden bleibt Welt dem Menschen fremd, fällt in bedeutungslose Wirklichkeit zurück. Unverstandene Welt ist tote, das Subjekt verschlingende Fremde. Die Interpretation von Wirklichkeit also – des Seienden, das uns umgibt und dem wir angehören – ist, wie auch die Interpretation einer historisch gegebenen Welt – des Ensembles gesellschaftlicher Verhältnisse, in dem wir uns vorfinden –, notwendiger Bestandteil menschlicher Weltkonstitution. Verstehen / Interpretation aber sind im Verbund mit dem Wissen Teil der epistemischen Welterschließung – Werk des epistemischen Logos. Die Interpretation von Welt ist gleichfalls Arbeit des Symbols und Arbeit des Begriffs.

Interpretation geht auf Verstehen zurück. Ein elementares Weltverstehen ist ein konstitutives Element der Seinsverfassung des Menschen. Es gründet in lebensweltlichen Bezügen und liegt allen diskursiven Verstehensakten und geistigen Objektivationen voraus. In der Tat lässt sich sagen, und in diesem Punkt muss eine materialistische Hermeneutik an die traditionelle anschließen, dass sich menschliches Dasein, bevor es sich in symbolischen und begrifflichen Formen interpretiert und deutet, immer schon in seinen alltäglichen Lebensvollzügen auf bestimmte Weise ausgelegt hat. Die konzeptionellen Weltauslegungen in den großen geistigen Systemen der Menschheitsgeschichte sind im alltäglichen Weltverstehen verwurzelt, haben in diesen ihren Grund. Sprache ist dabei ein Mittleres. In ihr sind elementare Verstehensmuster wie experientielles (d.h. auf praktische Erfahrung beruhendes) Wissen sedimentiert. Diese konstituieren ein Reservoir lebenspraktischer Weltauslegung.

In den Akten der Weltauslegung, und zwar auf allen Ebenen, sind Verstehen und Wissen keine Gegensätze, sondern bilden einen Zusammenhang. Ja, Interpretation kann als Synthesis von Verstehen und Wissen, als ‚wissendes Verstehen' bestimmt werden. Es gibt keine Interpretation oder Deutung von Welt, die nicht auf einem Wissen von Welt fußt, so rudimentär oder ‚falsch' dieses auch sein mag. Weltinterpretationen, lässt sich sagen, sind *relativ* zum Stand eines erreichten Wissens.

Die symbolischen Formen – Mythos, Religion und Kunst – sind die gesellschaftlichen Instanzen, welche die Arbeit der Interpretation leisten. In rational organisierten Gesellschaften treten Philosophie und Wissenschaft hinzu. Solche Formen konstituieren Welt durch die Organisation eines gesellschaftlichen Bewusstseins. Sie besitzen damit den Charakter *ideologischer Formen*. D.h. sie sind eingebunden in Verhältnisse von Produktion und Herrschaft. Als ideologische Formen besorgen sie die Integration der Individuen in eine gegebene gesellschaftliche Formation. Zugleich sind sie Ort der Artikulation von Kritik, Widerstand und Utopie. Interpretative Akte, auf welcher Ebene auch immer, sind nie ‚ideologiefrei'; sie partizipieren am Charakter ideologischer Formen.

Weltinterpretationen, auf welcher Ebene auch immer, sind gebunden an Horizonte *sinnlich-gegenständlicher Weltbildung*. Der historische Stand sinnlich-gegenständlicher Tätigkeit, mit der materiellen Arbeit als ihrem Zentrum, bildet die Basis solcher Weltbildung Die Horizonte der sinnlich-gegenständlichen Weltbildung zeichnen auch den Interpretationen, der epistemisch-hermeneutischen Welterschließung ihre Grenzen vor. Erkenntnis im expliziten Sinn, also auch wissenschaftliche Erkenntnis, ist durch diese Horizonte begrenzt. Ich spreche von den *Horizonten menschlich-gegenständlicher Welt*, die mit den epistemisch-hermeneutischen Horizonten zusammenfallen. Die epistemisch-hermeneutischen Horizonte sind historisch variabel im gleichen Maß, wie die gegenständliche Welt historisch variabel ist. Welterkenntnis und Weltdeutung sind begrenzt durch die Grenzen gegenständlicher Welterfahrung. ‚Begrenzt' heißt aber nicht: vollständig determiniert. Es gibt, im praktischen Leben wie in allen geistigen Formen, das Phänomen der Grenzüberschreitung. In Mythos, Religion, Wissenschaft und Philosophie – vor allem aber in den Künsten ist es zuhause. Es gibt Antizipation und Utopie. Welthorizonte sind offene Horizonte, im praktisch-gegenständlichen Leben wie im Leben des Geistes. Die leitenden Begriffe hier sind die *variable Grenze* und der *offene Horizont*. Variable Grenze und offener Horizont sind Bestandteil des *reflexiven Weltverhältnisses*, das den Menschen vor allen anderen Lebewesen auszeichnet.

Menschen verhalten sich *reflexiv* zu der sie umgebenden Wirklichkeit. Dazu gehört: sie schreiben ihre Deutungen dieser Wirklichkeit ein. Sie tun dies in symbolischen Handlungen, und sie verständigen sich kraft symbolischer Formen, die sie hervorbringen. Sie geben der Wirklichkeit Namen und machen sie so geistig-seelisch zu ihrem Eigentum. Erst als so angeeignete wird Wirklichkeit zu menschlicher Welt.

Epistemischer Logos III

Bewusstsein und Bewusstseinsformen.
Grundkategorien der historischen Vernunft. Verstand, Vernunft und Idee

Von grundlegender Bedeutung für die hier auszuarbeitende Konzeption ist die Unterscheidung zwischen einem universalen elementaren Logos (‚basaler Logos') und historisch differenten Bewusstseinsformen, Rationalitätstypen und Arten des Wissens, die aus dem elementaren Logos hervorgehen. Dem universal geltenden elementaren Logos als Identischem steht eine Vielfalt differenter Bewusstseinsformen, Rationalitätstypen und Wissensarten, steht die *Pluralität der historischen Vernunft* gegenüber. *Einheit der Vernunft* heißt also: *Einheit in der Differenz*. Treffend spricht Holz von der „Einheit der Vernunft in der Mannigfaltigkeit ihrer Formen“[119]. In diesem Verhältnis hat die Differenz zwischen elementarem Logos und historischer Vernunft den Charakter eines Ontologicum: der Logos des Wirklichen ist in seiner internen Struktur durchgängig von dieser Differenz geprägt.

Der Begriff des *epistemischen Logos* soll, dies sei auch mit Blick auf das bereits Ausgeführte gesagt, beides umfassen: den elementaren Logos als identische Basis aller Bewusstseinsgestalten wie auch das differente Universum der Formen menschlichen Bewusstseins. Er bezieht sich, pointiert gesprochen, auf alle Gehirntätigkeiten, die auf Erkennen, Wissen und Verstehen gerichtet sind sowie auf deren Vergegenständlichungen. Das Ensemble dieser Bewusstseinsformen fasse ich mit dem Begriff der *historischen Vernunft*. Weitere in diesem Zusammenhang zu erläuternde Begriffe sind Verstand, Vernunft und Idee, verstanden als Kernkategorien des gesellschaftlichen Bewusstseins, das Denken als Tätigkeitsform dieses Bewusstseins. Alle diese Kategorien sind, wo immer und wie immer sie historisch auftreten, im elementaren Logos verwurzelt.

Dazu die folgenden Klärungen.

Der allgemeinste Begriff zur Bestimmung des Verhältnisses von elementarem Logos und historischer Vernunft ist der des *Bewusstseins*. Er bezieht sich als dialektischer auf beide Seiten dieses Verhältnisses, also auf alle Modi bewussten Seins – den Logos des Wirklichen im Ganzen. Strukturell ist Bewusstsein Begriff einer Subjekt-Objekt-Relation: Bewusstsein ist nie ohne Welt, wie Welt (als menschliche) nie ohne Bewusstsein ist. In seinem genetischen Kern ist es, wie oben gezeigt, Teil gegenständlicher Tätigkeit. Physischer (somatischer) Träger des Bewusstseins ist das menschliche Gehirn. Bewusstsein ist physiologisch Gehirntätigkeit – so wenig sich die ontologische Bedeutung von Bewusstsein auf Gehirntätigkeit reduzieren lässt. Bewusstsein, im on-

119 H.H. Holz, *Rationalität, Totalität, Widerspiegelung*, a.a.O., S. 23.

tologischen Sinn, ist gegenständliche Existenz und subjektive Tatsache. Bewusstsein bezieht sich gegenständlich auf die gesamte, durch menschliches Handeln konstituierte Welt – sofern diese ‚teleologische Setzung' ist. Seiner subjektiven Seite nach bezieht sich Bewusstsein auf den Gesamtinhalt seelischen und geistigen Erlebens: das Totum von „Sinneseindrücken, Erinnerungen, Vorstellungen, Empfindungen, Gefühlen, Willensregungen und Gedanken"[120] – sofern dieses in das Bewusstsein eines individuellen oder kollektiven Selbst tritt, also den Status eines kognitiven Selbstbezugs besitzt: als *Bewusstsein für mich* bzw. *Bewusstsein für uns* in Erscheinung tritt. In diesem Punkt ist Bewusstsein vom Un- und Vorbewussten, wie vom bloßen Fühlen und Empfinden klar unterschieden, mit denen es gleichwohl über die Einheit des psychischen Apparats verbunden bleibt.

Der Inhalt des Bewusstseins ist der Logos selbst – im erläuterten Sinn des Begriffs. Der Logos wurzelt im Bewusstsein – dieses ist sein genetischer Ort: Er ist Resultat menschlicher Gehirntätigkeit. Erst über das menschliche Bewusstsein kommt der Logos in die Welt, existiert in dieser, als Ergebnis der gegenständlichen Tätigkeit des Menschen, in der Gestalt einer Vielfalt objektiver Formen – der *Formen des Bewusstseins*. So ist der Begriff der Bewusstseinsform, als objektiv-historische Vergegenständlichung von Bewusstsein, dem subjektiven Begriff des Bewusstseins im dialektischen Sinn von Subjekt und Objekt zugeordnet. Bewusstsein nämlich ist nicht nur Zustand, es ist im Wesentlichen Akt. Es ist als *res cogitans* zugleich auch *res agens*: Agens gegenständlicher Tätigkeit. Seine materielle Existenz hat es in Vergegenständlichungen. Es existiert in Sprache, alltagspraktischen Handlungen, Arbeit, der gegenständlichen Tätigkeit insgesamt, in der Form von Objektivationen und Institutionen: als Mythologie, Religion, Kunst, Wissenschaft, Philosophie, Moral, Recht usw. Es ist als Bewusstseinsform stets auch in soziale Prozesse verknüpftes, sozial determiniertes und sozial wirkendes Bewusstsein und in diesem Sinn *Ideologie*. Zugleich ist dieses Bewusstsein, nach seiner subjektiven wie objektiven Seite und in der Einheit beider, *selbstreflexiv*. Es ist immer ein über Gegenstände vermitteltes Bewusstsein seiner selbst. Jeder menschliche Bewusstseinsakt ist von Selbstreflexivität begleitet oder hat diese zu seinem

120 J. Hoffmeister u.a., *Wörterbuch der philosophischen Begriffe*, Darmstadt 1998, S. 108.

Inhalt. In diesem Sinn kommt Bewusstsein ausschließlich dem Menschen zu. Jedenfalls wissen wir von keinem anderen Seienden außer dem Menschen, das das Bewusstsein seines Seins besitzt. Dabei meint menschliches Bewusstsein hier immer, ich wiederhole es, *gesellschaftliches* menschliches Bewusstsein. Der Mensch ist, wie schon Aristoteles wusste, als Vernunftwesen gesellschaftlich. Individualität ist ein Modus von Gesellschaftlichkeit, individuelles Bewusstsein ein Modus des gesellschaftlichen.

Die Tätigkeit des Logos ist das *Denken*. Verstehen wir unter Denken im weitesten Sinn jedes aktive kognitive Verhalten des Menschen zur Welt außer ihm wie zu sich selbst (im Unterschied zum Empfinden, bloßen Fühlen, Hingegebensein an Eindrücke), einschließlich des Vermutens, Sicherinnerns und Glaubens[121], so ist Denken genetisch mit dem Logos identisch – es ist Tätigkeit des Logos schlechthin. Verstehen wir jedoch Denken, im philosophischen Sinn, als „die von allem Anschauen und Vorstellen, Meinen und Nachdenken unterschiedene, selbständige und selbstgesetzliche Tätigkeit des Geistes"[122], als *noesis* und *nous* im Gegensatz zu *doxa* und *mythos*, wie von Parmenides und Plato in die europäische Philosophie eingeführt und bis Hegel in ihrer Hauptlinie bestimmend, so ist Denken ein Modus des Logos, doch nicht der Logos schlechthin. Denken ist dann die Tätigkeit des Logos, „die in Denkformen abläuft"[123], eine Gestalt der historischen Vernunft, die gleichwohl strukturell in den elementaren Logos zurückreicht. Es ist diejenige ihrer Grundgestalten, die ich oben mit dem Terminus *begrifflichen* bzw. *theoretisch-kategorialen Denkens* identifizierte. Die Elementarformen dieses Denkens sind, ich folge Zeleny, *Begriff*, *Urteil* (Prädikation) und *Schluss*. Seine logische Zellenform ist das Urteil. Dieses ist eine Bedeutungsstruktur, die stets in einer Sprache ausgedrückt wird, also unter Zuhilfenahme von Rede, Schrift oder anderen vereinbarten bzw. durch Tradition verständlich und allgemein gültig gemachten Zeichen. Der Ort des Urteils ist der Satz. Jedes Urteil ist ein in Raum und Zeit bestimmter Gedankenakt und zugleich ein fixiertes, in Zeichen ausgedrücktes Gedankengebilde.[124] Ein Denken in Urteilen ist die zentrale Elementarform begrifflichen Denkens. Diesem ist, im Sinn des weiten Logosbegriffs, das

121 Ebd., S. 140.
122 Ebd.
123 J. Zeleny, *Rationalität*, in: Sandkühler, EEPW, Bd. 4, S. 27.
124 Ebd., S. 27f.

symbolische Denken an die Seite zu stellen. *Sprache*, als ursprüngliche Synthesis von Symbol und Begriff, käme als Drittes im Sinne seiner logischen Grundgestalten hinzu.

Die Sprache spielt unter den Gestalten des Bewusstseins eine Sonderrolle. Die Sprache ist die unmittelbare physische Existenz des Bewusstseins – seine materielle Fundamentalkategorie. Das meint: ohne Sprache hätte Bewusstsein kein materielles Dasein. Sie ist Bedingung der Möglichkeit – in diesem Sinn apriorische Bedingung – der materiellen Existenz von Bewusstsein überhaupt. Weitere Fundamentalkategorien des Bewusstseins, wenn auch auf einer der Sprache nachgeordneten Ebene, sind *Erkennen*, *Wissen* und *Verstehen* – die ebenfalls einer gesonderten Behandlung bedürfen. Sie bilden eine zusammenhängende kognitive Struktur – die *Trias epistemischer Aneignung*. Erkennen ist ein Akt, an dessen Ende Erkenntnis und Wissen stehen. Wissen also ist das Resultat von Erkennen. Nur wo etwas erkannt wurde, kann etwas gewusst sein. Verstehen seinerseits, als anthropologisches Existential, fundiert auf Wissen. Weltinterpretationen hängen nicht in der Luft. Sie sind relativ zu einem historischen Stand des Wissens. Ich spreche, mit Blick auf diese Trias, vom *epistemischen Kernkomplex*.

Die Grundform in der Hierarchie gesellschaftlicher Bewusstseinsformen ist das *Alltagsbewusstsein*. Es bildet damit auch die Grundform ideologischer Formen. Seine Kernkategorien sind *gesunder Menschenverstand* und *Vorurteil*. Die Weltanschauungsform des Alltagsbewusstseins lässt sich mit Gramsci als ‚populare Religion' charakterisieren. In ihr sind wie im gesunden Menschenverstand Trug und richtige Einsicht, Irrtum und Wahrheit gemischt. Seine Wahrheit hat das Alltagsbewusstsein im Wesentlichen in dem, was *experientielles*, d.h. *auf Erfahrung beruhendes Wissen* genannt werden kann. Dieses Wissen gehört zu den ersten Grundlagen menschlicher Reproduktion: Von den frühesten historischen Stufen an ist es in einem gattungsgeschichtlichen Sinn Bedingung menschlichen Überlebens. Anthropologisch-genetisch bildet es zudem die Grundlage aller Wissensformen. In diesem Sinn ist es ein erstes epistemologisches Datum.

Das System der Bewusstseinsformen baut in vielschichtigen Vermittlungen auf dem Alltagsbewusstsein auf. Dieses liegt somit auch den *systemischen* (d.h. ausgearbeiteten, elaborierten) *Weltanschauungen* zugrunde, wie sie uns in Mythologie, Religion, Kunst, Wissenschaft und Philosophie überliefert sind. Zugleich bildet es, dies sei zumindest als Vermutung ausgesprochen, die epistemische Basis ethischer und rechtlicher Vorstellungskomplexe, so sehr diese in ihrer Ausbildung als ideologische Formen eine verselbständigte Existenz einnehmen und ihre Herkunft aus dem Alltagsbewusstsein verdecken. Ohnehin bedeutet hier ‚Zugrundeliegen' keine direkte Abhängigkeit, sondern meint eine Herkunft ‚letzter Instanz', die über vielfache Stufen vermittelt ist. Solche Ursprünge können verdeckt, ja ins Unerkennbare abgesunken sein. Es liegt auf der Hand, dass bestimmte Bewusstseins- und Wissensformen (so die Naturwissenschaften, formale Logik, Mathematik usw.) sich von einem bestimmten Punkt ihrer Geschichte an von der alltagspraktischen Vermittlung abgenabelt und eine autochthone Entwicklung angenommen haben. Nur in einem historisch-genetischen Sinn könnte hier noch von einer Beziehung zum Alltagsbewusstsein gesprochen werden.

In der Ausarbeitung des Verhältnisses von elementarem Logos und historischer Vernunft nimmt die Unterscheidung zwischen Verstand und Vernunft eine zentrale Stelle ein. Die Begriffe bezeichnen unterschiedene, wenn auch zusammenhängende Vermögen des Bewusstseins. Unter Verstand verstehe ich erstens, im Anschluss an Kant, die Fähigkeit der kategorialen Ordnung der Erfahrung, zweitens das konzeptive und analytische (instrumentelle, methodische usw.) Bewusstsein, wie es in der Analyse der epistemischen Struktur der Arbeit freigelegt wurde. Im Anschluss daran ist der Verstand drittens verallgemeinert als instrumentelle Rationalität (‚Rationalität der Mittel') zu bestimmen: als „Mittel zur Lösung bestimmter theoretischer und praktischer Aufgaben, zur Herstellung von Ordnung und Herrschaft über eine Mannigfaltigkeit"[125]. Die ‚technologische' oder ‚funktionale' Rationalität (das meint Rationalität bezogen auf technische Entwicklungen), wie sie Daniel Bell im Anschluss an Max Weber als grundlegende Rationalitätsform der Moderne verstanden wissen will,[126] sollte nicht mit instrumenteller Rationalität schlechthin gleichgesetzt werden, sie ist vielmehr eine ihrer historischen Modi. Instrumentelle Rationalität in der einen oder anderen Form kommt allen menschlichen Gesellschaften zu.

125 J. Hoffmeister u.a., *Wörterbuch der philosophischen Begriffe*, a.a.O., S. 708.

126 „Technology has created a new definition of rationality, a new mode of thought, which emphazises functional relations and the quantitative. Its criteria of performance are those of efficiency and optimization, that is, a utilization of resources with the least cost and the least effort." (D. Bell, The Cultural Contradictions of Capitalism, 1973, 189).

Der Verstand, zusammengefasst, ist kategoriales Ordnungsvermögen und praktisch-instrumentelles Bewusstsein. Für dieses konstitutiv ist die Zweck-Mittel-Relation: Der Verstand ist Mittel für Zwecke, die nicht in ihm selbst liegen. Er ist damit notwendiger Bestandteil menschlicher Reproduktion und Wirklichkeitsaneignung. Er gehört zu den Grundbedingungen kultureller Bildung. In diesem Punkt liegt seine eminente zivilisatorische Bedeutung. Er ist gerade in dieser Qualität aber auch fungibel für unterschiedliche und gegensätzliche Zwecksetzungen – für Zwecke der Lebenssicherung, Konstruktion, Bildung und Emanzipation wie der Inbesitznahme, Beherrschung, Unterwerfung, ja der Vernichtung (ich erinnere an das Auschwitz-Syndrom).[127] Der Verstand steht im Zentrum der wissenschaftlichen Rationalität des bürgerlich-neuzeitlichen Typus.

Ist nach Kant der Verstand das „Vermögen der Einheit der Erscheinungen vermittelst der Regeln", so die Vernunft das „Vermögen der Einheit der Verstandesregeln unter Principien",[128] dazu befähigt, „dem Verstande selbst seine Schranken vorzuzeichnen". Kant nimmt hier eine Differenzierung vor, die auch außerhalb seiner transzendentalphilosophischen Argumentation ihre Gültigkeit behält, auch für eine marxistische Theorie des Bewusstseins unverzichtbar ist. Wesentlich dabei ist, dass gegenüber dem analytischen Vermögen des Verstandes die Vernunft auf Synthesis und Totalität geht. Sie ist ein Denken in Zusammenhängen wie das Begreifen von Zusammenhängen in Konzepten. Der Kernbegriff für dieses Vermögen ist in der hier vorgeschlagenen Terminologie die Idee. Die Vernunft ist also das Vermögen von Ideen. Sie ist damit auch das Vermögen von Prinzipien (bzw. Axiomen) im ethisch-politischen Sinn, schließlich auch die Instanz, die das Denken mit praktischer Weltveränderung, Theorie mit Praxis verbindet. Dies soll hier der Begriff der praktischen Vernunft anzeigen. Diese wird verstanden als Mittleres zwischen der theoretischen (‚reinen') Vernunft und dem praktischen Handeln selbst. „Die Vernunft", so erläutert Burgio, „ist es also, die ‚die absolute Totalität im Gebrauche der Verstandesbegriffe' vorbereitet und letzteren die ‚größte Ausbreitung' ermöglicht, indem sie sie zu einer höheren Einheit führt; die Vernunft ist es weiterhin, die dem Verstand den Weg zum Handeln ebnet und

127 Wenn heute kritisch von ‚instrumenteller Vernunft' gesprochen wird, ist in der Regel die Verselbständigung der Zweck-Mittel-Relation des Verstandes gemeint.

128 Kant, *Kritik der reinen Vernunft* B, 239.

ihm eine Richtung vorschreibt, ‚von der der Verstand keinen Begriff hat, und die darauf hinaus geht, alle Verstandeshandlungen in Ansehung eines jeden Gegenstandes in ein absolutes Ganzes zusammen zu fassen'." Die Vernunft bildet „den Sinnhorizont des Ausübens eines in der Sinnlichkeit verankerten Verstandes: im Mittelpunkt einer Forschung, die sich voll und ganz von einem anthropologischen Interesse motiviert versteht, behauptet sie ihr Primat als praktische und urteilende Kraft, als Sinn- und Wertquelle, Kriterium des Guten und Gerechten, Ort der höchsten Synthese der Zielsetzungen der menschlichen Tätigkeit und des allgemeinen Zieles der Welt."[129]

Eine materialistisch-dialektische Vernunftauffassung wird den idealistischen Vernunftbegriff Kants auf die Ebene einer ontologisch-historischen Argumentation zurücknehmen müssen – wie auch seine Begründung nicht transzendental, sondern, wie hier versucht, ontologisch-historisch zu erfolgen hat. Der Anschluss an Kant lässt sich in drei Punkten resümieren: 1. Vernunft ist das Vermögen der Synthesis der Verstandesbegriffe, 2. Vernunft ist das Vermögen der Ideen und damit der Grund von Prinzipien, 3. Vernunft ist der logische Ort des Übergangs des Denkens zum Handeln. Sie ist, von der Seite des Denkens her, der Ort, an dem Weltinterpretation in Weltveränderung umschlägt. Dieser Zusammenhang sei noch etwas näher erörtert.

Vernunft ist das kognitive Vermögen, das analytisch-instrumentelle Bewusstsein des Verstandes (das ‚Verstandesdenken') in umfassende logische wie historisch-gesellschaftliche Zusammenhänge und Zielsetzungen zu stellen. Die Vernunft also ist *integrative Kraft*. Sie ist, über die vom Verstand besorgte kategoriale Ordnung (=‚kategoriale Synthesis') hinaus, *Vermögen dialektischer Synthesis*. Sie verbindet das analytisch-kategoriale Denken des Verstandes mit integrativen logischen Konzepten (so der Systematizität) wie mit gesellschaftlichen Zusammenhängen (so dem Konzept historischer Gesetze). Denkt der Verstand A=A als fixierte (abstrakte) Identität und den Widerspruch als ausgeschlossenes Drittes, so denkt die Vernunft die Einheit des Sich-Widersprechenden und Identität als Prozess und Resultat. Ist der Verstand das Denken des Partikularen und der abstrakten Negation, so ist die Vernunft das Denken der Synthesis und Totalität. Sie ist damit das Vermögen, den Gesamtzusammenhang geschichtlich gegebener Wirklichkeit zu denken;

129 A. Burgio, *Verstand/Vernunft*, in: Sandkühler, EEPW, Bd. 4, S. 711f.

das Ganze des Seienden zu denken im Sinn eines regulativen theoretischen Konstrukts. Als Denken der Synthesis ist Vernunft auch das *Vermögen der Produktion von Ideen*. ‚Idee' kommt von griechisch ‚idea' (= Leitgedanke, Musterbild, Urbild) bzw. ‚eidos' (= Gestalt, innere Form, Wesen). Für Kant sind Ideen Vernunftbegriffe, die sich auf den Verstandesgebrauch im Ganzen und damit auf den Zusammenhang unserer Erkenntnis richten – in Differenz zu den Kategorien, die den Verstandesgebrauch in der Erfahrung leiten. In der Produktion von Ideen zeigt sich die kardinale Qualität der Vernunft, Vermögen der Konstruktion zu sein: der Konstruktion eines Ganzen, dessen Material die durch Verstandestätigkeit geordnete Erfahrung bereitstellt. Im Kernbereich dieses konstruktiven Vermögens steht die Produktion von Ideen, und zwar im doppelten Sinn: bezogen auf den Gesamtzusammenhang unserer Erkenntnis wie auf den unserer Welt. Ideen sind Regulativa des Erkennens (so der Gedanke des organischen Zusammenhangs meines Erkennens und Wissens), und sie sind, als epistemische Entitäten, normative und deutende Weltkonzepte – *Begriffe über Wirklichkeit*. In der Ausbildung von Weltanschauungen (in Mythos, Kunst, Religion und Philosophie) kommt diesen eine tragende Rolle zu.

Zu unterscheiden ist zwischen *kategorialem* und *eidetischem Begriff*. Die Unterscheidung ist wichtig, weil sie Kategorie und Idee in einen Zusammenhang stellt, jede simple Antithese zwischen beiden vermeidet. Beide gehören als Gestalten dialektischer Vernunft dem epistemischen Logos zu, sie sind differente Modi der gleichen logischen Struktur. In Differenz zu dem auf Verstandesebene operierenden kategorialen Begriff geht die Idee als eidetischer Begriff auf Ganzheit und Zusammenhang des Unterschiedenen und Partikularen. Ganzheit und Zusammenhang aber ist nur als Werk der Synthesis, also als eidetische Konstruktion denkbar. Kategoriale Begriffe stellen die Identität des Partikularen fest (A=A), Ideen stellen das Partikulare in einen Zusammenhang. Sie öffnen so auch den Weg, den Zusammenhang als werdend-geworden, also geschichtlich zu denken. Ist der Verstand das Vermögen kategorialer Begriffe, so ist die Vernunft das Vermögen der Ideen. Auf dem Feld der Vernunft, lässt sich sagen, nehmen Kategorien den Charakter von Ideen an. So rechne ich den Ideen jede Art von Begriffen zu, die Ganzes und Zusammenhänge zum Ausdruck bringen. Überlieferte Begriffe, auch solche idealistisch-metaphysischen Ursprungs (Totalität, Humanität, Utopie, Freiheit, Wesen, ‚das Seiende im Ganzen' usw.) können, sollen sie als nicht-metaphysische, nämlich dialektisch-ontologische Begriffe reklamiert werden, nur konstruktiv als Begriffe der Vernunft, als Ideen oder eidetische Begriffe gewonnen werden – nie als Verstandes-, geschweige denn als rein empirische Begriffe.

In dieser Bestimmung ist die Vernunft in der Tat das Vermögen ‚großer Erzählungen' – in der Theorie wie in der Kunst. Sie ist es als Konstruktion eines Ganzen: weil sie das Bild einer Welt in historischer Relativität – eine relative Totalität, wie gesagt werden kann – in Gedanken zu fassen vermag. In der Konstruktion relativer Totalitäten gipfelt ihr weltbegreifendes Vermögen – und weist in der Marxschen Wendung doch über das bloße Weltbegreifen hinaus. Nicht nur Interpretation, sondern auch Veränderung (elfte Feuerbach-These): im Vermögen der Vernunft ist angelegt, weltbegreifend und weltgestaltend zu sein. Das Vermögen der Vernunft – die Tätigkeit des Logos – erschöpft sich nicht in der theoretischen Anschauung, sondern tendiert zur Weltveränderung. Der Logos ist tätiges Vermögen, menschliche Produktivkraft, und wie er aus der gegenständlichen Tätigkeit hervorgeht, wirkt er auf die gegenständliche Welt zurück – trägt die Tendenz solcher Zurückwirkung in sich. Am Schnittpunkt nun von theoretischem Begriff und praktischem Eingriff – am punctum saliens des Übergangs also von der Interpretation zur Veränderung der Welt – stehen die Prinzipien (Axiome, Postulate)[130] ethisch-politischen Urteilens und Handelns. Wenn Marx als kategorischen Imperativ des neuen Materialismus den Satz aufstellt, es gelte „alle Verhältnisse umzuwerfen, in denen der Mensch ein erniedrigtes, ein geknechtetes, ein verlassenes, ein verächtliches Wesen ist", so formuliert er das ethische Prinzip, das als Axiom praktischen Handelns den Kommunismus im Sinn einer politischen Bewegung orientieren soll. Er formuliert kein abstraktes Prinzip oder weltloses Ideal, sondern eine axiomatische Idee, wie gesagt werden kann, die in der Wirklichkeit selbst ihren Grund hat, die weltgestaltend in sie zurückwirkt, im praktischen Eingriff sie zu verändern trachtet; die zugleich ein Bild veränderter Wirklichkeit in sich trägt: den Entwurf einer Welt, in welcher der Mensch nicht mehr erniedrigt, geknechtet, verlassen und verächtlich ist. In diesem Sinn sind solche Prinzipien prakti-

130 Das Postulat verbindet normativen Anspruch mit der ethisch-politischen Forderung.

schen Handelns den Ideen zugeordnet: als eidetische Begriffe normativen Charakters, die auf menschliche Praxis gerichtet sind. Zusammengefasst: Vernunft, wie sie hier verstanden wird, hat ihren Kern im Vermögen kognitiver Konstruktion: der logisch-historischen Synthesis, zugleich im Vermögen der Produktion von Ideen. Als Grundgestalten dialektischer Vernunft leisten diese die Synthesis von Verstand und Vernunft und die Verbindung von Denken und Welt. Sie kulminieren in der Konstruktion relativer Totalitäten als konkreter Weltbilder. Zugleich drängen sie auf die Welt zurück, aus der sie hervorgehen. Die Tendenz zur Weltgestaltung, Weltveränderung ist in ihnen angelegt.

Die Vernunft als das Vermögen von Ideen bildet die entwickeltste Form – gleichsam die Spitze – der historischen Vernunft. Von ihr her sind ethische wie Rechtsnormen (man denke an das so umstrittene Paradigma der Menschenrechte) auch im Rahmen marxistischen Denkens begründbar. Dass diese Begründung nicht mehr transzendental erfolgt, sondern auf dem Wege einer historischen und dialektischen Argumentation, aus der Vermittlung mit dem Prozess kultureller Bildung, nimmt diesen Normen nichts an Gültigkeit. Sind sie als Setzungen der historischen Vernunft auch *historisch relativ*, so besitzen sie im historischen Raum ihrer Existenz doch uneingeschränkt kategorischen Charakter. Sie sind in einem geschichtlichen Sinn universal, gründen sie doch in einem elementaren Logos, dem selbst universaler Charakter zukommt. Ich spreche hier von *Universalien zweiter Ordnung*.

Es zeigt sich, dass es für den hier vorliegende Versuch von entscheidender Bedeutung ist, bei allen Differenzierungen im Einzelnen den organischen Zusammenhang des Logos – die Dialektik im Aufbau seiner Stufen – nicht aus dem Auge zu verlieren. Nicht nur ist auf dem Zusammenhang von elementarem Logos und historischer Vernunft zu bestehen, sondern gleichfalls auf der Organik im Aufbau der historischen Vernunft selbst: von Verstand, Vernunft und Idee. Diese sind Schichten oder Stufen der Dialektik der Vernunft. Die historische Vernunft, so zeigt sich, besitzt eine dialektische Struktur.

In Bezug auf das Verhältnis von Verstand und Vernunft hat Hegel in seiner Kritik Kants die Dialektik dieses Zusammenhangs paradigmatisch ausgearbeitet. Er weiß den Verstand in der Dialektik der Vernunft aufgehoben. In dieser avanciert das „Denken des Widerspruchs" zum „wesentlichen Moment des Begriffs". Angesichts der Abstraktion und „fixierten Negation" des Verstandes erhebt sich, kommentiert Burgio, „die Macht der dialektischen

Vernunft“ und weist die Grenzen der Verstandesbestimmungen auf.[131] Sind diese erst einmal erkannt und ist der Verstand in seinem abstrakten Anspruch vernichtet, ist seine Leistung als Teil im Aufbau der Vernunft anzuerkennen. So „betont Hegel energisch die Notwendigkeit des Verstandes und der Abstraktion für die Bewegung der Vernunft“, ja ersterer besitzt eine Wertigkeit für sich selbst, die die Vernunft nicht aufweist. „Die Vernunft ohne Verstand ist nichts, der Verstand doch etwas ohne Vernunft“ (Hegel). In diese Bestimmung geht auch die Bedeutung empirischer Erkenntnis für die Wissenschaften ein. Erst in ihrer integrativen Gestalt wird die Vernunft dialektisch und konkret. Der dialektische Vernunftbegriff hat seinen Kern also in der Organik eines Zusammenhangs, der dem konstruktiven und integrativen Vermögen des tätigen Logos entspringt – ich erinnere: der Logos ist Produktivkraft. Dazu gehört die Fähigkeit, Widersprüche als Widersprüche und als Einheit zugleich – als Negation und Synthesis zu denken.

Der hier vorgeschlagene Vernunftbegriff ist also als zugleich dialektischer und historischer auszuarbeiten – als Theorie dialektischer und historischer Vernunft. Zu letzterer gehört die Theorie von Wissensarten, Weltanschauungsformen und Rationalitätstypen als den geschichtlichen Gestalten menschlichen Bewusstseins. ‚Wissensart‘ bezieht sich auf die Modi des Wissens, die in dem vielgestaltigen Universum menschlichen Wissens zusammentreten, ‚Weltanschauungsform‘ auf die in der menschlichen Geschichte vorliegenden Gestalten kohärenter Weltdeutung (der Interpretation von Welt als eines Gesamtzusammenhangs) von ihren archaischen Stufen bis zu den wissenschaftlichen Weltanschauungen der Gegenwart. Dem Begriff des ‚Rationalitätstypus‘ kommt in diesem Zusammenhang eine besondere Bedeutung zu. Rationalitätstypen sind historisch determinierte Organisationsformen des Bewusstseins, der Erkenntnis und des Wissens. Sie sind nach Zeleny jeweils verschiedenen gesellschaftlichen Organisationsformen des menschlichen Stoffwechsels mit der Natur zuzuordnen. Über einem invarianten Grundbestand von Denkformen, der die Kontinuität des Denkens und die prinzipielle gegenseitige Verstehbarkeit der Rationalität verschiedener Typen garantiert, erheben sich formationsspezifische Rationalitätsstrukturen, also eine historische Mannigfaltigkeit von Denksystemen, die das Erklärungsschema von

131 A. Burgio, *Verstand / Vernunft*, a.a.O., S. 713.

Erfahrungskomplexen, Vorstellungen und Begriffen bilden.[132] „Durch den Begriff ‚Rationalitätstyp' werden in erster Linie die Veränderungen in den logisch-ontologischen Grundlagen des Denkens erfasst. In diesem weiten Sinn bezieht er sich sowohl auf das wissenschaftliche als auch auf das alltägliche vor- und außerwissenschaftliche Denken."[133] Dabei werden die verschiedenen geschichtlichen Typen von Rationalität durch drei Momente charakterisiert: „a) dadurch, wie man jeweils begreift, dass etwas ist und wie und warum etwas ist, also durch die grundlegende kategoriale und methodologische Ausstattung; b) dadurch, wie jeweils das Theorie-Praxis-Verhältnis erfasst wird; c) dadurch, wie jeweils die Beziehung zwischen den deskriptiven und Werturteilen verstanden wird".[134] Die Ausarbeitung einer umfassenden Theorie von Rationalitätstypen, die heute nur auf interkultureller Grundlage erfolgen kann, also unter Berücksichtigung der Rationalitätstypen aller Weltkulturen, steht meines Wissens noch aus. Zeleny unterscheidet zwischen „drei eminenten Typen der wissenschaftlichen Rationalität" innerhalb der europäischen Kultur: erstens den durch Aristoteles repräsentierten antiken Typ, der gekennzeichnet ist durch a) eine kontemplative atechnische Auffassung von Theorie als höchster menschlicher Einstellung, die Selbstzweck und Selbstziel ist, b) eine vorwiegend dialektische Auffassung der Seins- und Denkformen; zweitens den mit den neuzeitlichen Naturwissenschaften auftretenden ahistorisch-technischen, metaphysisch fundierten Typ, der, ungeachtet der unterschiedlichen Bewertung der Rolle des Empirischen und Rationalen, Subjektiven und Objektiven die Welt als abstrakt entgegengesetztes Objekt der menschlichen Beherrschung versteht; drittens die dialektisch-materialistische Denkweise, die durch eine doppelte Historisierung der Denkformen charakterisiert ist: die Historisierung im Sinne der prozessualen Auffassung aller Seins- und Denkformen und die Historisierung im Sinne der Berücksichtigung des praktischen (historisch-gesellschaftlichen) Wesens des Denkens und des Menschseins. Sie könne als „ko-evolutionäre Form der Rationalität, als die Methode der sich ändernden Objekte und Subjekte" bezeichnet wer-

132 J. Zeleny, *Dialektik der Rationalität*, a.a.O.; ders., *Rationalität*, a.a.O., S. 26–34; H.H. Holz, *China im Kulturvergleich*, a.a.O., S. 14f.; ders., *Rationalität, Totalität, Widerspiegelung*, a.a.O., S. 11-23; mit kritischer Einschränkung R. Wahsner, *Ermöglicht die Einheit der Vernunft eine Vielfalt der Rationalitätstypen?*, a.a.O., S. 25–48.

133 J. Zeleny, *Rationalität*, a.a.O, S. 28.

134 Ebd.

den.[135] Kraft seines „kohärenten, für die Erneuerung offenen, der fortgesetzten kritischen Selbstreflexion fähigen" Charakters ist dieser Rationalitätstyp auch fähig, das analytische Denken als dominante Denkform der Gegenwart im Sinn eines „untergeordneten, entabsolutierten Elements" zu verarbeiten.

Dass eine solche Typologie nicht mehr als eine erste Orientierung sein kann, liegt auf der Hand. Auf notwendige Erweiterungen im europäischen und außereuropäischen Raum (so den Einbezug der Rationalitätstypen chinesischen und indischen Denkens) macht Holz aufmerksam.[136] Grundsätzlich und methodologisch gesprochen, wäre das am wissenschaftlich-theoretischen Denken orientierte Schema der Rationalitätstypen, wie es Zeleny entwirft, mit Blick auf nichtwissenschaftliches Denken, auf den epistemischen Logos insgesamt zu erweitern, also mit Einbezug von Kunst und Religion – ein sehr schwieriges, aber auch höchst reizvolles Unterfangen. Die Typen wissenschaftlicher Rationalität wären also mit Bewusstseins- und Weltanschauungsformen allgemein zu koordinieren. Ein solches Projekt erfordert notwendig den Einbezug des Ideologiebegriffs. Bewusstseins-, Rationalitäts- und Weltanschauungsformen sind stets auch ideologische Formen. Sie sind eingebunden in Verhältnisse von Herrschaft, Widerstand und Emanzipation. Sie stehen in Relation zu den in der Regel institutionell verankerten ideologischen Mächten einer Gesellschaft. Sie sind von den Herrschaftsverhältnissen bestimmt, ohne mit diesen identisch oder auf sie reduzierbar zu sein. Weiter sind interne Differenzierungen innerhalb der Bewusstseins-, Rationalitäts- und Weltanschauungsformen einer bestimmten Epoche bzw. gesellschaftlichen Formation vorzunehmen. So stehen der technisch-funktionalen Rationalität der bürgerlichen Gesellschaft (im Sinne von Max Weber und Daniel Bells) von ihrem Beginn an opponierende Rationalitätsauffassungen gegenüber; Linien, die von Averroes und Bruno über Shakespeare und Spinoza zu Goethe, Engels und Alexander von Humboldt verläuft – eine Nebenlinie also zur Linie der Klassischen deutschen Philosophie. Sie lässt sich als Linie einer organisch-dialektischen Natur- und Wirklichkeitsauffassung bestimmen und bildet eine der Traditionslinien dialektisch-materialistischen Denkens (Anschauung dafür bildet trotz seines fragmentarischen Charakters Engels'

135 Ebd.
136 Holz selbst nimmt in seinem China-Buch diese Erweiterung in paradigmatischer Form vor (HH. Holz, *China im Kulturvergleich*, a.a.O.).

Dialektik der Natur; nicht zuletzt auch der Anti-Dühring). Auch hat die marxistische Auffassung der Bedeutung gegenständlicher Tätigkeit und der kulturbildenden Rolle der Arbeit ihre Vorgeschichte in unterschwelligen Traditionen, die sich bis in die frühe griechische Literatur zurückverfolgen lassen, in der europäischen Kultur freilich nie den Status einer Dominanz besaßen.[137] In der Geschichte der bürgerlichen Gesellschaft lassen sich weiter Typen von Rationalität höchst unterschiedlichen Charakters unterscheiden. Sie reichen vom ‚heroischen' Vernunftbegriff Kants und der revolutionären Aufklärung (mit den Ideen der Freiheit, Gleichheit, des Rechts und des Friedens als seinem Kern) über den Typ der technologisch-funktionalen (‚instrumentellen') Rationalität zum Irrationalismus als der dominanten Bewusstseinsform der bürgerlichen Gesellschaft in ihrer imperialistischen Phase.[138]

137 Siehe auch: Th. Metscher, *Shakespeares Spiegel II. Klassik, Romantik und Aufklärung*, Hamburg 1998, S. 201-211.

138 Bedingung seiner angemessenen Kritik ist, den Irrationalismus als *Rationalitätstyp* zu begreifen (vgl.: Th. Metscher, *Imperialismus und Moderne*, Essen 2009).

Fünfter Teil.

Das Logisch-Universale, logische Universalien und die Einheit der Vernunft. Die kardinale Bedeutung der Sprache

I. Das Logisch-Universale und die Einheit der Vernunft

Die eingangs gestellte Frage nach der Einheit der Vernunft ist hier wieder aufzunehmen. Sie stellt sich jetzt als Frage nach dem logisch Universalen – bzw. den ‚logischen Universalien' – in dem vielschichtigen und historisch differenten Bereich, als der uns der Logos im Wirklichen entgegentritt. Universalien, erinnern wir, sind Bestimmungen von struktureller Bedeutung, die als Gemeinsames (oder ‚Allgemeines') allen Exemplaren einer Spezies innewohnen. Logische Universalien beziehen sich auf das Gemeinsame der Vernunft – des Logos im erläuterten Sinn: ein epistemisch-logisches Allgemeines, das allen menschlichen Individuen, Kulturen und historischen Stufen zukommt.

Die Hypothese eines im Ensemble gesellschaftlicher Verhältnisse verwurzelten, mit der gegenständlichen menschlichen Tätigkeit gegebenen *elementaren Logos,* über dem sich ein vielschichtiger, historisch differenter Bereich epistemischer Formen und Gestalten des Bewusstseins erhebt, hat sich, so hoffe ich, argumentativ erhärten lassen. Das gesellschaftliche Bewusstsein als der ‚Logos im Wirklichen', wurde argumentiert, besteht aus den beiden verbundenen Gliedern des elementaren Logos und des Universums der historischen Vernunft; nicht im Sinne zweier Separata, sondern in dem Sinn, dass der elementare Logos dem Universum der Vernunft als Fundamentum inhäriert. Das Universum der Vernunft seinerseits besteht aus einer Vielzahl unterschiedener, doch miteinander vermittelter logischer Formen. Es ist in allen diesen Formen mit dem elementaren Logos organisch verbunden. Dieser ist in der Tat das Zugrundeliegende, in diesem Sinn die ‚logische Basis' aller Gestalten der historischen Vernunft. Er ist zugleich das Identische und Allgemeine in ihnen. Er ist damit das Logisch-Universale menschlichen Bewusstseins. Auf ihm gründet in einem ganz fundamentalen Sinn die Einheit der menschlichen. Vernunft. Die Bestimmungen des elementaren Logos nun, im Einzelnen ausgeführt, bilden das, was *logische Universalien* heißen kann. Es liegt auf der Hand, dass sie es sind, die in der Weise logischer Bauelemente in die historische Vernunft hineinragen. Dieses Resultat bedarf noch einer näheren Erläuterung.

So lässt sich im Rückblick auf die vorgetragene Argumentation resümierend sagen:

1. Das Universum der historischen Vernunft ist in seiner internen Verfasstheit *plural*, wie die Bewusstseinsformen, Rationalitätstypen und Weltanschauungsmuster *geschichtlich* und damit different, transitorisch, abhängig von ihren historisch-kulturellen Bedingungen sind. Von einem Allgemeinen und Universalen des Logos kann nur mit Blick auf den elementaren Logos die Rede sein, auf dem die historisch-phänomenalen Formen von Rationalität, Wissen, Bewusstsein als ihrem basalen Substrat aufbauen. Dieses Substrat und die mit ihm gegebenen Kategorien und Strukturen sind ihrerseits mit den elementaren Reproduktionsprozessen menschlichen Lebens vermittelt. Sie sind in einem anthropologischen Sinn konstitutiver Bestandteil dieser Prozesse. Das bedeutet, sie sind mit diesen Prozessen notwendig gesetzt. Als Ergebnis der Untersuchung ist festzuhalten, was zunächst als Basis-These behauptet war: *Die Einheit der Vernunft gründet in keinem Ersten der Vernunft selbst, sondern in der materiellen Verfasstheit der menschlichen Individuen, die, um zu überleben, gezwungen sind, ihre Lebensmittel selbst zu produzieren und dazu ihrer Vernunft bedürfen. Sie gründet in letzter Instanz in der sinnlich-gegenständlichen Tätigkeit als dem Spezifikum menschlicher Existenz.* Dabei kommt dem Arbeitsprozess, als dem Fundament des Prozesses der Kultur, eine ausgezeichnete Rolle zu.

2. Einheit der Vernunft heißt also Einheit in der Differenz. Die Einheit der Vernunft gründet in der einheitlichen Verfasstheit, der Identität und Universalität des elementaren Logos. Dieser trifft als identischer auf alle menschlichen Kulturen und, im genetischen Sinn, auf alle historischen Stufen zu. Diese Identität und Universalität ergibt sich aber aus keinem anderen Moment als der *materiellen Identität menschlicher Individuen,* ihrer so und nicht anders bestimmten physisch-psychischen Konstitution.

3. Die Frage nach Einheit und Universalität der Vernunft findet so in der Identität eines Logos, der in einem elementaren Sinn allen Menschen zukommt, ihre Antwort. Dieser Logos konstituiert das *konkrete Universale* der Gattung Mensch. Er ist das konkret-allgemeine Fundament aller Kulturen und historischen Stufen. Als Substrat liegt er allen in der menschlichen Geschichte vorkommenden und möglichen Gestalten der Rationalität und des Wissens zugrunde. Er ist in diesem Sinn ‚basal'.

4. Mit diesem Gedanken schließe ich an das von Holz entwickelte Programm einer kulturellen Komparatistik an. Holz vertritt dort die Auffassung, „dass über verschiedenen Kulturen und Sprachsystemen unterschiedliche Weltanschauungen und spekulative Konstruktionsverfahren ausgebildet werden, die ihre eigenen, jeweils genau bestimmbaren Typen von Rationalität besitzen, und dass diese Rationalitätstypen auf eine allen gemeinsame Struktur des Denkens beziehbar sind, also aufeinander abgebildet werden können".[139] Dazu des Näheren die Ausführungen im Kapitel zur Sprache im Logos-Band sowie die hier vorgelegten Thesen zur Anthropologie der Sprache.

5. Von *logischen Universalien im Einzelnen* lässt sich reden a) mit Blick auf die in der Analyse der ontologischen Struktur der Arbeit (gegenständlicher Tätigkeit überhaupt) gewonnenen Bewusstseinsbestimmungen: die Bestimmungen des Logos bezogen auf Arbeitsgegenstand, Arbeitsmittel und das arbeitende Subjekt, bezogen auf das konstruktive Vermögen des Subjekts, das das Produkt erst in seinem Kopf baut, bevor es ihn materiell herstellt, bezogen also, mit einem Wort, auf die *teleologische Struktur* gegenständlicher Tätigkeit. Logisch universalen Charakter kommen damit aber auch b) den *Bestimmungen konzeptiver und instrumenteller Rationalität* (den konzeptiven und instrumentellen Verstandesbestimmungen) zu. Ich möchte sie als *logische Universalie des Verstandes* bezeichnen. Hinzu treten c) die epistemischen Bestimmungen *objektbezogenen* und *subjektbezogenen Wissens*, damit auch das Moment von *Selbstreflexivität*. Eine logische Universalie bildet aber auch, und dies ist philosophisch höchst folgenreich, d) das *Grundmuster dialektischer Vernunft*. Ich spreche hier von der *ersten Universalie der Vernunft*. Als *zweite*

139 H.H. Holz, *China im Kulturvergleich*, a.a.O., S. 13.

Universalie der Vernunft möchte ich e) deren *Vermögen zur Produktion von Ideen* bezeichnen (unabhängig davon, wie solche Ideen beschaffen sind). Eine Universalie besonderer Art bilden f) die *Grundkategorien des Weltbegriffs* als *Universalie menschlichen Verstehens*: die Universalien einer je schon verstandenen und zumindest partiell erschlossenen Welt.

6. Die genannten Bestimmungen ergeben in ihrem ganzen kategorialen Reichtum einen komplexen *Schematismus logischer Universalien*, der als solides logisches Fundament der wechselnden Gestalten der historischen Vernunft gelten kann. Dabei ist die Begründung für die logische Universalität dieses Fundaments, ich wiederhole es, keine selbst logische (eine solche Begründung wurde mit größter Deutlichkeit zurückgewiesen), sondern eine *ontologisch-anthropologische*. Sie ergibt sich aus der konstitutiven Verfasstheit des Anthropos als Naturwesen, der materiellen Existenz des Menschen, zu der freilich der Logos selber gehört. Er ist Teil des Ensembles menschlicher Vermögen. Die logischen Universalien ergeben sich also aus *anthropologischen*, wobei die gegenständliche Tätigkeit des Menschen die erste und grundlegende *anthropologische Universalie* ist.

7. In diesem Sinn also, aber nur in diesem, lässt sich von der strukturellen Identität – der Einheit und Universalität – eines materiellen Logos sprechen: eines *tätigen Logos im materiellen Sein*. Seinen genetischen Ort hat dieser im Ensemble menschlicher Vermögen: Der materielle Logos ist eine primäre menschliche Produktivkraft. In ihm gründet der Unterschied des Menschen zu jeder nichtmenschlichen Natur (der selbst nichts anderes ist als ein Selbstunterschied der Natur). Dieser Unterschied wurde im Anschluss an Engels mit dem Begriff des *Selbstbewusstseins* gefasst. Die menschliche Geschichte, sagt dieser, ist „nur als Entwicklungsprozess *selbstbewusster* Organismen von der Geschichte der Natur verschieden".[140] Selbstbewusstsein hat im materiellen Logos seinen Grund: Der Ort seiner Genesis ist die dialektische Struktur gegenständlicher Tätigkeit. Selbstbewusstsein als Bewusstsein eines Selbst ist Bedingung dieser Tätigkeit als einer bewussten teleologischen Setzung, und Selbstbewusstsein bildet sich im Vollzug dieser Tätigkeit heraus. Es ist also Voraussetzung und Resultat zugleich. Dabei ist es, über den Komplex materiell-gegenständlicher Tätigkeiten

140 MEW 20, S. 504.

hinaus, für menschliches Dasein insgesamt konstitutiv. Selbstbewusstsein ist ein Apriori menschlicher Subjektivität. Subjekt-Sein ist ohne Selbstbewusstsein undenkbar. Die Synthesis komplexer Momente (physisch-psychisch-geistig), die menschliche Subjektivität auf allen sozialen und historisch-kulturellen Stufen ausmacht, ist Leistung des Selbstbewusstseins. In diesem grundlegenden Sinn ist Selbstbewusstsein eine Grundbedingung menschlicher Kultur. Es ist so als zugleich logische und anthropologische Universalie zu setzen.

8. Das Universalienproblem in seiner ganzen Komplexität zu fassen, ist hier nicht der Ort. Es ist für jeden Bereich menschlichen Seins gesondert auszuarbeiten: für die Bereiche der Gesellschaft, Geschichte, der Ethik, des Rechts, der Kunst usf. Allein eine weitere Unterscheidung sei an dieser Stelle eingeführt: die zwischen Universalien *erster* und solchen *zweiter* Ordnung (ich kam an anderer Stelle schon auf das Problem zu sprechen). *Universalien erster Ordnung* sind die anthropologisch fundierten logischen Universalien im erläuterten Sinn. *Universalien zweiter Ordnung* sind normative Setzungen der historischen Vernunft – so ethische und Rechtsnormen (der Gedanke der Selbstzweckhaftigkeit der Person, das Toleranzgebot, der Gleichheitsgrundsatz, die Menschenrechte, Normen des Völkerrechts usf.). Ihre transzendentale Begründung ist vom Grundansatz des Marxschen Denkens her ausgeschlossen. Doch auch eine anthropologische Begründung ist hier verwehrt, da wir in diesen Fällen auf kein elementares anthropisches Substrat zurückgreifen können. Aus dem elementaren Logos sind sie nicht direkt abzuleiten. Vielmehr handelt es sich um Normen, die historisch vermittelt sind. Sie sind Resultat und Teil des Prozesses der Kultur. Allein aus diesem sind sie abzuleiten, von ihm her sind sie begründbar. Das bedeutet, sie sind *historisch relativ*. Die historische Relativität solcher Normen freilich bedeutet, dies ist meine These, keinen Verlust an Verbindlichkeit. Ihre Geltung für eine historische Gesellschaft (oder einen Teil derselben) kann im gleichen Maß verpflichtend sein wie jede theologisch sanktionierte, transzendental begründete oder anthropologisch fundierte Norm.

II. Die Sprache als logische Universalie

Eine logische Universalie im ausgezeichneten Sinn ist die *Sprache*. Die Frage, was sie ist, gehört von Beginn an zu den Grundfragen meiner Überlegungen zum Logosbegriff.[141] Sie stand auch im Mittelpunkt meiner Gespräche mit Holz. Nicht zuletzt, weil dieser in seinen ästhetischen Interessen der Frage der Dichtung mit gleicher Gründlichkeit nachging wie der Frage der bildenden Künste, stehen diese auch im Mittelpunkt des Hauptwerks seiner ästhetischen Überlegungen.

Im Anschluss an Holz bildet die Frage nach Sprache und Dichtung dann auch einen Schwerpunkt des kleinen Buchs, das ich hier vorlege. Im Text zum See als Spiegel des Gedankens habe ich sie im Modus einer poetischen Reflexion aufgenommen. Ihre Beantwortung wird dadurch erschwert, dass das Nachdenken über Sprache und Dichtung innerhalb marxistischen Denkens nie oder nur selten im Mittelpunkt der theoretischen Überlegungen stand.[142] Die Philosophie der Sprache ist, von wenigen Ausnahmen abgesehen, ein Desiderat marxistischen Denkens. Damit steht der gegenwärtige Marxismus in einem wenig reflektierten Gegensatz zu einer Hauptlinie modernen bürgerlichen Denkens, in dem die Frage der Sprache, wie unterschiedlich sie im Einzelnen gestellt und gelöst wird, eine Hauptfrage ist.[143] Er findet sich auch im deutlichen Widerspruch zu den Auffassungen der Gründerväter des Neuen Materialismus. Diese sprechen der Sprache völlig unzweideutig und nahezu selbstverständlich eine zentrale Stellung im geistigen Haushalt des Menschen zu. Der Mensch, heißt es in der *Deutschen Ideologie*, hat „auch ‚Bewußtsein'", doch „nicht von vornherein als ‚reines' Bewußtsein". Vielmehr hat „der ‚Geist' (...) von vornherein den Fluch an sich, mit der Materie ‚behaftet' zu sein, die hier in der Form von bewegten Luftschichten, Tönen, kurz, der Sprache auftritt". Die Sprache ist „so alt wie das Bewußtsein". Sie „*ist* das praktische, auch

141 Vgl.: Th. Metscher, *Logos und Wirklichkeit. Ein Beitrag zu einer Theorie des gesellschaftlichen Bewusstseins*, Frankfurt a.M. u.a., 2010.

142 Es gibt freilich Ausnahmen: Arbeiten von Holz, Schaff (A. Schaff, *Sprache und Erkenntnis*, Reinbeck 1974), Albrecht (E. Albrecht, *Sprache und Sprachphilosophie*, Berlin 1975), Überlegungen zur Sprache bei Gramsci, Brecht, Weiss.

143 Dies gilt für die analytische Philosophie seit Wittgenstein nicht weniger als für Heidegger, Habermas, den sog. Poststrukturalismus. Ja, der Begriff des ‚linguistic turn' betrifft nicht nur die analytische Philosophie, für die er geprägt wurde, sondern große Teile der modernen Philosophie überhaupt, auch solche, die der analytischen Philosophie diametral entgegengesetzt sind. So beschreibt Hans-Georg Gadamer Heideggers Weg zur Lösung des Problems, „vom Sein reden zu können, ohne es zum Gegenstand zu machen", als „Weg über die Weisheit der Sprache". „Heideggers Werk ist wie eine Unzahl von Stollen, die in die Lagerstätten der Sprache getrieben werden, und die Wünschelrutengänger der Sprache, die Dichter, gaben den Weg an." (H.-G. Gadamer (Hg.), *Philosophisches Lesebuch*, Bd. 3., Frankfurt a.M. 1988, S. 307).

für andre Menschen existierende, also auch für mich selbst erst existierende wirkliche Bewußtsein". Sie „entsteht, wie das Bewußtsein, erst aus dem Bedürfnis, der Notdurft des Verkehrs mit andern Menschen." „Das Bewusstsein ist von vornherein schon ein gesellschaftliches Produkt und bleibt es, solange überhaupt Menschen existieren." Es ist, zusammengefasst, 1. zunächst „bloß Bewußtsein über die *nächste* sinnliche Umgebung und Bewußtsein des bornierten Zusammenhangs mit andern Personen und Dingen außer dem sich bewußt werdenden Individuum". Es ist 2. „zu gleicher Zeit" Bewusstsein der Natur als fremder, allmächtiger und unangreifbarer Macht. Und es ist 3. „Bewußtsein der Notwendigkeit, mit den umgebenden Individuen in Verbindung zu treten", der Anfang des Bewusstseins darüber, dass der Mensch „überhaupt in einer Gesellschaft lebt". Das menschliche Bewusstsein auf dieser frühen Stufe ist nicht mehr als *bewusster Instinkt*, „Hammel- oder Stammbewusstsein", das erst durch die gesteigerte Produktivität (die Entwicklung der Produktivkräfte), die Vermehrung der Bedürfnisse und, als Voraussetzung dafür, die Vermehrung der Bevölkerung seine weitere Entwicklung und Ausbildung erhält. Mit der sich im Verlauf dieses Vorgangs entwickelnden Teilung der Arbeit, die in der Trennung von körperlicher und geistiger Arbeit kulminiert, enthält auch die Entwicklung des Bewusstseins eine neue Qualität: „Von diesem Augenblicke an *kann* sich das Bewußtsein wirklich einbilden, etwas andres als das Bewußtsein der bestehenden Praxis zu sein, wirklich etwas vorzustellen, ohne etwas Wirkliches vorzustellen – von diesem Augenblicke an ist das Bewußtsein imstande, sich von der Welt zu emanzipieren und zur Bildung der ‚reinen' Theorie, Theologie, Philosophie, Moral etc. überzugehen."[144] Unter der Prämisse gesprochen, dass die Sprache das praktische, für andere Menschen wie für mich selbst erst existierende Bewusstsein *ist*, ist diese Skizze der Entstehung und Entwicklung des Bewusstseins auch eine solche, die die Geschichte der Sprache, ihre Entstehung und Entwicklung betrifft – bis hin zu dem Punkt, wo sich mit der auf der Basis der Teilung der Arbeit vollzogenen Inthronisation des autonomen Geistes auch die Vorstellung einer autonomen Sprachwelt vollzieht, die nichts mit der Wirklichkeit außer ihr gemein hat, ja sich als eigentliche Wirklichkeit an die Stelle der prosaisch-materiellen setzt.

144 MEW 3, S. 30f.; K. Marx / Fr. Engels, Über Sprache, Stil und Übersetzung, Berlin 1974, S. 43f.

Was hier in wenigen Sätzen niedergelegt wird, ist nicht weniger als die Skizze eines umfassenden theoretischen Konzepts zur Genesis und Entwicklung von Sprache und Bewusstsein wie zum Verhältnis beider. Es beruht auf axiomatischen Kernsätzen, die Grundorientierungen für seine Ausarbeitung geben (erinnert sei, dass auch die Schriften Wittgensteins auf axiomatischen Kernsätzen aufbauen, deren Ausarbeitung in der Form von ‚Auslegungen' erfolgt. Im dialektisch-historischen Materialismus (dem Marx-Engelsschen Denken) lauten diese Kernsätze wie folgt:

1. Der ‚Geist' existiert nie als ‚reines Bewusstsein'. Er existiert „mit der Materie ‚behaftet'": „in der Form von bewegten Luftschichten, Tönen, kurz, der Sprache". Bewusstsein also hat allein materielle Existenz als *„bewusstes Sein"*,[145] und die erste materielle Existenz des Bewusstseins ist die Sprache.

2. Die Sprache ist praktisches Weltbewusstsein und als solches zugleich sozial und individuell: bezogen auf andere Menschen wie auf mich selbst. Die Sprache ist *bewusstes Sein von Welt und Selbst – Organ des Weltbewusstseins wie des Selbstbewusstseins*. Erst in diesem Sinn ist sie, mit einem aktuellen Begriff, *‚kommunikative Vernunft'* (Jürgen Habermas).

3. Die Sprache also ist ein grundlegender Modus des menschlichen Weltverhältnisses. Sprache und Bewusstsein sind gesellschaftliche Produkte: „solange überhaupt Menschen existieren". Sie sind Grundformen menschlichen Bewusstseins und menschlichen Seins – Modi des Welt- und Selbstbewusstseins / Ich-Bewusstseins. Sie gehören im anthropologischen Sinn zum menschlichen Dasein. Ist das menschliche Wesen „kein dem einzelnen Individuum innewohnendes Abstraktum", sondern „das ensemble der gesellschaftlichen Verhältnisse" (*Feuerbach-Thesen*), so sind Sprache und Bewusstsein notwendig Teile dieses Ensembles.

4. Die Sprache entsteht und entwickelt sich im Zusammenhang und als Teil der Entstehung des Menschen „aus und mit der Arbeit", wie Engels in der *Dialektik der Natur* erläutert: „Arbeit zuerst, nach und dann mit ihr die Spra-

145 MEW 3, S. 26.

che“ [146]; wobei zu fragen ist, ob nicht Sprache bereits zu den Bedingungen menschlicher Arbeit gehört.

5. Von ihren frühesten Formen an entwickeln sich Sprache / Bewusstsein gesellschaftlich: als Bewusstsein von Ich, Anderen und Welt, und zwar in dreifacher Relation: *erstens* als Bewusstsein des unmittelbaren Zusammenhangs mit einer umgebenden Welt: Personen und Dingen außer dem sich bewusstwerdenden Individuum, *zweitens* als Bewusstsein einer umgreifenden (zunächst fremden, übermächtigen, unbezwingbar scheinenden) Natur, *drittens* als Bewusstsein der Gesellschaftlichkeit des Menschen überhaupt. Die dritte Relation drückt bereits die Stufe einer ersten Abstraktion aus. Sie enthält den Keim theoretischen Bewusstseins.

6. Dabei durchlaufen Bewusstsein und Sprache einen Entwicklungsprozess, der von der frühen (archaischen) Stufe des bewussten Instinkts (Herdenbewusstseins) bis zu dem Punkt verläuft, an dem sich das menschliche Bewusstsein als autonome und immaterielle Macht, ja als ersten Grund und Schöpfer der materiellen Welt versteht bzw. missversteht – analog sich die Sprache im Bewusstsein ihrer privilegierten Sprecher zur eigentlichen und einzigen Wirklichkeit transformiert. Im Bewusstsein solcher Autonomie hypostasiert sich die Trennung von körperlicher und geistiger Arbeit, als notwendiger und unumgänglicher Teil des Prozesses der Zivilisation, zum verkehrten Spiegelbild des realen Prozesses, indem das, was zuerst ist, als ein Zweites und Abgeleitetes erscheint. Ein solches verkehrtes, nämlich auf dem Kopf stehendes Bewusstsein ist die Grundlage aller Bewusstseinsformen, die den Geist als Schöpfer des Wirklichen, die materielle Welt (Natur) als Zweites und Abgeleitetes begreifen (das Grundmuster idealistischer, ja theologico-metaphysischer Bewusstseinsformen überhaupt). Es reicht in die Reduktionsformen zeitgenössischen philosophischen Denkens hinein, die die Sprache zur eigentlichen Wirklichkeit erklären bzw., eine schwächere Variationsform dieses Gedankens, zum eigentlichen oder einzigen Gegenstand der Philosophie.[147] Genau gesehen, verstellt die Hypostasierung von Sprache und Bewusstsein

146 MEW 20, S. 322f. und 444-448.

147 Dies gilt nicht nur für große Teile der analytischen Philosophie, sondern auch für dominante Tendenzen des Poststrukturalismus.

zu ersten und autonomen Mächten den analytischen Zugang zu ihrer umfassenden und differenzierten Betrachtung. Eine Sprachauffassung dagegen, wie von Marx und Engels in den Grundzügen skizziert, entledigt sich aller metaphysischen Vorurteile. Sie reklamiert Sprache als notwendigen und unaufhebbaren Bestandteil menschlichen Seins, ohne den Teil für das Ganze zu nehmen. Sprache ist die Wirklichkeit des Bewusstseins. Sie ist wirkender Faktor menschlicher Weltkonstitution innerhalb eines Ensembles wirkender Faktoren, das nur als Ganzes erfasst einen zureichenden Begriff des Menschen und menschlicher Welt bereitstellen kann. Dieser Grundgedanke steht im Kern des Marx-Engelsschen Sprachkonzepts.

Die folgenden Überlegungen bewegen sich im Rahmen dieses Konzepts. Sie denken auf seiner Grundlage weiter. Ihr leitender Gesichtspunkt ist der, Sprache als materielle Existenz von Bewusstsein, als *erste Wirklichkeit des Logos* zu denken. Bei solchem ‚Weiterdenken' treten neue Gesichtspunkte hinzu. Je tiefer wir in eine komplexe Wirklichkeit eindringen, desto größer wird die Zahl der zu behandelnden Fragen. Ein solches Weiterdenken erfordert eine Systematisierung, soll der Faden des Gedankens nicht verloren gehen. Dem versucht der Gang der Argumentation Rechnung zu tragen.

Zu behandeln sind folgende Gesichtspunkte:[148]

1. *Sprache als Struktur und als Prozess,*
2. *die Leistung und die Grenzen der Sprache,*
3. *Objektrelation und Autochthonie: das Weltverhältnis der Sprache,*
4. *das sprachliche Zeichen und die symbolische Präsenz von Welt,*
5. *der Weltbildcharakter der Sprache,*
6. *Sprache als ideologische Form,*
7. *die Sprachwelt als diskursives semantisches Universum,*
8. *die Frage des Sprachlich-Universalen,*
9. *sprachliche Aneignung und die Bildung der menschlichen Welt.*

148 Eine ausführliche theoretische Behandlung der genannten Gesichtspunkte ist an diesem Ort aus Raumgründen nicht möglich, Ich habe sie des Näheren in: Th. Metscher, *Logos und Wirklichkeit*, a.a.O., S. 172–221 vorgelegt.

Vorab ist festzuhalten: die Sprache als Wirklichkeit des Logos zu denken, ist ältestes Erbe der Philosophie. Wir sahen, wie eng der Logosbegriff in seiner ursprünglichen wie in seiner philosophisch-theologischen Form an den Sprachbegriff – den Komplex *Sprache, Wort, Satz, Rede, Unterredung, Gespräch* – gebunden ist. Noch Wilhelm von Humboldt, noch Marx und Engels folgen dieser Tradition, in welcher Modifikation und Interpretation auch immer, wenn sie Sprache als „bildendes Organ des Gedankens" (so von Humboldt) bzw. praktisch existierendes „wirkliches Bewusstsein" – als materielles Dasein des ‚Geistes' verstehen. Wird auch die idealistische Komponente dieser Tradition von Marx und Engels aufgelöst (auch sprachphilosophisch wird der Idealismus hier ‚vom Kopf auf die Füße' gestellt, wobei Humboldts Konzeption eine wichtige Vorarbeit dafür ist), so bleibt sie in der Grundauffassung doch erhalten: *Die Sprache ist die Wirklichkeit des Gedankens, sie ist die erste Wirklichkeit des Logos selbst.* Sie ist, wie Holz erläuternd ausführt, „Medium dessen, was Rationalität genannt wird":

„Wort und Gedanke – oder verallgemeinert: Sprache und Denken – sind zwei Aspekte ein und desselben, ja sie sind geradezu dasselbe, insofern sie nicht voneinander zu trennen sind. Der Gedanke hat immer die Form des Wortes, das Wort immer den Inhalt des Gedankens. Ja selbst diese Trennung in Form und Inhalt ist noch irreführend, denn der Gedanke ist selbst schon immer geformt, und das heißt sprachlich geformt; und das Wort hat immer einen Inhalt, eine Bedeutung, durch die ein Weltgehalt, eine Weltbeziehung angezeigt wird. Letzten Endes *ist* das Wort der Gedanke, *ist* die Sprache das Denken. Erst auf einer sehr späten Stufe der gattungsgeschichtlichen Entwicklung scheidet sich der Gedanke als reine Form vom Wort als seinem Träger und verselbständigt sich in Mathematik und Logikkalkül. Er zahlt dafür den Preis, dass er vom gegenständlichen Bedeutungsgehalt abstrahieren muss – und ‚anwendbar' wird die reine Form erst dann wieder, wenn sie auf eine gegenständliche Bedeutung bezogen wird und sich mit ihr erfüllt. Der Formalismus ist nur ein Abkömmling der Rationalität, nicht deren Paradigma."[149]

Weiter sei angeführt, dass, wenn hier von Sprache die Rede ist, die durch die menschliche Stimme artikulierte Sprache (die sog. menschliche Lautsprache) sowie deren Aufzeichnung in schriftlicher Form (die sog. Schriftsprache)

149 H.H. Holz, *Rationalität, Totalität, Widerspiegelung*, a.a.O., S. 15.

gemeint sind. In einem übertragenen Sinn können auch andere artikulierte Zeichensysteme oder Ausdrucksformen als ‚Sprache' bezeichnet werden (so die Musik als ‚Klangrede',[150] der körperliche Ausdruck als ‚Körpersprache'). Ja, es können beliebige Gegenstände, sofern sie als Zeichen oder Träger von Bedeutungen aufgefasst sind, ‚Sprache' genannt werden (wir reden von der ‚Sprache der Dinge', ‚Sprache der Bäume' usw.). Gemeinsam ist diesen Gebrauchsformen, dass vorhandene Gegenstände oder Artikulationen in Analogie zur Lautsprache als Zeichen bzw. Träger von Bedeutung aufgefasst werden. Dennoch handelt es sich bei diesen Beispielen um uneigentliche, nämlich abgeleitete Gebrauchsformen des Sprachbegriffs. Sie haben die anthropologische Priorität des an der stimmlichen Artikulation orientierten Sprachbegriffs (der Laut- und Schriftsprache) zu ihrer Voraussetzung. Aufrechter Gang und Sprache sind erste Merkmale des *homo sapiens*. Erst auf einer zweiten Ebene können Körper und Dinge zum Ausdruck dienen.

Die Grundorientierung dieses Konzept sei hier in neun *Thesen* zusammengefasst. Für eine nähere Ausführung ist hier kein Raum.[151]

1. Die Sprache ist *die erste materielle Existenz des Logos* – des menschlichen gesellschaftlichen Bewusstseins. Zwar artikuliert sich der Logos neben dem sprachlichen Medium auch in anderen sinnlich-materialen Medien, wird in der Totalität seiner Bedeutungen also nicht auf Sprache zu beschränken sein (so ist zwischen sprachlichem, musikalischem, visuellem, architektonischem, gestischem Logos zu unterscheiden). Doch bildet die Sprache die *monadische Kernzone* des logischen Universums, das der Logosbegriff exponiert. Sie ist die Zone, in der die vielfältigen Aspekte des Logos sedimentiert sind. Dieser Zone sind die anderen Medien, in denen sich der Logos äußert, zugeordnet. Das bedeutet auch: in der Geschichte der Sprache ist die Geschichte des Logos implizite präsent.

2. In genetisch-ontologischer Hinsicht ist Sprache *organischer Bestandteil gegenständlicher Tätigkeit*. Sie entsteht im Zusammenhang dieser Tätigkeit, und sie

150 Der Titel eines Buchs von Nikolaus Harnoncourt.
151 Siehe: Th. Metscher, *Logos und Wirklichkeit*, a.a.O., Kap. „Sprache als erste Wirklichkeit des Logos", S. 172–221.

gehört in ihrer gesamten Geschichte unabtrennbar zur sinnlich-gegenständlichen Welt. Vom Beginn menschlichen Daseins an ist sie mit dem Menschen gegeben, und sie enthält von diesem Beginn an das entelechische Potential einer nahezu unbegrenzten Entwicklung. Die Sprache ist also Teil der Bedingungen menschlicher Reproduktion. Sie geht, als Bestandteil seiner Voraussetzung, in den Arbeitsprozess ein. Dieser ist nicht vorstellbar ohne vorgängige sprachliche Verständigung und stetige sprachliche Begleitung in allen Phasen seines Vollzugs. In diesem komplexen Sinn ist Sprache eine apriorische Bedingung menschlicher Reproduktion. Ich spreche daher von einem *materialen Apriori* der Sprache; ‚material' in dem Sinn, dass es sich auf die fundamentalen Bedingungen menschlicher Reproduktion bezieht. Die Sprachfähigkeit ist Teil des Ensembles menschlicher Produktivkräfte. Die menschliche Rede – *‚langage'* – gehört zu den basalen Qualitäten menschlichen Seins.

3. Als erste materielle Existenz des Logos ist die Sprache das *primäre sinnliche Medium von Bewusstsein und Selbstbewusstsein*. Beide sind lebenspraktisch zunächst und zuerst in der Form von Sprache präsent. Sie sind sprachlich präsent heißt: gegeben in der sprachlichen Interaktion und Kommunikation wie in der Sprache als welterschließendem Vermögen. Sprache ist der Logos als Agens der intersubjektiven Verständigung wie der Welterschließung. Das schließt ein: Sprache ist *kommunikative Vernunft* (Jürgen Habermas): Wirklichkeit interagierender Subjekte, lebenspraktische Wirklichkeit kommunikativen Bewusstseins. Sie ist *soziales Verhältnis* und zugleich *Selbst- oder Ich-Verhältnis*. Sprache ist ‚Sein für Andere' und ‚Sein für mich'. Sie ist Vernunft im Sinne der praktischen Wirklichkeit reflexiven wie selbstreflexiven Bewusstseins. Damit aber sind Selbstbewusstsein / Selbstbewusstheit als Bedingung menschlicher Subjektivität bereits *sprachlich* gesetzt: Sprache ist materielle soziale Existenz von Bewusstsein, und sie ist selbstreflexives Kommunikat. In diesem Zusammenhang ist sie – und hierin besteht ihre grundlegende Funktion – *Organon epistemischer Welterschließung*. Sprache erschließt uns Welt. Sie tut das in einer Weise, die in der kategorialen Reihe *Erkennen-Benennen-Wissen-Verstehen* ausgedrückt werden kann. Das bedeutet. Sie macht uns Welt als menschliche kognitiv wie emotional zu eigen. In ihr wird *Wirklichkeit-an-sich* zur *Wirklichkeit-für-uns* und so zur bewussten menschlichen Welt. Sie ist in diesem Sinn das *konkrete Universale* des epistemischen Logos. Ich komme in der Erläuterung des Aneignungsbegriffs darauf zurück.

4. Sprache bedeutet die symbolische Präsenz von Welt im Bewusstsein. Welt ist nicht unmittelbar in der Sprache präsent. Das sprachliche Zeichen repräsentiert Welt nicht im Sinn eines kopierenden Abbilds, es verkörpert die Einheit von Abbildung und Konstruktion in der Gestalt des Symbols. Es repräsentiert Welt in der Form einer symbolischen Präsenz: der ikonischen epistemischen Vermittlung. Was sich in dieser vollzieht, sind Akte des Weltverstehens und der Weltdeutung. Das sprachliche Zeichen verweist auf menschliche Praxis in einer gegenständlichen Welt. In ihm sedimentiert ist menschliche Welterfahrung. In diesem Sinn ist es Träger von Bedeutung. Die Erfahrung von Welt rückt ins Medium des Bewusstseins. Sie wird gewusst, kann als Wissen festgehalten und erinnert werden. Zugleich konstituieren die sprachlichen Bedeutungen in ihrem Zusammenhang eine Deutung von Welt. Welt wird verstanden und interpretiert. Eine Erfahrung wird in einen Sinnzusammenhang gerückt. Auf diese Weise bildet die Sprache ein diskursives semantisches Universum, in dem menschliche Welterfahrung gespeichert ist – tendenziell die Totalität menschlicher Erfahrung. Sprache ist das Archiv menschlicher Erfahrung und des auf Erfahrung beruhenden Wissens (ich spreche hier von ‚experientiellem Wissen'). In diesem Archiv aufbewahrt ist das Erfahrungswissen einer Sprachgemeinschaft. Alle Sprachen zusammengenommen, ist es das Erfahrungswissen der menschlichen Gattung.

5. Das bedeutet weiter: die Sprache ist eine epistemische Form, Gestalt des auf Erfahrung beruhenden Wissens. In ihr niedergelegt ist das aus menschlicher Praxis stammende und zugleich diese Praxis bedingende elementare Weltwissen. Sprachliche Rede ist die Bedingung dafür, dass dieses Wissen festgehalten, aufbewahrt und tradiert werden kann. Auch Erinnerung ist grundlegend an Sprache gebunden: Nicht nur bedarf sie der sprachlichen Artikulation, um als bewusste in die Verfügung von Subjekten zu treten, sie bedarf auch der Sprache als dem primären Mittel ihrer sozialen und historischen Vermittlung. So ist die Sprache als Medium intersubjektiver Verständigung und epistemischer Aneignung auch die Bedingung der Tradierbarkeit von Wissen und damit der Vermittlung der Inhalte wie der Formen des Bewusstseins. Sprachliches Bewusstsein schließt, wie bereits angedeutet, Weltverstehen und Weltdeutung ein. In der Sprache bilden Wissen und Verstehen eine Synthesis. In diesem doppelten Sinn von Weltwissen und Weltverstehen artikulieren sich in der Sprache Begriffe und Bilder von Welt – enthält Sprache implizite und

explizite Weltbildstrukturen (Weltbildmuster), damit einen potentiellen Weltbildcharakter, der in bestimmten sprachlichen Gebrauchsformen (so der poetischen und philosophischen Sprache) realisiert werden kann.

6. In den Weltbildstrukturen von Sprache wird ihr ideologischer Charakter manifest – der Tatbestand, dass Sprache eine ideologische Form sui generis, der Sprach-Raum ein ideologischer Raum ist. Er ist Ort des Widerstreits divergierender sozialer Mächte, Raum des Konflikts antagonistischer Weltdeutungen. Sprache als ideologische Form heißt: Sprachakte finden im Kontext von Herrschaft statt, sprachliche Verhältnisse sind Teil des Ensembles gesellschaftlicher Verhältnisse – sie sind Verhältnisse von Herrschaft, Widerstand, sozialem Konflikt. Der Sprachkörper selbst ist durch diese Verhältnisse geprägt. Der sprachliche Prozess ist Raum hegemonialer Unterwerfung wie der Emanzipation. Sprachakte können den Charakter symbolischer Befreiung besitzen.

7. Sprache artikuliert sich in einer Vielzahl kulturell bedingter Sprachtypen, Einzelsprachen, Dialekte und Idiome – in einem Universum partikularer Sprachgestalten. Diese sind in sich hochgradig divers. Grundlegende Unterscheidungen, die in diesem Zusammenhang zu treffen sind, sind die zwischen Alltagssprache, formalisierten Spezialsprachen (wie der Amtssprache), Wissenschaftssprache und poetischer Sprache. Von letzterer ist zu behaupten, dass sie innerhalb einer bestimmten historischen Stufe die reichste Sprachform ist – zumindest gilt dies für hoch entwickelte Kulturen. Sie ist es deshalb, weil sie das je historisch gegebene sprachliche Potential am weitesten auszuschöpfen vermag. Dazu gehört ihre Fähigkeit, die anderen auf dieser Stufe gegebenen Sprachgestalten zu integrieren.

8. Dem Universum partikularer Sprachgestalten liegt, seiner ostensiblen Vielfalt zum Trotz, ein Sprachlich-Universales zugrunde. Anders wäre die Verständigung zwischen Sprachen, wären Übersetzung und interkulturelle Kommunikation gar nicht erklärbar – ein Sprachlich-Universales ist die Bedingung ihrer Möglichkeit. Dieses ist, so verstanden, das erste Axiom der hier vorgestellten Sprachauffassung. Seine Wurzel hat es, dies ist das zweite hier vertretene Axiom, im Konkret-Universalen der Vernunft (im erläuterten Sinn des elementaren Logos). Wenn beide Axiome stimmen, müsste Sprache in ihrem kategorialen Raum die Bestimmungen des elementaren Logos aufweisen.

9. Eine Grundfunktion der Sprache ist, was im ontologisch-anthropologischen Sinn *sprachliche Aneignung* heißt. Sprachliche Aneignung meint den innersprachlichen Vorgang epistemischer Welterschließung – des Erkennens, Benennens, Wissens und Verstehens von Wirklichkeit – als Bestandteil kultureller Weltbildung. Aneignung bedeutet, dass ein Anderes in die Verfügungskraft eines Subjekts tritt, von diesem als sein eigenes geistig und praktisch erfasst wird. Erst im Prozess der Aneignung von Wirklichkeit – gegenständlicher ‚äußerer', aber auch psychisch ‚innerer' Welt – bildet sich menschliche Welt: wird *Wirklichkeit an sich* zur *Welt für uns* – konstituiert sich der Mensch in seinem Selbstsein als Gattung wie als Individualität. Aneignung äußerer Welt und Bildung einer menschlichen sind zwei Seiten des gleichen Vorgangs. Er wird hier mit dem Begriff der *kulturellen Bildung* gefasst. In dieser spielt Sprache eine Schlüsselrolle. So steht die sprachliche Aneignung neben der praktisch-gegenständlichen, begrifflichen und symbolischen in einer Weise, die zu sagen erfordert, dass keine der Aneignungsformen ohne die sprachliche auskommt, dass Sprache die Bedingung menschlicher Wirklichkeitsaneignung, damit die Bedingung kultureller Bildung überhaupt ist. Sprache ist so eine Grundvoraussetzung menschlichen Daseins und menschlicher Welt.

Sechter Teil.

Der epistemische Kernkomplex: Erkennen, Wissen, Verstehen

Die Sprache ist die erste Wirklichkeit des Logos. Sie ist das primäre sinnliche Medium von Bewusstsein und Selbstbewusstsein. Sie ist damit Fundamentalkategorie des gesellschaftlichen Bewusstseins überhaupt. In ihrer grundlegenden Funktion ist sie Organon epistemischer Welterschließung. Diese artikuliert sich in der kategorialen Reihe *Erkennen, Wissen* und *Verstehen* (in ihrem sprachlichen Modus tritt das *Benennen* hinzu). Erkennen, Wissen und Verstehen bilden eine zusammenhängende kognitive Struktur – die zwar in der Sprache ihr primäres Medium hat, die aber keineswegs auf Sprache beschränkt ist. Ich spreche hier von der *Trias epistemischer Welterschließung*, von Erkennen, Wissen, Verstehen als *epistemischem Kernkomplex*. Erkennen ist ein Akt, an dessen Ende Erkenntnis und Wissen stehen. Wissen also ist das Resultat von Erkennen. Nur wo etwas erkannt wurde, kann etwas gewusst sein. Verstehen seinerseits fundiert auf Wissen. Interpretationen von Welt hängen nicht in der Luft. Sie sind relativ zu einem historischen Stand des Wissens.

Dieser ist der Grund der Formen der Rationalität und des Universums des Wissens. Rationalität tritt in einer Vielfalt von historisch-kulturell determinierten Formen auf. Analog bildet sich Wissen zu einem vielgestaltigen Universum aus. Zu diesem gehören das Wissen des Alltags, mythisches, religiöses, ästhetisches, begriffliches Wissen, an privilegierter Position die Sprache. ‚Episteme', ‚epistemisch' stehen für den hier verwendeten weiten Begriff des Wissens. Dem Episteme-Begriff zugeordnet sind weiter *Verstehen, Interpretation* und *Deutung* (von Welt): die Trias hermeneutischer Kernkategorien. Verstehen, Interpretation und Deutung bilden Stufen zunehmender Organik und Systematizität. Verstehen ist eine anthropologische Universalie: eine Kategorie, die allen Stufen kultureller Bildung, auch den archaischsten zuzuschreiben ist. Dagegen setzen Interpretation und Deutung, als intentional vollzogene Verstehensakte, entwickelte Kulturstufen voraus, ja sie bilden Voraussetzungen für deren Progression. Weltdeutungen kristallisieren sich in (mythischen, religiösen, ästhetischen und theoretischen) *Weltbildern*. Sie können sich zu (systemischen) *Weltanschauungen* ausbilden. *Mythos, Religion, Kunst* und *Wissenschaft/Philosophie* sind die Objektivationssysteme, in denen sich die Vorgänge der Interpretation und Deutung institutionell niederschlagen, in ihren entwickelten Stufen auch zu systematischen Weltanschauungen ausbilden. Sie sind zugleich *ideologische Formen* im Sinn eines dialektischen Ideologiebegriffs. Sie fungieren als *ideologische Mächte* im Kontext von Herrschaft und Widerstand, Unterwerfung und Emanzipation. Sie enthalten Wahrheit und Unwahrheit zugleich.

Verstehen, Interpretation und Deutung als hermeneutische Kategorien stehen in einem spezifischen Verhältnis zum Wissen. Sie sind in ihrer jeweiligen Form abhängig von dem gegebenen historischen Stand des Wissens. Zugleich gründen sie, zusammen mit dem Wissen, auf dem elementaren Logos. Sie kooperieren mit dem Wissen in der epistemischen Erschließung von Welt. In diesem Zusammenhang, wir zeigten es, hat die Sprache eine zentrale Position. Sie bildet die monadische Kernzone des logischen Universums, von dem hier die Rede ist: die Zone, in der die vielfältigen Aspekte des Logos sedimentiert sind.

Das erkennende, wissende und verstehende Bewusstsein wurde als epistemischer Logos bestimmt. Der epistemische Logos ist elementar, weil er in der gegenständlichen Tätigkeit des Menschen seinen genetischen Ort hat, weil er notwendiger Bestandteil des Ensembles der gesellschaftlichen Verhältnisse ist. Seine fundamentale Funktion ist die epistemische Welterschließung. Sie ist Teil des Prozesses der Kultur. Erst als erkannt, gewusst und verstanden wird, wird die Wirklichkeit der Natur zur Welt, in der wir leben können: menschliche Welt als *für uns* gewordene Wirklichkeit.

Im Folgenden sind die drei Grundkategorien *Erkennen, Wissen* und *Verstehen* näher zu erläutern.

1. Erkennen

Erkennen als Abbild und Konstrukt

Erkennen in dem hier vorliegenden Entwurf wird als Teil der epistemischen Welterschließung verstanden: als kognitive Aneignung von Welt. Als erkannte tritt Welt in die Verfügungskraft eines Subjekts, wird von ihm in ihren Strukturen erfasst und in einem bestimmten Umfang theoretisch besessen. Erkennen ist weiter ein Faktor der Welt-Produktion. Es ist ein der gegenständlichen Tätigkeit zugeordneter, mit dieser organisch verbundener Akt. Ein Gegenstand muss kategorial erfasst, in seinem So-Sein erkannt sein, um Gegenstand praktischer Tätigkeit werden zu können. Seine Bearbeitung und Transformation setzt Bewusstsein als bewusstes Sein, mithin Erkennen voraus. Konzeptive Tätigkeit in jeder Gestalt, insbesondere Arbeit als teleologische Setzung sind möglich nur auf der Basis einer kategorial erschlossenen, also kognitiv angeeigneten Welt.

Der zweipoligen Struktur der gegenständlichen Tätigkeit entsprechend, besteht Erkennen aus zwei Komponenten, die in ihm zusammentreten: einer gegebenen Welt oder eines Weltgegenstands (O als Objektseite des Erkennens) und dem erkennenden Subjekt (S als Subjektseite des Erkennens). Beide Seiten werden im Akt des Erkennens synthetisiert. Das Ergebnis dieser Synthesis ist die vollzogene Erkenntnis. Diese ist als synthetischer Akt weiter zu bestimmen als Einheit von Abbild und Konstrukt – Abbildung und Konstruktion. Dabei wird Abbild / Abbildung der Objektseite, Konstrukt / Konstruktion der Subjektseite des Erkennens zugeordnet. Das Resultat dieses Akts ist das Bild: die Repräsentanz von Welt bzw. Weltgegenstand in einem Bewusstsein. Das Bild wird also verstanden als Einheit von Abbild und Konstrukt. Der Vorgang als ganzer sei als Widerspiegelung (im erkenntnistheoretischen Sinn des Begriffs) gefasst. In der Widerspiegelung, lässt sich sagen, erscheint ein Bild von Welt. Sie ist nie eine bloße Kopie von Gegebenem, sondern die organische Einheit von Abbildung und Konstruktion.

Die im Akt des Erkennens gewonnene Erkenntnis ist, gleichfalls in Entsprechung zur zweipoligen Struktur dieses Akts, zugleich objektiv und perspektivisch. Sie ist objektiv, insofern sie eine an sich seiende, dem Erkennen voraus liegende Welt-Wirklichkeit (bzw. einen Teil von ihr) kategorial erfasst. Sie ist perspektivisch, insofern diese Erkenntnis – notwendig und unausweichlich – in Gestalt einer Brechung erfolgt, die der epistemischen Verfasstheit und dem historisch-sozialen Standort des erkennenden Subjekts geschuldet ist. Ich spreche hier von der Objektivität und Perspektivik des Erkennens. Zu dieser Perspektivik gehören biotisch vorgegebene, also invariable kategoriale Grundstrukturen unseres kognitiven Apparats, die den Akt des Erkennens bedingen, ebenso wie historisch-soziale, also variable Faktoren, so Sprache,

Wissen, Weltanschauung und Interesse. Die invariablen Grundstrukturen und variablen Faktoren in ihrem Zusammenspiel konstituieren, was ich das Relativitätsprinzips des Erkennens nenne.

Setzt der Begriff des Erkennens voraus, dass zumindest Teile des Erkenntnisobjekts im Erkenntnisakt erfassbar sind, so ist über dessen Umfang und Qualität so wenig ausgesagt wie über die Beschaffenheit der erkannten Wirklichkeit an sich. Es ist vorstellbar, dass nur Teile dieser Wirklichkeit in unser Bewusstsein treten, die Wirklichkeit als ganze – als im ontologischen Sinn Gesamtzusammenhang (= ‚das Seiende im Ganzen') – unerkennbar bleibt. Der Realismus materialistischen Denkens schließt einen Agnostizismus im Hinblick auf (im traditionellen Sinn) metaphysische Grundfragen keineswegs aus.

Erkennen, als Faktor der Aneignung und Produktion von Welt, ist also ein hochkomplexer Akt, der sich jedem Reduktionismus entzieht. Im Folgenden sind seine zentralen Kategorien – *Abbild, Konstruktion* und *Bild* als seine Komponenten, *Widerspiegelung* als Begriff der Synthesis des Erkennens – in ihrer Relation näher zu erläutern.

Abbild ist Terminus einer Grenzbestimmung – der Grenze zwischen Bewusstsein und außerhalb des Bewusstseins existierender Welt. Abbild bezeichnet damit eine *Relation*: die Relation, die notwendig und unaufhebbar zwischen an-sich-seiender Welt und Akten des Bewusstseins besteht. *Abbild ist Bezeichnung der Relation des An-sich im Erkenntnisprozess.* Sie steht für das, was eingangs die Objektivität des Erkennens genannt wurde.

Der Abbildbegriff hat mehrere Bedeutungsschichten. Zunächst und zuerst bedeutet er, dass menschliches Erkennen konstitutionell auf eine dem Erkenntnisakt vorausliegende oder ihm mitgegebene Gegenständlichkeit bezogen ist, die auch unabhängig von ihm (im Kantschen Sinn ‚an sich') existiert. Abbild in diesem Sinn ist die einfachste und elementarste Kategorie zur Bezeichnung der Gegenstandsabhängigkeit menschlichen Bewusstseins, die etwa in folgenden Sätzen zum Ausdruck kommt: „Das Bewusstsein kann nie etwas anderes sein als das bewusste Sein",[152] „das Ideelle (ist) nichts anderes als das im Menschenkopf umgesetzte und übersetzte Materielle".[153] „Die Ideen alle der Erfahrung entlehnt, Spiegelbilder – richtig oder verzerrt – der

152 MEW 3, S. 26.
153 MEW 23, S. 27.

Wirklichkeit".[154] „Die Kategorien der Logik sind Abbreviaturen (...) der ‚unendlichen Menge' von ‚Einzelheiten des äußeren Daseins und der Tätigkeit'".[155] Allen diesen Sätzen, so unterschiedlich sie in ihrer Bedeutung im Einzelnen auch sind, liegt die Einsicht in die Gegenstandsabhängigkeit unseres Bewusstseins, die Relation von ‚Sein und Bewusstsein' als *notwendige Relation* zugrunde. Eben diese Relation bezeichnet der Abbildbegriff.

Damit aber ist Abbild zugleich der Indikator einer ontologisch-erkenntnistheoretischen Positionsbestimmung. Der Begriff indiziert einen fundamentalen Gegensatz zur idealistischen wie zu jeder antirealistischen Denkweise. Er artikuliert die materialistische Kritik an der Hypostasierung des produzierenden Subjekts zur transzendentalen Intelligenz, die im Erkenntnisprozess die Erkenntnisgegenstände angeblich erst aus sich hervorbringt. Er artikuliert darüber hinaus den Einspruch gegen jede Form des Antirealismus, ganz gleich, ob sich dieser neukantianisch, analytisch oder poststrukturalistisch versteht. Er tut dies unter Berufung auf die Existenz einer bewusstseinsunabhängigen Welt, die in Akten gegenständlicher Tätigkeit unabweisbar evident ist, auf die sich Erkenntnis notwendig bezieht und in der sie lebenssichernde Funktionen erfüllt hat – durch den Bezug also von Erkenntnis zur *Materialität* der Erkenntnisgegenstände im Sinne ihrer „objektiven Realität".[156]

Abbild, dies ist dabei der entscheidende Gesichtspunkt, bedeutet auf keinen Fall Kopie. Abbild bezeichnet ein *logisches Verhältnis*: eine Strukturrelation von Sein und Bewusstsein, die weder naturalistisch noch metaphorisch verstanden werden darf. Abbild meint das logisch Elementare des Gegenstandsbezugs des Erkennens, das uns gleichwohl in unmittelbarer Form sinnlich gegeben ist. Dennoch ist das Abbild kein sinnliches Datum. Es ist eine *sinnlich vermittelte logische Struktur*. Es ist also der Qualität nach mehr als sinnliche Wahrnehmung, so sehr sinnliche Wahrnehmung das Medium ist, in dem uns die gegenständliche Welt überhaupt zugänglich ist. Abbildung ist elementarer Akt des Bewusstseins. Die Relation des An-sich im Erkenntnisprozess, die der Abbildbegriff bezeichnet, ist das Verhältnis einer logischen Struktur, die die Beziehung des Bewusstseins zu seinem Gegenstand regelt und allen Erkenntnisakten der objektiven Seite nach zu-

154 MEW 20, S. 573.
155 LW 38, S. 82.
156 LW 14, S. 124.

grunde liegt – analog den Erkenntnisbedingungen, die der subjektiven Seite nach bestehen.

Erkennen ist Abbild und Konstruktion. Was heißt hier *Konstruktion* und wie ist das Verhältnis zwischen beiden zu denken?

Zur Erläuterung gehe ich zurück auf die *Feuerbach-Thesen*. Mit deren Grund-Satz, dass der neue Materialismus seinen „Gegenstand, die Wirklichkeit" nicht wie der alte Materialismus „unter der Form des Objekts", sondern als „sinnlich menschliche Tätigkeit", „subjektiv", also *unter der Form des Subjekts* fasst (These 1), beziehen diese ontologisch wie erkenntnistheoretisch, eine, im bestimmten Sinn, ‚konstruktivistische' Position. Welt und Erkennen sind *Produkt* – Produkt menschlicher Tätigkeit. Sie sind dies freilich nicht „abstrakt" im Sinne des Idealismus, der „die wirkliche, sinnliche Tätigkeit" nicht kennt, sondern sie sind es *konkret*: als Resultat sinnlichen Handelns vernunftbegabter Naturwesen in einer gegenständlichen Welt. Dass von dieser Sicht her jedem Naturalismus der Erkenntnisauffassung der Boden entzogen ist, eine solche Auffassung innerhalb des Marxismus bestenfalls ein Missverständnis ist, liegt auf der Hand.

Meint sinnlich menschliche Tätigkeit geschichts- und kulturphilosophisch die gegenständliche Selbstkonstitution des gesellschaftlichen Subjekts – das Schaffen einer materiellen Welt als Konstellation von Gegenständen –, so meint solche Tätigkeit erkenntnistheoretisch die Transformation des Erkenntnisgegenstands in ein durch das erkennende Subjekt angeeignetes Bild, genauer noch: die *Transformation des Abbilds in ein Bild.* In dieser Transformation konstituiert sich die *Perspektivik des Erkennens.* Erkennen also als Modus von Tätigkeit ist ein Prozess kognitiver Weltaneignung durch das erkennende Subjekt, in dem dieses den Erkenntnisgegenstand nach seinen Maßen perspektivisch modelliert. Er gehört zum Komplex sinnlicher Tätigkeit, weil er von der sinnlichen Gegebenheit der Welt seinen Ausgang nimmt und unausweichlich über den Weg sinnlicher Erfahrung führt. Er ist ein eminent schöpferischer Prozess: der Vorgang einer kognitiven Produktion, in dem wir die Bilder der Welt, in der wir leben, *machen,* und zwar als *gegenständliche Bilder:* als Bilder *von* Gegenständen und als Bilder, die im Sinne epistemischer Gegenstände von uns produziert werden. Als *von uns gemachtes,* menschlich *konstituiertes* aber ist das gegenständliche Bild eine *Konstruktion;* eine Konstruktion gleichwohl, von der gesagt werden muss, dass sie, als epistemischer Akt, das Bild eines Gegenstands schafft, der *außer uns* ist. Die menschliche Erkenntnis, erinnern wir, ist objektiv und perspektivisch zugleich. Abbild und Konstruktion stehen als gleichwertige Glieder in einem dialektischen Verhältnis zueinander. Jede falsche Gewichtsverteilung würde die Dialektik dieses Verhältnisses zerstören.

Die Wirklichkeit unter der Form des Subjekts gefasst, meint im erkenntnistheoretischen Sinn ‚Konstruktion'. Wurde Abbild als Relationsbegriff verstanden, der das Subjekt des Erkennens an den Erkenntnisgegenstand bindet und die Objektivität der Erkenntnis verbürgt, so meint Konstruktion die Arbeit des Subjekts an ihm und mit ihm, die erst das perspektivische Bild hervorbringt. In diesem Sinn heißt Erkennen: *Akt der Transformation von Abbild in Bild als perspektivische Konstruktion.*

Mit *Bild* bezeichne ich also das Resultat der Konstruktion, die das Bewusstsein im Akt des Erkennens leistet. Bild ist die Synthesis von Abbild und Konstruktion, als Formel formuliert: *Abbild + Konstruktion = Bild.* Bild also nenne ich, was tatsächlich in unserem Erkennen als *Bild von Welt* erscheint: was im Erkennen aktuell zutage tritt: Form und Inhalt des Erkannten – die *erkannte Welt.* Ich spreche hier von *Weltbild* (im direkten wie übertragenen Sinn), von *Weltanschauung* als einem Weltbild von einiger Extension und Geschlossenheit. Weltanschauung ist ein Weltbild, das auf Totalität und Zusammenhang einer angeschauten Welt zielt. Das Bild von Welt kann unterschiedliche Komplexitätsgrade besitzen (der Komplexität der Welt bzw. des Weltgegenstands entsprechend, die es erfasst). Es wird in keinem Fall einfach sein. Es bildet nicht ab, sondern es stellt dar: Es zeigt Welt in perspektivischer Brechung. Es ist Resultat von Vermittlungen: perspektivische Konstruktion. Dieser Gesichtspunkt ist noch etwas näher auszuarbeiten.

Im Akt der Konstruktion wird das Abbild des Erkenntnisgegenstands, das die logische Elementarschicht des Erkenntnisvorgangs bildet, perspektivisch gebrochen. Durch diese Brechung, die ein Akt der Vermittlung von Subjekt und Objekt ist, der sich im Vorgang des Erkennens vollzieht, bilden sich erst Komplexitätsstufen heraus, die notwendig sind, um die hochkomplexe Wirklichkeit, die der Gegenstand der Erkenntnis ist, zu erfassen – nur in einem solchen Sinn kann von kognitiver Weltaneignung die Rede sein. Komplexe Erkenntnis, so lässt sich sagen (und die Analogie zu Wittgensteins Unterscheidung von komplexen Sätzen und Elementarsätzen ist beabsichtigt) geht aus der Brechung der logisch einfachen Abbildrelation in den Akten kognitiver Vermittlungen hervor, die die kognitive Aneignung von Welt ausmachen.

Komplexe Erkenntnis kann nie eine unmittelbare Abbildung objektiver Welt sein. In der Tat ist der Verlust der Unmittelbarkeit der Preis, der für die Komplexität der Erkenntnis zu zahlen ist. Die perspektivische Konstruktion der Erkenntnis – das Bild – ist also nichts Zufälliges oder Vorläufiges, das durch zunehmende Aufklärung und den Fortschritt des Wissens überwunden werden kann, sie gehört konstitutionell zum Charakter menschlichen Erkennens überhaupt. Sie ist der Grund für seine unaufhebbare Relativität.

Die *Form des Subjekts*, die den Akt der Konstruktion erkenntnistheoretisch bestimmt, ist aus verschiedenen Faktoren, variablen und invariablen, zusammengesetzt. Ihre elementarste Ebene bilden genetisch gegebene, also invariable Grundstrukturen unseres kognitiven Apparats, die den Akt des Erkennens kategorial bedingen. An diesem Punkt wäre kritisch an Kant anzuschließen, der die Auffassung vertrat, dass unser kategorialer Apparat den Gegenstand unseres Erkennens konstituiert. Diese Konstitution freilich ist nicht absolut, sondern im Sinn einer perspektivischen Modifikation zu denken, die den Zugang zum An-sich der Welt keineswegs verstellt, den Weg dahin aber vorzeichnet. Es ist der Weg über Vermittlungen, von denen oben die Rede war. Die zweite Ebene, die Prozess und Gegenstand des Erkennens von der Form des Subjekts her bestimmen, ist die variabler Faktoren. Dazu gehören Sprache, Wissen, Weltanschauung, Standpunkt und Interesse des erkennenden Subjekts, historisches Gewordensein, Vorurteil und Konvention. In diesen Zusammenhang gehört an entscheidender Stelle auch die *ideologische Dimension*, gehört Ideologie als determinierender Faktor des Erkennens. Im Ganzen handelt es sich um eine Reihe von Faktoren unterschiedlichen Gewichts, deren Bedeutung im Einzelnen auszuarbeiten wäre. Alle diese Faktoren spielen in der perspektivischen Konstruktion, die der Akt des Erkennens in seiner subjektiven Form vollzieht, ihre Rolle, ja dieser Akt wird umfassend nur als Zusammenspiel aller dieser Faktoren wie als Kooperation der beiden Ebenen der subjektiven Form des Erkennens – der invariablen und der variablen – darzustellen sein.

Das Verhältnis der variablen und der invariablen Komponenten im Akt des Erkennens ist im gleichen Maß ein *dialektisches* Verhältnis wie es das Verhältnis von Abbild und Konstruktion ist. Keine Seite ist ohne die andere zu denken, beide bedingen einander. Zugleich ist dieses Verhältnis als ein *geschichtliches* – Erkennen ist, kraft seiner internen Struktur, geschichtlicher Veränderung und Entwicklung unterworfen.

Die dargestellte Verwandlung des Abbilds in ein Bild durch die perspektivische Konstruktion, als deren Resultat sich ein *Bild von Welt* herstellt, das seinerseits in einer historischen *Weltanschauung* kulminieren kann, fasse ich, in allen seinen Momenten betrachtet, im Begriff der *Widerspiegelung*. Widerspiegelung im erkenntnistheoretischen Sinn also meint den Akt des Erkennens als umgreifenden Prozess. Sie fasst ihn als Aspekt gesellschaftlichen Bewusstseins: als Arbeit des Logos. Dabei sei zwischen Erkennen, Wissen und Bewusstsein unterschieden. *Erkennen* ist ein Akt, an dessen Ende ein Weltbild steht. *Wissen* ist gleichfalls Resultat von Erkennen (ich kann nicht wissen, ohne erkannt zu haben). Wissen ist geronnene, und damit tradierbare, Form von Erkenntnis. *Bewusstsein*, als bewusstes Sein, ist der Oberbegriff, dem Erkennen und Wissen (aber auch Verstehen und Deuten) zugehören. Die Differenzierungen und ihre Gründe sind vom Begriff des Logos her zu erläutern. Weiter stellt die Kategorie der Widerspiegelung den logischen Prozess in den Zusammenhang von Ontologie: Erkennen erscheint so als Seinsverhältnis. Damit wird es möglich, den Ort des Bewusstseins zu bestimmen im Zusammenhang mit der Produktion von Welt.

2. Die Bedeutung der Praxis

Für den Marxschen Materialismus bedeutet Erkennen also kognitive Aneignung von Welt; einer Wirklichkeit, die zwar unabhängig von dem je erkennenden Subjekt existiert, in ihrem An-sich-Sein aber immer schon von menschlicher Tätigkeit, und das heißt auch von kognitiven Akten geformt ist. Durch solche Akte wird an-sich-seiende Wirklichkeit erst in einem bewussten Sinn *für uns*, wird auch semantisch zur *menschlichen Welt*. Mit dem Gedanken der Erkenntnis als Produktion wird der alte Materialismus, mit dem Gedanken der Erkenntnis als Teil gegenständlicher Tätigkeit wird der Idealismus überwunden. Überwunden wird damit auch der *Standpunkt der bürgerlichen Gesellschaft*. Diese Überwindung bedeutet erkenntnistheoretisch und ontologisch: die Verabschiedung der Metaphysik.[157] Der neue Materialismus setzt

157 ‚Metaphysik' in einem auf Engels zurückgehenden Sprachgebrauch (den Lenin übernimmt), bedeutet ein Denken in statischen, geschichtsentzogenen Substanzen und damit eine der dialektischen entgegengesetzte Denkweise. „Für den Metaphysiker sind die

Dialektik an die Stelle der Metaphysik. Erst er vermag es, als Denken vom *Standpunkt der gesellschaftlichen Menschheit*, den Begriff der Produktion – *sinnlich-gegenständliche Tätigkeit* – ins Zentrum des Denkens zu stellen.

Die Auffassung des dialektisch-konstruktiven Charakters menschlicher Erkenntnis ist in der theoretischen Entwicklung von Marx und Engels zu Lenin hin eher verstärkt als zurückgenommen worden. Bezeichnend für diesen Zusammenhang ist Lenins Profilierung der Praxis-Seite menschlicher Erkenntnis, deren Entdeckung er als große Leistung der *Logik* Hegels hervorhebt. So erläutert er Hegels Vorstellung der Einheit von Begriff und Realität unter dem Stichwort „Einheit der theoretischen Idee (der Erkenntnis) und der Praxis".[158] Die „Vereinigung von Erkenntnis und Praxis" sei bereits Grundgedanke der Hegelschen Philosophie.[159] Ja, in dem Gedanken der Einheit von Begriff und Realität sei die Vorstellung einer prozessualen Synthesis von Theorie und Praxis vorgebildet, damit auch der erkenntnistheoretische Grundsatz der Praxis als „Kriterium der Wahrheit"[160] ausgesprochen. Lenin kommentiert: „Zur ‚Idee' als Zusammenfallen des Begriffs mit dem Objekt, zur Idee als Wahrheit kommt Hegel über die praktische, zweckmäßige Tätigkeit des Menschen. Ganz nahes Herankommen daran, dass der Mensch durch seine Praxis die objektive Richtigkeit seiner Ideen, Begriffe, Kenntnisse, seiner Wissenschaft beweist"[161]. Aus der Auseinandersetzung mit Hegel gewinnt Lenin den Satz, der ein erstes Prinzip dialektisch-materialistischer Erkenntnistheorie artikuliert: „die Praxis des Menschen und der Menschheit ist die Probe, das Kriterium für die Objektivität der Erkenntnis". Lenin legt nahe, dass dies bereits ein Gedanke Hegels sei, kann also mit Blick auf die *Feuerbach-Thesen* sagen: „Marx knüpft folglich unmittelbar an Hegel an, wenn er das Kriterium der Praxis in die Erkenntnistheorie einführt".[162]

Dinge und ihre Gedankenabbilder, die Begriffe, vereinzelte, (...) feste, starre, ein für allemal gegebne Gegenstände der Untersuchung. Er denkt in lauter unvermittelten Gegensätzen" (MEW 20, S. 20f.).

158 LW 38, S. 211.

159 In der Tat bestimmt Hegel in der *Logik* Handeln als „praktische Idee" (HW 6, S. 541).

160 LW 38, S. 220.

161 Ebd., S. 131.

162 Ebd., S. 202.

„Der Gesichtspunkt des Lebens, der Praxis", formuliert er bereits in *Materialismus und Empiriokritizismus*, „muss der erste und grundlegende Gesichtspunkt der Erkenntnistheorie sein"[163]. Erkenntnis geht aus der Praxis hervor und führt konstitutiv zur Praxis zurück. In den Hegel-Kommentaren heißt es dazu: „Von der lebendigen Anschauung zum abstrakten Denken *und von diesem zur Praxis* – das ist der dialektische Weg der Erkenntnis der *Wahrheit*, der Erkenntnis der objektiven Realität."[164] Die Relation *Praxis* (eine gegebene Praxis als Ausgangspunkt) – *Theorie* – *Praxis* (durch Erkenntnis/Bewusstsein geformte Praxis als Resultat) bezeichnet freilich keine einfach chronologische Relation im Sinne eines einfachen Nacheinanders (obwohl der Gedanke auch eine zeitliche Relation besitzt oder besitzen kann), sondern ein dialektisches Strukturverhältnis. D.h., die Elemente dieser Relation sind in bestimmter Form in jedem Erkenntnisakt präsent. Nicht nur sind Ideen und ideelle Formationen aus menschlicher Praxis zu erklären, sie sind zugleich auch immer an der Konstitution von Praxis beteiligt.[165]

Von dieser Voraussetzung her fordert Lenin im *Konspekt zu Hegels „Logik"* dann auch die „Vereinigung von Praxis und Erkenntnis" als Programm materialistischer Wissenschaft. „Wenn du die Notwendigkeit einer Reihe von Tatsachen feststellst", sagt Brecht, „so vergiß nicht, dass du selbst auch eine dieser Tatsachen bist, und bestimme die Notwendigkeit möglichst genau, sie braucht nämlich, um eine Notwendigkeit zu sein, ganz bestimmtes Handeln."[166] – Gehen wir diesem Problem noch etwas weiter nach.

163 LW 14, S. 137

164 LW 38, S. 160.

165 Eine einleuchtende Erklärung für diese Relation gibt Engels am Beispiel des Verhältnisses von Freiheit und Notwendigkeit. Er schreibt: „Hegel war der erste, der das Verhältnis von Freiheit und Notwendigkeit richtig darstellte. Für ihn ist die Freiheit die Einsicht in die Notwendigkeit. ‚*Blind* ist die Notwendigkeit nur, *insofern dieselbe nicht begriffen wird*.' Nicht in der geträumten Unabhängigkeit von den Naturgesetzen liegt die Freiheit, sondern in der Erkenntnis dieser Gesetze und der damit gegebenen Möglichkeit, sie planmäßig zu bestimmten Zwecken wirken zu lassen. Es gilt dies mit Beziehung sowohl auf die Gesetze der äußeren Natur, wie auf diejenigen, die das körperliche und geistige Dasein der Menschen selbst regeln." (MEW 20, S. 106) Die Erkenntnis objektiv gültiger Gesetze eröffnet die Möglichkeit, durch ihre Anwendung die Selbsterhaltung der Gattung zu sichern und eine qualitative Verbesserung menschlicher Lebensbedingungen herbeizuführen. Das Ziel, die „wirkliche menschliche Freiheit", ist „eine Existenz in Harmonie mit den erkannten Naturgesetzen" (ebd., S. 107).

166 B. Brecht, *Gesammelte Werke*, a.a.O., Bd. 20, S. 69.

„Das Bewusstsein des Menschen widerspiegelt nicht nur die objektive Welt, sondern schafft sie auch."[167] Lenins Satz behauptet die weltgestaltende Rolle des Bewusstseins. Dabei unterscheidet er zwei Seiten des Bewusstseins: *erstens* Bewusstsein als Widerspiegelung von Welt: als *rezeptiver Akt* und *zweitens* Bewusstsein als *produktiver Akt*: als Schaffen – Produktion – von Welt: als *Welt-Konstruktion* (‚Widerspiegeln' steht hier für die rezeptive Seite des Bewusstseins). Die Bedeutung dieses Satzes geht weit über die Erkenntnistheorie hinaus. Sie betrifft Praxis als weltschaffende Tätigkeit, und diese wird mit Nachdruck dem Bewusstsein zugeschrieben, wird als Werk des Bewusstseins deklariert. Damit geht Lenin, so scheint es zunächst, noch über Marx hinaus. Die Frage nach der *Veränderung der Welt*, die die elfte Feuerbach-These stellte („Die Philosophen haben die Welt nur verschieden *interpretiert*, es kömmt darauf an, sie zu verändern."), wird durch den Zusatz ergänzt: diese Veränderung ist Werk des Bewusstseins. Wer Lenins Denken kennt, wird wissen: Sie ist nicht Werk des Bewusstseins allein, doch spielt Bewusstsein eine wesentliche Rolle dabei. Wie wenig dieser Gedanke Marx fern lag, zeigten unsere Erläuterungen der Kategorien gegenständlicher Tätigkeit und Arbeit. Die Bestimmung, dass das Resultat des Arbeitsprozesses beim Beginn desselben schon in der Vorstellung des Arbeiters, *also schon ideell vorhanden* ist,[168] meint keine ontologische Priorität der Idee. ‚Idee' hier ist der Niederschlag praktischer Welterfahrung im menschlichen Bewusstsein: das geronnene Resultat eines Widerspiegelungsprozesses. „Die Praxis des Menschen, milliardenmal wiederholt", heißt es bei Lenin, „prägt sich dem Bewusstsein des Menschen als Figuren der Logik ein."[169] Idee als ‚Einprägung' von Praxis im Bewusstsein: dies ist es, was Lenin mit Widerspiegelung als der rezeptiven Seite der Bewusstseinstätigkeit meint. Im Wesentlichen aber ist der Arbeitsprozess Produktion: die Äußerung des „zweckmäßigen Willens" des Arbeiters. Seine „einfachen Momente" sind Gegenstand, Mittel, „die zweckmäßige Tätigkeit" selbst. Für diese ist die ‚Idee' konstitutiv im Sinne eines Praxis formierenden, Welt bildenden Moments.[170]

167 LW 38, S. 203.
168 MEW 23, S. 192.
169 LW 28, S. 208.
170 Die Tatsache freilich, dass der Idealismus diese Erkenntnis nur vom Standpunkt der bürgerlichen Klasse, nicht aber vom Standpunkt der materiell produzierenden Klasse selbst zu artikulieren vermag, erklärt ihre idealistische Form. Erst am Ende dieses langen Prozesses bildet sich der besondere Charakter menschlicher Arbeit heraus, den Marx als

Dass damit die ‚Idee' nicht als eine ursprünglich gegebene ontologische Wesenheit gesetzt ist, sondern dass sie ihre Genesis in materiellen Prozessen hat, wird von Marx als evident vorausgesetzt. Er sagt ausdrücklich: „Wir unterstellen die Arbeit in einer Form, worin sie dem Menschen ausschließlich angehört".[171] Die Evolution dieser Form aus vor- und frühmenschlichen Stufen, die Existenz eines Übergangsfeldes wird hier impliziert. Die Rekonstruktion der Genesis der Idee aus Prozessen der Menschwerdung hat Engels in seiner Schrift *Der Anteil der Arbeit an der Menschwerdung des Affen* vorgenommen.

Ohne ins Detail seiner Argumentation gehen zu können, seien die hier angeführten Schritte der Entwicklung der tierischen zur menschlichen Arbeit rekapituliert: *aufrechter Gang, Freiwerden und Ausbildung der Hand, Entstehung der Sprache aus und mit dem Arbeitsprozess, Fortbildung des Gehirns und der Sinnesorgane* bis zum Beginn der „eigentlichen Arbeit", die „mit der Verfertigung von Werkzeugen" anfängt.[172]

Bereits die klassische deutsche Philosophie erkannte die konstitutive Rolle des Bewusstseins – der ‚Idee' – in der menschlichen Tätigkeit. Sie hypostasiert gleichwohl diese Rolle in eine ontologische Priorität, ja verklärt die Idee, wie Hegel es tut, zur metaphysischen Instanz. Vielleicht lässt sich sagen: der Idealismus ‚übersetzt' die materielle Teleologie gegenständlicher Tätigkeit in eine ideelle Teleologie des Erkenntnis-, bei Hegel des gesamten Geschichtsprozesses. Die ontologische Hypostasierung des Erkenntnisprozesses bedeutet auch, dass Tätigkeit nur „abstrakt" (wie die *Feuerbach-Thesen* sagen), als Tätigkeit des Bewusstseins erscheint, nicht als Praxis in sinnlicher Gegenständlichkeit. Trotz dieser Einschränkung ist die Entdeckung der „tätigen Seite" als große philosophische Leistung des deutschen Idealismus festzuhalten. Sie war auf Grund der fortgeschrittenen Vergesellschaftung der Arbeit in der entwickelten bürgerlichen Gesellschaft möglich geworden.

Kraft der formbildenden Fähigkeit des Bewusstseins konstituiert sich der Mensch erst in dieser Fähigkeit als gesellschaftliches Wesen, entwickelt mit seinen

gegeben „unterstellt". „Je mehr die Menschen sich (...) vom Tier entfernen, desto mehr nimmt ihre Einwirkung auf die Natur den Charakter vorbedachter, planmäßiger, auf bestimmte, vorher bekannte Ziele gerichteter Handlung an" (MEW 20, S. 451). In den Zusammenhang dieses Gedankens ist auch der oben zitierte Satz Lenins zur Genesis der Figuren der Logik in der Praxis zu stellen.

171 MEW 23, S. 193.

172 MEW 20, S. 449.

sich bildenden Bedürfnissen die „schlummernden Potenzen" seiner Natur. So ist die gegenständliche Tätigkeit auch der Grund des Bildungsprozesses menschlicher Kultur – und mit ihm der Geschichte des menschlichen Bewusstseins.

3. Wissen

Episteme: Wissen als anthropologisches Datum. Grundzüge einer elementaren Epistemologie

Die Frage nach ‚Wissen' soll hier gestellt werden als Frage nach dem Charakter von ‚Wissen' nicht in einem szientifisch-epistemologischen (also allein auf Wissenschaft bezogenen), sondern in einem *anthropologischen* Sinn. Wissen ist Teil der durch menschliches Handeln konstituierten Welt. Wissen gab es, lange bevor es Wissenschaft gab. Ich spreche vom Wissen als einem *anthropologischen Datum*. Das will sagen: Wissen konstituiert menschliches Sein auf allen Stufen seiner Geschichte. Wissen ist in diesem Sinn ein Existential: Es gehört konstitutiv zur Verfassung menschlichen Daseins. Von dieser Fragestellung her erscheint mir eine Erweiterung des Wissensbegriffs im Rahmen der Frage nach Wirklichkeit und Wissen geboten. Wissen im anthropologischen Sinn schließt vor- und außerwissenschaftliche Wissensformen ein. ‚Wissen' heißt hier zunächst nicht mehr und nicht weniger als: auf Erfahrung beruhende, in Rede oder Bild artikulierte wahre Einsicht – wobei Erkennen Voraussetzung von Wissen ist.

Ich spreche für diesen Zusammenhang von *einer elementaren Epistemologie.* Diese fragt nach einem anthropologischen Wissensbegriff und den verschiedenen Formen des Wissens. Eine solche Epistemologie ist Teil einer Ontologie des gesellschaftlichen Bewusstseins. Der Satz: ‚die Ontologie geht der Epistemologie voran' gilt hier im Sinne eines Begründungszusammenhangs. Es liegt auf der Hand, dass eine elementare Epistemologie, wie sie hier konzipiert ist, einen über die normative Orientierung am wissenschaftlichen Wissen (sowie der diesem zugrunde liegenden Norm wissenschaftlicher Rationalität) hinausgehenden Wissens- und Rationalitätsbegriff erfordert. Voraussetzung für einen vorurteilsfreien Blick auf das, was Wissen im Sinne einer elementaren Epistemologie heißt, ist eine Theorie der Wissensarten, die sich von dem normativen Begriff wissenschaftlichen Wissens löst. Wissenschaftliches Wissen ist ein Modus des Wissens, notwendig und mit Funktionen, die durch keine andere Wissensart ersetzt werden können. Es ist keineswegs aber die ‚höchste' Form des Wissens – Wissen in dem alles andere Wissen kulminiert (es sei bestritten, dass es überhaupt eine ‚höchste Form des Wissens' gibt). Von dieser Einsicht her wende ich mich kritisch gegen Auffassungen, die das wissenschaftliche Wissen zur absoluten Norm allen Wissens erklären oder gar zum „Maß alles dessen, was existiert". Es ist dies eine Auffassung, die ich nicht anders denn als *szientifische Hybris* bezeichnen kann.

Elementare Unterscheidungen

‚Episteme' heißt griechisch Wissen, Kenntnis, Erkenntnis, Einsicht, auch Wissenschaft. Episteme heißt aber auch Geschicklichkeit: die Fähigkeit oder Fertigkeit, etwas zu können. Der Bogenschütze Homers ‚weiß' mit Pfeil und Bogen umzugehen. Homers Bauer, der das Saatkorn nicht in den Schnee wirft, sondern in die aufgebrochene Erde, ‚weiß' etwas über Naturvorgänge, ohne ein theoretisches (begrifflich artikuliertes) Wissen über solche Vorgänge besitzen zu müssen. Homers Töpfer ‚kennt' den Ton, mit dem er arbeitet sowie die Mittel, die er beim Formen des Tons einsetzt. Und er kennt das Ziel seines Tuns: das aus dem Ton herzustellende Gefäß. Seine Tätigkeit ist eine teleologische: bevor er das Gefäß aus dem Ton formt, den er vorfindet, hat er es in seinem Kopf gebaut. Diesen Bau in seinem Kopf besitzt er in der Form eines Wissens.

Das Wissen des Bogenschützen, Bauern und Töpfers ist teleologisch, und es ist instrumentell: Es bezieht sich auf die Zwecksetzung menschlichen Tuns, und es bezieht sich auf die Mittel, die zum Erreichen der gesetzten Zwecke eingesetzt werden. Das instrumentelle Wissen ist dem teleologischen dabei untergeordnet. Das Wissen des Bogenschützen, Bauern und Töpfers stammt aus überlieferter wie aus der je eigenen Erfahrung (wobei die überlieferte sich immer in der eigenen Erfahrung bewähren muss). Es gehört einem uralten Wissensfundus der Menschheit an. In solchem ‚Erfahrungswissen' hat der elementare Wissensbegriff seinen genetischen Ort.

Wissen im Sinne von Episteme umfasst eine Vielzahl kognitiver Tätigkeiten – nicht nur die begriffliche. Episteme im ursprünglichen Wortsinn umschließt (nach Liddell/Scott, Greek-English Lexicon) 1. *acquaintance, understanding, skill,*

2. *knowledge* im allgemeinen Sinn, 3. *scientific knowledge* (im Gegensatz zur *doxa*), insbesondere auch Wissen in Verbindung mit *techné* (= Kunst, Wissenschaft, Handwerk, Kunstfertigkeit, Kunstverständnis, Tüchtigkeit, Geschicklichkeit, Schlauheit, List, auch Kunstwerk). Das zugeordnete Verb *epistamai* umschließt: sich auf etwas verstehen, können, imstande sein; wissen, kennen, verstehen, einsehen; glauben, meinen (Langenscheidt). (Übrigens hatte auch mittelhochdeutsch *wizzen* noch einen Sinn, der neben unserem *wissen* auch *verstehen* und *kennen* umschloss. Nach Beutin ist ‚wissen' verwandt mit lateinisch videre, „daher ‚ich weiß' ursprünglich = ‚ich habe gesehen'"[173] Episteme bezieht sich auf ein Totum von Akten und Resultaten von Kognition, zugleich aber auch auf Geschicklichkeit im Sinne praktischer Fertigkeiten, d.h. die Fähigkeit, konzeptiv und zielgerichtet zu handeln. Im elementaren Sinn sind Wissen und Können keine Gegensätze. Erst auf bestimmten Stufen des Wissens treten Können und Wissen auseinander. In lebenspraktischen Zusammenhängen umschließt Episteme *knowing that* und *knowing how*. Hier gilt, dass zu jedem Können ein Wissen gehört, und zwar im Sinne eines instrumentellen Brauchens wie im Sinn der Bestimmung von Zielen und Zwecken. In der elementaren Unterscheidung zwischen instrumentellem und teleologischem Wissen betrifft *teleologisches Wissen* die Zwecksetzung von Handlungen, *instrumentelles Wissen* den Einsatz von Mitteln zum Erreichen von Zwecken in Handlungen (klassisches Paradigma dafür ist die menschliche Arbeit).

Wissen im elementaren Sinn (*elementare Episteme*) bezieht sich auf Kenntnisse im Zusammenhang mit den alltäglichen Vorgängen der Produktion und Reproduktion menschlichen Lebens (‚fundamentale Reproduktionsvorgänge'): Zeugen, Gebären, Ernähren, Aufziehen, Gesundheit/Krankheit, auch Sterben und Tod. Es betrifft also Kenntnisse, bezogen auf Körperlichkeit, Nahrung, Wohnung, elementare Naturerfahrung. Es betrifft den Umgang mit Natur – in der Arbeit an ihr, aber auch in der Orientierung in ihr. Es betrifft den Wechsel von Tag und Nacht, der Jahreszeiten, den ‚rhythmischen' Kreislauf des Lebens. Es betrifft vieles mehr. Ohne ein solches, aus der lebenspraktischen Welterfahrung stammendes Wissen hätte die Menschheit nie überlebt. In diesem Sinn ist Wissen ein anthropologisches Datum (ein ‚Existential'): Es

173 W. Beutin, *Das Weiterleben alter Wortbedeutungen in der neueren deutschen Literatur bis gegen 1800*, Hamburg 1972, S. 281.

gehört zur fundamentalen Verfassung menschlichen Seins in der Welt. Es ist Bedingung des Überlebens.

Im Zusammenhang mit dem Komplex elementarer Weltorientierung als Bedingung menschlicher Reproduktion spreche ich von *epistemischer Grundorientierung* und einem *materialen Raum-und-Zeit-Apriori* als Konstitutiva menschlicher Praxis – in allen gesellschaftlichen Formen und auf allen geschichtlichen Stufen. Zu diesen soll noch gesondert gehandelt werden.

Auf dem Niveau der Arbeit erhält menschliches Wissen eine inhärente systematische Struktur. Arbeit ist bewusste teleologische Setzung. In ihr wird die Unterscheidung zwischen Gegenstand, Ziel und Mitteln als Teil eines organischen Prozesses ausgebildet. In diesem Sinn ist Arbeit eine primäre Rationalitätsform. In der Arbeit bestimmt das Bewusstsein das Sein. Wissen vergegenständlicht sich in den Produktivkräften. Die Produktivkraftentwicklung selbst ist ein Vorgang der Wissensakkumulation.

Weitere Differenzierungen betreffen die Entwicklung von Wissen im Rahmen der erweiterten kulturellen Reproduktion menschlichen Lebens auf allen Ebenen kultureller Tätigkeit (von Wohnung und Nahrung, dem Bereich sozialer Interaktion, Erziehung und Bildung, der Gebräuche, Sitten, Feste, religiösen Praxis bis hin zum Ästhetischen und den Künsten). Auch der Ursprung wissenschaftlichen Wissens lässt sich aus solchen Zusammenhängen rekonstruieren.

Ich vermute, dass alle historisch auftretenden Wissensformen wie auch die Formen kultureller Objektivation – Mythos, Religion, Kunst, Wissenschaft – auf der Grundlage eines elementaren alltagspraktischen (‚lebensweltlichen') Wissens aufbauen und aus dieser Grundlage genetisch erklärt werden können. Zumindest kann festgehalten werden, dass es lange vor dem Wissen der Wissenschaften (als der Form methodisch gewonnenen, begrifflich artikulierten Wissens) menschliches Wissen gab. So wenig ich bestreite, dass die Geschichte menschlicher Kultur mit dem Entstehen der Wissenschaft ein neues Niveau erhält – so problematisch scheint es mir, von diesem Punkt an menschliches Wissen allein an der epistemischen Form der Wissenschaft zu messen, ja diese zum Maß allen Wissens zu erklären. Die Wissensform der Wissenschaft begründet einen historischen Rationalitätstyp, der in der europäischen Kultur dominierend wurde (heute ist er es im globalen Maßstab). Dieser Rationalitätstyp okkupierte alle anderen Wissensformen – ein Vorgang mit Folgen. Unter den Bedingungen der imperialistischen Gesellschaft führte er in eine Situation, in der sich der mit dem wissenschaftlichen Wissen errungene Fortschritt in einen katastrophalen Rückschritt zu verwandeln droht. Die Weltherrschaft der szientifischen Rationalität nähert sich dem Punkt, an dem sie in Weltzerstörung umschlagen kann. Ihn hatte schon Brechts Galilei im Auge, wenn er, seinen eigenen Fall examinierend, zu seinem Schüler Andrea sagt: „Wenn Wissenschaftler (…) sich damit begnügen, Wissen um des Wissens willen aufzuhäufen, kann die Wissenschaft zum Krüppel gemacht werden, und eure neuen Maschinen mögen nur neue Drangsale bedeuten. Ihr mögt mit der Zeit alles entdecken, was es zu entdecken gibt, und euer Fortschritt wird doch nur ein Fortschreiten von der Menschheit weg sein. Die Kluft zwischen euch und ihr kann eines Tages so groß werden, dass euer Jubelschrei über irgendeine neue Errungenschaft von einem universalen Entsetzensschrei beantwortet werden könnte“ (*Leben des Galilei*, 14).

Wissensformen

Im Sinne eines erweiterten Wissensbegriffs und einer diesem entsprechenden Theorie der Wissensarten ist in einem ersten Zugriff zwischen verschiedenen Wissensformen (epistemischen Formen) zu unterscheiden.

Lebenspraktisches (lebensweltliches) Wissen im oben erläuterten Sinn (‚elementare Episteme‘). Das lebenspraktische Wissen hat seine verschiedenen Bereiche und Vergegenständlichungsformen, die den historisch ausgebildeten und ausdifferenzierten Bereichen der menschlichen Tätigkeit entsprechen. Fundamental in ihm ist der Bereich der Arbeit, der seine Vergegenständlichungsformen in Arbeitstechnologien, Produktionsmitteln und hergestellten Gebrauchswerten hat. In diesen ist stets menschliches Wissen in der Form eines *knowing how* verkörpert. In der Arbeit ist Wissen bereits strukturell ‚systematisiert‘. Deshalb sind im Rahmen des Bereichs lebensweltlichen Wissens die *Produktivkräfte* als grundlegende Vergegenständlichungsformen von Wissen zu benennen.

Als weitere Kategorie hervorzuheben (und als epistemische Form von anderen abzugrenzen) ist der Begriff des *experientiellen Wissens*. Damit ist ein auf menschliche Grunderfahrungen (existentielle Tatsachen menschlicher Welt- und Selbsterfahrung) bezogenes Wissen gemeint: Zeugung, Geburt, Liebe, Hunger, Erziehung, Arbeit, Spiel, Glück, Gewalt, Widerstand, Kampf, Krieg, Frieden, Tod. *Menschliche Erfahrung* besitzt stets epistemischen Charakter. Wissen, Bewusstsein, schließlich bewusste Identität (die Subjektform rationaler Wesen) konstituiert sich im Vollzug lebenspraktischer experientieller Wissensakte – in der *epistemischen Form menschlicher Erfahrung*. Solche epistemischen experientiellen Formen haben die Qualität von ‚Existentialien' (sie gehören in einem ontologisch-anthropologischen Sinn zur Existenz der Menschen). Sie haben zugleich einen historischen Charakter. Geschichtliche Differenz ist ihnen wesentlich. Die ästhetische Episteme – die Wissensform der Künste – baut in starkem Maß auf solchen Grunderfahrungen auf; daher ihre Nähe zum experientiellen Wissen der Menschheit.

Mythos und Religion sind geschichtlich frühe Formen vergegenständlichter und institutionalisierter Weltverständigung und Sinnorientierung. Sie sind zugleich auch immer Formen ideologischer Macht. In ihnen ist experientielles Wissen verkörpert, ideologisch organisiert und gedeutet. In diesem Sinn sind sie epistemische Formen. Besondere historische Bedeutung kommt den Mythen zu. Sie sind narrative Vergegenständlichung und Kommunikation experientieller Episteme – epistemische Organisation von Erfahrung über den narrativen Diskurs (im *Mythos*-Begriff der Aristotelischen *Poetik* ist dieser Tatbestand festgehalten, in der *Odyssee* ist er phänomenal nachweisbar).

Ästhetische Episteme: das in den Künsten verkörperte und durch sie kommunizierte Wissen, die, neben dem wissenschaftlichen Wissen, entwickeltste und differenzierteste Form menschlichen Wissens.

Theoretisches (wissenschaftliches, begriffliches) *Wissen*. Seine Charakteristika sind: es wird methodisch gewonnen und in begrifflicher Form artikuliert. Sein semantisches Ideal ist die Eindeutigkeit (Klarheit und Deutlichkeit im Sinne von Descartes) – in Differenz zur Mehrdeutigkeit ästhetischen Wissens. Es ist ‚desanthropomorphisierenden' Charakters (Lukács) – auch dort, wo es menschliche Subjektivität zum Gegenstand hat.

Der Begriff des *kulturellen Wissens* bezieht sich auf den gesamten Wissensschatz der Menschheit. Er umfasst die Summe existierenden Wissens zu einem bestimmten geschichtlichen Zeitpunkt, und zwar sowohl im Sinne subjektiver Verfügung und Kompetenz als auch im Sinne objektiver Vergegenständlichung in Arbeitstechnologien, Ritualen, Gebräuchen, Erzählungen, in Mythos, Religion, Kunst, Wissenschaft. Neben dem elementaren Bereich vergegenständlichter Produktivkräfte sind die Bereiche Mythos, Religion, Kunst und Wissenschaft die zentralen Formen, in denen sich menschliches Wissen geschichtlich verkörpert hat. Es liegt nahe, sie als kulturelle Hauptformen epistemischer Vergegenständlichung zu bezeichnen. Nur über solche Vergegenständlichungen (grundlegend: die Artikulation in Sprache und Bildern) ist menschliches Wissen über längere Zeiträume hinweg tradierbar. Gegenüber der herrschenden Normierung an wissenschaftlichem Wissen ist zu betonen, dass in Mythos, Religion und Künsten das älteste epistemische Erbe der Menschheit bewahrt ist. Wissen ist hier nicht begrifflich, sondern symbolisch, d.h. in der Form der Anschauung: durch Handlung, Erzählung und Bild artikuliert. Handlung, Erzählung und Bild (im weiteren Sinn auch die Musik) organisieren in diesen Formen Welt- und Selbsterfahrung, und zwar in einer Weise, die über emotionale Einstimmung und affektiven Nachvollzug hinausgeht und als ‚Wissensform' identifizierbar ist. Bereits im Mythos erhält Erfahrung eine epistemische Gestalt. Sie wird den Menschen bewusst und als ‚Wissen von Welt' tradierbar. Diese Struktur wird von den Künsten übernommen und ausgebaut: durch ikonische, narrative, dramatische, auch mimisch-gestische, liedhafte und musikalische Artikulation von Erfahrung – in Bildender Kunst, Epos, Drama, Theater, Lyrik, Musik (wie sich an den Beispielen ältester überlieferter Kunst deutlich demonstrieren lässt).

Wissensartikulationen

Eine weitere Ebene der elementaren Epistemologie betrifft die unterschiedlichen Formen der Wissensartikulation, d.h. die Weisen, in denen Wissen sozial formuliert, vergegenständlicht und kommuniziert (und so auch erst tradierbar) wird. In den verschiedenen Wissensformen können verschiedene Wissensartikulationen wirksam sein. (So sprachliche und ikonische in Religionen. Die Künste organisieren das Totum der Wissensartikulation für ihren Zweck der symbolischen Weltmodellierung).

Der Ausgangspunkt der Überlegung ist, dass Wissen historisch in unterschiedlichen Artikulationsformen gespeichert und tradiert wird. Ich spreche von *epistemischen Artikulationen*. Solche Artikulationsformen haben häufig einen symbolischen Charakter. Die folgenden Unterscheidungen seien im Sinne einer ersten Orientierung vorgeschlagen.

Sprachliche Artikulationen. In geschichtlicher Hinsicht ist Sprache die Hauptform der Wissensartikulation. Aus diesem Grund sind die Modi sprachlicher epistemischer Artikulation höchst vielfältig. Dominante Formen sind *Narration* und *Begriff*. Die narrative Artikulation kann in der Gestalt einer erzählten Geschichte vorliegen, einer sprachlich kommunizierten Handlung, eines Sprichworts, eines Gleichnisses, einer Parabel. Die begriffliche Artikulation ist der dominante Artikulationsmodus wissenschaftlichen Wissens. Sprachliche Bilder (sprachlich-ikonische Artikulation) sind gleichfalls als zentrale Formen der Wissensartikulation zu benennen (Vergleich und Metapher). Meist stehen sie im Zusammenhang mit größeren narrativen Formen und begrifflichen Argumentationen (wie in der Gestalt des Essays). Auch innerhalb des wissenschaftlichen Diskurses findet das sprachliche Bild (in der Form der Metapher) Verwendung, ja kann in bestimmten seiner Formen eine zentrale Rolle spielen.

Visuell-ikonische Artikulationen. Damit sind Artikulationen in der Form visueller Bilder gemeint. Diese bilden den Hauptfundus der ästhetischen Episteme in den bildenden Künsten.

Histrionische Artikulationen: mimisch-gestische Vergegenwärtigung einer Handlung durch Spiel. Sie erhalten ihre ästhetische Gestalt in der Form des Theaters.

Ich vermute, dass sich die wissenschaftliche Episteme aus protowissenschaftlichen sprachlich-diskursiven Artikulationen von Wissen entwickelt. Die ästhetische Episteme baut in wesentlichen Teilen auf narrativen, ikonischen und histrionischen (auch musikalischen) epistemischen Artikulationen auf.

Narrative Episteme kann als Beispiel gelten. Erzählen ist eine elementare epistemische Form. Erzählungen finden wir in Alltag, Mythos, Religion und Kunst. Sie sind kulturgeschichtlich ubiquitär und omnipräsent. In Erzählungen wird lebensweltliche Erfahrung (experientielle Episteme) narrativ artikuliert (in der Form einer Geschichte) und so als ein ‚Wissen' weitergegeben. In der *Odyssee* ist die Kraft des Erzählens – und die epistemische Leistungsfähigkeit der Erzählung – in besonders exponierter Weise zu studieren. Neben dem narrativen gibt es ein histrionisches Erzählen: Erzählen in der Form von theatral präsentierter Handlung. Eine These: Der narrative Diskurs versammelt Wissen über lebensweltliche Erfahrung. Er artikuliert so experientielles Wissen und schafft auf diese Weise mentale Dispositionen, die wiederum zu lebenspraktischen Fertigkeiten führen.

Das Universum des Wissens

In dem vorliegenden Text war bereits mehrfach vom ‚Universum des Wissens' die Rede. Gemeint damit ist das Totum der Gestalten des Wissens – seiner Formen und Artikulationen –, und zwar im Sinn eines vermittelten Zusammenhangs. Dieser ist seinerseits ein Teil des geschichtlichen Ensembles gesellschaftlicher Verhältnisse. Dabei sind folgende kategoriale Unterscheidungen zu treffen: *Sprache; lebenspraktisches Fundamentalwissen: experientielles Wissen, Alltagswissen, vorbewusstes Wissen; Sprichwort, Erzählung, Mythe; religiöses Wissen*, ästhetisches Wissen, *wissenschaftliches Wissen, philosophisches Wissen; Weltbild, Weltanschauung, Weltbegriff; Ideologie.* Es sind dies Grundkategorien einer elementaren Epistemologie. So sehr sie sich auf einen Zusammenhang existierenden Wissens beziehen, bilden sie doch kein kohärentes begriffliches System. Sie bilden Aspekte existierenden Wissens ab, gehen ineinander über. Dazu noch einige Erläuterungen.

Sprache. Über Sprache als elementare Wissensform wurde ausführlich geredet. Sie ist das Reservoir des experientiellen Wissens der Menschheit – wie sie Archiv menschlicher Welterfahrung ist.

Lebenspraktisches Fundamentalwissen: Experientielles Wissen, Alltagswissen, vorbewusstes Wissen. Der Begriff des experientiellen oder Erfahrungswissens meint, wie erläutert wurde, das lebenspraktisch erworbene menschliche Wissen – zwischen Geburt und Tod. Er hat einen phylogenetischen und einen ontogenetischen Sinn, wobei der ontogenetische auf den phylogenetischen bezogen ist. Individuelle Erfahrung und das aus dieser gewonnene Wissen baut auf überliefertem, sozial vermitteltem Wissen auf. Andererseits wird das überlieferte Wissen durch individuell erworbenes Wissen erweitert. Individuelles Wissen schreibt sich in das überlieferte ein, geht in das Archiv überlieferten Wissens über. Dieses ist nie abgeschlossen. Es ist ‚ins Unendliche' erweiterbar. Dies freilich nicht im Sinne linearer Wissensakkumulation. Erworbenes Wissen kann vergessen, unterrückt, vernichtet werden. Es kann also aus dem Prozess der Überlieferung herausfallen. Dieser ist alles andere als gesellschaftlich neutral. Er ist stets ideologisch formiert und deformiert, steht im Zusammenhang von sozialem Interesse, Herrschaft und Funktion, ist Bestandteil hegemonialer Differenzen und ideologischer Formation. Im *Alltagswissen* mischen sich Einsicht und Vorurteil – gesunder Menschenverstand und die Deformationen entfremdeten Bewusstseins. Es ist so ein Ort epistemischen Widerstreits, der Boden auch, auf dem die Ideologien des Alltags angesiedelt sind. Im positiven Sinn ist es, in Verbund mit Sprache, Reservoir experientiellen Wissens.

Ein beträchtlicher Anteil menschlichen Wissens – in Erfahrungs- und Alltagswissen, aber auch in Religion, Mythos und Kunst – liegt im Bereich des Intuitiven, Vor- und Halbbewussten.[174] Es handelt sich um Wissen, das der Ebene der bewussten Reflexion voraus liegt. Diese wird im vollen Umfang erst mit dem begrifflichen Logos, mit Wissenschaft und Philosophie betreten. Wissen, sagt Brecht im *Messingkauf*, ist auch in unseren Träumen und Ahnungen. Die Übergänge sind fließend. Jedenfalls spielt solches ‚vor- und halbbewusste Wissen' im praktischen Leben der Menschen eine nicht unbedeutende Rolle. Es besitzt einen Reichtum von Inhalten, weil es in einem sehr unmittelbaren Sinn mit der lebenspraktischen Erfahrung zu tun hat. Es ist aber auch ein Einfallstor von Vorurteil und Ideologie, weil es sich auf einer vorreflektorischen Ebene bewegt – auf der die Kontrollinstanz des Bewusstseins weitgehend ausgeschaltet ist. Es hat so einen prekären Status. Der gesunde Menschenverstand (*common sense*) markiert die erste Stufe, die das vorbewusste Wissen filtert und kontrolliert. Jede Bildung von Wissen und Bewusstsein hat exakt an der Ebene des vorbewussten Wissens anzuschließen.

174 Für diesen Zusammenhang ist der Begriff des ‚gesellschaftlichen Unbewussten' aufzunehmen (T. Mies, *Das gesellschaftliche Unbewusste. Zur Kritik der cartesianischen Bewusstseinsauffassung: Begriffsgeschichte und theoretische Anmerkungen*, in: T. Mies/K.H. Tjaden (Hg.), Gesellschaft, Herrschaft, Bewusstsein. Symbolische Gewalt und das Elend der Zivilisation, Kassel 2009, S. 131–189).

Kollektives Bild und Archetyp, Sprichwort, Erzählung, Mythe

Ein beträchtlicher Teil menschlichen Wissens, vorab des experientiellen Wissens ist in kollektiven Bildern aufgehoben, die in unterschiedlicher Form (in der frühesten Form in Gestalt von Steinsetzungen, Einritzungen, Malereien) überliefert sind. Sofern es sich hier um ‚Grunderfahrungen' handelt, die historische Formationen übergreifen, kann, mit gebotener Vorsicht, von einem ‚archetypischen' Wissen gesprochen werden. Gemeint sind Erfahrungen im Spielraum von Geburt und Tod, Liebe und Geschlecht, Leiden und Glück, Bedrohung und Überleben, Unterdrückung und Widerstand, Krieg und Frieden, Herrschaft und Befreiung – existentielle Grunderfahrungen geschichtlicher Menschen. Solche Erfahrungen sind nicht, wie ein bestimmter Typus traditioneller Theorie uns weismachen will, un- oder überhistorisch. Sie sind historisch, doch ist ihre Historizität von besonderer Art. Es sind *Grundmuster historischer Erfahrung*, deren historische Gestalt wechselt, die aber über lange Zeitläufe überliefert und gültig sind – deren Muster in allen Kulturen und historischen Stufen anzutreffen sind. In den Mythen der Völker haben sie sprachlich Gestalt gewonnen. Mythen sind Erzählungen solch historisch-archetypischen Charakters. Überhaupt ist die Erzählung, analog zum Bild, eine primäre Form der Wissensüberlieferung – eine uralte, in allen Kulturen nachweisbare epistemische Form. Das *Sprichwort* ist eine andere. Was diesem gegenüber der Erzählung an Komplexität mangelt, macht es durch Präzision und Pointe wieder wett. Das Sprichwort pointiert eine Erfahrung und das aus ihr geschlossene Wissen – oft eine Weisheit, die sich als Volksweisheit versteht. Es ist dem *common sense* zugeordnet – eine Urform von Rationalität im Sinne selbstbewusstreflektorischen Denkens.

Religiöses Wissen, ästhetisches Wissen, wissenschaftliches Wissen, philosophisches Wissen. Der Mythos (Mythe) ist die älteste und in diesem Sinn ursprünglichste Gestalt systemischer Wissensartikulation und Weltdeutung (das ist eine solche, die sich explizit oder implizit auf einen Weltzusammenhang bezieht). Religion, Kunst, Wissenschaft / Philosophie sind historisch spätere Gestalten der Wissensartikulation und Weltdeutung, die explizit oder implizit auf den Gesamtzusammenhang von Welt zielen. Auch die Religion, dies sei hier ausdrücklich hervorgehoben, gehört in diesen Zusammenhang. Sie ist mehr als nur Instrument ideologischer Vergesellschaftung. Religionen antworten auf reale Erfahrungen, organisieren auf dieser Erfahrung beruhendes Wissen, haben ihr Wahrheitsmoment als „Seufzer der bedrängten Kreatur" (Marx) – ihre epistemische Wahrheit ist Voraussetzung ihrer ideologischen Funktion. Sie sind also nach dem in ihnen artikulierten Wissen kritisch zu befragen. In diesem Sinn ist auch das religiöse Wissen eine epistemologische Kategorie. Dass die Kunst eine solche Kategorie *per excellence* ist, gehört zu den Grundauffassungen des hier Schreibenden – für Wissenschaft und Philosophie ist es geltende Auffassung und bedarf der Begründung nicht.[175] Die Wissensform von Wissenschaft und Philosophie ist, dieser Auffassung zufolge, das *begriffliche Wissen* – hier wird es, wie ausgeführt, vom *symbolischen Wissen* abgesetzt. Zu fragen freilich ist, ob es nicht möglich und sinnvoll wäre, einen Begriff von Philosophie zu entwickeln, der sich von der exklusiven Orientierung am wissenschaftlichen Wissen löst und auf die Totalität der Wissensarten bezieht. Die Philosophie wäre dann, epistemologisch gesehen, eine *kritische Theorie des gesamten menschlichen Wissens*, ihr epistemologischer Gegenstand über das wissenschaftlich-begriffliche Wissen hinaus Alltagswissen, experientielles Wissen, vorbewusstes Wissen, das Wissen von Mythos, Religion und Kunst. Inwieweit eine solche Ausweitung ihres epistemologischen Gegenstands die Form der Philosophie selbst verändern würde, ist eine Frage, die an diesem Ort nur gestellt, nicht mehr behandelt werden kann.

Weltbild, Weltanschauung, Weltbegriff. Es handelt sich hier um Kategorien hoher Komplexität. Es sind synthetische Begriffe insofern, als sie den epistemischen Kernkomplex im Ganzen betreffen. Sie haben, da Wissen eine ihrer Dimensionen ist, gleichwohl einen epistemologischen Sinn. Weltbild, Weltanschauung, Weltbegriff bezeichnen, *wie noch auszuführen ist*, Stufen der epistemischen Aneignung von Welt. Bezeichnet *Weltbild* die erste und allgemeinste Stufe dieser Aneignung (Weltbilder, wie rudimentär auch immer, sind in allen Formen des Bewusstseins und Wissens gegeben), so *Weltanschauung* einen Weltbildmodus intentional systemischen Charakters (eines Welt-Zusammenhangs). Von *Weltbegriff* reden wir, wenn dieser Zusammenhang theoretisch-begrifflich, also wissenschaftlich-philosophisch gefasst wird.

175 In der Regel wird heute unter Epistemologie die Theorie wissenschaftlichen Wissens verstanden; die Idee einer elementaren Epistemologie – als Theorie von Wissensarten – dürfte eine Ausnahme sein.

Ideologie. Der Ideologiebegriff, wie er hier verwendet wird, stellt Bewusstsein in den Kontext seiner geschichtlich-sozialen Genese, Wirkung und Funktion und fragt zugleich nach der epistemischen Verfasstheit und Qualität dieses Bewusstseins – nach seiner Wahrheit, Falschheit, Deformation. Bewusstsein, auch Wissen, existiert nie außerhalb ideologischer Verhältnisse. Es ist, als materielles gesellschaftliches Verhältnis, notwendig ideologisch – so wenig es in Inhalt und Form auf gegebene ideologische Verhältnisse, gar auf ‚falsches Bewusstsein' oder seine Vergesellschaftungsfunktion reduzierbar ist – aus ihnen in seinem ganzen Umfang erklärt werden könnte. Dies gilt im vollen Umfang auch für das Wissen. Wie jeder Gestalt des Bewusstseins kommt auch dem Wissen, in einem spezifischen und eingeschränkten Sinn, ein ideologischer Charakter zu.

4. Verstehen

Verstehen ist Grundkategorie hermeneutischen Denkens. Ohne hier auf das Problem einer materialistischen Hermeneutik näher eingehen zu können – es wurde Anfang der siebziger Jahre des vorigen Jahrhunderts von Sandkühler in die philosophische Debatte eingebracht, versank aber nach verheißungsvollem Beginn im Strudel der historisch-politischen Wende[176] –, sei ‚Verstehen' im Rahmen dieses Versuchs als eine grundlegende erkenntnistheoretisch-epistemologische Kategorie reklamiert, als Teil dessen, was ich den epistemischen Kernkomplex nenne. Die These lautet: *ein elementares Weltverstehen ist konstitutives Element menschlichen Bewusstseins – der Seinsverfassung des Menschen überhaupt*. Dieses Weltverstehen ist Bestandteil lebenspraktischer Bezüge. Es ist Voraussetzung gegenständlicher Tätigkeit. Diese findet, wie gezeigt wurde, stets in einer je schon verstandenen, so oder so gedeuteten Welt statt. Ein Gegenstand der Arbeit etwa kann nur als Teil eines als Zusammenhang begriffenen Ensembles von Weltdingen begegnen, aus diesen ausgesondert werden. Elementares Weltverstehen liegt allen theoretisch-diskursiven Verstehensakten und geistigen Objektivationen zugrunde: Es bildet deren alltagspraktisches Substrat. So lässt sich sagen, und in diesem Punkt

176 Vgl.: J. Schreiter, *Hermeneutik*, in: Sandkühler, EEPW, Bd. 2, S. 538–548.

schließt eine materialistische Hermeneutik an die traditionelle an, dass sich menschliches Dasein, bevor es sich in symbolischen und begrifflichen Formen diskursiv deutet, immer schon in seinen alltäglichen Lebensvollzügen auf bestimmte Weise verstanden haben muss.[177] Die konzeptionellen Weltauslegungen der großen geistigen Systeme der menschlichen Geschichte sind in alltäglichen Weltdeutungen verwurzelt, haben in diesen ihren Grund. Sprache ist dabei ein Mittleres. In ihr sind elementare Verstehensmuster wie experientielles (auf praktischer Erfahrung beruhendes) Wissen sedimentiert. Diese konstituieren ein Reservoir lebenspraktischer Weltauslegung.

Verstehen wird freilich nicht im Sinne eines ‚Ersten' begriffen, das den anderen Formen geistiger Tätigkeit logisch oder historisch voraus liegt.[178] In den Akten der Weltauslegung, und zwar auf allen Ebenen, bilden Verstehen und Wissen einen untrennbaren Zusammenhang. Erkennen, Wissen und Verstehen konstituieren, wie oben gesagt, eine zusammenhängende kognitive Struktur: die Trias epistemischer Weltaneignung. Wissen *ist* nur als Resultat von Erkennen – ich weiß, weil ich erkannt habe, und ich weiß nur, was ich erkannt habe –, Verstehen, Deutung, Interpretation wiederum sind auf Wissen fundiert. Verstehen und Deuten kann ich nur, was ich weiß. Ja Interpretation, als bewusster Akt der Weltdeutung, ist als Synthesis von Wissen und Verstehen, als ‚wissendes Verstehen' zu bestimmen. Es gibt keine Deutung von Welt, die nicht auf einem Wissen von Welt fußt, so rudimentär oder im theoretisch-diskursiven Sinn ‚falsch' dieses Wissen sein mag. Das heißt aber auch: Weltdeutungen sind *relativ* zum Stand eines historisch gegebenen Wissens.

Verstehen in dem hier gemeinten Sinn bedeutet also *Weltverstehen*, heißt kognitives *Erschließen* von Welt:[179] ein Welt-Teil, Weltgegenstand, die Erfahrung von Welt wird in einer bestimmten Weise ausgelegt, in einen Weltzusammenhang eingeordnet, als Teil eines Ganzen, eines ‚Weltzusammenhangs' aufgefasst. Er wird dabei als ‚sinnhaft' konstituiert – kann aber auch als ‚sinn-

177 Vgl.: G. Pasternack, *Von der Auslegungslehre zur Konstitutionstheorie. Diltheys Hermeneutik des gegenständlichen Auffassens*, in: K. Garber / G.H. Klaus (Hg.), *Die Wunde der Geschichte. Aufsätze zur Literatur und Ästhetik. Festschrift für Thomas Metscher*, Köln 1999.

178 Hier grenze ich mich entschieden von der ‚universalistischen' Ausweitung der Hermeneutik ab, wie sie vor allem bei Heidegger und seiner Schule (so Gadamer) vorliegt.

179 Für Heidegger ist Verstehen ein „Erschließen", das die „Grundverfassung des In-der-Welt-Seins" betrifft (vgl.: Ritter, HWP, Bd. 11, S. 928).

los' de-konstituiert werden. Auch eine De-Konstitution ist ein Akt des Verstehens. Gegenstand des Verstehens kann ein Weltsegment, aber auch das Ganze einer Welt sein. Ich kann ein Einzelseiendes verstehen, den Ursprung des Seienden oder das Seiende im Ganzen. Eine solche Dreistufigkeit lässt sich im frühesten Denken der Menschheit, im mythologischen Denken nachweisen.

Die zentrale Kategorie des Verstehens ist also der *Sinn*. Verstehen meint das Erschließen bzw. die Konstitution von Sinn (in der Regel eines nicht-manifesten, zumindest nicht unmittelbar gegebenen Sinns; wobei das Resultat eines Verstehensaktes auch die Sinn-Negation sein kann). Sinn meint, dass etwas für ein (individuelles oder kollektives) Subjekt Bedeutung hat. Einem Seienden wird Bedeutung zugesprochen, heißt: es rückt in einen Zusammenhang gesetzter Zwecke – also in einen teleologischen Zusammenhang, wobei die Bedeutung setzenden Instanzen höchst unterschiedlicher Natur sein können: Gott, Tradition oder das zwecksetzende menschliche Ich selbst: das gesellschaftliche Subjekt als Autor von Bedeutung und Stifter von Sinn. Aus marxistischer Perspektive ist keine andere Instanz als diese der materiale Ursprung von Sinn.

Sinn ist konstitutionell gebunden an Akte menschlicher Tätigkeit: der Reproduktion, der Produktion und der Selbstproduktion. Sinn ist damit eine eminent *geschichtliche* Kategorie, und er ist eine *kulturelle* Kategorie: steht im Zusammenhang menschlicher Selbstproduktion. Sinn konstituiert sich im Ensemble der gesellschaftlichen Verhältnisse und als Teil dieses Ensembles. Sinn ist damit auch eine *ideologische* Kategorie. Sinnkonstitution ist Teil ideologischer Verhältnisse: der Vergesellschaftung, der Unterwerfung, der Emanzipation. Sinn ist damit auch Begriff ideologischen Streits.

Verstehen heißt, auf der weitesten Ebene des Begriffs, *Weltverstehen*: die ‚Auslegung' und Interpretation von Welt. Dabei ist zwischen Stufen des Weltverstehens zu unterscheiden.

1. *Alltägliches Weltverstehen* ist epistemologisches Basisdatum menschlichen Daseins, es ist vorbewusstes (vorintentionales) Weltverstehen.

2. *Weltdeutungen* besitzen einen intentional systemischen Charakter. Dieser manifestiert sich in Gestalt von Riten, Bauwerken, Bildern, Erzählungen, schließlich in theoretisch-begrifflicher Form. Medien solcher Manifestation sind die großen weltanschaulichen Systeme: Mythologie, Kunst, Religion, Philosophie, Wissenschaft.

3. *Interpretation* im präzisen Wortsinn meint den bewussten, zumindest implizit methodischen Akt menschlichen Verstehens – der freilich nicht theoretisch zu sein braucht, sich auch in symbolischer Form vollziehen kann.

Eine der Trias des Verstehens zugeordnete Kategorie ist das *Erklären*. Es setzt Akte des Verstehens explizit in Bezug zu begrifflichem Erkennen und Wissen. Wenn ich einen Sachverhalt erkläre, beziehe ich ausdrücklich seine Konstitutionsbedingungen mit ein. Ich gebe Grund und Ursache an, beziehe mich auf Genesis, Funktion und Wirkung. So ‚erkläre' ich etwa einen überlieferten Text aus seinem historisch-kulturellen Kontext, aus gesellschaftlichen Ursachen, Bedingungen und Zwecken.

Weiter ist für diesen Zusammenhang zwischen *Weltbild* und *Weltanschauung* zu unterscheiden. Weltbilder finden sich bereits auf der Ebene alltagspraktischen Bewusstseins; jede und jeder hat ein bestimmtes Bild von Welt. Von Weltanschauung dagegen ist erst auf systemisch elaborierter Ebene, mit Blick auf Mythologie, Kunst, Religion, Philosophie und Wissenschaft zu sprechen.

Resümee

1. Das Verstehen und seine Modi – die Interpretation und Deutung von Welt – gehören unaufhebbar zum gesellschaftlichen Bewusstsein des Menschen. Zum menschlichen Dasein gehört, dass sich Menschen ihre Welt in bestimmter Weise auslegen, sich verständlich machen, erklären, ihr einen Sinn zu- oder absprechen. Ja epistemische Orientierung ist Bedingung menschlicher Reproduktion. Akte des Verstehens, der Deutung und Interpretation von Welt sind also Teil menschlicher Weltkonstitution, damit Teil kultureller Bildung – Teil der Transformation von Wirklichkeit in Welt.

2. Form und Gehalt eines Weltverstehens sind historisch determiniert, different und transitorisch – *dass* es Weltverstehen gibt, ist jedoch ein Anthropologicum. Welt, ist zu sagen, wird zur menschlichen Welt erst als verstandene. Unverstanden und ungedeutet bleibt Welt dem Menschen fremd, fällt in bedeutungslose Wirklichkeit zurück. Ungedeutete Welt ist tote, das Subjekt ver-

schlingende Fremde. Die Deutung von Wirklichkeit, des naturhaft Seienden, das uns umgibt, ist wie die Deutung der historischen Welt, der wir angehören organischer Bestandteil der Welt des Menschen.

3. Verstehen, Deutung und Interpretation von Welt sind Arbeit des Symbols, und sie sind Arbeit des Begriffs. Sie sind Teil des epistemischen Logos. Die symbolischen Formen – Mythos, Religion und Kunst – sind die gesellschaftlichen Instanzen, welche die Arbeit der Weltdeutung leisten. In rational organisierten Gesellschaften treten Philosophie und Wissenschaft hinzu. Solche Formen konstituieren Welt durch die Organisation gesellschaftlichen Bewusstseins. Sie besitzen den Charakter ideologischer Formen. Sie sind eingebunden in Eigentums- und Herrschaftsverhältnisse. Sie besorgen die Integration der Individuen in eine gegebene gesellschaftliche Formation, sind zugleich Ort der Artikulation von Kritik, Widerstand und Utopie. Akte des Weltverstehens, auf welcher Ebene auch immer, partizipieren am Charakter von Ideologie.

4. Akte des Weltverstehens, auf welcher Ebene auch immer, sind zudem gebunden an Horizonte sinnlich-gegenständlicher Weltbildung. Der historische Stand sinnlich-gegenständlicher Tätigkeit bildet die Basis solcher Weltbildung. Deren Horizonte zeichnen auch den Akten des Weltverstehens ihre Grenzen vor – die Horizonte menschlich-gegenständlicher Welt fallen mit den epistemischen Horizonten zusammen. Diese sind im gleichen Maß historisch variabel wie die gegenständliche Welt historisch variabel ist. Weltwissen und Weltverstehen sind durch die Grenzen gegenständlicher Welterfahrung begrenzt; ‚begrenzt' heißt nicht vollständig determiniert. Es gibt, in allen epistemischen Formen, das Phänomen der Grenzüberschreitung. Es gibt Antizipation und Utopie. Welthorizonte sind offene Horizonte, im praktisch-gegenständlichen Leben wie im Leben des Geistes. Leitende Begriffe hier sind *variable Grenze* und *offener Horizont*. Variable Grenze und offener Horizont sind Bestandteil des *gegenständlich-reflexiven Weltverhältnisses*, das den Menschen vor allen anderen Lebewesen charakterisiert.

5. Zum reflexiven Weltverhältnis gehört: Menschen schreiben der Welt, in der sie leben, ihre Deutung ein. Sie tun dies in symbolischen und begrifflichen

Handlungen. Und sie verständigen sich kraft symbolisch-begrifflichen Formen, die sie hervorbringen. Sie geben der Wirklichkeit Namen und nehmen sie so geistig-seelisch in Besitz. Erst als so besessene wird Wirklichkeit zu menschlicher Welt.

Siebenter Teil.

Strukturen epistemischer Synthesis. Die Relativität der phänomenalen Welt

Der folgende Teil behandelt Bewusstseinsformen als Formen epistemischer Synthesis, d.h. als Formen, in denen Erkennen, Wissen und Verstehen zusammentreten. Dies ist in den objektiven Bewusstseinsformen: Religion, Mythos, Kunst, Wissenschaft und Philosophie der Fall; ‚objektiv', weil in ihnen Bewusstsein in vergegenständlichter, in der Regel auch sozial institutionalisierter Gestalt existiert. Ihnen zugeordnet sind die kategorialen Unterscheidungen von Weltbild, Weltanschauung und Weltbegriff. Als institutionalisiertes und gesellschaftlich wirkendes Bewusstsein bilden diese Formen zugleich das klassische Terrain der Ideologie. Sie sind als gesellschaftliche Bewusstseinsformen auch ideologische Formen und werden als solche in dem Kapitel über Ideologie thematisiert. Thematisiert werden auch bestimmte strukturelle Voraussetzungen, die die Bewusstseinsformen als Formen epistemischer Welterschließung möglich machen: Aprioritätsstrukturen, Raum und Zeit, Subjekt-Objekt und die Bedeutung der Bedeutungskategorie.

I. Strukturen epistemischer Welterschließung

1. *Epistemische Welterschließung*

Der Marxsche Materialismus begreift die dem Menschen gegebene, dem Menschen zugängliche Wirklichkeit als organischen, durch menschliche Tätigkeit vermittelten Zusammenhang; ein Zusammenhang, dessen Ansichsein in der Praxis menschlicher Tätigkeit evident ist. In diesem Zusammenhang bilden Natur und menschliche Gesellschaft eine strukturierte Einheit, deren Fundament der materielle Stoffwechsel von Mensch und Natur ist. In diesem ist das menschliche Bewusstsein als Teil des materiellen Seins gesetzt. Epistemische Kategorien gehören ihm organisch zu. Gesetzt ist zudem eine kohärent verfasste, epistemisch erschlossene Wirklichkeit – menschliche Welt. Eine solche Welt wird in allen Formen menschlicher Lebenspraxis je schon vorausgesetzt.

Dies schließt ein, dass in allen Praxisformen grundlegende epistemische Orientierungen im Sinne eines praktischen Fundamentalwissens anzunehmen sind (über fundamentale Naturprozesse wie den jahreszeitlichen Wechsel, über Zeugung, Geburt, Tod, Gesundheit und Krankheit, doch auch zu Raum und Zeit, zu Identität, Qualität, Quantität und Relation von Gegenständen, zur Funktion von Arbeitsmitteln usf.): ein basales ‚Wissen von Welt', ohne das alltägliches Handeln, zweckmäßige Tätigkeit gar nicht möglich wäre, das mithin Bedingung ist für menschliche Existenz: die Reproduktion der Gattung. Es handelt sich um ein vorwissenschaftliches, weitgehend vorbegriffliches Wissen – ein Wissen, das jeder Wissenschaft historisch und logisch voraus liegt. Ich spreche im Hinblick auf solches Wissen von epistemischen Grundorientierungen. In dieser basalen Form von Wissen – nicht in wissenschaftlichem Wissen – liegt nicht zuletzt auch der genetische Kern ästhetischen Wissens – der epistemischen Erschließung der Welt durch Kunst.

Die fundamentale ontologische Kategorie menschlichen Seins in der Welt – *gegenständliche Tätigkeit* – erfordert also auch eine *epistemologische* Explikation, wenn sie angemessen geleistet werden soll. Der Denkeinsatz bei Prozessen sinnlicher Tätigkeit verweist auf eine hochkomplexe Einheit von Bezügen (in der Relation von Ich / Welt / Wirklichkeit / Natur), in denen sich menschliches Dasein historisch vorfindet: also so und so verfasste menschliche Existenz in bestimmten, durch menschliches Tun geformten Welt-Verhältnissen und zu diesen gehören die epistemischen Grundorientierungen wesentlich und konstitutiv. Das bedeutet also: menschliche Tätigkeit findet immer innerhalb einer vorgängig erschlossenen Welt, im Rahmen fundamentaler epistemischer Orientierungen statt. Nur im Horizont solcher Orientierungen können Arbeitsgegenstände begegnen, kann ein Tätigkeitsfeld ermessen werden, ist ‚teleologische Setzung' erst möglich. Aus ihnen erwachsen dann auch komplexere und differenziertere Wissenskonstellationen – nicht zuletzt das auf einer expliziten Struktur von Subjekt und Objekt aufbauende wissenschaftliche Denken. Die epistemischen Grundorientierungen wiederum bauen auf bestimmten strukturellen Relationen auf, die als Voraussetzungen oder ‚Bedingungen' solcher Orientierung zu identifizieren sind. Einigen dieser Bedingungen möchte ich im Folgenden nachgehen. Es handelt sich dabei freilich um den Versuch einer ersten Annäherung. Die Ausführungen dazu haben deshalb auch einen weitgehend hypothetischen Charakter.

2. *Aprioritätsstrukturen*

Wenn Bewusstsein, Wissen und Verstehen für jede menschliche Tätigkeit konstitutiv sind, sofern diese ‚dem Menschen ausschließlich angehört', stellt sich auch das Problem der Apriorität neu. Unter dieser Bedingung ist ein *materiales Apriori des Bewusstseins* anzunehmen; ‚apriori' im Sinn ‚allgemeiner und notwendiger Bedingungen', ‚der Bedingung der Möglichkeit von'. Bezogen auf Bewusstsein heißt das zunächst, dass dieses Bedingung menschlicher Tätigkeit ist. Es heißt weiter, dass Bewusstsein selbst bestimmten Bedingungen unterliegt. Dabei ist zwischen solchen zu unterscheiden, die im materiellen (neurophysiologischen) Sinn Bewusstsein bedingen und spezifisch kognitiven Bedingungen, die mit den Akten des Bewusstseins gegeben sind.

In diesem Zusammenhang ist zwischen dem materialen Apriori des Überlebens, der physisch-körperlichen Reproduktion als der Grundvoraussetzung mentaler Prozesse und dem spezifischen Apriori-Begriff im Sinne konstituierender kognitiver Strukturen zu unterscheiden, die für die Prozesse der Reproduktion selbst, darüber hinaus für die Prozesse menschlicher Weltorientierung und Weltkonstitution, ja für menschliche Bewusstseinsprozesse überhaupt notwendige und allgemeine Bedingungen sind. Von grundlegender Bedeutung dabei ist die Einsicht, dass in der menschlichen Reproduktion, wie in aller menschlichen Tätigkeit, kognitive Strukturen (im erläuterten Sinn) als Konstituenten wirksam sind, und zwar im Sinn allgemeiner und notwendiger Bedingungen der Möglichkeit für Existenz und Funktionieren dieser Prozesse in einer dem Menschen spezifisch angehörenden Weise. Diese Strukturen besorgen Orientierungen, die für das Überleben der Gattung benötigt sind, zudem bilden sie kognitive Grundlagen für die Entwicklung menschlichen Denkens und Bewusstseins – unter der Voraussetzung gesprochen, dass Denken und Bewusstsein geschichtlich sind und einer Entwicklung unterliegen. Damit fungieren diese Strukturen auch als kognitive Bedingungen kultureller Bildung. Zu ihnen gehören kategoriale Schemata (Einheit, Vielheit, Allheit, Singularität usf.) wie auch das materiale Raum-Zeit-Apriori. Solche Strukturen können als apriorisch gelten, insofern sie als notwendige und allgemeine Bedingungen der Möglichkeit fungieren:

1. des Überlebens der Gattung,
2. jeder spezifischen Erfahrung und Tätigkeit. Sie sind

3. Bedingung der Möglichkeit menschlichen Erkennens und Wissens überhaupt. In diesem Sinn fungieren sie
4. als ‚epistemische Primitiva' wissenschaftlicher Erkenntnis. In allen diesen Funktionen sind sie
5. apriorische Strukturen menschlicher Tätigkeit überhaupt.

Eine materialistisch-dialektische Begründung des Aprioritätsproblems kann nicht transzendental erfolgen. Sie muss genetisch rekonstruierend verfahren. Sie hat zurückzugehen auf die das Überleben der menschlichen Gattung wie ihre historisch-gesellschaftliche Selbstproduktion besorgenden Prozesse der materiellen Reproduktion. Sie hat damit zurückzugehen auf den kategorialen Zusammenhang gegenständlicher Tätigkeit. Zu deren Bedingungen gehören grundlegende epistemische Orientierungen – so die kategorialen Strukturen von Raum und Zeit. Ich spreche von einem materialen Raum-Zeit-Apriori. Wie ist dieses im Zusammenhang einer materialistischen Begründung zu denken?

3. *Raum und Zeit*

Die folgenden Ausführungen haben den Charakter einer hypothetischen Überlegung. Sie sind ein Denkexperiment. Sie nähern sich dem Problem in drei Schritten – betreten damit drei Ebenen der Argumentation. Ich spreche hier von einem phänomenologischen (auch ontologischen) Zugriff, weil dieser mit Blick auf die unserem Zugriff zugänglichen Welt-Phänomene: die *Realia unserer Welterfahrung* erfolgt.

In einem ersten phänomenologischen Zugriff sei gesagt, dass das *Zeit-Apriori* seine Grundlage in bestimmten biotischen Tatsachen hat (so Zeugung – Geburt – Tod), die kognitiv wie emotional von Menschen verarbeitet werden müssen. Dafür ist ein Schema fundamentaler zeitlicher Orientierung erforderlich. Zeugung, Geburt, Tod werden als zeitlicher Ablauf erfahren, so auch die zeitlich unterschiedliche Lebensdauer der einzelnen Exemplare der Gattung. Sie werden als Raumgegenstände gegliedert und gemessen. Die historisch-soziale Spezifik von Zeitvorstellungen ergibt sich weiter aus dem für die Erzeugung von Lebensmitteln notwendigen Zeitverlauf. Das

Raum-Apriori ist als fundamentales Primitivum im Sinne einfachster Hier-Dort-Orientierungen zu denken (hier – dort – dort' – hier' ...). Das Zeitapriori bestimmt den zeitlichen Ablauf jeder an einem Raumgegenstand *vorgenommenen Handlung. Ohne solche Orientierungen kann kein durch Arbeit zu verändernder Gegenstand begegnen; bereits Sammeln und Jagen setzen solche Orientierungen voraus.*

Die dem Raum-Zeit-Apriori angeschlossenen epistemischen Orientierungen implizieren bestimmte Kategorien wie Relation, Einheit/Allheit/ Vielheit/ Singularität usw. Ich muss einen einzelnen Naturgegenstand aus einer Menge anderer aussondern, um ihn bearbeiten zu können; bereits bei der Jagd ein einzelnes Tier aus einer Herde. Ich habe diesen Vorgang in einen zeitlichen Ablauf zu gliedern. Für diesen Zweck muss Zeit messbar sein. Raum und Zeit fungieren also im Zusammenhang solcher kategorialer Strukturen. Wie diese haben sie den Charakter materialer Apriorität. Sie gehören zu den notwendigen Bedingungen der Lebenssicherung.

4. *Raum-Zeit-Gefüge*

Im Sinn einer ontologischen Betrachtung ist Welt *Sein in Raum und Zeit*. Welt ist raum-zeitlich konstituiert: Sie ist, mit einem hier einzuführenden Begriff, *Raum-Zeit-Gefüge*. Von ‚Sein und Zeit' kann nur gesprochen werden, wenn auch von ‚Sein und Raum' gesprochen wird.

Wir sprechen hier von einem Raum-Zeit-Gefüge. Das meint einen in sich gefügten Zusammenhang. Ein solcher Zusammenhang, Welt als Raum-Zeit-Gefüge ist mit der Struktur gegenständlicher Tätigkeit gegeben. Er wird in jedem Akt gegenständlicher Tätigkeit als materiale Bedingung seiner Möglichkeit vorausgesetzt. Nicht nur ist dieser im Ganzen ein Vorgang in Raum und Zeit, jedes einzelne seiner Glieder: das tätige Subjekt wie sein Gegenstand sind für sich selbst wie auch im Verhältnis zueinander raum-zeitlich ineinandergefügt.

Raum und Zeit sind weder separate Entitäten noch rein subjektive Formen der sinnlichen Anschauung (Kant), sondern aufeinander bezogene, miteinander korrelierte Formen der gegenständlichen Welt, denen das Raum-Zeit-Apriori als Kategorie korrespondiert. Kraft des ihr inhärenten Raum-Zeit-Gefüges besitzt die gegenständliche Welt eine vierdimensionale Struktur. Zur Dreidimensionalität des Raums tritt die Zeit als vierte Dimension: als ‚Achse' (um den Einsteinschen Begriff aufzunehmen), die sich durch alle Gegenstände der Welt wie durch die Wirklichkeit als ganze erstreckt. Diese sind ‚zeitlich', nämlich werdend-gewordene, ihr Sein ist Bewegung – es ist ‚Sein in der Zeit'.

Raum wie Zeit haben ihren Grund im materiell Seienden: in der Materialität gegenständlicher Wirklichkeit. Bezeichnet Raum die reine Gegenstandsrelation, so ist Zeit die reine Form der Bewegung, der Wirklichkeitsgegenstände im Einzelnen und im Ganzen unterliegen. Die relationale Struktur von Wirklichkeit und Welt schließt die Räumlichkeit wie die Zeitlichkeit beider ein – Sein ist mit gleicher Notwendigkeit im Raum wie es in der Zeit ist. In Bezug auf menschliche Praxis – die Welthaftigkeit der Wirklichkeit – erhält dieser Sachverhalt eine besondere Qualität. Menschliche Praxis ist ein Vorgang in Raum und Zeit. Ihre raum-zeitliche Struktur ist bereits durch ihren Gegenstandsbezug vorgegeben. Sie ist notwendig welthaft, und Welt ist raum-zeitlich verfasst. Dabei werden in der raum-zeitlichen Welt die objektiven, materiell-gegenständlichen Raum-Zeit-Strukturen von der Raum-Zeitlichkeit subjektiven Handelns in einer Weise transformiert, dass Raum und Zeit als subjektbestimmte Momente die Objektivität des materiellen Raum-Zeit-Gefüges überlagern. Die vom Menschen geschaffene ‚zweite Wirklichkeit' Welt produziert auch eine zweite Form von Raum-Zeitlichkeit; in einer Weise, dass von einer *ersten* und einer *zweiten Raum-Zeit* zu sprechen ist. Dies erzeugt den Schein eines Gegensatzes der beiden Raum-Zeiten – von subjektiver und objektiver Zeit, subjektivem und objektivem Raum – oder kann ihn erzeugen. In Wahrheit freilich ist die subjektive Zeit an die objektive im gleichen Maß gebunden wie der subjektive Raum an den objektiven. Allein in der Erfahrung beider entsteht der Anschein der reinen Subjektivität von Raum und Zeit. In ihrer realen Verfasstheit ist die Raum-Zeitlichkeit von Welt immer an die Raum-Zeitlichkeit der objektiven gegenständlich-materiellen Wirklichkeit gebunden. Sie ist *Modus* dieser Wirklichkeit, bezogen auf den Menschen.

Zum Begriff des Raum-Zeit-Gefüges seien noch einige Gedanken angefügt. Sie wollen die hypothetische Überlegung um einige Aspekte erweitern.

Das ‚Raum-Zeit-Gefüge'. Notizen zu einer Ontologie von Raum und Zeit

Raum-Zeit-Bestimmungen sind im Sinn einer elementaren Ontologie zu gewinnen, deren Zentrum der gesellschaftliche Mensch ist: der Mensch als tätiges Wesen in einer gegenständlichen Welt, gegenständliche Tätigkeit als erste Kernkategorie.

Die Welt hat eine Zeitstruktur wie sie eine Raumstruktur hat. Diese bilden in ihrem Zusammenhang das Raum-Zeit-Gefüge.

Raum: Zusammenhang von Gegenstandsrelationen.

Zeit: Gegenständlichkeit als sich in Bewegung befindend, prozessual, als werdend-gewordene, Sein als Veränderung, Entwicklung, Transformation, Möglichkeit.

Das Raum-Zeit-Apriori gründet in der zeitlichen Gegenständlichkeit der Welt.

Mit der Struktur gegenständlicher Tätigkeit sind Raum und Zeit als Gefüge gesetzt. Sie sind gegenständlicher Tätigkeit inhärent. Das gefügte Ineinander von Raum und Zeit ist Bedingung ihrer Möglichkeit – in diesem Sinne spreche ich von materialer Apriorität. Ein Gegenstand ist gegeben als Teil einer räumlichen Welt, der Akt seiner Bearbeitung ein Vorgang in der Zeit – wie der Gegenstand selbst zeitlich, der Akt der Bearbeitung räumlich ist. Zeit inhäriert der räumlich-gegenständlichen Welt. Alle wirklichen und möglichen Weltgegenstände sind in der Zeit, sie tragen Zeit als Dimension in sich. Sie sind werdend-gewordene. Zeit ist die Achse der gegenständlichen Welt.

Raum und Zeit sind nicht nur ‚Formen der sinnlichen Anschauungen' (Kant). Sie sind zugleich ‚Formen der sinnlichen Welt'. Sie sind Formen der sinnlichen Anschauung und Formen der angeschauten Welt. Sie sind Formen des Bewusstseins und Formen des Seins. Als Formen des Seins sind sie Formen der menschlichen, also kulturell konstituierten Welt, und sie sind Formen der Wirklichkeit, des natürlich-materiellen Seienden, wie es ‚an sich' ist, d.h. unabhängig von menschlicher Tätigkeit und menschlichem Bewusstsein existiert. Ihr kategorialer Status ist zugleich ontologisch und erkenntnistheoretisch-epistemologisch.

Gegenstände, damit Räumlichkeit bilden den materiellen Träger von Zeit. Zugleich gibt es keinen Raum ohne Zeit. Zeitlichkeit gehört zur Grundverfassung der gegenständlichen Welt. *Die Zeit ist den Gegenständen eingegraben.*

Raum und Zeit bilden einen Zusammenhang. Sie sind ineinandergefügt. Das Eine ist nicht ohne das Andere, und sie sind auch nur im Verhältnis zueinander zu bestimmen. Sie sind ineinander ‚gefügt' – in einer Weise, dass von einem *Raum-Zeit-Gefüge* gesprochen werden kann. *Welt ist Gefüge von Raum und Zeit.*

Raum und Zeit als Gefüge gegenständlicher Welt heißt: Gegenwart, Vergangenheit und Zukunft bilden einen strukturierten Zusammenhang, ein ‚gefügtes' Ineinander – kein punktuelles Nacheinander. Jede Gegenwart ist eine gewordene, die Möglichkeiten des Werdens enthält. Zeit ist ‚Sein im Raum'. Diese in sich gefügte Zeitstruktur ist dem Raum eingeordnet. Sie bildet eine Achse innerhalb der dreidimensionalen Raumstruktur: der gegenständlichen Raumwelt. In diesem Sinn ist der Raum ‚in der Zeit', ist Raum ‚Sein in der Zeit'.

Die Welt-Gegenstände sind räumlich geordnet, heißt: Sie sind *im Raum* im Sinne eines dreidimensionalen Ordnungsgefüges. Sie sind zugleich auch zeitlich geordnet. Sie besitzen eine Zeitdimension. Sie sind im Einzelnen wie im Ganzen *in der Zeit*. Sie haben Herkunft und Zukunft. Der Schnittpunkt von Herkunft und Zukunft ist die Gegenwart. Das heißt auch: sie haben Geschichte, Sie sind in ihrer eigenen Geschichte. In der strukturellen Relation von Gegenwart, Vergangenheit und Zukunft ist die Zeit selbst dreidimensional aufgebaut. In dieser komplexen Relation ist sie als *vierte Dimension* dem räumlich Seienden im Einzelnen wie im Ganzen als Achse eingelagert. Sie durchzieht es als Achse, in dem Sinn, dass jedes einzelne Seiende wie das Seiende im Ganzen Gegenwart, Vergangenheit und Zukunft hat, entsteht, sich verändert und vergeht, dass es geschichtlich ist – dass Sein Bewegung ist. Zeitachse ist hier ein ontologischer Begriff.

Raum und Zeit bilden eine vierdimensionale Struktur. Die Dreidimensionalität des Raums besitzt eine zeitliche Achse. Diese tritt als vierte Dimension zu den drei Dimensionen des Raums hinzu.

Im Zusammenhang des Raum-Zeit-Gefüges hat auch die Dialektik von Wirklichkeit und Möglichkeit, hat die Kategorie der Möglichkeit selbst ihren ontologischen Ort: Sein ist Potenz, Wirklichkeit geladen mit Möglichkeit.

RAUM/ZEIT – GEGENSTAND/MATERIE – ENERGIE/TÄTIGKEIT kann für diesen Zusammenhang als ontologische Weltformel gelten. Die genannten Komponenten bilden ein systemisches Ganzes. Seine zentralen Glieder sind (exemplifiziert am Paradigma des Arbeitsprozesses): der raum-zeitlich gegebene Gegenstand der Arbeit als Teil einer raum-zeitlich verfassten materiellen Welt, die auf ihn einwirkende tätige Energie (*energeia* in der Form bewusster Lebenstätigkeit), der Prozess einer teleologischen Setzung, der sich als ganzer raum-zeitlich vollzieht und die Transformation des gegebenen Gegenstands in einen neuen: das Produkt der Arbeit besorgt. Raum und Zeit sind in seiner Produktion aufgehoben.

Ebenen der Zeitstruktur: objektive Zeit, kulturelle Zeit, subjektive Zeit. Thesen

Zu unterscheiden sind drei ontologische Ebenen der Zeitstruktur.

A. ‚Objektive Zeit': die Zeitlichkeit materieller (natürlicher) Prozesse, Zeit als Zeitlichkeit des Raums wie räumlich gegebener Gegenstände: dass diese werdend-gewordene sind. Zeitlichkeit des Raums = objektive Zeit.
B. ‚Kulturelle Zeit': die Zeitlichkeit gegenständlicher Tätigkeit und der durch menschliches Handeln konstituierten Welt: dass diese zeitlicher Ablauf sind, ihnen eine Zeitstruktur innewohnt.
C. ‚Subjektive Zeit': die Zeitlichkeit individuell-gesellschaftlichen ‚Erlebens': Zeiterfahrung, erfahrene Zeit – die ihrerseits verschiedene Dimensionen besitzt. Sie ist ein Modus der kulturellen Zeit.

Objektive Zeit ist die Zeit natürlicher Prozesse: des Kosmos wie der einzelner Seiender der organischen und anorganischen Natur, bezogen auf den Tatbestand, dass diese werdend-gewordene sind, ihnen Bewegung zukommt: die Charakteristika von Entstehen, Veränderung/Entwicklung, Vergehen; dass sie in ihrer Räumlichkeit zeitlich sind. Die Zeitlichkeit der Natur ist die Basis von Zeit überhaupt. Sie ist damit auch die Basis jedes menschlichen Zeitverhältnisses. Ist der Raum als Relation aller gegebenen Seienden die Basis von Zeit, so ist von der ontologischen Priorität des Raums vor der Zeit zu sprechen – wobei zugleich bedacht werden muss, dass die Zeit dem Raum inhäriert – *die Zeit ist den Gegenständen eingegraben.*

Kulturelle Zeit meint: Zeit, von Menschen gemacht, durch menschliches Handeln gesetzt, auf den Menschen bezogen. Kulturelle Zeit ist die Zeitlichkeit des gegenständlich handelnden Subjekts. Ihr Fundament ist die objektive Zeit. Sie bezeichnet die durch menschliches Tun konstituierte besondere Zeitform. Kulturelle Zeit gehört mit dem kulturellen Raum damit auch zur Zeitform von *Geschichtlichkeit*. Zugleich bildet sie die Mitte zwischen objektiver und subjektiver Zeit.

Subjektive Zeit bezieht sich auf die Zeiterfahrung des Subjekts. Zwischen kultureller Zeit und subjektiver Zeiterfahrung ist zu unterscheiden. Ein Bindeglied zwischen beiden ist die Zeitlichkeit menschlichen Daseins: der anthropologische Tatbestand, dass der Mensch ein sterbliches, zwischen Geburt und Tod ‚geworfenes' (Heidegger) Wesen ist, das sich gesellschaftlich wie individuell zu diesen Grundtatsachen seines Lebens verhält, diese in die Zeiterfahrung des Subjekts – gesellschaftlich wie individuell – eingehen.

Des Weiteren ist von ***Formen der Zeitstruktur*** zu sprechen – in Analogie zu ***Formen der Raumstruktur***. Wie der Mensch eine spezifische Räumlichkeit in einen gegebenen Raum einformt, damit eine besondere kulturelle Räumlichkeit ausbildet, so bilden sich auf der Ebene kultureller Zeit verschiedene Zeitformen aus. Sie reichen von der Zeitlichkeit gegenständlichen Handelns über die geschichtlicher Prozesse und Bewegungen zum individuellen Zeitempfinden: der ‚erlebten Zeit', in der eine objektiv ‚lange Zeit' als kurz, eine objektiv ‚kurze Zeit' als lang erfahren werden kann. In der subjektiven Zeit wird objektive Zeit stets *perspektivisch wahrgenommen* – nach Maßgabe des Zeit erlebenden und Zeit konstituierenden Subjekts. Auch *Zeitmessung* erfolgt nach Maßgabe subjektiver Zeitkonstitution: Sie wird von Menschen vorgenommen und erfolgt nach menschlichem Maß – freilich bezogen auf objektive Zeit und in der Form einer gesellschaftlich-konsensualen Regelung, die kulturell-normativen Charakter besitzt. In diesem Sinn ist sie der kulturellen Zeit zuzurechnen. In diesem Zusammenhang sind auch die Kantschen Begriffe von Raum und Zeit – Raum und Zeit als subjektive Setzungen: Formen der Anschauung – in ihre relative Berechtigung einzusetzen; unter der Voraussetzung der Einsicht, dass subjektive Zeit, wie kulturelle Zeit überhaupt, auf objektiven Zeitprozessen als ihrer Basis fundiert ist.

Subjekt-Objekt

Die Frage nach dem Status von Subjekt-Objekt im Denken von Marx ist mit Haugs richtiger Erkenntnis, dass dieser eine „Anordnung" zurückweist, „in der einem Subjekt der Anschauung Objekte der Anschauung gegenüberstehen"[180], nicht erledigt. Marx benutzt den Begriff des Subjektiven, um den Standpunkt des neuen Materialismus – „sinnlich menschliche Tätigkeit, Praxis" – zu charakterisieren; da ist der Begriff des Objektiven mitgedacht. Auch im Begriff gegenständlicher Tätigkeit ist eine Artikulation von Subjekt-Objekt mitzudenken. Nur hat Subjekt-Objekt bei Marx, und hier stimme ich mit Haug wieder überein, einen anderen logischen Status als im philosophischen Denken vor ihm. Subjekt-Objekt ist kein ontologisch Erstes philosophischer Systemkonstruktion, sondern bezeichnet ein strukturelles Verhältnis von tätigem Ich und Gegenstand; auf der Ebene der fundamentalen Reproduktion das Verhältnis, das existiert, wenn die Naturkraft Mensch einem Naturstoff gegenübertritt und diesen durch Arbeit verändert. In diesem Prozess bildet sich erst, bezogen auf die Pole menschliche Arbeitskraft – Naturstoff, eine explizite Subjekt-Objekt-Relation heraus. So lässt sich sagen, dass sich menschliche Arbeitskraft *subjektförmig*, der Naturstoff *objektförmig* konstituiert. Das durch Arbeit hergestellte Produkt hat formal den Charakter eines Objekts für Subjekte (die es für unterschiedliche Zwecke gebrauchen können) – was in der warenförmig produzierenden Gesellschaft in der Subjekt und Objekt umgreifenden Gebrauchswert-Tauschwert-Relation zum Ausdruck kommt.

Als Denküberlegung sei hier die Frage gestellt, ob nicht der Einsatz des Marxschen Denkens in der Kategorialität eines der Subjekt-Objekt-Relation vorgelagerten ‚Seins in der Welt' erläutert werden kann – in dem Sinn, dass Subjekt-Objekt als sekundäre Konstitution zu denken sind. Im Arbeitsprozess, so wäre im Anschluss an Heidegger zu sagen, ist zunächst immer ‚Zeug' (Arbeitsmittel, Arbeitsgegenstand) ‚zuhanden' – im unmittelbaren lebenspraktischen Sinn *zur Hand*. Objektivierte Gegenständlichkeit dagegen hat den

180 W.F. Haug, *Die Camera obscura des Bewusstseins. Kritik der Subjekt/Objekt-Artikulation im Marxismus*, Berlin 1984, S. 19 (*Projekt-Ideologie-Theorie*, 1979ff.); ders., *Elemente einer Theorie des Ideologischen*, Hamburg 1993.

Status des *Vorhandenseins*.[181] Ohne die bei Heidegger implizierte Abwertung dieses Vorgangs zu übernehmen, ließe sich sagen: die Objektförmigkeit von Arbeitsgegenstand und Arbeitsprodukt konstituiert sich erst als Sekundäres (ich spreche von *sekundärer Konstitution*), so durch die Widerständigkeit eines bestimmten Naturstoffes, der auf seine Eignung für einen Arbeitszusammenhang geprüft werden muss. In einem bestimmten Sinn setzt jede teleologische Setzung eine, wie auch immer ausgebildete, Subjekt-Objekt-Relation voraus. Für rationales, methodisch angeleitetes, also wissenschaftliches Erkennen ist dies eine Grundvoraussetzung, die *Distanz* zwischen beiden erst ermöglicht. Dazu gehören Beobachtung, Beschreibung, Analyse usf. Diese Distanz aber ist ein Resultat, sie ist kein Ausgangspunkt.

Semantische Horizonte der Lebenstätigkeit: zur Bedeutung von Bedeutung

Menschliche Praxis, argumentierte ich, ist als zweckorientierte gesellschaftliche Tätigkeit zu denken. ‚Tätigkeit' meint alle Formen motivgeleiteter, zielgerichteter Lebenspraxis zwischen den Polen von Arbeit und Spiel, unter Einschluss der ‚inneren Tätigkeit' kontemplativer Akte. Menschliche Praxis ist weiter als gegenständliche Tätigkeit zu denken: Produktion und Konsumtion von Gegenständen, Umgang mit vorgefundenen oder produzierten Gegenständen, Handeln in einer gegenständlichen Welt. Der Mensch als Konkretum ist ‚in der Welt', und die Welt, in der er ist, ist ein gegenständliches, raum-zeitliches Universum. Der Mensch ‚ist' das Gesamt seiner Tätigkeiten in dieser Welt, sein Wesen das Ensemble der gesellschaftlichen Verhältnisse, die diese Welt historisch konstituieren. Sie sind das selbst gegenständliche Resultat gesellschaftlicher Tätigkeit, die je konkrete Welt, in der die empirischen Akte individuellen wie sozialen Handelns stattfinden. Praxis heißt weiter: „sinnlich menschliche Tätigkeit", Betätigung der menschlichen Sinne, der physischen, psychischen und intellektuellen, von Körper, Psyche, Bewusstsein – des Gesamts der gesellschaftlichen Sinne des Menschen.

181 Siehe: M. Heidegger, *Sein und Zeit* I, Tübingen 1953, Kapitel 1, 2 und 3.

Auf keiner Ebene menschlicher Tätigkeit nun ist Objektivität den tätigen Subjekten unmittelbar gegeben. Objektivität: Materialität, Natur, ‚Welt' existiert für uns nur vermittels menschlichen Tuns, in der Form *Mensch (tätiges Ich, Agens) – Tätigkeit – Gegenstand*, dem auf der Ebene des expliziten Subjekt-Objekt-Verhältnisses die Form *Subjekt – Tätigkeit – Objekt* entspricht. Mehr noch: Die ‚Gegenständlichkeit' menschlicher Tätigkeit hat ihre Gegenstände nie in der reinen Form physischer Materialität, sondern immer über die Vermittlung spezifischer Bedeutungen – in der *Hülle von Bedeutung*. Praxis als bewusste Lebenstätigkeit schließt ein: für mich / uns ist die materielle Welt vermittels einer Bedeutungswelt präsent, in der Form *Ich/Wir – Bedeutung – Gegenstand – Welt*; das Ich / Wir bezieht sich dabei auf das empirische, individuelle und soziale Subjekt als Agens menschlichen Tuns. Allem von Menschen Geschaffenem, jedem Produkt menschlicher Tätigkeit, ja jedem Akt menschlicher Tätigkeit sind Bedeutungen inhärent. Menschliche materielle Welt ist stets, verbunden mit ihrer Materialität, eine Bedeutungswelt. Semantizität gehört organisch zur Materialität der Welt – zur Wirklichkeit, sofern diese die Welt des gesellschaftlichen Menschen ist. Menschliche Welt konstituiert sich als menschliche innerhalb von Bedeutungs- und Sinn-Horizonten – an diesem Ort haben wir die Kategorie des *Verstehens* zu verankern. D.h. menschliche Welt *ist* nur als durch Verstehen erschlossene und gedeutete Welt. Dabei bezieht sich ‚Bedeutung' auf jeden Akt und Gegenstand menschlichen Tuns, und zwar in einem teleologischen wie funktionalen Sinn (so bezogen auf das Wofür und Wozu eines Dings). Die Sinn-Kategorie bezieht sich auf umfassende Zusammenhänge, ja auf den Gesamtzusammenhang einer menschlichen Welt: das Welt-Ganze bezogen auf individuelle und soziale Subjekte (so die Frage nach dem ‚Sinn des Lebens', die immer eine zugleich soziale und individuelle Frage ist).

Ich spreche von *semantischen Horizonten der Lebenstätigkeit* als Welthorizonten, innerhalb derer die sinnlich-tätigen Individuen agieren. Bedeutungen artikulieren sich – konstituieren sich als bewusste und gewusste – in intersubjektiven Zeichensystemen, in deren ‚Leib' die tätigen Beziehungen der empirischen Subjekte zur Gegenstandswelt eingeschrieben sind; die zugleich referentielle und kommunikative Funktion besitzen; in denen sich eine die Objektwelt überformende Bedeutungswelt, konstitutiver Bestandteil menschlicher Welt, allererst erschließt. Das ist vor allem, wir sahen es, die *Sprache* – Sprache als „das praktische, auch für andere Menschen existierende, also auch für mich selbst erst existierende wirkliche Bewusstsein"[182]: Sprache als organischer Bestandteil gegenständlicher Tätigkeit und kultureller Weltbildung, materielle Wirklichkeit des Logos, kommunikative Vernunft und selbstreflexives Bewusstsein. In diesem umgreifenden Sinn ist die Sprache der Kern der menschlichen Bedeutungswelt.

182 MEW 3, S. 30.

Achter Teil.

Der Weltbildcharakter von Bewusstseinsformen

I. Bewusstseinsformen als Formen epistemischer Synthesis

Eine epistemische Weltkonstitution ist Bestandteil und Bedingung jeder Gestalt praktischer Weltbildung. In aller uns bekannten Geschichte haben sich Menschen Bilder und Begriffe der Welt gemacht, in der sie lebten und tätig waren. Solche Weltkonzepte, wie wir diese Weltbilder und Weltbegriffe zusammenfassend nennen wollen, sind nichts Überflüssiges und Zusätzliches, dass in sich emanzipierenden Gesellschaften auch wegfallen kann, sie sind vielmehr Teil, ja sie gehören zu den Voraussetzungen menschlicher Lebenstätigkeit. In ihnen treten Wissen und Verstehen zusammen. Sie haben also den Charakter einer epistemischen Synthesis. Sie bilden sich im historischen Prozess zu einer Pluralität von Bewusstseinsformen hoher Komplexität aus, in denen sich die epistemischen Akte vergegenständlichen. Sie haben, da sie für alle geschichtlich-kulturellen Stufen gelten, den Charakter *epistemologisch-anthropologischer Universalien.*

Ich komme damit auf Überlegungen zurück, denen ich schon früher nachgegangen bin.

1. So unterschied ich zwischen einem universalen elementaren Logos und historisch differenten Bewusstseinsformen, Rationalitätstypen, Arten des Wissens und Verstehens. Dem strukturell identischen elementaren Logos steht eine Vielfalt differenter Bewusstseinsformen gegenüber, die freilich auf den elementaren Logos zurückgehen. Dabei soll der Begriff des epistemischen Logos beides umfassen: den elementaren Logos als epistemische Basis aller historischen Bewusstseinsformen wie das in sich differente Universum dieser Formen selbst. Das Ensemble dieser Formen wurde ‚historische Vernunft' genannt.

2. *Bewusstsein* ist der allgemeinste Begriff zur Bestimmung des Verhältnisses von elementarem Logos und historischer Vernunft. Er bezieht sich auf beide Seiten dieses Verhältnisses, also auf alle Modi bewussten Seins. Bewusstsein ist Begriff einer Subjekt-Objekt-Relation: Bewusstsein ist nie ohne Welt, wie Welt nie ohne Bewusstsein ist.

3. Seiner objektiven Seite nach existiert Bewusstsein in der Gestalt einer Pluralität von Bewusstseinsformen – ideelle Formen, in denen Bewusstsein sich objektiviert. Dabei ist der Begriff der Bewusstseinsform, als objektiv-historischen Vergegenständlichung von Bewusstsein, dem subjektiven Begriff des Bewusstseins im Sinn einer dialektischen Relation zugeordnet. Das eine ist nicht ohne das andere. Bewusstsein ist nicht nur Zustand, es ist im Wesentlichen Akt. Es ist *res cogitans* als Agens gegenständlicher Tätigkeit. Seine materielle Existenz hat es in Vergegenständlichungen. Es existiert in Sprache, alltagspraktischen Handlungen, Arbeit, der gegenständlichen Tätigkeit insgesamt, in der Form von Objektivationen und Institutionen: als Mythologie, Religion, Kunst, Wissenschaft, Philosophie, Moral, Recht usw. Es ist als Bewusstseinsform stets auch sozial funktionales Bewusstsein und damit Ideologie. Zugleich ist dieses Bewusstsein, nach seiner subjektiven wie objektiven Seite und in der Einheit beider selbstreflexiv. Es ist ein über Gegenstände vermitteltes Bewusstsein seiner selbst.

4. Bewusstseinsformen bilden ein miteinander verbundenes, hierarchisch strukturiertes, dabei historisch variables Ensemble. Die Grundform dieses Ensembles ist das *Alltagsbewusstsein*. Seine Kernkategorien sind *gesunder Menschenverstand* und *Vorurteil*. Es ist zugleich Ort der Artikulation elementarer Weltbilder – von Vorstellungskomplexen alltagsbezogener Weltdeutung: der *Weltanschauungsform des Alltagsbewusstseins*. In ihr sind Trug und richtige Einsicht, Irrtum und Wahrheit gemischt. Seine Wahrheit hat das Alltagsbewusstsein im experientiellen (auf Erfahrung beruhenden) Wissen. Dieses Wissen gehört zu den Grundlagen menschlicher Reproduktion. Es ist von den frühesten historischen Stufen an Bedingung menschlichen Überlebens. Anthropologisch-genetisch bildet es zudem die Grundlage aller Wissensformen. Es ist also ein erstes epistemologisches Datum.

5. Das System der Bewusstseinsformen baut in vielschichtigen Vermittlungen auf dem Alltagsbewusstsein auf. Dieses liegt somit auch den *systemischen*

(d. h. ausgearbeiteten, elaborierten) *Weltanschauungen* zugrunde, wie sie uns in Mythologie, Religion, Kunst, Wissenschaft und Philosophie überliefert sind. ‚Zugrundeliegen' bedeutet eine über vielfache Stufen vermittelte Herkunft ‚letzter Instanz'.

6. Bewusstseinsformen, auf welcher Ebene auch immer, sind an Horizonte kultureller Weltbildung, den historischen Stand gegenständlicher Tätigkeit gebunden. Diese Horizonte zeichnen auch den Bewusstseinsformen ihre Möglichkeiten und Grenzen vor. Weltbilder jeder Art, auch wissenschaftliche Weltbilder, sind durch solche Horizonte bestimmt. Die Horizonte menschlich-gegenständlicher Welt fallen mit den Horizonten menschlichen Bewusstseins zusammen. Sie sind im gleichen Maß historisch variabel wie die gegenständliche Welt historisch variabel ist. Menschliches Bewusstsein, im subjektiven wie im objektiven Sinn, ist begrenzt durch die Grenzen gegenständlicher Welterfahrung. ‚Begrenzt' heißt aber nicht: vollständig determiniert. Die Horizonte menschlichen Bewusstseins enthalten einen Spielraum von Möglichkeit. So gibt es auch auf der Ebene des Bewusstseins die Möglichkeit der Grenzüberschreitung. Es gibt Antizipation und Utopie. Ich spreche von variabler Grenze und offenem Horizont.

7. Das Grundcharakteristikum von Bewusstseinsformen ist ihre Objektivität und ihre Komplexität: Sie existieren in materialisierter (vergegenständlichter) Gestalt und sie besitzen den Charakter einer epistemischen Synthesis. Sie haben den Charakter synthetischer Kategorien. In ihnen kristallisieren sich epistemische Vorgänge. Das Vermögen epistemischer Synthesis nun ist die *Vernunft*.

8. Vernunft, sahen wir weiter, ist das Vermögen des gesellschaftlichen Bewusstseins, das analytisch-instrumentelle Bewusstsein des Verstandes in umfassende logische wie historisch-gesellschaftliche Zusammenhänge zu stellen. Die Vernunft also ist *integrative Kraft*. Sie ist *Vermögen der Synthesis*. Sie verbindet das analytisch-kategoriale Denken des Verstandes mit integrativen logischen Konzepten (wie Systematizität, Gesetzmäßigkeit usf.). Vernunft denkt die Einheit des Sich-Widersprechenden und damit Identität als Prozess und Resultat. Ist der Verstand das Denken des Partikularen und der abstrakten Negation, so die Vernunft das Denken der Synthesis und Totalität; das Ver-

mögen, einen Gesamtzusammenhang geschichtlich gegebener Wirklichkeit, ja das ‚Seiende im Ganzen' im Sinn einer Idee zu denken. Die kardinale Qualität der Vernunft ist das Vermögen der Konstruktion. Sie ist damit auch das *Vermögen der Produktion von Ideen*, und zwar im doppelten Sinn: bezogen auf den Zusammenhang unserer Erkenntnis wie auf den Zusammenhang unserer Welt. Ideen sind Regulativa des Erkennens, und sie sind normative und deutende Weltkonzepte. In der Ausbildung von Weltanschauungen (in Mythos, Kunst, Religion und Philosophie) kommen diesen eine tragende Rolle zu.

9. Von Bedeutung für diesen Zusammenhang ist die Relation zwischen kategorialem und eidetischem Begriff. Kategorie und Idee stehen in einem Zusammenhang. Beide gehören als Gestalten dialektischer Vernunft dem epistemischen Logos zu, sie sind differente Modi der gleichen logischen Struktur. In Differenz zu dem auf Verstandesebene operierenden kategorialen Begriff geht die Idee als eidetischer Begriff auf Ganzheit und Zusammenhang des Unterschiedenen und Partikularen. Ganzheit und Zusammenhang aber sind nur als Werk der Synthesis: als eidetische Konstruktion denkbar. Kategoriale Begriffe stellen die Identität des Partikularen fest (A = A), Ideen stellen das Partikulare in einen Zusammenhang. Ist der Verstand das Vermögen kategorialer Begriffe, so ist die Vernunft das Vermögen eidetischer Begriffe = Ideen. Auf dem Feld der Vernunft, so lässt sich auch sagen, nehmen Kategorien den Charakter von Ideen an. So rechne ich den Ideen jede Art von Begriffen zu, die Ganzes und Zusammenhänge zum Ausdruck bringen. Überlieferte Begriffe, auch solche metaphysischen Ursprungs (Totalität, Humanität, Utopie, Freiheit, Wesen, ‚das Seiende im Ganzen' usw.) sind, sollen sie als dialektisch-ontologische Begriffe reklamiert werden, nur als Begriffe der Vernunft: als Ideen oder eidetische Begriffe zu gewinnen – nie als Verstandes-, geschweige denn als rein empirische Begriffe. Diese Unterscheidung ist für die Ausbildung von Weltanschauungen zentral: Sie sind immer Werk des eidetischen Begriffs.

10. In dieser Bestimmung ist die Vernunft das Vermögen zur Konstruktion eines Ganzen: des Bildes einer Welt in historischer Relativität – einer relativen Totalität von Welt. In der Konstruktion relativer Totalitäten gipfelt ihr weltbegreifendes und weltgestaltendes Vermögen; ‚weltbegreifend und weltgestaltend', weil das Vermögen der Vernunft sich nicht in der theoretischen Anschauung erschöpft, sondern zur Weltveränderung drängt. Der Logos ist

tätiges Vermögen, und wie er aus der Praxis gegenständlichen Handelns hervorgeht, wirkt er in vollständiger Entfaltung auch auf diese Praxis, damit die gegenständliche Welt zurück – trägt zumindest die Tendenz solchen Zurückwirkens in sich. Am Schnittpunkt nun von theoretischem Begriff und praktischem Eingriff – das punctum saliens des Übergangs von der Interpretation zur Veränderung der Welt – stehen die Prinzipien ethisch-politischen Urteilens und Handelns als Axiome der Vernunft. Ein solches Axiom ist der kategorische Imperativ des neuen Materialismus, ‚alle Verhältnisse umzuwerfen, in denen der Mensch ein erniedrigtes, ein geknechtetes, ein verlassenes, ein verächtliches Wesen ist', das, als ethisch-politisches Prinzip praktischen Handelns, den Kommunismus als historische Bewegung orientieren und leiten soll. Was er formuliert, ist kein weltloses Ideal, sondern eine produktive Idee, die in der Welt ihren Grund hat und weltgestaltend in diese zurückwirkt.

II. Weltbild als epistemische Universalie

Epistemische Welterschließung und Weltbild

Aus dem elementaren Logos gehen die Rationalitätstypen wie die Gestalten des Wissens hervor. Auf Wissen bezogen, wurde der elementare Logos als epistemischer Logos bestimmt: als erkennendes und über Erkenntnis Wissen produzierendes Bewusstsein. Weiter wurde zwischen symbolischem und begrifflichem Denken als seinen Grundformen unterschieden. Zum symbolischen Denken gehören Religion, Mythos, Kunst, zum begrifflichen Wissenschaft, Theorie, Philosophie. Rationalität tritt in einer Vielfalt von historisch und kulturell determinierten ‚Rationalitätstypen' auf. Analog bildet sich Wissen zu einem vielgestaltigen Universum aus. Zu diesem gehören Wissen des Alltags, mythisches, religiöses, ästhetisches, begriffliches Wissen, Sprache. Die Rationalitätstypen sind historisch-kulturell bestimmte Formen der Wissensorganisation. Verstehen ist eine weitere dem elementaren Logos zugeordnete Grundkategorie. Erkennen, Wissen und Verstehen bilden den *epistemischen Kernkomplex*, eine zusammenhängende kognitive Struktur: die *Trias epistemischer Welterschließung*.

Der epistemische Kernkomplex ist der logische Grund der Formen der Rationalität und des Universums des Wissens. ‚Episteme', ‚epistemisch' stehen für den hier verwendeten weiten Begriff des Wissens. Ihm zugeordnet ist die Trias des Weltverstehens: *Verstehen, Interpretation* und *Deutung*. Diese bilden Stufen zunehmender Organik und Systematizität. Ist Verstehen eine anthropologische Universalie, die allen Stufen kultureller Bildung, auch den archaischsten angehört, so setzen Interpretation und Deutung als intentional vollzogene und sozial institutionalisierte Verstehensakte entwickelte Kulturstufen voraus, ja sie bilden Voraussetzungen für deren progredierende Entwicklung.

1. *Alltägliches Weltverstehen* ist epistemologisches Basisdatum menschlichen Daseins. Es ist ein ‚spontanes', ‚vorintentionales' Weltverstehen, in dem Gefühle, experientielle (aus Erfahrung und Überlieferung gewonnene), also auch vorbewusste Orientierungen eine starke Rolle spielen.

2. *Weltdeutungen* besitzen einen intentional systemischen Charakter. Dieser manifestiert sich in Gestalt von Riten, Bauwerken, Bildern, Erzählungen, schließlich in theoretisch-begrifflicher Form. Medien solcher Manifestation sind die großen weltanschaulichen Systeme: Mythologie, Kunst, Religion, Philosophie, Wissenschaft.

3. *Interpretation* im präzisen Wortsinn meint den bewussten, zumindest implizit methodischen Akt menschlichen Verstehens – der freilich nicht theoretisch zu sein braucht, sich auch in symbolischer Form vollziehen kann. Eine dem Weltverstehen zugeordnete Kategorie ist

4. das *Erklären* selbst. Es setzt Akte des Verstehens explizit in Bezug zu begrifflichem Erkennen und Wissen.

5. Akte epistemischer Welterschließung kristallisieren sich in (religiösen, mythischen, ästhetischen und theoretischen) *Weltbildern*. Sie können sich zu (systemischen) *Weltanschauungen* ausbilden. *Religion, Mythos, Kunst* und *Theorie* (Wissenschaft/Philosophie) sind die sozialen Objektivationssysteme, in denen sich die Vorgänge geschichtlicher Weltdeutung weltbildförmig niederschlagen, in den entwickelten Stufen von Religion, Kunst und Theorie in der systemischen Gestalt von Weltanschauungen artikulieren. Sie sind die objektivierte Synthesis der Trias epistemischer Welterschließung. Zugleich

sind sie *ideologische Formen* im Sinn eines dialektischen Ideologiebegriffs. Sie fungieren als *ideologische Mächte* im Kontext von Herrschaft und Widerstand, Unterwerfung und Emanzipation.

Weltbild, Weltanschauung, Weltbegriff

Weltbild, Weltanschauung, Weltbegriff sind Kategorien hoher Komplexität. Es sind synthetische Begriffe: In ihnen ist der epistemische Kernkomplex sedimentiert. Sie bezeichnen Stufen epistemischer Welterschließung. Bezeichnet *Weltbild* die erste und allgemeinste Stufe (Weltbilder, wie rudimentär auch immer, sind in allen Formen des Bewusstseins und Wissens zu finden), so *Weltanschauung* einen Weltbildmodus intentional systemischen Charakters (das Bild eines Welt-Zusammenhangs), der in allen entwickelten Formen objektiven Bewusstseins vorkommt. Von *Weltbegriff* ist zu reden, wenn dieser Zusammenhang theoretisch-begrifflich, also wissenschaftlich / philosophisch gefasst wird.

Das *Weltbild* kann als epistemische Universalie bezeichnet werden. In ihm objektiviert sich der epistemische Logos auf allen Stufen menschlichen Bewusstseins. So finden sich Weltbilder bereits auf der Ebene alltagspraktischen Bewusstseins; jede und jeder hat ein bestimmtes Bild von Welt. Von Weltanschauung dagegen ist erst auf systemisch elaborierter Ebene, mit Blick auf Mythologie, Kunst, Religion, Philosophie und Wissenschaft zu sprechen. *Weltbegriff* meint die theoretisch artikulierte Form von Weltanschauung. Ästhetische Weltanschauung bezeichnet die Weltanschauung in den Künsten.

Weltanschauung ist ein Modus des Weltbilds, der nicht den gleichen universalen Rang wie dieses hat. Unter Weltanschauung verstehe ich systemisch elaborierte Weltbilder: Weltbilder von intern zusammenhängender Struktur, die auf ein Ganzes von Welt zielen, also einen bestimmten Umfang und eine bestimmte Qualität besitzen (so Weltbilder in Religion, Kunst, Wissenschaft, Philosophie). *Weltbegriff* meint explizit begrifflich artikulierte Weltanschauungen (Weltanschauung in Wissenschaft und Philosophie).

Weltanschauung ist ein Weltbild von einiger Extension und Geschlossenheit. Es zielt auf Totalität und Zusammenhang einer angeschauten Welt. Es kann unterschiedliche Komplexitätsgrade besitzen (der Komplexität der Welt bzw. des Weltgegenstands entsprechend, die es erfasst). Es bildet nicht ab, sondern es stellt dar: Es zeigt Welt in perspektivischer Brechung. Es ist Resultat von Vermittlungen: perspektivische Konstruktion. Weltbilder gibt es in Sprache, Alltagsbewusstsein, Mythos, Religion, Kunst, Wissenschaft und Philosophie.

Weltbild und Weltanschauung stehen in einem je-spezifischen Verhältnis zum Wissen ihrer Zeit. Sie sind in ihren jeweiligen Gestalten von dem gegebenen historischen Stand des Wissens abhängig. In ihnen sind Wissen und Verstehen in vergegenständlichter Form synthetisiert. Mit diesen gründen sie anthropologisch-genetisch im elementaren Logos. Sie sind Bestandteile der epistemischen Erschließung von Welt: Formen, in denen sich diese Erschließung objektiviert. Der Sprache kommt in diesem Zusammenhang eine privilegierte Position zu. Sprache ist Organon epistemischer Welterschließung. Ihre Weltbildpotentiale bilden die monadische Kernzone des epistemischen Universums, von dem hier die Rede ist. In ihnen sind die Weltbildpotentiale des Logos sedimentiert.

Der Begriff des ästhetischen Weltbilds ist im Anschluss an Irma Emmrich auf das Kunstwerk als objektivem Sachverhalt zu beziehen. Weltbild bezeichnet „sowohl ‚Bild der Welt' im Sinne von Widerspiegelung und Deutung als auch ‚gebildete', d.h. geformte Welt, das Kunstwerk als Welt im Kleinen." „Das im Kunstwerk geformte Weltbild ist realisiert durch die ästhetische Struktur, das Gefüge des sinnenhaft Erlebbaren". Es stellt „durch die innewohnende Ordnung und den Charakter seiner Elemente zugleich geistige Beziehungen und Wertungen aus." Das Weltbild im Kunstwerk „ist durch ästhetische Gebilde verwirklicht, Ergebnis ästhetischen Erlebens und Schaffens: Das Bild der Welt im Kunstwerk entsteht auf der Matrix ästhetischer Vorstellungen und Wertungen".[183] Als ästhetisches Gesetz ist festzuhalten, dass jedes Kunstwerk von einer ihm zugrunde liegenden Idee bzw. einem Komplex von Ideen her organisiert ist: der ‚ästhetischen Idee'. Diese Idee bestimmt die Grundlinien der Bedeutung, die ein Kunstwerk besitzt. Sie wird im Prozess ihrer formalen Ausführung entwickelt, erweitert und transformiert. Sie findet ihren Niederschlag im thematischen Substrat eines Werks. In der künstlerischen Form wird das thematische Substrat ausgelegt. Das Ergebnis dieses Prozesses ist das *Weltbild des Kunstwerks*. Es hat den Charakter der

183 I. Emmrich, *Weltbild und ästhetische Struktur*, Dresden 1982, S. 20f.

Singularität, d.h. es ist an das je-besondere Werk gebunden, nicht auf andere Werke übertragbar. In einer Reihe zusammenhängender Werke jedoch, wie auch im Gesamtwerk eines Autors können die je-besonderen Weltbilder einen Zusammenhang bilden und sich zu einer ästhetischen Weltanschauung verdichten. Bei Werken hochkomplexer Natur (der *Göttlichen Komödie*, dem *Faust*, der *Neunten Symphonie*, der Ästhetik des Widerstands) kann man gleichwohl auch mit Blick auf ein Einzelwerk von einer ästhetischen Weltanschauung sprechen. Die *Qualität des* ästhetischen Weltbilds ist das erste Kriterium für den Rang eines Kunstwerks, das zweite Kriterium ist das *Wie* seiner formalen Ausführung.

Was hier von dem Weltbild in den Künsten gesagt wird, lässt sich insofern auf Weltbildproduktion allgemein übertragen, als diese abhängig ist von der Form, in der das Weltbild produziert wird. Die systematische und die essayistische Form des philosophischen Gedankens werden unterschiedliche Weltbilder erzeugen, die philosophische und wissenschaftliche Form eine andere als die mythische oder die religiöse. Weltbilder sind weiter abhängig von den historisch-gesellschaftlichen Zusammenhängen, in denen sie stehen, aus denen sie hervorgehen und in denen sie bestimmte Funktionen und Wirkungen entfalten – insbesondere sind sie abhängig von den ideologischen Verhältnissen ihrer Produktion und Wirkung. Von diesen allgemeinen Bestimmungen abgesehen, ist Weltbildproduktion ein hochkomplexer, in den Weltbildarten auch differenter Prozess, der im Einzelnen noch auszuarbeiten wäre.

Ein besonderes Problem der Weltbildartikulation stellt die Sprache dar. Dazu ein Hinweis.

Der Weltbildcharakter der Sprache, paradigmatisch betrachtet

Für diesen Zusammenhang seien Überlegungen resümiert, die anderen Orts des Näheren entwickelt wurden.[184] Sie haben an dieser Stelle einen paradigmatischen Sinn, insofern an ihnen die Komplexität epistemischer Weltbildartikulation verdeutlicht werden kann.

184 So in: Th. Metscher, *Logos und Wirklichkeit*, a.a.O., S. 210.

So zeigten wir: die epistemische Welterschließung, die Sprache in ihrer elementaren Funktion leistet, bildet den innersprachlichen Boden für den Weltbildcharakter der Sprache: den Tatbestand, dass sich in Sprache Begriffe und Bilder von Welt artikulieren, Sprache ‚Muster' oder ‚Strukturen' von Weltbildentwürfen enthält. Dies war der Ausgangspunkt.

Die epistemische Welterschließung, ich erinnere, ist ein Vorgang, in dem Welterkenntnis, Weltwissen und Weltverstehen zusammentreten. Die Trias *Erkenntnis, Wissen, Verstehen*, bezogen auf ‚Welt', ist im Spiel, wenn von *Weltbildstruktur* geredet wird. Am Ende des Vorgangs sprachlich-epistemischer Erschließung steht die *symbolische Präsenz von Welt in der Sprache*. Das bedeutet, dass in Sprache ‚erfahrene Welt' – menschliche Praxis – sprachlich sedimentiert ist: erkannt, gewusst, verstanden. *Die gesamte in menschlicher Praxis erfahrene Welt, einschließlich des die Welt erfahrenden Ich, ist der Inhalt dieses so konstituierten sprachlichen Weltbewusstseins.* Zu dessen Kernbereich nun gehören ‚Weltbildstrukturen' als *Grundelemente eines Weltbegriffs*: in der Trias von Erkennen, Wissen und Verstehen sprachlich gefasste Welt. Dieser elementare Weltbegriff ist die epistemische Grundlage des Weltbildcharakters der Sprache.

Die epistemische Erschließung von Welt erfolgt in der logischen Form des Verhältnisses von Wort-Satz-Satzsystem. Diese sprachlogische Grundform – der „Rationalitätstypus einer Sprachstruktur" (Holz), der das syntaktische System und damit auch das Sprachsystem im Ganzen reguliert – bildet die sprachlogische Bedingung der Weltbildstruktur von Sprache. Sie geben Möglichkeiten und Grenzen vor, in denen sich sprachliche Weltbilder ausbilden können. Sie enthalten *Weltbildpotentiale*, die in individuellen Sprachen (so in der Sprache der Dichtung) ausgestaltet werden können. Sie liefern also den logischen Bedingungsrahmen der sprachlichen Weltbildstruktur. Innerhalb solcher Bedingungen und auf ihrer Grundlage entwerfen individuelle Sprachen eine Weltperspektive.

Es ist also zwischen der einer Sprache impliziten Weltbildstruktur (Weltbildstrukturen, Weltbildmustern) und explizit formulierten Weltbildern zu unterscheiden. Explizite Weltbilder sind erst das Resultat eines bewussten Umgangs mit Sprache, sie sind nicht qua Sprache mit jeder Sprache gegeben. Sie sind Resultat kultureller Prozesse: einer sprachlichen Arbeitsteilung, deren entwickeltste Gestalt die Dichtung ist. Sprachen enthalten in aufsteigender Linie von sprachlogischer Grundform und elementaren Weltbildstrukturen das Artikulationspotential expliziter Weltbilder. Diese finden sich rudimentär in gesprochener Sprache (Alltagssprache) – können in dieser aber auch verlorengehen. Freilich bilden sich Weltbilder in der Alltagssprache nicht in expliziter, geschweige denn systemisch-komplexer Form aus, sondern allein in der Form elementarer *Weltbildmuster*. Solche Weltbildmuster drücken sich in Mythen, Märchen, Liedern, Berichten, Erzählungen und Sprüchen bereits im Alltagsleben eines Volkes aus. Kraft ihrer enthalten Alltagssprachen die Potentiale elaborierter Weltbilder. Sie finden sich in religiösen und philosophischen Texten, weltliterarisch in der Dichtung. Die Weltbildartikulation durch und in Sprache erreicht in ihr die größte Dichte und Individualität.

Die Einsicht, dass gesprochene Sprache das Potential der Weltbildartikulation enthält, meint im positiven Sinn ihre Fähigkeit zur Ausbildung expliziter Weltbilder. Sie ist aber auch die Bestimmung einer Grenze. Der Möglichkeitsspielraum der Weltbildartikulation ist sprachlich-historisch begrenzt. Er hängt von der internen Verfasstheit einer Sprache, darüber hinaus von dem kulturellen Stand der Gesellschaft ab, in der diese Sprache steht. Nicht jedes Weltbild ist in einer gegebenen Sprache artikulierbar. Doch sind Artikulationsgrenzen sprachlicher Weltbilder nie total determiniert. Sie sind flexibel. Sie können im konkreten Sprachgebrauch verschoben werden. Zur Fähigkeit großer Dichtung gehört, die Sprache, auf der sie aufbaut, verändern und erweitern zu können. Sie bewegt sich an der Grenze zum Noch-nicht-Gesprochenen. Dies gilt nicht zuletzt auch für die Weltbildartikulation. Ja erstes Kriterium für den Rang einer Dichtung ist, inwieweit ihr sprachlich die Artikulation originärer Weltbilder, also Akte sprachlicher Weltentdeckung gelingt.

Begriffsgeschichtliche Notiz

Begriffsgeschichtlich ist Weltbild der ältere der hier verwendeten Begriffe. Er ist im Deutschen bereits für das Mittelalter belegt und entstand in Anlehnung an das lateinische ‚orbis pictus'. Der Begriff der Weltanschauung dagegen ist erst spät in die Philosophie gekommen.[185] Als philosophischer Terminus tritt

185 T. Mies/D. Wittich, *Weltanschauung/Weltbild*, in: Sandkühler, EEPW, Bd. 3, S. 783ff.

er erst um die Wende vom 18. zum 19. Jahrhundert auf. Als erster verwendet Kant den Begriff, allerdings allein im Sinn „bloßer Erscheinung" (Kritik der Urteilskraft). Erst bei Schleiermacher avanciert er zu einer theoretischen Grundkategorie. So gilt ihm die „Anschauung des Universums" als „die allgemeinste und höchste Formel der Religion", dabei muss der Mensch, „um die Welt anzuschauen und die Religion zu haben, (…) erst die Menschheit gefunden haben"[186]. Einen systematischen Sinn erhält der Begriff bei Hegel. So bezeichnet er als Weltanschauungen sich historisch entwickelnde, ineinander übergehende, mit einem kollektiven Subjekt verbundene Gestalten des Geistes. Die „Weltanschauungsweisen" basieren auf „dem substantiellen Geist der Völker und Zeiten (…) und ziehen sich wie durch die Kunst, so auch durch alle übrigen Gebiete der jedesmaligen lebendigen Wirklichkeit hindurch".[187] Die Ebene einer systematischen Grundkategorie ist damit gewonnen. In welchem Maß der Weltanschauungsbegriff ins deutsche Schrifttum Eingang findet, belegt das Beispiel Alexander von Humboldts, der in der Vorrede zu seinem Kosmos schreibt: „Was mir den Hauptantrieb gewährte, war das Bestreben die Erscheinungen der körperlichen Dinge in ihrem allgemeinen Zusammenhange, die Natur als ein durch innere Kräfte bewegtes und belebtes Ganzes aufzufassen. Ich war durch den Umgang mit hochbegabten Männern früh zu der Einsicht gelangt, dass ohne den ernsten Hang nach der Kenntnis des Einzelnen alle große und allgemeine Weltanschauung nur ein Luftgebilde sein könne".[188] Die Erforschung der Natur und ihrer Gesetze wie die Erforschung der Einzelseienden in ihr – des Ganzen wie des Einzelnen – wird hier als Voraussetzung jeder allgemeinen Weltanschauung deklariert – eine Auffassung, die der des späten Engels sehr nahesteht.

Während Marx spätestens seit der *Deutschen Ideologie* Weltanschauungsfragen meist im Kontext des Ideologiebegriffs erörtert, hat Engels im positiven Sinn auf den Weltanschauungsbegriff zurückgegriffen. Die *Feuerbach-Thesen* nennt er „das erste Dokument, worin der geniale Keim der neuen Weltanschauung niedergelegt ist".[189] Im *Anti-Dühring* spricht er von der „kommu-

186 Zit. nach ebd., S. 784.
187 HW14, S. 232.
188 A.v. Humboldt, *Kosmos. Entwurf einer physischen Weltbetrachtung*, Frankfurt a.M. 2004, S. 3.
189 MEW 21, S. 264.

nistischen Weltanschauung“[190], von der „Dialektik als dem Keim einer umfassenden Weltanschauung“[191], vom neuen Materialismus als „einer einfachen Weltanschauung“, die die Philosophie „sowohl überwunden als aufbewahrt“ hat.[192] Weltanschauung meint hier die durch die Dialektik als „Wissenschaft vom Gesamtzusammenhang“[193] ermöglichte Totalisierung des Wissens.

Eine weitere Stufe im Versuch einer materialistischen Fassung des Weltanschauungsbegriffs liegt bei Gramsci vor. Dieser begreift philosophisches Denken als Weltanschauungsform, die ihre Wurzel – eine ihrer Wurzeln – im Alltagsbewusstsein hat. Nicht erst die Spezialisten, „alle Menschen“ sind für ihn Philosophen. Der Marxismus ist als Philosophie eine Weltanschauung (*concezione di mondo*), die sich im Verhältnis von wissenschaftlich ausgearbeiteter und ‚spontaner Philosophie‘ des Alltagsbewusstseins entwickelt. Die ‚spontane Philosophie‘ des Alltagsbewusstseins ist enthalten „1. in der Sprache (…), 2. im Alltagsverstand und im gesunden Menschenverstand, 3. in der volkstümlichen Religion und daher auch im ganzen System des Glaubens, des Aberglaubens, der Anschauungen, der Art und Weise des Sehens und Handelns, die darin zutage treten, was man allgemein ‚Folklore‘ nennt“.[194] Die marxistische Philosophie als Weltanschauung ist also die Synthesis von wissenschaftlichem Wissen und Alltagswissen. Sie ist „Produkt des historischen Werdens“. Sie wird zur Weltanschauung, indem sie praktisch, zur “kulturellen Bewegung“ wird und als ‚Religion‘ oder ‚Glaube‘ die Menschen ergreift. Auf diese Weise produziert sie „eine praktische Aktivität und einen Willen, worin sie als selbstverständliche theoretische ‚Prämisse‘ enthalten ist“. Ein wesentlicher Gesichtspunkt ist, dass Weltanschauung genau den Schnittpunkt bezeichnet, an dem Philosophie zur praktischen Bewegung, die Theorie zur Praxis wird – sie wird zur ‚materiellen Gewalt‘, indem sie ‚die Massen ergreift‘. Nur als Weltanschauung wird, dieser Auffassung zufolge, Philosophie zur weltverändernden Kraft.

190 MEW 20, S. 8.
191 Ebd., S. 125.
192 Ebd., S. 129.
193 Ebd., S. 307.
194 A. Gramsci, *Marxismus und Kultur*, Hamburg 1982, S. 73.

Neunter Teil.

Objektive Bewusstseinsformen

I. Symbolischer und begrifflicher Logos als objektive Bewusstseinsformen

Weltbild und Weltanschauung äußern sich vorrangig in vergegenständlichter Gestalt. Ich spreche von der Objektivität von Bewusstseinsformen als Formen erkannter und gedeuteter Welt: Objektivität im Sinn materieller Vergegenständlichung, zu der, in der Gestalt historisch entwickelter Formen, auch die soziale Institutionalisierung gehört. Objektive Bewusstseinsformen sind Religion, Mythos, Kunst, Wissenschaft und Philosophie. Bei ihrer Behandlung freilich beschränke ich mich auf eine Darstellung in kursorisch verknappter Form. Die detaillierte Behandlung des kategorialen Bestandes der objektiven Bewusstseinsformen würde einen Umfang erfordern, der den Rahmen dieses Buchs weit überschreitet. Eine Ausnahme bildet die Kunst, der der abschließende Teil der Arbeit gewidmet ist.

Ich komme auf die Unterscheidung zwischen symbolischem und begrifflichem Logos zurück. Der symbolische Logos artikuliert sich in sinnlichem Material, der begriffliche in der Form kategorialer Abstraktion. Der symbolische Logos tritt in einer Vielgestalt sinnlicher Formen auf, die von Steinsetzungen und ritualen Veranstaltungen bis zu ästhetisch-ikonischen und ästhetisch-akustischen Formen reichen. Er ist bilderstiftend, imaginativ, oft vieldeutig. Der begriffliche Logos ist durch die Eindeutigkeit klaren und deutlichen Erkennens charakterisiert. Er ist Resultat reflektierender Betrachtung der Wirklichkeit (= *theoria*). Auf der Seite des symbolischen Logos stehen Religion, Mythos und Kunst, auf der Seite des begrifflichen Logos Wissenschaft und Philosophie – jede Form theoretischen Denkens. In der Praxis geistiger Tätigkeit greifen beide Formen des Logos ineinander. In ihren charakteristischen Ausprägungen sind sie gleichwohl deutlich voneinander unterschieden. Historisch haben sie sich oft als sich ausschließende Gegensätze artikuliert.

Der Begriff ist dialektischer Opponent des Symbolischen und bildet in Form von Wissenschaft und Philosophie ein eigenständiges epistemisches

Universum neben und im Zusammenhang mit dem Universum des Symbols, dem Mythos, Religion und Kunst zugehören. Sprache partizipiert an beiden – sie ist Schnittpunkt von Symbol und Begriff.

Symbolischer Logos: Religion, Mythos, Kunst

Symbol im allgemeinsten Sinn ist ein sinnliches Zeichen, das für einen Komplex von Bedeutungen steht, ohne mit diesem identisch zu sein. Das Zeichen hat vielmehr den Charakter eines Verweisens. Die wahre Symbolik sei dort zu finden, sagt Goethe, wo „das Besondere das Allgemeine repräsentiert" (*Maximen und Reflexionen*). Sie verwandelt „die Erscheinung in Idee, die Idee in ein Bild", doch so, „dass die Idee im Bild immer unendlich wirksam und unerreichbar bleibt" (*Gespräche mit Eckermann*). Bedingung des symbolischen Zeichens sind sinnliche Präsenz und Gegenständlichkeit, die Selbständigkeit also einer Trägergestalt, die diese auch außerhalb ihrer symbolischen Funktion bedeutsam macht. Dabei sind Symbole nicht an ein bestimmtes materiales Medium gebunden, sondern in jedem Medium möglich. Jedes gegenständliche Medium kann Träger der symbolischen Bedeutung werden.

Das symbolische Zeichen verweist auf einen Komplex von Bedeutungen, die der Begriff nicht ausschöpft bzw. nicht zu artikulieren vermag. Im Symbol ‚zusammengeworfen' sind nicht nur sinnliche Gegenständlichkeit und Idee, auch in der Idee sind vielfältige Bedeutungen konnotiert, die vom Rationalen zum Psychischen, vom Bewussten zum Unbewussten reichen. Gerade das Traumatische, Surreale, Imaginative und Phantastische, Angst, Sehnsucht, Hoffnung und Traum finden im Symbol den Ort ihrer Artikulation. Die Bedeutung des Symbols ist deshalb, wie Goethe erkennt, begrifflich unausschöpfbar. Aus diesem Grund hat auch im Zeitalter der Wissenschaft der Begriff nie das Symbol völlig verdrängen, geschweige denn ersetzen können. Die Künste bilden das Terrain seiner Entfaltung. Zugleich sind sie die geistige Form, in der Symbol und Begriff zusammentreten.

Das Symbol ist der Logos, der zeigt. Im Zeigen des symbolischen Logos treten Repräsentation und Interpretation, Erkennen und Deuten, Wissen und Interpretation zusammen. In diesem Sinn hat das Symbol eine ‚aufschließende', Weltverhältnisse sichtbar machende, Welt deutende Funktion.

Symbolisches Denken ist die älteste Form menschlichen Denkens, und erst in einer zivilisatorisch späteren Phase tritt mit der Entstehung der Wissenschaft an die Seite des Symbols der Begriff. In den frühesten menschlichen Kulturen finden sich Spuren symbolischen Denkens. So sind neolithische Kultstätten als symbolische Orte zu verstehen. Weiter ist zwischen drei elementaren Symbolformen zu unterscheiden: der ikonischen, sprachlich-diskursiven und akustisch-musikalischen. Diese vollbringen Leistungen der Weltorientierung. Sie organisieren psychische und soziale Prozesse, setzen Emotionalität und Kognition in ein Verhältnis und fungieren als Medien der Konstitution menschlichen Welt- und Selbstbewusstseins. Sie sind Motoren des Prozesses menschlicher Selbstproduktion. Sie bilden die Grundlage für die Welt der Künste.

Religion, Mythos und Kunst sind fundamentale, in frühe geschichtliche Stufen zurückreichende Formen vergegenständlichter Weltverständigung und Sinnorientierung, die sich von einem bestimmten Zeitpunkt geschichtlicher Entwicklung an institutionalisieren und zu Formen ideologischer Macht werden bzw. in solche Formen eingehen. In ihnen sedimentiert ist experientielles Wissen. In diesem Sinn sind Religion, Mythos und Kunst epistemische Formen.

Im Folgenden werden Religion und Mythos behandelt; zur Kunst liegen ohnehin separate Studien vor.[195]

Symbolischer Logos I: Religion

1. Unter Religion sei verstanden „a) die spezifische Form eines durch die materiellen Verhältnisse bedingten gesellschaftlichen Bewusstseins; dieses Bewusstsein wird b) institutionalisiert und in bestimmten Handlungsweisen und Reden (rel. Riten und Texten) wirksam; dabei wird c) die individuelle und soziale Existenz des Menschen mit dem ‚Ganzen' von Natur, Gesellschaft und Geschichte in einen umfassenden, die Welt der Erfahrung übersteigen-

195 Th. Metscher, *Ästhetik, Kunst und Kunstprozess*, Berlin 2013; ders., *Kunst. Ein geschichtlicher Entwurf*. Zweite Auflage, Kassel 2020.

den Sinnzusammenhang gebracht, der sich als in personifizierter (Theismus) oder in unpersönlicher Form (Pantheismus, Deismus), als Einheit (Polytheismus) oder als Koexistenz einer Vielzahl von göttlichen Mächten oder Personen (Polytheismus) darstellen kann; dieser Sinnzusammenhang und die ihm entsprechenden Praxen vermitteln d) den religiösen Subjekten eine eigene Identität und grenzen sie als Gruppe sozial ab".[196] Diese Bestimmung diene als Grundorientierung.

2. Die Religion ist eine ideologische Macht, die in einer Vielzahl von Gestalten, von ihren frühen magisch-animistischen Formen bis zu den monotheistischen Religionen der Hochkulturen das Leben der Menschen in der uns bekannten Geschichte formiert, geregelt und beherrscht hat – und es in großen Teilen der Welt auch heute noch tut. In der aufklärerisch-marxistischen Religionskritik hat dieser Gesichtspunkt im Mittelpunkt gestanden. In den Hintergrund trat dabei die Einsicht, dass die Religion die erste und älteste welterklärende Gedankenform ist. Religion „hat es zu allen Zeiten und bei allen Völkern gegeben. Sie begleitet die Geschichte der Menschheit von den Ursprüngen der Stammesgesellschaft bis in die modernen kapitalistischen und sozialistischen Gesellschaften." Sie ist eine sich aus den Zwängen der menschlichen Existenz ergebende gesellschaftliche Bewusstseinsform. In ihr wurden sich die archaischen Menschen der Welt, in der sie lebten, wie ihrer Lage in dieser Welt bewusst. Sie deuteten und erklärten diese Welt aus dem Wirken außermenschlicher geistig-seelischer Kräfte, die sie sich als Geister, Dämonen oder Götter dachten – lange bevor die Welt dem einen Gott zugeschrieben wurde. Damit aber entwarfen sie einen Bedeutungshorizont, in dem sie, wie begrenzt auch immer, handeln konnten, der ihr Tun geistig-emotional und praktisch orientierte, ihrem Dasein Zweck, Ziel und Sinn gab. Und sie entwarfen damit auch eine Ethik praktischen Handelns, die ihr Tun anleiten konnte. Nur indem die Religion dies leistete, konnte sie zur ideologischen Macht werden, die das Leben der Menschen beherrscht. Und sie wurde zur ideologischen Macht, indem sie dies leistete.

196 K. Füssel/s. Huber/B. Walpen, *Religion*, in: Sandkühler, EEPW, Bd. 4, S. 103.

3. In der klassischen Feuerbach-Marxschen Auffassung ist die Religion bekanntlich mehr als nur falsches Bewusstsein, Priestertrug und gesellschaftliche Gewalt. Sie ist eine Grundform des Ideologischen: verkehrtes Weltbewusstsein, das in dieser Verkehrung gleichwohl Wahrheit zu spiegeln vermag. Die Religion, erinnere ich, ist „ein *verkehrtes Weltbewusstsein*", weil die Welt, die sie produziert, „eine *verkehrte Welt*" ist. Sie ist „der Seufzer der bedrängten Kreatur, das Gemüt einer herzlosen Welt, wie sie der Geist geistloser Zustände ist". Sie ist „die illusorische Sonne, die sich um den Menschen bewegt, solange er sich nicht um sich selbst bewegt". Sie ist damit auch „die *phantastische Verwirklichung* des menschlichen Wesens, weil das *menschliche Wesen* keine wahre Wirklichkeit besitzt". Aus diesem Grund ist der „Kampf gegen die Religion (…) mittelbar der Kampf gegen *jene Welt*, deren geistiges *Aroma* die Religion ist". Das „religiöse Elend hat also seine Wahrheit in dem Doppelcharakter, in einem der *Ausdruck* des wirklichen Elendes und in einem die *Protestation* gegen das wirkliche Elend" zu sein. Ihre Kritik – die Kritik des „*illusorischen* Glücks" – hat ihren ultimativen Sinn also nicht in sich selbst. Der platte bürgerliche Atheismus – Atheismus als Weltanschauung – ist für Marx keine adäquate Antwort auf die Verkehrungen der Religion. Die Kritik der Religion ist vielmehr die Bedingung menschlicher Emanzipation. Sie hat ihren dialektischen Sinn allein in der Forderung des „*wirklichen* Glücks". So heißt es in aller Schärfe und mit größter rhetorischer Kraft: „Die Kritik hat die imaginären Blumen an der Kette zerpflückt, nicht damit der Mensch die phantasielose, trostlose Kette trage, sondern damit er die Kette abwerfe und die lebendige Blume breche". Die Kritik der Religion endet folgerichtig also „mit der Lehre, dass der *Mensch das höchste Wesen für den Menschen* sei, also mit dem *kategorischen Imperativ, alle Verhältnisse umzuwerfen*, in denen der Mensch ein erniedrigtes, ein geknechtetes, ein verlassenes, ein verächtliches Wesen ist".[197] Es ist „die *Aufgabe der Geschichte*, nachdem das *Jenseits der Wahrheit* verschwunden ist, die *Wahrheit des Diesseits* zu etablieren"[198]. Diese Aufgabe ist gemeint, wenn die *Feuerbach-Thesen* mit dem Satz schließen: „Die Philosophen haben die Welt nur verschieden *interpretiert*, es kömmt drauf an, sie zu *verändern*".

197 MEW 1, S. 378f.
198 Ebd., S. 379.

4. Behauptet wird hier also die Wahrheit der Religion – doch gegen ihren ostentativen Sinn. Die Wahrheit der Religion ist eine Wahrheit des *Diesseits* – und sie ist gegen ihr Selbstverständnis hervorzukehren. Die Religion ist, um ein Wort Walter Benjamins zu variieren, *gegen den Strich zu bürsten*, wenn man an ihre Wahrheit gelangen will. Doch auch hier ist, wie in aller traditionellen Religionskritik, ein Tatbestand zu wenig bedacht; der nämlich, dass die Religion, in ihrer gesamten Geschichte, als Teil ihres Charakters als ideologische Form und über ihre ideologischen Funktionen hinaus, ein fundamentales menschliches Sinnbedürfnis artikuliert. Nur dies erklärt, zusätzlich zur Persistenz elender menschlicher Verhältnisse, ihre omnihistorische Präsenz – wie ihre Attraktivität bis in die Gegenwart hinein für einen großen Teil der Weltbevölkerung. Die Religion, möchte ich formulieren, ist eine *primäre Sinngebungsinstanz: Sie artikuliert ein Sinnbedürfnis und gibt zugleich eine Antwort darauf.* Dabei handelt es sich um die kulturelle Bearbeitung existentieller Grunderfahrungen, von denen im Ersten Teil gesprochen wurde; deren historische Formen wechseln, die als Tatsachen menschlicher Existenz unhintergehbar mit dem menschlichen Leben, wie wir es kennen, verbunden sind.

5. Ich wies darauf hin, dass es im menschlichen Dasein, so wie es uns historisch überliefert ist, Erfahrungen gibt, die kulturell unterschiedlich erfahren werden, die im Sinn menschlicher Grunderfahrungen aber omnihistorisch sind. Sie sind ‚Tatsachen des Lebens' und gehören damit unabdingbar zur Welt des Menschen, damit zu dem, was Marx „das Ensemble der gesellschaftlichen Verhältnisse" nennt. Solche Tatsachen – ‚Grundtatsachen' – sind: Zeugung, Geburt, Liebe, Glück, Leid, Krankheit, Tod – stets gebrochen im Medium konkreter gesellschaftlicher Verhältnisse: im Modus also ihrer historischen Besonderheit. Hinzu kommen die Erfahrungen gesellschaftlicher Macht: von Unterdrückung, Gewalt, Krieg; die vielfältigen Erfahrungen der Natur. Die Sinnfrage nun artikuliert sich im Horizont dieser Erfahrungen. In ihrem Zentrum steht die Frage des Zusammenhangs des Einzelnen mit dem Ganzen: die teleologische Frage nach Zweck und Ziel des Einzelnen innerhalb des Ganzen. Die Religionen nun haben in ihrer ganzen Geschichte Antwort auf diese Frage gegeben. Ihre Antwort bestand (und besteht) darin, dass sie den ‚Sinn' (bzw. die Sinnstiftung) einer außermenschlichen Instanz übertrugen – einem transzendenten ‚Göttlichen' zuschrieben (wie dieses vorgestellt wurde); ‚transzendent' meint: *jenseits* menschlichen Tuns und Treibens, oft

verlegt auch in eine jenseitige Welt. Der Mensch bleibt im religiösen Bewusstsein dem Göttlichen unterworfen. Der Lebenssinn ist Stiftung eines Anderen, die im Ritual erworben, durch Einstimmung erkauft werden kann. Sinn steht oft im Zusammenhang mit einem ethischen Kodex menschlichen Handelns. Menschliches Tun ist auf Einstimmung, Zustimmung, Teilhabe, Einklang reduziert. Die Vorstellung, dass Sinnstiftung *Akt des Menschen*, eine teleologische Setzung sein könnte, ist dem religiösen Bewusstsein fremd. Sie tritt erst mit der Philosophie in den Horizont menschlichen Denkens. Mit ihr wird die Sinntranszendenz des religiösen Bewusstseins durch die Sinnimmanenz des philosophischen abgelöst.

Symbolischer Logos II: Mythos

1. Das Wort ‚Mythos' besitzt ein vielschichtiges Bedeutungsfeld. Im ursprünglichen Wortsinn heißt Mythos Rede, Wort, Erzählung, Geschichte; Gespräch, Überlegung, Gedanke; aber auch Plan, Rat, Beschluss, Befehl, Gerücht; in einem weiteren Sinn Begebenheit, Sage, Ursprungsgeschichte. In der *Poetik* des Aristoteles meint Mythos die dargestellte bzw. erzählte Handlung (*Poetik*, 6), das Handlungsschema also von Drama und Epos, im Deutschen gewöhnlich als Fabel, im Englischen als *plot* wiedergegeben. Mythos, in diesem poetologischen Sinn, ist also die Struktur einer Handlung.[199] Der Begriff involviert die Ausdeutung dieser Handlung, ihr Bezogensein auf eine ästhetische Idee. Mit Mythos im Sinne einer mythologisch überlieferten Erzählung, so die heute gebräuchlichste Wortbedeutung, hat das unmittelbar nichts zu tun. In der klassischen griechischen Philosophie ist Mythos ein „Terminus der Distanzierung" und Kritik mit der Bedeutung einer „unwahren Erzählung", wie sie die Dichtung, vor allem das Epos repräsentiert.[200] So nennt Plato den Mythos „lügenhaft" und „kindisch". Der „Gegenpart" des Mythos ist der Logos, wobei unter Logos das „klar Gedachte", begrifflich Artikulierte verstanden wird – Wissen, das einer strengen Beweisführung unterliegt. In diesem Sinn ist dann auch der Weg des Denkens in Griechenland als Fortschritt „vom My-

199 Francis Fergusson erläutert den poetologischen Mythosbegriff als „structure of an action" (*The Idea of a Theatre*, New York 1949).

200 Ritter, HWP, Bd. 6, S. 281.

thos zum Logos" (W. Nestle) beschrieben worden. „Mythisches Vorstellen" gilt danach als „bildhaft", „aus dem Unbewussten schaffend und gestaltend; es ist gekennzeichnet durch die Existenz dämonischer Wesen, ihren guten und bösen Absichten, „die Spiritualisierung der Naturkräfte und die Materialisierung geistiger Inhalte", „den Glauben an die magische Wirkung kultischer Handlungen". „Logisches Denken" dagegen ist „begrifflich", „absichtlich und bewusst zergliedernd und verbindend". Zu modernen Bedeutungen zählt ein Begriff von ‚Mythe', ‚Mythos' im Sinne eines ‚Handlungsschemas': als rekurrierendes Grundmuster menschlichen Handelns und geschichtlichen Geschehens, wie es Thomas Mann mit Rückgriff auf Karl Kerényi im Josephsroman paradigmatisch ausgearbeitet hat.[201] Mythe im modernen Gebrauch ist zudem ein ideologiekritischer Begriff und bezeichnet figurativ, narrativ, ikonisch, konzeptiv überlieferte ideologische Komplexe, in denen ein Konglomerat assoziierter Bedeutungen konzentriert ist, die sich dem begrifflichen Zugriff weitgehend entziehen. Der Begriff enthält damit auch ein Reservoir von Bedeutungen, das weit über die Zeit seines Entstehens und Wirkens hinausreicht. Dieser Tatbestand hat seinen produktiven Gebrauch über lange Zeiträume hinweg möglich gemacht – erleichtert aber auch seine ideologische Verwendung.

2. ‚Mythe', ‚Mythos', wie der Begriff hier verstanden wird, bezeichnet eine objektive Bewusstseinsform im Sinne eines ‚positiven Begriffs'. Mythen sind die frühesten sprachlich überlieferten Bewusstseinsform des gesellschaftlichen Menschen. In der Antike waren sie „Integrationsideologien von Kulturen, staatsbildend im alten Ägypten, stammesübergreifend bei Griechen und Römern".[202] Die erste Stufe der Mythenbildung ist die Imagination, „die bildhafte *Vorstellung* (…) eines mythischen Sachverhalts", doch ist es dem Mythos wesentlich, erzählt zu werden, „so dass diese Imagination sich zum Bericht verdichtet".[203] Nach Robert Graves ist der echte oder ursprüngliche Mythos „die erzählerische Kurzschrift kultischer Spiele". "True myth may be defined as the reduction to narrative shorthand of ritual mime performed on public festivals, and in many cases recorded pictorially on temple walls, vases, seals,

201 Kerényi greift seinerseits auf den Mythenbegriff C.G. Jungs zurück.
202 H.H. Holz, *Editorial*, TOPS 31 (2009), S. 7.
203 Ders., *Sprachformen des Mythos*, in: Ebd., S. 99.

bowls, mirrors, chests, shields, tapestries and the like" – "dramatic performances which, with their iconographic or oral records, became the prime authority, or charter, for the religious institutions of each tribe, clan, or city".[204] Die Mythe ist also in ihrem Ursprung kultisch gebundene „Erzählung (...) von göttlichem Geschehen". Sie ist eine frühe Form religiösen Bewusstseins, von dem sie sich, im Verlauf ihrer schriftlichen Fixierung und literarischen Bearbeitung, emanzipiert. Sie wurzelt im Matriarchat und spiegelt den Übergang von diesem zum Patriarchat, geht also auf den Zeitraum 8000-3000 v.u.Z. zurück. Dabei ist zwischen dem ursprünglichen oder ‚primären' Mythos und sekundären Mythen (so den patriarchalisch-anthropomorphen Mythen der ‚Olympier') zu unterscheiden. Eine dritte Stufe stellen die literarischen Bearbeitungen der Mythen dar (Homer, Hesiod, die griechische Tragödie). In ihnen löst sich der Mythos endgültig vom Kult – seinem religiösen Ursprung – und wird zur Literatur: das Religiöse transformiert sich in ästhetische Bewusstseinsformen. Auf diesem Weg geht der Mythos in die Kunst und Literatur Europas ein. In allen ihren Formen ist die Mythe, was sie bereits in ihren archaischen Ursprüngen war: *Weltdeutungsmuster*.

3. Die Mythen deuten die Welt im Sinn eines von geistig-seelischen Kräften bestimmten, gestalthaft repräsentierten Geschehens. Mythen sind symbolische Deutung des Weltgeschehens, menschlich erfahrener Welt. Ihr Weltbild, das als von agierenden personalen Kräften bestimmt erscheint, zeigt die Herkunft des Mythos aus animistischen Vorstellungsformen, einer von geistig-seelischen Wirkkräften beherrschten Natur an. Der Mensch als autonomes Subjekt und Agens seiner Handlungen ist ihm fremd. Prominent sind die kosmologischen, theogonischen und anthropologischen Mythen, die die Entstehung des Kosmos, der Götter und des Menschen behandeln.[205] Daneben stehen soteriologische und eschatologische Mythen, in denen das Ende der Welt, der Menschen und der Götter behandelt wird. Ja die Erfahrungen, von denen der Mythos erzählt, umfassen eine Totalität fundamentaler menschlicher Erfahrungen und

204 R. Graves, *The Greek Myths*, 2 Bde., Harmondsworth 1957, Bd. 1, S. 10.

205 Nach Mircea Eliade ist der Mythos im eigentlichen Sinn „immer auf eine ‚Schöpfung' bezogen" und stellt deshalb „das Musterbeispiel dar für alle bedeutsamen Handlungen" (*Mythen und Mythologie*, in: S. Golowin/M. Eliade/J. Cambell, *Die großen Mythen der Menschheit*, Freiburg 1998, S. 14).

sind auf elementarster Ebene gebunden an Grundtatsachen menschlicher Existenz, von denen eingangs die Rede war: die Reproduktion und Produktion menschlichen Lebens: Zeugung, Geburt, Liebe, Glück, Leid, Tod, die Erfahrung gesellschaftlicher Gewalt. Im Vordergrund steht das menschliche Naturverhältnis – die allgegenwärtige Erfahrung einer übermächtigen Natur. In dieser Weite der berichteten und gedeuteten Erfahrung liegt die andauernde Faszination des Mythos – seine ‚Gültigkeit' über die historische Zeit seiner Entstehung und seines Wirkens hinaus. Er formuliert, nicht zuletzt kraft seiner semantischen Fluidität, Erfahrungsmuster von großer Reichweite. Der Mythos ist durch ein bemerkenswertes Potential – einen ‚Überschuss' – von Bedeutungen ausgezeichnet, das sich dem begrifflichen Zugriff entzieht und ihn zur ‚Neudeutung' in völlig anderen gesellschaftlichen Lagen verfügbar macht als die es waren, aus denen er entsprang. Sein Bedeutungsreservoir scheint schier unausschöpflich. In dieser Hinsicht erklärt sich auch seine Nähe zum Ästhetischen und seine Ferne zum Begriff – nicht zuletzt auch, dass letzterer in bestimmten Phasen seiner Geschichte zum Gegenspieler des Mythos wird.

4. Mythen sind also „Sinndeutungen von Lebenssituationen".[206] Sie sind „Erzählung von *Handlungen*". „Nicht Begriffe von Dingen und Substanzen, sondern Eindrücke von Vorgängen sind es, die das frühe Denken beschäftigen".[207] Der Mythos ist Rede, die einen Sinn in typischer Ausprägung überliefert, „so dass wir den Sinn in der Überlieferung erkennen".[208] Der Mythos legt die Handlung aus, von der er erzählt, und er stiftet diese Auslegung als Überlieferung. Seine Auslegung hat autoritativen Charakter und sichert ihn vor individueller Beliebigkeit wie vor dem Vergessen. Bei aller Vieldeutigkeit hat er einen identischen Kern. In diesem Sinn ist er eine *primäre ideologische Form*. Er ist damit auch in seiner Geschichtlichkeit zu fassen. Die Handlungen, die der Mythos auslegt, der Typus von Erfahrung, den er behandelt, sind *historische Basiserfahrungen*, die sich aus den geschichtlichen Umbrüchen ergeben, die die mythischen Erzählungen spiegeln und deren Ausdruck sie sind. Dem mythischen Bewusstsein liegen also reale gesellschaftliche Erfahrungen zugrunde, die sich in ihm in Form der mythologischen Erzählung widerspie-

206 H.H. Holz, *Sprachformen des Mythos*, a.a.O., S. 120.
207 Ebd., S. 113.
208 Ebd., S. 98.

geln: der Übergang vom Matriarchat zum Patriarchat. Mythen erzählen damit auch von Herrschaftsverhältnissen, Sexualität, Macht, Verletzungen. Sie sind zum großen Teil Berichte von Gewalt. Im zweifachen Sinn des Typologisch-Allgemeinen und des Historisch-Besonderen ist der Mythos narrative Vergegenständlichung und Kommunikation experientiellen Wissens – epistemische Organisation von Erfahrung über den narrativen Diskurs. (In den *Mythos*-Begriff der Aristotelischen *Poetik* geht dieser Tatbestand ein. Was die Fabel organisiert, ist die Mimesis von Praxis: gesellschaftlicher Handlung. Sie macht diese erfahrbar, legt sie aus.) Der Mythos aber ist ideologische Form auch in dem Sinn, dass in ihm basale gesellschaftliche Konflikte bewusst und ausgetragen werden. Er ist Form der Affirmation und Integration, aber auch (wie keimhaft immer) der Protestation und des Widerstands.

5. Als Weltdeutungsmuster ist der Mythos, wie das religiöse Bewusstsein, aus dem er hervorgeht, *Sinngebungsinstanz*. Er gibt Antwort auf das Menschen offenkundig eingeborene Bedürfnis, ihr Sein in der Welt zu verstehen, ihm einen Sinn zu- oder abzusprechen, sich den Kosmos und seine Kräfte erklärbar zu machen. In diesen Zusammenhang gehört die Frage nach Grund und Ursprung der Welt, die in den Weltentstehungsmythen eine Antwort findet. Die Mythen sind des Weiteren, über ihre singuläre historische Bedeutung hinaus, *Identifikationsmuster*: Die in ihnen niedergeschlagenen Erfahrungen werden durch Erzählung kommuniziert und erfahrbar gemacht. Sie bilden dabei ein *Reservoir lebensweltlichen Wissens*, das in das Vor- und Unbewusste zurück reicht. Sie sind damit auch Medium des Bewusstwerdens des Unbewussten. Sie erfassen, zumal in ihrer späteren literarischen Gestalt (Ovid, Apuleius), Dimensionen menschlicher Psyche, die erst in den Künsten sehr viel späterer Zeitalter, wissenschaftlich erst mit der Entwicklung der Tiefenpsychologie eingeholt werden konnte (wenn es denn bis heute eingeholt ist).

6. In allen diesen Funktionen ist der Mythos eine elementare Rationalitätsform – die Gestalt einer ‚ursprünglichen' Aufklärung. Er ist dies als Form symbolischen Denkens. Zu Recht spricht Ernst Cassirer vom ‚mythischen Denken'[209]. Der Mythos ist damit Gestalt des Logos, nicht sein Gegensatz.

209 E. Cassirer, *Philosophie der symbolischen Formen* (Teil II.), a.a.O.

Er ist es im wörtlichen Sinn: als erzählendes Reden über Wirklichkeit und menschliche Erfahrung in ihr; ein Reden, dass solche Erfahrung aufschließt und versteht, wie ‚phantastisch' und empirisch verkehrt auch immer. Ein solches aufschließendes ‚Reden über' aber ist ursprüngliche Tätigkeit des Logos. Die Dichotomie von Mythos und Logos, die die Ursprungsgeschichte der europäischen Philosophie begleitet, ist eine historisch verständliche Abstraktion, die einem besonderen Begriff von Logos geschuldet ist: dem theoretischen Logos, orientiert am Ideal rational nachvollziehbarer Einsicht, der Deutlichkeit und Klarheit begrifflichen Denkens und Sprechens, folgerichtig in Gegnerschaft zu Mythos, Meinung und Wahrnehmung (Aisthesis), damit auch zur Dichtung. Bereits bei Heraklit wird Logos zur Bezeichnung der Gesetzmäßigkeit der Welt, des Sinns und Grunds des Weltgeschehens. Logos wird zu einem metaphysisch-kosmologischen Grundbegriff.

7. So ist der Mythos eine erste Form symbolisch-diskursiven Denkens, die aus dem religiösen Bewusstsein entspringt. Die Geschichte des Denkens verläuft von diesem Zeitpunkt aus in zwei Linien, die beide, wenn auch in unterschiedlicher Form den Mythos zu ihrer Voraussetzung haben: dem begrifflichen Denken (Wissenschaft, Philosophie), das sich in Gegnerschaft zum Mythos konstituiert und der Dichtung, die den Mythos ‚mit anderen Mitteln' fortsetzt: als kulturell organisierte und institutionalisierte geistige Produktion mit eigenständiger Gegenständlichkeit, Funktion und Wirkung.

II. Mythos und Dichtung

In der hier vertretenen Auffassung sind Mythen eine primäre Form von Aufklärung. In narrativ-rationaler und metaphorischer Form erklären sie den Menschen ansonsten unbegreifliche Geschehnisse. Sicher: zu konstatieren ist die Bewegung vom Mythos zum Logos in frühen menschlichen Kulturen, doch hat der Logos den Mythos so wenig überflüssig gemacht wie Dichtung und Literatur, die den Mythos fortsetzen und weiterentwickeln. Der Mythos, historisch-genetisch gesehen, ist eine primäre Form von Literatur (Dichtung). Zum ursprünglichen Mythos gehört die mündliche Artikulation – in einem bestimmten Sinn sind die Mythen die früheste Form von ‚oral literature'. Der Mythos wird zur Dichtung in seiner Ablösung vom Kult und mit seiner

Verschriftlichung. Eine logische Universalie im ausgezeichneten Sinn ist die *Sprache,* die mit der Verschriftlichung ihre universale schöpferische Kraft entfaltet. Die frühe europäische Literatur legt davon beeindruckend Zeugnis ab. Sie entsteht aus der Bearbeitung mythischer Stoffe – ja tritt bereits in Distanz zu ihnen. Homer durchbricht das mythische Weltbild. So entwirft der ‚Schild des Achill' (*Ilias,* 18. Gesang) bereits ein Weltbild jenseits des mythischen: das Bild einer aus eigenen Kräften gespeisten Naturordnung, die als Kosmos das Ganze trägt und am Dasein erhält, in der auch der Mensch handelnd und leidend, in vielfacher Tätigkeit, zu der die Arbeit ebenso gehört wie der Gesang, in Frieden und Krieg seinen Ort hat[210].

Ilias und *Odyssee* stehen an der Schwelle zwischen mythischem und rationalem Weltbild. Der Anthropozentrismus der Götter Homers führt in der Konsequenz zum Atheismus des Euripides. Der von Odysseus verkörperte menschliche Logos – die ‚List' des Odysseus, die die List des Logos ist – vermag es, den mythischen Gewalten zu widerstehen. Er bezwingt Polyphem, widersteht den Sirenen, entgeht Skylla und Charybdis. Trotz aller Irrfahrten und unsäglicher Opfer: die Heimkehr gelingt. Zwar bedarf es der Hilfe dazu, doch wird sie uneigennützig gewährt: als Akt der Gastfreundschaft und Hilfsbereitschaft (die Phaiaken).

Mit seiner Literarisierung ist auch von einer Ästhetik des Mythos zu reden. Dieser tritt in die Ordnungsgestalt der epischen Rede (‚Gesang') und der dramatischen Form. Die Erinnerung an diesen Ursprung schwingt im ‚Mythos'-Begriff des Aristoteles nach. Zwar reduziert dieser den Mythos auf die reine Handlungsstruktur, doch ist diese ‚Leben und Seele' der Tragödie. Sie ist es, die das Geschehen (die ‚Praxis'), das das Drama mimetisch nachbildet, allererst möglich macht und organisiert. Der Mythos wird jetzt zum Organisationsprinzip der dramatischen und epischen Form. Ist hier der Mythos ein Ästhetikum, so wird er in der Folgezeit zum bloßen Stoff. Doch auch als solcher noch zeitigt er gewaltige Wirkungen. Er reicht in den hellenistischen Roman hinein (Apuleius), in die Lyrik, in die römische Literatur (*Aenaeis*) hinein, ja Ovid zieht bereits seine literarisch-psychologisierende Summe. Der Prozess der Ablösung freilich erfolgt graduell: Erst Euripides

210 Th. Metscher, *Herausforderung dieser Zeit. Zu Philosophie und Literatur der Gegenwart,* a.a.O., S. 177–200.

wendet sich kategorisch und entschieden gegen die mythische Überlieferung, die er in seinen Dramen mit humanistischer Zielsetzung dekonstruiert, parodiert, verfremdet.

III. Mythos und Philosophie

Auch in der Philosophie erfolgt eine Transformation des Mythos, die freilich bei weitem radikaler ist als die in der Dichtung. Von Beginn an ist die Haltung der Distanz, ja der Gegnerschaft präsent: bei Sokrates, doch schon bei den Vorsokratikern. Die Philosophie setzt an die Stelle des magisch-mythisch-religiösen Weltbilds die Erklärung aus Prinzipien, an die Stelle des Symbols die begründende Rede, die Sprache des Begriffs. Und doch ist es ein Übergang in Stufen. Auch die frühe Philosophie erzählt noch Geschichten, arbeitet mit Gleichnissen und Bildern, spricht metaphorisch, ja entwickelt mit dem Dialog eine ästhetisch-theoretische, literarisch-philosophische Mischform – führt diese bei Platon zur Meisterschaft. Erst bei Aristoteles setzt sich die wissenschaftlich-begriffliche Form theoretischen Denkens endgültig durch, sprachlich und in der disziplinären Gestaltung – und prägt zweitausend Jahre der europäischen Philosophiegeschichte. Die diskursiv argumentierende Rede tritt jetzt an die Stelle der erzählten Geschichte, der Begriff ersetzt die Figur, die systematische Darlegung den narrativen Zusammenhang, die rationale Einsicht den identifikatorischen Nachvollzug. An die Stelle einer von Geistern und Göttern belebten Welt tritt das Bild einer natürlichen Ordnung, die gesetzmäßig verfasst und deren Prinzipien erkennbar sind.

Symbolischer Logos III: Kunst

Insgesamt und im historischen Rückblick gesehen besitzt der ästhetische Logos – die Kunst – eine der Wissenschaft / Philosophie gleichrangige Reichweite der epistemischen Welterschließung. Der ästhetische Logos ist in einem bestimmten Sinn synthetischer Natur, da er in seinen komplexesten Formen nicht nur die Gestalten des symbolischen Logos (seine mythischen und religiösen Formen), sondern zumindest partiell auch den begrifflichen Logos zu integrieren vermag. Die Kunst markiert eine Schnittstelle zwischen Symbol und Begriff. Ihre epistemische Reichweite erstreckt sich von der theoretischen Vernunft und dem wissenschaftlichen Wissen bis in den vor-logischen Bereich des Unter- und Vorbewussten, den sie sprachlich, ikonisch und akustisch evoziert.

Die Kunst ist genetisch heterogen. Die Künste gehen aus religiösen Praktiken hervor, sind über lange Zeiträume in den Kult, auch in religiöse Ideologien eingebunden, doch ist zugleich ein vom Religiösen unabhängiges ästhetisches Vermögen als autochthone Quelle des Ästhetischen anzunehmen, das sich im Zusammenhang mit der menschlichen Arbeit als der ersten Kraft kultureller Bildung entwickelt.

Begrifflicher Logos I: Wissenschaft, Philosophie

Der *begriffliche Logos* zielt auf Eindeutigkeit, auf klares und deutliches Erkennen, methodisch erworbenes und argumentativ entwickeltes, damit überprüfbares Wissen, auf Systematizität und Zusammenhalt. Schon im griechischen Wortgebrauch ist der theoretische Logos durch das „Merkmal der Nachprüfbarkeit" ausgezeichnet.[211] Sein Erkenntnisziel ist das Erkennen des Allgemeinen, von Regel und Gesetz. Seine Erkenntnisform ist kategorial, abstraktiv, schematisch. Es ist die Form des *kategorialen* oder *theoretischen Begriffs*. Gemeint ist der ‚reine', unsinnliche, d.h. mit abstrakten Termen arbeitende Begriff im Unterschied zum ‚sinnlichen Begriff', wie er sich im metaphorischen Sprechen verkörpert. Seine ideale Erkenntnisart ist die Wissenschaft, und in ihr sind es die Naturwissenschaften mit ihren streng empirischen oder am Leitbild der Mathematik ausgerichteten Methoden. In der Wissenschaft hat das Subjektive keinen Ort, es sei denn als Gegenstand der wissenschaftlichen Untersuchung selbst. Die Wissenschaft ist *desanthropomorphisierend* (Lukács) in einem konstitutiven Sinn. Ihre Gegenstände sind möglichst frei von subjektiver Färbung und Einstellung aufzunehmen; nur so können Regel und Gesetz, kann idealiter das *An-sich* von Wirklichkeit erkannt werden.

211 K. Ziegler/W. Sontheimer (Hg.), *Der kleine Pauly*, a.a.O., Bd. 3, S. 710ff.

Begrifflicher Logos II: Wissenschaft

1. Wissenschaft, in allgemeinster Bestimmung, ist „der gesellschaftlich-politisch institutionalisierte und nur kollektiv realisierbare Versuch, systematisch und methodisch zu erkunden (erforschen), was alles in der Welt der Fall ist und warum es der Fall ist. (…) Wo immer dieser Versuch gelingt, ist wissenschaftliches Wissen in Gestalt von Theorie darüber verfügbar, was in bestimmten Bereichen (Ausschnitten) der Welt der Fall ist und warum es der Fall ist."[212] Die Idee der Wissenschaft lässt sich durch vier regulative Ideale näher charakterisieren: das Ideal der Wahrheit, das Ideal der Erklärung und des Verstehens, das Ideal der epistemischen Rechtfertigung (Begründung), das Ideal der Intersubjektivität. Das *Ideal der Wahrheit* besagt: Wissenschaft will erforschen, was der Fall ist. Diese Forschung mündet in Meinungen über Sachverhalte in der Welt. Der Inhalt der Meinungen soll mit dem übereinstimmen, was tatsächlich in der Welt der Fall. D.h., Wissenschaft zielt auf Wahrheit, Wahrheit verstanden als Übereinstimmung zwischen einer Meinung (Überzeugung) und der Wirklichkeit. Das *Ideal der Erklärung und des Verstehens* bedeutet: Wissenschaft will nicht nur konstatieren, was in der Welt der Fall ist, sondern auch erklären und verstehen, warum etwas der Fall ist – zumindest im Sinn eines epistemischen Ziels. Dazu gehört die Frage nach den Ursachen für die Einzeltatsachen in der Welt wie auch die Frage nach Mustern, Regeln, Gesetzmäßigkeiten, nach denen die Objekte und Ereignisse in der Welt miteinander zusammenhängen und voneinander abhängig sind. Das *Ideal der epistemischen Rechtfertigung (Begründung)* sieht vor, dass eine wissenschaftliche Meinung begründet sein muss, um als wahr gelten zu können. Dabei ist zwischen inferentiellen und nicht-inferentiellen Rechtfertigungen zu unterscheiden, d.h. zwischen solchen, die die Wahrheit einer Meinung auf schon als wahr erkannte andere Meinungen zurückführen, also deduktiv oder induktiv aus anderen Wahrheiten erschließen und solchen, die durch direkten Verweis auf Wahrnehmungen begründet werden. Das *Ideal der Intersubjekti-*

212 H. Tetens, *Wissenschaft*, in: H.J. Sandkühler, Enzyklopädie der Philosophie, Hamburg 1999 (2. Aufl. 2010), S. 1764; vgl. auch: H.J. Sandkühler, *Homo Mensura. Übersetzung von Welt in Kultur und die Fragwürdigkeit realistischer Ontologie*, in: K. Garber/H.G. Klaus, (Hg.), Die Wunde der Geschichte. Aufsätze zur Literatur und Ästhetik. Festschrift für Thomas Metscher, Köln 1999, S. 199–216.

vität besagt, dass Wissenschaft im Prinzip an jedermann adressiert, wissenschaftliches Wissen kein Geheimwissen einer privilegierten Minderheit ist. Dem Anspruch nach ist es schrittweise lehr- und lernbar. Das bedeutet, dass wissenschaftliches Wissen sich intersubjektiv mitteilen und intersubjektiv nachprüfen lassen muss, wissenschaftliche Behauptungen klar und deutlich – damit prinzipiell verständlich – formuliert sein sollten.[213]

Der Autor argumentiert, dass die vier regulativen Ideale der Wissenschaft -mit ihnen die *allgemeine Idee von Wissenschaft* – sich mit den Anfängen griechischer Philosophie und Wissenschaft herausbilden und im Kern in der Wissenschaftsgeschichte bis auf den heutigen Tag durchgehalten haben (wenn auch in wechselnden Terminologien und Darstellungen). Verändert freilich haben sich die Vorstellungen darüber, wie und wie vollständig diese Idee in den verschiedenen Wissensbereichen einzulösen ist[214].

2. Als Grundlage für weitere Überlegungen ist diese Grundbestimmung zu übernehmen – nicht zuletzt, weil selbst durch Klarheit hervorsticht. Sie bedarf freilich einer Erweiterung. Und zwar sind die vier regulativen Ideale durch ein fünftes zu ergänzen: *das Ideal der Einheit von Theorie und Praxis*. Damit ist nicht gemeint, dass die Wahrheit einer wissenschaftlichen Theorie allein in ihrer Bewährung in der Praxis liegt (dies wäre lediglich ein Modus dieses Verhältnisses), sondern zunächst nicht mehr als dass wissenschaftliches Wissen, das aus der Praxis hervorgeht, auch in die Praxis zurückwirken sollte; dass Wissenschaft ihren Sinn nicht (oder nicht nur) in sich selbst trägt. Sie sollte vielmehr dem menschlichen Dasein ‚nützlich' sein (von der technischen Anwendung bis zur gesellschaftlich-kooperativen Planung und Gestaltung: wie immer hier ‚Nutzen' verstanden werden mag), im besten Fall dazu dienen, „die Mühseligkeiten der menschlichen Existenz zu erleichtern" (Brecht, *Leben des Galilei*). Die *Veränderung der Welt* im Sinne einer Verbesserung der menschlichen Verhältnisse ist das höchste Ziel von Wissenschaft. In diesem Sinn ist das Ideal der Einheit von Theorie und Praxis dem Ideal der Intersubjektivität an die Seite zu stellen. Es ist seine Ergänzung. – Weiter ist hinzuzufügen, dass Wissenschaft in ihrer Praxis oft im Widerspruch zu ihren Idealen stand, dass

213 H. Tetens, *Wissenschaft*, a.a.O., S.1763–1765.
214 Ebd., S. 1765.

sie als Moment im Ensemble der ideologischen Verhältnisse nur allzu oft ihre Ideale verriet. In ihren Hoch-Zeiten, in Gestalt ihrer besten Vertreter und Vertreterinnen freilich hat sie, soweit historisch möglich, dann aber auch immer wieder ihre Ideale erfüllt. – Sichergestellt werden müsste zudem die Korrektur des hier zugrunde gelegten Weltbegriffs (der sich erkennbar Wittgenstein verdankt): dass das, was in der Welt ‚der Fall ist', der Gegenstand wissenschaftlichen Wissens, die Dimensionen von Vergangenheit und Zukunft mit umfasst (sofern diese der wissenschaftlichen Erkundung zugänglich sind) – die ‚Sachverhalte' in der Welt in Bewegung: werdend-gewordene sind.

3. Der allgemeine Begriff von Wissenschaft hebt diese klar erkennbar von jedem religiösen Bewusstsein ab – wie auch von dem Bewusstsein der Künste (unabhängig von der Tatsache, dass das religiöse Bewusstsein über lange Zeiträume hinweg in wissenschaftliches Wissen hineingespielt hat, in manchen Wissenschaftsfeldern bis auf den heutigen Tag hineinspielt). Wissenschaftliches Denken bildet sich in langen Kulturprozessen heraus, in denen es sich vom religiösen Bewusstsein ablöst.[215] Es entsteht in den frühen Hochkulturen. Die Anfänge von Wissenschaft und Technik liegen im Alten Orient. Sie gehen aus den Bedürfnissen der sich entfaltenden agrarischen Produktion und der städtischen Zivilisation hervor. „Die Beobachtung der Gestirne und der jahreszeitlichen Veränderungen zur Festlegung des günstigsten Augenblicks für landwirtschaftliche Tätigkeiten (Pflügen, Säen, Ernten) führte zu Anfängen der Astronomie, zu Zeiteinteilungen durch Kalendersysteme"[216]. So entstanden die ersten komplexen und empirisch genauen wissenschaftlichen Theorien (Astronomie) um zweitausend v.u.Z. in Babylon[217]. Der Anlage von Deichen, Kanälen, Ent- und Bewässerungssystemen, der Landvermessung, dem

215 Auf die wegweisenden Untersuchungen Hermann Leys zur Entstehung wissenschaftlichen Denkens in der neunbändigen *Geschichte der Aufklärung und des Atheismus*, Berlin 1966ff. kann ich an dieser Stelle nur hinweisen. Das Einarbeiten ihrer Ergebnisse würde den Rahmen dieser knappen Skizze sprengen. Dass Leys großes Werk hierzulande praktisch unbekannt ist, stellt einen Skandal ersten Ranges dar. Wolfgang Försters Verdienst ist es, an Leys bleibende Leistung erinnert zu haben (W. Förster, *Zur „Geschichte der Aufklärung und des Atheismus" von Hermann Ley*, in: Z. Zeitschrift Marxistische Erneuerung, 81 (2010), S. 98–109).

216 I. Geiss, *Geschichte griffbereit. Die universale Dimension der Weltgeschichte*, München 2002, S. 8.

217 Vgl. G. Graßhoff, *Normal Star Observations in Late Astronomical Babylonian Diaries*, in: N. Swerdlow (Hg.), Ancient Astronomy and Celestial Divination, MIT Press 1999, S. 97–147.

Bau von Tempeln und Speichern verdanken Geometrie und Architektur ihr Entstehen. „Bessere Verwaltung der Überschüsse erforderte komplexere Zahlenbegriff und Schriftzeichen – die elementaren Grundlagen für Mathematik und Schriftlichkeit bilden sich heraus".[218] Alle großen Hochkulturen bringen in langwierigen Prozessen eigene Schriftsysteme hervor – damit allererst die Grundlage für Tradierung und Entwicklung wissenschaftlichen Wissens, die Grundlage auch für die Ausbildung von Literatur über die orale Stufe hinaus. „Die Wirkungen der Schrift im Allgemeinen, des Alphabets im Besonderen ist enorm: ohne Schrift keine Literatur, Wissenschaft und Verwaltung. Schrift wurde elementare Voraussetzung für jede komplexere Form politischer Organisation und entwickelter Herrschaft".[219] Freilich war die altorientalische Wissenschaft noch an religiöse Institutionen gebunden. Repräsentant altorientalischer Wissenschaft war der Tempelpriester, der sein überlegenes Wissen als göttliches Mysterium verwaltete, niedergelegt in Schriften und Sprachen, die dem Laien nicht zugänglich waren. Erst das klassische Griechenland brachte einen neuen Typ von Wissenschaft hervor, der sich von dem religiösen emanzipierte – wenn auch auf der Grundlage der Kenntnisse altorientalischer Wissenschaft, die teilweise direkt durch Bereisung der alten Zentren von Kultur und Wissen erworben wurden (Thales, Herodot).[220] Mit seiner Entwicklung in Griechenland erlangt das wissenschaftliche Bewusstsein eine „prinzipielle Höhe und bringt (…) eine Methodologie des wissenschaftlichen Denkens hervor, die die Voraussetzung dafür bildet, dass diese Art der Widerspiegelung der Wirklichkeit (…) zu einer allgemeinen, ständig funktionierenden Verhaltensweise der Menschen wurde".[221]

4. Der Kern der Ausbildung wissenschaftlichen Bewusstseins – dies die hier vertretene Grundhypothese – ist der Arbeitsprozess. Dies lässt sich nicht allein historisch belegen, es zeigt sich auch ontologisch-strukturanalytisch rekonstruieren. So ist die Grundbedingung wissenschaftlichen Denkens ein ausgebildetes Subjekt-Objekt-Verhältnis. Ein Gegenstand (oder ein Ensemble von Gegenständen) muss objektförmig konstituiert sein, um Gegenstand

218 I. Geiss, *Geschichte griffbereit*, a.a.O., S. 8.
219 Ebd., S. 83.
220 Ebd., S. 81.
221 G. Lukács, *Die Eigenart des Ästhetischen*, Neuwied 1963, S. 140.

wissenschaftlicher Beobachtung, Messung usw. werden zu können: *Wirklichkeit in der Form des Objekts* ist der Gegenstand wissenschaftlicher Erkundung. Erst die Objektform ermöglicht die *Distanz*, die Bedingung von Beobachtung, der Ausbildung eines methodischen Vorgehens, damit wissenschaftlicher Erkenntnis ist.[222] Im Prozess menschlicher Arbeit nun bildet sich, wie wir oben zeigten, eine explizite Subjekt-Objekt-Relation heraus: menschliche Arbeitskraft konstituiert sich *subjektförmig*, der Naturstoff *objektförmig*, wie auch durch Arbeit hergestellte Produkt den Charakter eines Objekts für Subjekte besitzt. Subjekt-Objekt ist eine sekundäre Konstitution. Zuhandenes ‚Zeug' nimmt im Verlauf der teleologischen Setzung den Charakter objektivierter Gegenständlichkeit an. Die Objektförmigkeit eines Arbeitsgegenstands konstituiert sich bereits durch die Widerständigkeit eines Naturstoffs, der auf seine Eignung für einen Arbeitszusammenhang geprüft werden muss. Die im Vollzug der teleologischen Setzung ausgebildete Subjekt-Objekt-Relation ist Voraussetzung für rationales, methodisch angeleitetes, also wissenschaftliches Erkennen: die so konstituierte *Distanz* zwischen beiden erst ermöglicht Beobachtung, Beschreibung, Analyse, methodische Erkenntnis überhaupt. Das wissenschaftliche Weltverhältnis, lässt sich sagen, betrachtet die Wirklichkeit *‚unter der Form des Objekts oder der Anschauung'*. Es hat den Charakter einer ‚desanthropomorphisierende Widerspiegelung' (Lukács).

5. Es lässt sich weiter zeigen, dass in den kategorialen Bestimmungen des Arbeitsprozesses keimhaft Kernelemente wissenschaftlichen Denkens angelegt sind. Im Arbeitsprozess gesetzt sind ein *Subjekt der Arbeit*, ein *Objekt der Arbeit*, die *Instrumente der Arbeit*, das *Ziel der Arbeit* und der *Arbeitsprozess selbst*. Die Rolle des Bewusstseins für diesen elementaren Zusammenhang besteht darin, dass es diesen Prozess konzeptiv strukturiert: ihn plant und sein Ende antizipierend vorwegnimmt. Dies unterscheidet bekanntlich den schlechtesten Baumeister von der besten Biene. Arbeit bedeutet Formveränderung *des* Natürlichen und bewusste menschliche Zweckverwirklichung *im* Natürlichen. Arbeit besitzt so eine *teleologische Struktur*. Ich spreche vom *teleologischen Be-*

222 Distanz und Beobachtung sind bereits in der archaischen Phase des Sammelns und Jagen lebenspraktische Voraussetzungen: Nur aus einer Distanz ist Beobachtung möglich, ohne Beobachtung des Verhaltens von Tieren können diese nicht gejagt werden; desgleichen kann nur gesammelt werden, was vorher erkannt, identifiziert und ausgesondert wurde.

wusstsein, das mit dem Arbeitsprozess in der Welt ist. Als zielgerichteter bewusster Akt hat es eine Analogie zu wissenschaftlichem Denken. Es verfährt *methodisch*. Zu ihm gehört das Wissen des Mittels – *instrumentelles Bewusstsein*. Das Arbeitsmittel ist „ein Ding oder ein Komplex von Dingen, die der Arbeiter zwischen sich und den Arbeitsgegenstand schiebt und die ihm als Leiter seiner Tätigkeit auf diesen Gegenstand dienen“[223]. Sein Gebrauch setzt ein komplexes Wissen über den Charakter des Mittels, das Verhältnis von Mittel und Gegenstand wie die Mittel-Zweck-Relation voraus. Der Mensch ist „ein Werkzeuge fabrizierendes Tier“, „der Gebrauch und die Schöpfung von Arbeitsmitteln (...) charakterisieren den spezifisch menschlichen Arbeitsprozess“[224]. In dem elementaren instrumentellen Bewusstsein liegt der genetische Grund für den Rationalitätstypus instrumenteller Vernunft (besser: des instrumentellen Verstandes), der strukturell zu den Merkmalen wissenschaftlichen Denkens gehört. Zum Arbeitsprozess gehört also ein komplexes System des Wissens. Es umfasst neben dem instrumentellen Wissen und an dieses gekoppelt die genaue *Kenntnis des Arbeitsgegenstands*. Dieser muss in seinen Eigenschaften erkannt und bekannt sein. Nur dann kann er in Präferenz vor anderen Gegenständen ausgewählt, der geeignete dem ungeeigneten vorgezogen werden, kann eine Selektion unter zuhandenem Seienden erfolgen. In diesem Sinn ist das teleologische Bewusstsein *objektbezogen* – seine Objektbezogenheit hat Vorrang vor dem Bewusstsein des Mittels. Je nach Beschaffenheit des Objekts wird das Mittel gewählt. Zum teleologischen Bewusstsein gehört neben dem objektbezogenen gleichrangig das *subjektbezogene* Bewusstsein: ein Wissen des Arbeiters von sich selbst; die Fähigkeit, seine Kräfte einzuschätzen und auszubilden, einen Arbeitsgegenstand zu erkennen und auszuwählen, als identischen zu setzen, A = A zu denken und zu sagen. Zu diesem Bewusstsein gehört methodisches Wissen auch im Sinn der Fähigkeit, die einzelnen Arbeitsschritte zu planen und in Arbeitsverfahren umzusetzen.

6. Das wissenschaftliche Erfassen der objektiven Wirklichkeit, wie es sich im griechischen Denken von Thales bis Epikur paradigmatisch ausbildet, wurde nach Lukács nur durch einen radikalen Bruch mit jeder personifizierenden, an-

223 MEW 23, S. 194.
224 Ebd.

thropomorphisierenden Anschauungsweise möglich wie sie Religion, Mythos und auch Dichtung verkörpern – d.h. mit jeder Form subjektbezogenen oder auf personifizierte Wirkmächte hin orientierten Denkens. „Die wissenschaftliche Art der Widerspiegelung der Wirklichkeit ist ein Desanthropomorphisieren sowohl des Objekts wie des Subjekts der Erkenntnis. Des Objekts, indem sein Ansich von allen Zutaten des Anthropomorphismus nach Möglichkeit gereinigt wird; des Subjekts, indem es sein Verhalten zur Wirklichkeit darauf einstellt „die eigenen Anschauungen, Vorstellungen, Begriffsbildungen ununterbrochen daraufhin zu kontrollieren, wo und wie anthropomorphisierende Entstellungen der Objektivität in die Aufnahme der Wirklichkeit eindringen können." Im griechischen Denken sind die methodologischen Grundlagen wissenschaftlichen Bewusstseins niedergelegt, „dass das Subjekt der Erkenntnis eigene Instrumente, Verfahrensweisen ersinnt, mit deren Hilfe es einerseits die Rezeption der Wirklichkeit unabhängig von den Schranken der menschlichen Sinnlichkeit macht, andererseits aber die Selbstkontrolle sozusagen automatisiert."[225] Von daher erklärt sich die Kritik der Mythen und mit ihnen des religiösen Weltbilds der Zeit, die mit den Vorsokratikern einsetzt wie auch die Kritik der Dichtung, die von den Vorsokratikern bis Platon reicht: Es war die Dichtung, die für die Deutung und Tradierung des mythisch-religiösen Weltbilds eine ausschlaggebende Rolle spielte. In der Kritik der Religion wird die Poesie mit betroffen[226]. Erst mit Aristoteles setzt eine Umorientierung in Bezug auf die Dichtung ein: Diese wird jetzt als ganz und gar diesseitiges Konstrukt, als Mimesis gesellschaftlicher Handlung und Subjektivität begriffen; der Mythos lebt allein nach in der formalen Verfassung der Handlungsstruktur. Die mit dem wissenschaftlichen Denken erreichte Stufe des Bewusstseins hat eine enorme zivilisationsgeschichtliche Bedeutung. Diese besteht nicht nur im Fortschritt der Erkenntnis dessen, was in der Welt der Fall ist wie seiner Ursachen und Gründe, sondern auch und zuerst in dem, was das ultimative Ziel von Wissenschaft ist: in der Humanisierung menschlicher Lebensverhältnisse, ihrer Rolle im Prozess kultureller Bildung: der Menschwerdung des Menschen. Die Desanthropomorphisierung der Wissenschaft „ist ein Instrument des Beherrschens der Welt durch den Menschen: sie ist ein Bewusstmachen, ein Zur-Methode-Erheben jenes Verhaltens, das (…) mit

225 G. Lukács, *Die Eigenart des Ästhetischen*, a.a.O., S. 146.
226 Ebd., S, 147.

der Arbeit einsetzt, das den Menschen aus dem Tiersein heraushebt, ihm dazu verhilft, sich zum Menschen zu machen. Die Arbeit und die aus ihm herausgewachsene höchste bewusste Form, das wissenschaftliche Verhalten ist (…) nicht bloß ein Instrument für die Beherrschung der Objektwelt, sondern untrennbar davon ein Umweg, der infolge eines reicheren Entdeckens der Wirklichkeit den Menschen selbst bereichert, ihn kompletter, menschlicher macht, als er sonst sein könnte."[227] Zusammen mit der Kunst arbeitet damit die Wissenschaft am Werk der Befreiung des Menschen, und nur in Kooperation mit den Künsten, nicht gegen sie wird dieses Werk gelingen[228].

Begrifflicher Logos III: Philosophie

1. Nach einer alten Auffassung ist das Staunen darüber, dass Seiendes ist, der Anfang der Philosophie – und in der Tat: man kann es mit Verwunderung betrachten, dass wir in der Welt sind. Warum überhaupt Seiendes sei „und nicht vielmehr nichts", ist, nach Heidegger, die Grundfrage der Metaphysik. Sie ist „keine beliebige Frage, sondern vermutlich die erste aller Fragen" (Was ist Metaphysik?)[229]. Sie geht aus Erfahrungen hervor, die nach dem Sein des Seienden, nach seinem Ursprung, seinem Grund und seinem Sinn zu fragen nötigen. Der alten Auffassung gebührt also nicht nur der Patina des Ehrwürdigen wegen, die ihr anhaftet, Respekt, sie hat auch einiges an Argumenten für sich. Denn das Staunen darüber, dass die Welt ist und wir in ihr, dass ein Kosmos ist in seinem Schrecken und seiner Schönheit, ist eine immer wieder erneuerte Erfahrung. Sie ist aus vielen Kulturen belegt. Sie eine ‚metaphysische Erfahrung' zu nennen, wird durch ihre Intensität nahegelegt wie dadurch, dass sie in der Tat auf das ‚Ganze des Seienden' geht. Und doch gingen wir fehl, in ihr oder dem Staunen, das ihr Ausdruck ist, den Ursprung des philosophischen Bewusstseins zu sehen. Das Staunen setzt eine privilegierte Haltung voraus: Es ist das Ergebnis einer kontemplativen Einstellung zur Welt, die erst von einem bestimmten sozialen Standort aus und auf der

227 Ebd., S. 158.
228 Vgl.: Th. Metscher, *Form/Inhalt, ästh*, in: Sandkühler, EEPW, Bd. 2, S. 80–88; *Tätigkeit, ästh.*, in: Ebd., Bd. 4, S. 520-528; *Widerspiegelung, ästh.*, in: Ebd., S. 844–854.
229 M. Heidegger, *Was ist Metaphysik?*, Antrittsvorlesung 1929.

Grundlage einer komplexen arbeitsteiligen kulturellen Entwicklung möglich wurde. Andere Motive, Lebens- und Überlebenszwänge, die ein Erklären des Ganzen aus Gründen notwendig machten, müssen ihm vorausgegangen sein. Und in der Tat hat die Philosophie keinen anderen Ursprung als den der Wissenschaft, und wenn sie in manchen ihrer kulturellen Formen (so in China) auch aus dem religiösen Denken hervorgeht bzw. über eine bestimmte Zeitspanne an dieses gebunden bleibt, so konstituiert sie sich als philosophisches Denken erst in der Ablösung von Mythos und Religion. Ley zeigt in einer fundierten Analyse[230], dass mit dem Übergang zu den altorientalischen Despotien zur intensiven Sklavenwirtschaft ein gesteigertes Mehrprodukt entsteht, durch das größerer Raum für geistige Tätigkeit möglich wurde. Der enge Kontakt zu den vorderasiatischen Kulturen, die Entwicklung von Handwerk, Schifffahrt und Handel schufen die Bedingungen für rationale Welterklärung, wesentlich frei von mythologischer Überformung. Dies galt besonders für den ionischen Küstenstreifen. Zum ersten Mal entwickelten sich die soziale Organisation und die Produktionstätigkeit ohne priesterlichen Einfluss. Hier liegen die Anfänge der frühen griechischen Philosophie.[231]

2. Wie sich die Philosophie geschichtlich darstellt, ist sie eine bestimmte Weise wissenschaftlichen Denkens. Sie beruht auf Einsicht, nicht Glaube oder Anschauung (auch wo sie noch Mittel der Anschauung verwendet) – äußert sich im Begriff, nicht im Symbol. Deshalb gelten für sie auch die fünf regulativen Ideale wissenschaftlichen Denkens: Wahrheit, Erklärung, Begründung, Intersubjektivität, Einheit von Theorie und Praxis. Desgleichen sind diese Ideale im hohen Maß ideologisch bedroht, ja die Philosophie ist früh institutionalisiert worden und fungierte in langen Zeiträumen als ideologische Macht. Zusammen mit den Wissenschaften konstituierte sie sich als ideologische Form – mit all den Widersprüchen, die die ideologische Form charakterisieren. „Philosophie", schreibt Holz, „ist die Erkenntnisart, die sich nicht so sehr auf die durch die Einzelwissenschaften untersuchten Gegenstände der Erkenntnis richtet, als vielmehr auf die Bedingungen und die Struktur ihres geordneten Zusammenhangs, auf die Weise ihrer Gegebenheit im Erkennen,

230 H. Ley, *Geschichte der Aufklärung und des Atheismus*, a.a.O., Bd. 5.

231 W. Förster, *Zur „Geschichte der Aufklärung und des Atheismus" von Hermann Ley*, a.a.O., S. 101f.

auf ihre Bedeutung für den Menschen und damit letztlich auf die theoretische und praktische Orientierung des Menschen in der Welt. Die Philosophie fragt also nach dem Wesen des einzelnen Seienden und der Welt als ganzer, nach der Wahrheit und den Formen des Denkens und nach dem Sinn des Lebens und dem Ziel des Handelns. Im Unterschied zu anderen Weltanschauungsformen unterwirft sie ihre Theoreme und Argumentationen rationalen Kriterien, denen gemäß sie als allgemein nachvollziehbar und im besten Fall als zwingend sollen erwiesen werden können."[232] Dies ist als Grundorientierung zu übernehmen. Im Einzelnen sind noch einige Ausführungen zu machen.

3. Wie die Wissenschaft ist die Philosophie ein begründetes Denken, dass sich durch die Form der Begründung von dem bloßen Haben von Meinungen (doxa) wie von Glaube und Anschauung (Religion und Kunst) unterscheidet. Ihr Ziel ist die klare und deutliche Erkenntnis, und das ist die Erkenntnis des Begriffs. Sie ist methodisch gewonnenes Wissen, das sich der Kontrolle durch Praxis unterwirft: „Wissen, gewonnen durch Zweifel" (Brecht). Sie geht aus einem radikalen Fragen hervor, d.h. aus einem solchen, das nach den Wurzeln – radices – des zu Befragenden fragt. Untrennbar von ihr ist die Idee der Kritik: Kritik gegenüber dem Überlieferten wie gegenüber sich selbst. Zu ihrem Wesen gehört also die kritische Selbstreflexion. Teil der Methode dieses Denkens ist die Einheit von Analyse und Synthese: dass das in Einzeluntersuchungen Gewonnene zu einem Zusammenhang (einzelner Gegenstandsbereiche wie eines Ganzen) zu fügen sei. Es ist schließlich, in ultimativer Zielsetzung, das Denken des Gesamtzusammenhangs und seiner Prinzipien.

4. Entsteht auch die Philosophie im Zusammenhang mit der Wissenschaft und als Form wissenschaftlichen Denkens, so weist sie doch besondere Eigenschaften auf, die sie von frühen Stufen an von der Wissenschaft unterscheiden. So geht es ihr von Beginn an weniger um die Erkenntnis der Einzeltatsachen in der Welt als um die Erkenntnis der Ursache der Einzeltatsachen wie auch der Muster, Regeln, Gesetzmäßigkeiten, nach denen die Einzeltatsachen – die Gegenstände, Verhältnisse und Ereignisse in der Welt – miteinander zusammenhängen. Es geht ihr zentral um das Ganze der menschlichen

232 H.H. Holz, *Philosophie*, in: Sandkühler, EEPW, Bd. 3, S. 672f.

Welt wie der Wirklichkeit außer ihr (‚das Ganze des Seienden' als Gesamtzusammenhang, mit Holz gesprochen) und den Grund dieses Ganzen. Fausts Trieb, zu erkennen, „was die Welt/Im Innersten zusammenhält" (Faust I) ist ein philosophischer Urtrieb, zumal die Fragen nach dem Zusammenhalt und dem Grund des Ganzen nicht voneinander zu trennen sind. So fragte schon Thales, der erste der ionischen Philosophen nach der arché: (als Grund, Urgrund, Anfang, Erstes, Ursache, Prinzip zu übersetzen) und gab das ‚Wasser' als diesen Urgrund an. Auch das chinesische dao formuliert den „Urgrund" und hat zugleich den Charakter eines „philosophischen Weltgesetzes"[233] – eines „übergreifenden Allgemeinen" (Holz).

5. Die Philosophie, nach einer begründeten Auffassung, setzt in ihrer Denkbewegung nicht wie die Wissenschaft bei den Gegenständen, sondern bei dem „Verhältnis der Gegenstände zum Denken der Gegenstände", also beim Verhältnis von Sein und Denken ein.[234] Sie geht also nicht wie Alltagsbewusstsein, Mythos und Dichtung, aber auch die Wissenschaft von einem Vorausgesetzten aus, sondern von der Bewegung des Denkens selbst. Sie macht keine Voraussetzung als diese. Was die Philosophie von jeder Wissenschaft eines Besonderen unterscheidet, ist Paul Tillich zufolge der Anfang: „Der Anfang der Philosophie ist das Absehen von jeder möglichen Instanz außer ihr (…). Die Philosophie lässt sich nichts vorgeben außer sich selbst; sie hat keinen Anfang als das Anfangen selbst".[235] Deshalb hat sie eine „zirkuläre Begründungsstruktur" und „bewährt sich in der Konstruktion dieses Zirkels als eines nicht vitiosen"[236]. In einem bestimmten Sinn also ist die Philosophie das ‚Denken des Denkens' – was im methodologischen Sinn für Materialismus und Idealismus gleichermaßen gilt, im Idealismus aber von seinen vorsokratischen Stufen an zu der Verkehrung führt, das Denken als das Erste, den Urgrund des Seins, das Sein als Denken zu nehmen.[237] In einem methodologischen Sinn freilich – aber nur in diesem – ist an der Bestimmung der Philosophie als ‚Denken des Denkens' in der Bedeutung einer Anfangsbestimmung festzuhalten.

233 R. Moritz, *Die Philosophie im alten China*, Berlin 1990, S. 101ff.
234 H.H. Holz, *Philosophie*, in: a.a.O., S. 673.
235 P. Tillich, *Philosophie*, in: Die Religion in Geschichte und Gegenwart (RGG), Tübingen 1930, Bd. 4, Sp. 1199.
236 H.H. Holz, *Philosophie*, in: a.a.O., S. 673.
237 Diese Verkehrung ist das Grundmuster des Ideologiecharakters der Philosophie.

6. Philosophie zudem behandelt Fragen, die über den Horizont wissenschaftlichen Denkens hinausgehen, sei es, dass sie die disziplinären Grenzen wissenschaftlichen Wissens und Forschens überschreiten, sei es, dass sie innerhalb der wissenschaftlichen Disziplinen nicht adäquat behandelt, oft auch nicht gestellt werden können. Schon früh in ihrer Geschichte haben sich die Wissenschaften in arbeitsteiliger Nötigung in Disziplinen aufgespalten – bis hin zur Ausbildung unterschiedlicher wissenschaftlicher Kulturen (C.P. Snow), die voneinander kaum noch Kenntnis haben, geschweige denn, dass sie miteinander kommunizierten. Wissenschaft ist so immer Wissenschaft von einem Besonderen gewesen – allein die Philosophie hat es vermocht, Wissenschaft von einem Allgemeinen zu sein. Was dieses ‚Allgemeine' besagt, kann wiederum sehr unterschiedlich bestimmt werden. Es kann das Allgemeine verschiedener Gegenstandsbereiche und ihnen zugeordneter Fragen sein. Entsprechend bildet auch die Philosophie ‚Disziplinen' aus, die sich freilich nicht mit den wissenschaftlichen Disziplinen decken (wenn es fraglos auch Überschneidungen gibt). Die Grundlage für die disziplinäre Entwicklung der Philosophie gibt bekanntlich Aristoteles: Logik/Kategorienlehre, Ethik, Politik, Psychologie, Poetik, Physik, Metaphysik, die im Verlauf der Entwicklung durch eine Reihe weiterer ergänzt wurden. Dabei sind diese Unterscheidungen nicht einfach solche von Gegenstandsbereichen, sondern von auf Gegenstandsbereiche bezogenen Fragen: was ist das Denken, das gute Leben, der gerechte Staat, die menschliche Seele, das gelungene Kunstwerk, die Natur, das Seiende im Ganzen, der Grund der Dinge; nicht zuletzt: was ist das, die Philosophie? Auch Kant stellt noch das ‚Feld der Philosophie in weltbürgerlicher Bedeutung' unter die vier Fragen: was kann ich wissen?, was soll ich tun?, was darf ich hoffen?, was ist der Mensch?; wobei die vierte dieser Fragen für ihn die eigentlich zentrale ist.[238] Es handelt sich bei diesen Fragen um den Weltbegriff der Philosophie, nicht um ihren bloßen Schulbegriff, also um die Fragen, die uns praktisch betreffen. Ist dieser das „System der philosophischen Kenntnisse oder der Vernunfterkenntnisse aus Begriffen", so jener Begriff einer „Wissenschaft von den letzten Zwecken der menschlichen Vernunft". Sie geht auf ‚Würde' und ‚inneren Wert' des Menschen, ist „Wissen-

238 I. Kant, *Werke* in sechs Bänden, hg. von W. Weischedel, Darmstadt 1966, Bd. 5, S. 448.

schaft von der höchsten Maxime des Gebrauchs unserer Vernunft"[239]. Es sind dies Fragen, die keine Einzelwissenschaft beantworten kann, und wenn sie es zu tun versucht, was gelegentlich vorkommt, so ist der Absturz in ein aporetisches Scheitern schon vorherbestimmt.

7. Philosophie ist radikales Fragen gerade in dem Sinn, dass sie Fragen stellt, die nur von einer transdisziplinären Wissenschaft (wenn überhaupt) beantwortet werden können. Dazu gehören die vier Fragen Kants, dazu gehört die Grundfrage der Metaphysik, warum Seiendes ist und nicht nichts, dazu gehört die Frage nach dem Ganzen und seinem Grund, die Frage nach dem Verhältnis von Denken und Sein. Dazu gehört die Grundfrage der Ontologie: nach Struktur und Aufbau des Wirklichen, der natürlichen und der geschichtlichen Welt, die geschichtsphilosophische Frage nach den Gesetzen, dem Sinn und Ziel der Geschichte. Dazu gehört die Frage nach dem Begriff der Freiheit, nach Notwendigkeit und Determination, nach Wirklichkeit, Möglichkeit und Utopie, nach dem Sinn des Lebens nicht zuletzt. Es gibt aber auch bereichsspezifische Fragen, die nicht von den wissenschaftlichen Disziplinen aus, zumindest nicht von diesen allein beantwortet werden können, die freilich ohne diese auch nicht zu beantworten sind: die Frage nach Kultur, nach dem Ästhetischen und den Künsten, die Frage nach Geschichte, dem politischen Gemeinwesen, dem guten Leben. Schließlich gehört auch Kants Hauptfrage, die nach dem Menschen dazu. Keine noch so ausgepichte Physiologie, Psychologie oder Psychoanalyse allein kann sie erteilen. Dafür bedarf es dann doch so etwas wie einer philosophischen Anthropologie. Das Hauptgewicht freilich liegt auf dem Wörtchen ‚allein'. Denn so wenig die Einzelwissenschaften allein diese Fragen zu beantworten vermögen, so wenig vermag es die Philosophie allein. Ohne auf die Ergebnisse der Einzelwissenschaften zurückzugreifen, wird auch die Philosophie ihre Aufgaben nicht einlösen können. Sie ist als Wissenschaft des Allgemeinen auf die Wissenschaften des Besonderen angewiesen. Diese sind ihre epistemische Basis. Die Philosophie ohne den Körper der Einzelwissen bleibt abstraktes, blutleeres Denken. Begriffliche Konkretion gewinnt das Allgemeine nur dort, wo es sich mit dem Besonderen verbündet. In diesem Bündnis

239 Ebd., S., 446f.

aber wird auch das Besondere erst im rechten Sinne sehend – wenn es sich im Allgemeinen wiedererkennt.

8. Nicht zuletzt aber ist die Philosophie eine Lebensform und eine Haltung gegenüber der Welt: die der Selbständigkeit des Denkens, die vor keinen Autoritäten in die Knie geht. In der Figur des Sokrates hat diese Haltung ihren frühen Niederschlag gefunden. Sie ist verbunden mit dem Ethos eines selbstbestimmten bewussten Lebens. Oft in der Geschichte der Philosophie äußerte sich dieses Ethos in Einstellungen folgenloser Kontemplation. So wenig dies auf Sokrates zutrifft, so trifft es auch auf andere nicht zu. Für den Gedanken der Unendlichkeit des Universums ging Giordano Bruno ins Feuer, und dem unbotmäßigen Verfasser der *Utopie* wurde im wörtlichen Sinn der philosophierende Kopf abgeschlagen. Der junge Marx dürfte ein anderes Beispiel philosophischen Widerstands sein. Er begriff die philosophische Haltung als „Vergnügen (…), aus eignen Mitteln die ganze Welt zu bauen, Weltschöpfer zu sein". Wer dagegen vorziehe, „in seiner eignen Haut sich ewig herumzutreiben", über den habe „der Geist sein Anathema ausgesprochen, (…), er ist aus dem Tempel und dem ewigen Genuss des Geistes gestoßen und darauf hingewiesen, über seine eigne Privatseligkeit Wiegenlieder zu singen und nachts von sich selber zu träumen".[240] Der Gedanke der 11. Feuerbach-These, dass die Welt nicht nur zu interpretieren, sondern zu verändern sei, ist hier bereits präformiert.

240 MEW, Ergbd. 1, S. 155 (Hefte zur epikureischen, stoischen und skeptischen Philosophie.)

Marxismus und Philosophie

1. Ob es eine *marxistische Philosophie* gibt oder ob der Marxismus philosophisches Denken beendet, weil ‚aufgehoben' habe,[241] ist eine bis heute keineswegs entschiedene Frage – so wenig wie die, was denn marxistische Philosophie sei, vorausgesetzt, dass es sie gäbe. Der späte Engels war der Auffassung, dass angesichts der Entwicklung der Einzelwissenschaften jede besondere „Wissenschaft des Gesamtzusammenhangs" überflüssig sei. Vielmehr trete „an jede einzelne Wissenschaft die Forderung heran (...), über ihre Stellung im Gesamtzusammenhang der Dinge und der Kenntnis von den Dingen sich klarzuwerden". Was von der ganzen bisherigen Philosophie „dann noch selbständig bestehen bleibt, ist die Lehre vom Denken und seinen Gesetzen – die formelle Logik und die Dialektik. Alles andre geht auf in die positive Wissenschaft von Natur und Geschichte".[242] Andererseits aber gibt Engels zu bedenken, dass angesichts der „ungeheuren Masse von positivem Erkenntnisstoff", den die empirische Naturforschung angehäuft habe, „die Notwendigkeit, ihn auf jedem einzelnen Untersuchungsgebiet systematisch und nach seinem innern Zusammenhang zu ordnen, schlechthin unabweisbar" geworden sei. „Ebenso unabweisbar wird es, die einzelnen Erkenntnisgebiete unter sich in den richtigen Zusammenhang zu bringen".[243] Mit dieser doppelten Forderung nach einer systematischen Ordnung wissenschaftlichen Wissens – der internen Ordnung einzelner Wissenschaften wie des Zusammenhangs zwischen ihnen – „begibt sich die Naturwissenschaft auf das theoretische Gebiet, und hier versagen die Methoden der Empirie, hier kann nur das theoretische Denken helfen. Das theoretische Denken aber (...) muß entwickelt, ausgebildet werden, und für diese Ausbildung gibt es bis jetzt kein

241 Im *Anti–Dühring* spricht Engels von dem „modernen Materialismus" (also dem von Marx und ihm selbst entworfenen Denken) als „Negation der Negation" (des den „alten Materialismus" negierenden Idealismus). Der moderne Materialismus nun sei „nicht die bloße Wiedereinsetzung des alten, sondern fügt zu den bleibenden Grundlagen desselben noch den ganzen Gedankeninhalt einer zweitausendjährigen Entwicklung der Philosophie und Naturwissenschaft, sowie dieser zweitausendjährigen Geschichte selbst". Er sei „überhaupt keine Philosophie mehr, sondern eine einfache Weltanschauung, die sich (...) in den wirklichen Wissenschaften zu bewähren und zu betätigen hat. Die Philosophie ist hier also ‚aufgehoben', das heißt ‚sowohl überwunden als aufbewahrt; überwunden ihrer Form, aufbewahrt ihrem wirklichen Inhalt nach." (MEW 20, S. 129).

242 MEW 20, S. 24.

243 Ebd., S. 330.

andres Mittel als das Studium der bisherigen Philosophie". Philosophie ist daher „für die theoretische Naturwissenschaft ein Bedürfnis, weil sie einen Maßstab abgibt für die von dieser selbst aufzustellenden Theorien".[244] Dies aber verändert nicht nur die Erfahrungswissenschaften, es verändert auch die Philosophie. Aber die Frage bleibt: Was heißt hier genau „Denken des Gesamtzusammenhangs" oder auch „systematisierendes Totalitätsdenken"? Bezieht sich der Zusammenhang auf das Gesamt wissenschaftlichen Wissens, auf bestimmte Bereiche der Wirklichkeit (so die, die Gegenstand wissenschaftlicher Forschung sind) oder das ‚Ganze des Wirklichen' – das ‚Seiende im Ganzen' traditioneller Philosophie? Im letzteren Fall wäre das Denken des Gesamtzusammenhangs – als „Sein-Denken" – dann doch wieder eine neue Vorschule der Metaphysik.

Wie mir scheint, formuliert Engels eher ein Problem, als dass er eine Lösung anbietet. Zumal die Erfahrung gezeigt hat, dass es eine solche die Wissenschaften systematisch anleitende und von diesen auch als verbindlich akzeptierte Philosophie nicht gibt und nach Lage der Dinge auch nicht geben kann; dass die Wissenschaften vielmehr, wenn sie Fragen des ‚Gesamtzusammenhangs' reflektieren, ihre speziellen philosophischen Verallgemeinerungen zusammenbasteln – mit dem Ergebnis zumeist bloß eingebildeten Wissens oder der aporetischen Hilflosigkeit. Die Philosophie, wenn es sie gibt, hat vielmehr eine Eigenständigkeit gegenüber den Wissenschaften zu wahren, muss mehr sein als eine Theorie der Logik der Wissenschaften, gar ihre theoretische Propädeutik. Sie hat, wie ausgeführt, ihre eigenen Fragen, Wirklichkeitsfelder und Kategorien, die auch unter ‚marxistischen Bedingungen' nicht einfach von den einzelnen Wissenschaften übernommen werden können. Sie kann gleichwohl nicht unabhängig von den Wissenschaften operieren – marxistische Theorie, hier ist Haug recht zu geben, „lebt von einem unabschließbaren Prozess kritischer Durchdringung der je-neuen wissenschaftlich-technischen Entwicklungen und philosophischen Strömungen".[245] Ja, als systematische Synthesis des Wissens wird sie sich nicht auf das Wissen der Wissenschaften beschränken dürfen, sondern wird das Wissen der Künste wie des Alltags, sie wird alle Wissensarten in ihren epistemischen Horizont einbeziehen müssen.

244 Ebd.
245 W.F. Haug, *Marxismus und Philosophie*, in: Sandkühler, EP, S. 795.

2. Marxistische Philosophie, wenn es sie gibt, wird sicher nur in Gestalt einer Transformation traditionellen philosophischen Denkens möglich sein. Worin besteht diese Transformation? Die Antwort ist nicht so leicht wie es den Anschein hat, und mit ein paar Formeln ist es nicht getan. Denn keineswegs kann es sich hier um einen bloßen ‚Bruch' handeln – vieles, was oben über die Philosophie gesagt wurde (so die Gültigkeit der fünf regulativen Ideale wissenschaftlichen Denkens) wird in die neue Form der Philosophie zu übernehmen sein. Und ob gar von einem „Bruch mit der Wissensform ‚Philosophie'"[246] gesprochen werden kann, dürfte sehr die Frage sein – zumal ich bestreite, dass es eine ‚Wissensform Philosophie' in einem abgeschlossenen Sinn je gegeben hat. Meine Überlegungen zeigten ja, dass die Übergänge zu wissenschaftlichem Denken und den Wissenschaften des Besonderen fließend sind. Dem Haugschen Verdikt liegt ein Konzept von Philosophie zugrunde, das diese allein unter dem Gesichtspunkt des Ideologischen: als „ideologische Philosophieform" fasst, und so richtig es ist, dass marxistisches Philosophieren diese „weder ignorieren noch ausfüllen kann"[247], so falsch wäre es, alles traditionelle (vor-marxistische) Philosophieren unter diesen einen Gesichtspunkt zu stellen. Der Reichtum des in dieser Tradition Gedachten, die enorme zivilisatorische Leistung der Philosophie würde in einer solchen Betrachtung verloren gehen – wie ihr bereits die Frage nach der Wahrheit der Philosophie verloren zu gehen scheint. Mit dieser (freilich schwerwiegenden) Einschränkung, sei Haugs Bestimmung marxistischen Philosophierens hier als Leitlinie akzeptiert: „Da marxistisches Philosophieren durch den doppelten Bezug einerseits auf ‚Praxis' und ‚Klassenkämpfe', andererseits auf je aktuelle ‚Wissenskonstellationen' bestimmt ist, wird es nicht nur immer erneut diese Wissenskonstellationen in kritisch-assimilierender Absicht zu durchdringen streben, sondern die Perspektivierung des Denkens hin auf die Veränderung der Verhältnisse bzw. auf die Veränderung ihrer blind vom kapitalistischen Verwertungsprozess vorangetriebenen Veränderung neu zu fassen haben. Die Praxisperspektive, in der es sich allein entfalten kann, verweist auf organisierte Formen kollektiver Handlungsfähigkeit; es wird sein Verhältnis zu Organisation und Macht klären müssen, ohne in deren Bann, aber auch ohne

246 Ebd.
247 Ebd., S. 804.

in ‚kritische' Apraxie zurückzufallen. Sachlich, im Blick auf den Weltzustand, wie formell, im Blick auf die Denkform Philosophie, ist marxistisches Philosophieren in diesem Sinn das kritische Gewissen und die bestimmte Negation aller im traditionellen Sinn weitermachenden Philosophie".[248] Diese Leitlinie freilich wird durch weitere Überlegungen zu präzisieren, zu modifizieren und zu ergänzen sein. Dazu seien abschließend, in kürzester Form, einige Gesichtspunkte notiert.

3. In seinem konzeptionellen Kern ist der Marxismus eine philosophisch begründete Form kohärenten begrifflichen Wissens, die auf ein perspektivisches Ganzes der Welterkenntnis zielt. Ihr ultimatives Ziel ist die Veränderung der Welt – *‚das Ganze einer Welt, in Gedanken gefasst, um das Ganze einer Welt zu verändern'*, Veränderung zum Zweck der Errichtung einer menschenwürdigen Welt. Umzuwerfen sind alle Verhältnisse der Erniedrigung, Beleidigung und Knechtung. ‚Philosophisch begründet' ist dieses Denken, weil es seine Voraussetzungen reflektiert, weil es methodisch verfährt und auf ein Ganzes der Erkenntnis geht, weil seine Argumente ‚aus Gründen' erfolgen. Es ist das Begreifen eines ‚Gesamtzusammenhangs'; Gesamtzusammenhang freilich nicht metaphysisch-substantiell (objektiv-gegenständlich), sondern radikal historisch gedacht: als *Totalität einer besonderen historischen Welt*, die auch immer nur in historischer Perspektivik erfasst werden kann. Allein in der Annäherung ist das Ganze des Geschichtsprozesses, als Abfolge menschlich-geschichtlicher Welten, wie des Naturprozesses, in dem menschliche Geschichte ihren Grund hat, zugänglich; zugänglich in perspektivischer Brechung: nach Maßgabe des historisch Möglichen. Die Vorstellung eines Gesamtzusammenhangs im Sinne traditioneller Metaphysik: als das Ganze des Seienden, ist im marxistischen Denken aufzugeben. Dieses hat sich, im radikalen Sinn, als *post-metaphysisch* zu verstehen. Die Kenntnis des Gesamtzusammenhangs nun ist außerhalb der historisch-perspektivischen Brechung – als Kenntnis der Wirklichkeit ‚an sich' – nicht möglich; nicht möglich zumindest, ohne erneut metaphysische Voraussetzungen zu machen. Doch auch die Kenntnis einer besonderen historischen Welt, der historischen Besonderheit eines Gesamtzusammenhangs, bedarf bestimmter Voraussetzungen. Zu diesen gehört

248 Ebd., S. 804f.

die Besonderheit einer historischen Wissenskonstellation, das wissenschaftliche wie kulturelle Wissen einer Zeit (das wissenschaftliche Wissen als Teil des kulturellen). Es gibt im marxistischen Sinn so wenig wissenschaftsunabhängige Philosophie wie es erfahrungsunabhängige Philosophie gibt. Zwar ist die Konstruktion eines Gesamtzusammenhangs ‚transempirisch', insofern sie über die unmittelbare Erfahrung hinausgehen muss (am evidentesten am Beispiel antizipatorischen Denkens), doch kann diese Konstruktion nie erfahrungsunabhängig sein. Die Praxis als gesellschaftliche Erfahrung ist die Grundlage, auf der dieses Denken aufbaut.

Ad Hüllinghorst gesprochen: *Sein-Denken ohne Etwas-Denken ist leer, Etwas-Denken ohne Sein-Denken ist blind.*[249]

4. Der Marxismus ist, im Anschluss an Gramsci, eine *philosophisch begründete praktische Weltanschauung*, die sich im Verhältnis von wissenschaftlich ausgearbeiteter und ‚spontaner Philosophie' des Alltagsbewusstseins (idealiter unter Einbeziehung aller Wissensarten) konstituiert. Die marxistische Philosophie ist ‚*Philosophie der Praxis*' in dem Sinn, dass das Theorie-Praxis-Verhältnis in ihrem Zentrum steht. Was in traditioneller Philosophie am Rande stand, rückt jetzt in die Mitte. Das Theorie-Praxis-Verhältnis bildet den Kernbereich der Transformation, den der neue Materialismus philosophisch vollzieht. Was marxistische Philosophie von der alten unterscheidet, ist, dass die Erkenntnis des Ganzen ausdrücklich den Charakter eines Mittels besitzt. Sie ist Mittel zum Zweck der *Weltveränderung* (im Sinn der elften Feuerbach-These). Zugleich aber ist diese Erkenntnis nichts Akzidentelles, das auch unterlassen werden könnte – sie ist vielmehr Bedingung, *conditio sine qua non* der Weltveränderung. *Theorie ist Bedingung der Praxis.* Sie besitzt dabei eine autochthone Systematik, die unabdingbar ist, soll das Ziel umfassender Welterkenntnis als Bedingung der Weltveränderung erreicht werden.

5. ‚Historische Perspektivik des Denkens' heißt erkenntnistheoretisch: die Anerkennung des Prinzips der *Relativität menschlicher Erkenntnis.* Diesem Prinzip zufolge „sind die Grenzen der Annäherung unserer Kenntnisse an die objekti-

249 A. Hüllinghorst, *Grundlose Kritik. Renate Wahsner zur Antwort*, in: Z. Zeitschrift Marxistische Erneuerung, 81 (2010), S. 120–132.

ve, absolute Wahrheit geschichtlich bedingt" (Lenin). Absolute Wahrheit (die vollständige und adäquate Widerspiegelung der Wirklichkeit im Bewusstsein, als einzelne wie als Zusammenhang) existiert allein als regulatives Ideal der Erkenntnis. Jede gegebene Wahrheit ist geschichtlich bedingt, also relativ: bezogen auf den historischen wie sozialen Standort, von dem aus ihre Formulierung erfolgt. Zwar gibt es einen Prozess progredierender Erkenntnis, doch ist dieser unendlich und unabschließbar; gebunden an die Unabschließbarkeit des historischen Prozesses. Jede gegebene Erkenntnis ist endlich, da sie in diesem Prozess steht und auch nur einen Teil des Gesamtprozesses zu reflektieren vermag. Sie ist zudem bedroht durch einen stets möglichen Erkenntnisverlust.

6. Aus dem erkenntnistheoretischen Relativitätsprinzip sind Folgerungen zu ziehen. Die permanente kritische Reflexion ist zum methodologischen Grundprinzip marxistischen Denkens zu machen. Dazu gehören Prüfung des Erreichten, Revision (im Sinne des Neu-Betrachtens, Wieder-Ansehens), Fortentwicklung auf der Basis des Geprüften. Dazu gehört rigorose Selbstbefragung, die Überprüfung der Voraussetzungen wie der Ergebnisse des Denkens. Das methodologische Prinzip der Erkenntnisgewinnung lautet: *,Wissen, gewonnen aus Zweifel'* (Brecht). Die für jede Wissenschaft gebotene *Hypothese möglichen Irrtums* (dass ich in meiner wissenschaftlichen Meinung im Einzelnen wie im Ganzen irren kann) hat sich die marxistische Philosophie ins Stammbuch zu schreiben.

7. Die drei Kernkategorien marxistischer Philosophie sind: *gegenständliche Tätigkeit, Geschichte, Dialektik.* Diese haben methodologisch wie systematisch grundlegenden Charakter. Sie sind strukturell aufeinander bezogen. Sie bilden ein kategoriales Feld. Ich spreche von der ‚kategorialen Trinität' im Begründungsaufbau der marxistischen Philosophie. *Gegenständliche Tätigkeit* ist die erste Kernkategorie. Ihr Modell ist die Arbeit, doch meint sie mehr als die Arbeit allein. Sie bezieht sich auf jede Form sinnlich menschlicher Tätigkeit (‚Praxis') in einer gegenständlichen Welt – in und mit dieser Welt. Gegenständliche Tätigkeit hat den Charakter einer philosophischen Basiskategorie. Von ihr aus ist marxistisches Denken grundzulegen und systematisch zu entfalten.

8. Gegenständliche Tätigkeit ist praktisches Handeln in einer gegenständlichen Welt. *Raum-Zeit-Gegenstand-Tätigkeit* konstituieren einen strukturell-sys-

temischen Zusammenhang. Sie bilden die Grundkoordinaten der in menschlicher Tätigkeit erschlossenen Welt. In diesem Gefüge hat auch die Kategorie *konkreter Möglichkeit* ihren Ort. Menschliches Handeln ist stets Praxis im Horizont von Möglichkeit. Der Möglichkeitshorizont eröffnet einen Spielraum determinierter Freiheit. Möglichkeit ist so eine Kategorie gegenständlicher Welt. Menschliche Praxis ist Handeln in einem Raum determinierter Freiheit, „freie bewusste Tätigkeit" der „Gattungscharakter" des Menschen.[250]

9. Mit der Kategorie gegenständlicher Tätigkeit verabschiedet der neue Materialismus jede traditionelle Gestalt philosophischer Begründung. Er konstituiert sich als ein Denken jenseits jeder theologischen wie metaphysischen Voraussetzung. Damit vollendet er, was sich im gesamten Denken der Neuzeit als progressive Linie herausarbeitet: das ‚Diesseitigwerden' des Denkens, seine radikale Enttheologisierung. Das neue Denken ist ein Denken, das auf den Füßen geht. Es steht mit beiden Beinen auf der fest gegründeten Erde. Es ist *dialektisch-historischer Materialismus.* Als solcher ist es ein „realer Humanismus", für den „der Mensch das höchste Wesen für den Menschen" ist.

10. Gegenständliche Tätigkeit ist zeitliches Handeln in einer räumlichen Welt. Die Kategorie des *Werdens* – gegenständliches Werden als raum-zeitlicher Vorgang – ist ihm eingelagert. Das heißt: gegenständliche Tätigkeit ist geschichtlich. *Geschichte* ist die zweite Kernkategorie des Marxschen Materialismus. Ihr liegt ein neuer Weltbegriff zugrunde. In dessen Kern steht die Einsicht, dass die Gegenstände der Welt wie ihre Verbindungen zueinander werdend-gewordene sind. Sie unterliegen Veränderungen, sind Resultat und Ausgangspunkt von Prozessen. Sie sind in Zeit und Raum. Sie sind geschichtlich als Gegenstände der Natur, und sie sind geschichtlich als Gegenstände der menschlichen Welt. Als solche sind sie menschlich hervorgebracht. Menschliches Handeln ist Tun im Umgang mit Gegenständen oder gegenständliches Herstellen. Handelnde Menschen finden sich stets in einer durch vorgängiges Handeln determinierten Welt, in der sie selbst handelnd tätig sind. Sie sind produziert und produzierend zugleich. Die Weltverhältnisse sind gemacht, und sie sind machbar. Das heißt aber auch: sie sind veränderbar. Jede gewor-

250 MEW, Ergbd. I, S. 516.

dene Form ist „im Flusse der Bewegung, also auch nach ihrer vergänglichen Seite" hin aufzufassen.[251]

11. Das ‚Ganze einer Welt', die Gesamtheit der Dinge der Welt wie ihrer Verhältnisse ist in seiner Grundverfassung also geschichtlich, die Welt, die marxistische Philosophie in Gedanken zu fassen versucht, eine *geschichtliche Welt*; geschichtlich in einem Sinn, der Natur und Menschenwelt umfasst. Welt ist Bewegung in Raum und Zeit. Sie bildet ein vierdimensionales *Raum-Zeit-Gefüge*: Sie ist *Chronotopos*. Der Chronotopos ist Prozess: Werden, Vergehen, Veränderung: Transformation. Das Sein ist werdend-gewordenes, wobei das Werden der menschlichen Welt durch menschliches Tun, durch ‚freie bewusste Tätigkeit' bewirkt ist. Ist der Mensch Produzent seiner Welt, so ist er im vermittelten Sinn auch Produzent seiner selbst – Produzent des ‚menschlichen Wesens'. Denn dieses ist, wie Marx in den *Feuerbach-Thesen* schreibt, „kein dem einzelnen Individuum inwohnendes Abstraktum", sondern „in seiner Wirklichkeit" das „ensemble der gesellschaftlichen Verhältnisse". Diese aber sind ihrerseits produziert: das Resultat „sinnlich menschlicher Tätigkeit, Praxis".[252] In diesem Sachverhalt hat der Begriff des *Kulturellen* seinen logischen Ort.

12. Mit einem solchen Begriff von Geschichte wird jeder Form der Geschichtsteleologie der Boden entzogen. Die Kritik des geschichtsteleologischen Determinismus ist Grundvoraussetzung des marxistischen Denkens. Jenseits der Teleologie tritt die Geschichte der menschlichen Gesellschaft in ihrer unverstellten Gestalt hervor: als Resultat gegenständlichen Handelns, das im Rahmen eines objektiv Gegebenen erfolgt – vorgefundener Umstände, die geschichtlich produziert, Resultat vergangenen Handelns sind. Es erfolgt stets im Rahmen eines Determinationsgefüges, das einen variablen Spielraum von Handlungsmöglichkeiten bereitstellt. Eine gegebene geschichtliche Wirklichkeit trägt einen Spielraum möglichen Handelns in sich. Dem entsprechen die Begriffe determinierter Möglichkeit und determinierter Freiheit. Fortschritt in einem zivilisatorischen Sinn – dessen Kriterium die ‚Beförderung der Huma-

251 MEW 23, S. 28.
252 MEW 3, S. 5–7.

nität' (Herder) ist – steht unter den Bedingungen von Handlungskonstellationen, die der der Dialektik von Determination und Freiheit unterliegen. So gibt es kumulative Prozesse zivilisatorischen Fortschritts über längere Zeiträume hinweg, doch nie im Sinn eines geradlinigen, gesicherten zivilisatorischen Progresses. Immer wieder ist der zivilisatorische Prozess durch einen Regress bedroht: die Möglichkeit des Rückfalls in Barbarei.

13. Gegenständliche Tätigkeit besitzt eine dialektische Struktur. In ihr gegeben sind Subjekt-Objekt als umgreifendes Reflexionsverhältnis. So umgreift das Ganze des Arbeitsprozesses seine Glieder als eine Einheit im Gegensatz. Das in der Arbeit realisierte Verhältnis von Subjekt und Objekt ist ein „wechselseitiges Reflexionsverhältnis". Im Prozess der Arbeit konstituiert sich ein Allgemeines, das die Gegensätze seiner Glieder umfasst. Das umgreifende Allgemeine als dialektische Grundfigur ist diesem Prozess strukturell inhärent. *Dialektik* ist die dritte Kernkategorie marxistischen Denkens.

14. Das Ganze einer Welt als Gesamtheit der Dinge der Welt wie ihrer Verhältnisse ist im Charakter seiner Geschichtlichkeit als Ensemble von Gegensätzen konstituiert. Es ist also dialektisch konstituiert. Die Einheit von Dialektik und Geschichte ist für den Marxschen Materialismus grundlegend. *Dialektisch-historischer Materialismus* meint die Auffassung einer Wirklichkeit, die dialektisch und historisch verfasst ist. In diesem Sinn haben Dialektik und Geschichte den Status ontologischer Begriffe. Dabei besitzt Dialektik strukturelle Priorität: Die Geschichte selbst ist dialektisch verfasst. Als logisch-ontologischer Strukturbegriff ist Dialektik der Geschichte vorgelagert.

15. Dialektik wird hier also in einem zugleich ontologischen und logisch-methodologischen Sinn verstanden: als Wirklichkeitsstruktur und als Gedankenform bzw. als Methode, Wirklichkeit zu erkennen und auf der Grundlage dieser Erkenntnis verändernd in sie einzugreifen. Die dialektische Methode ist ein Verfahren *genetischer Rekonstruktion*: Sie fragt nach der Genesis von Seiendem: der Herkunft des Gewordenen in der Perspektive seiner Veränderung. Sie legt Sein als Werdend-Gewordenes frei – verflüssigt scheinbar feste Verhältnisse. Sie ist damit zugleich auch ein Verfahren der Kritik.

16. Ihrer logischen Struktur nach ist Dialektik die Einheit von Negation und Synthesis. Ihre Grundfigur ist das umgreifende Allgemeine (Holz). Das bedeutet: materialistische Dialektik ist dem Kern nach ein *Denken der Synthesis*, dessen Ziel der Gewinn positiven Wissens ist: *die Interpretation der Welt (Theorie der Welt) als Bedingung ihrer Veränderung*. Das Denken der Synthesis schließt notwendig das Moment des Kritischen ein: die *Einheit von Kritik und positivem Wissen*. In diesem Sinn ist marxistische Philosophie eine zugleich kritische und positive Theorie. Ihr Ziel ist der Gewinn gesicherten Wissens für den Zweck praktischen Handelns.

17. In ihrem theoretisch-methodologischen Grundprinzip ist die marxistische Philosophie Theorieform sich ständig verändernder Wirklichkeit. Diesen Tatbestand hat die marxistische Philosophie in die *Form der Reflexion* aufzunehmen. Einer Wirklichkeit, die stets neue Formen, und neue Inhalte in alten Formen hervorbringt, deren Veränderungen zudem nie vollständig prognostizierbar sind (oft gar nicht prognostizierbar) – einer solchen Wirklichkeit wird adäquat nur durch die Entwicklung auch theoretisch neuer Formen, zumindest durch die Weiterentwicklung der alten begegnet werden können. Eine Wirklichkeit, die ihrer Theorie neue Aufgaben stellt, wird auch von ihr neue Antworten verlangen. Neue Inhalte beanspruchen neue Formen. Alte Antworten auf neue Fragen sind fataler als gar keine Antworten. Alte Formen verdrehen die neuen Inhalte. Will also marxistische Philosophie der veränderten Wirklichkeit gerecht werden, muss sie sich stets selbst verändern. Marxistische Philosophie kann deshalb nie ‚fertig' sein – sie ist *prinzipiell unfertig*.

18. Wirklichkeit als gewordene und werdende heißt: sie ist *Einheit von Gegenwart, Vergangenheit und Zukunft*. Die Wirklichkeit, die marxistische Philosophie als Theorieform erforscht, ist dreidimensional strukturiert. Sie ist auf die drei Dimensionen der Zeitlichkeit: Vergangenheit, Gegenwart und Zukunft gerichtet. Zum Relativitätsprinzip des Erkennens gehört, dass diese Forschung in einer je gegebenen Gegenwart den Standort hat, von dem her sie Vergangenheit und Zukunft erschließt. Der Tigersprung historischen Erkennens erfolgt vom Standpunkt der Gegenwart. In diesem strukturierten Sinn ist marxistische Philosophie dreierlei: Sie ist *historisches Erkennen*, insofern sie die Vergangenheit erforscht; sie ist *anti-*

zipatorisches Denken, insofern sie die Zukunft erkundet; sie ist *Diagnostik der Gegenwart*, insofern sie die Zeit begreift, in der sie steht. Diese zeitliche Dreidimensionalität des Erkennens bildet einen Zusammenhang. So wird die Diagnose einer Gegenwart ohne Kenntnis der Vergangenheit und Durchdenken der Zukunft (der Möglichkeitsdimension eines historisch Wirklichen) nie vollständig zu haben sein. Historisches Erkennen ohne Bezug zur Gegenwart ist steriler Historismus, antizipatorisches Denken ohne Grund im Gegebenen abstrakte Utopie. Der Ort der Gegenwart nun ist der Punkt in der Zeit, der dauerndem Wechsel unterworfen ist. So stellt sich auch die Frage nach Zukunft und Vergangenheit in jeder neuen historischen Lage neu. Wie das gesamte Universum der überlieferten Kultur ist auch das überlieferte Wissen von jedem neuen historischen Zeitpunkt neu anzueignen.

19. In mehr als einer Hinsicht also ist die marxistische Philosophie darauf angewiesen, ständig weiterentwickelt, ausgebaut und durch neue Erkenntnisse vertieft zu werden. Diese Ausarbeitung hat in allen drei Zeitdimensionen zu erfolgen: A. mit Blick auf das Universum überlieferten Wissens und überlieferter Kultur (in menschheitsgeschichtlicher Perspektive: ohne jeden Restbestand von Eurozentrismus); B. im Sinn einer Aneignung des Wissens der Gegenwart; C. als Denken des historisch Möglichen, das nur auf der Grundlage des historisch Erkannten – begriffener Wirklichkeit – erfolgen kann. Es wäre illusionär zu glauben, dass die Aufgabe solcher Ausarbeitung durch autochthone marxistische Forschungen allein eingelöst werden könnte. Um ihr gerecht zu werden, hat sich marxistisches Denken auch solcher wissenschaftlichen Erkenntnisse zu versichern, die nicht auf seinem theoretischen Boden entstanden sind. Zur Aufgabe stehen die vorurteilsfreie Verarbeitung und Integration der Ergebnisse der positiven Wissenschaften, ganz gleich, welcher Herkunft diese sind. Dass diese Verarbeitung *kritisch* zu erfolgen hat, dass dabei das Wahre und Falsche sorgfältig zu scheiden sind, dass sie weiter die Form der Einarbeitung in einen theoretischen Zusammenhang besitzen muss, ist selbstverständlich. Marxistisches Denken verfügt, wenn es sich seiner Potentiale bewusst ist, über eine singuläre integrative Kraft, die die produktive Verarbeitung divergierendster Gedankenelemente, Erkenntnisse und Wissensformen möglich macht. Diese integrative Kraft hat in der materialistischen Dialektik ihren Grund. Um diesem Sachverhalt auch termino-

logisch gerecht zu werden, habe ich den Begriff eines *Integrativen Marxismus* vorgeschlagen.[253] Die Grundeinsichten dafür verdanke ich Hans Heinz Holz – dies klarzustellen ist nicht zuletzt auch das Ziel dieses Bandes. Dies bedeutet nicht – kann nicht bedeuten –, dass ich im Einzelnen nicht auch eigene Wege gehe.

20. In die epistemische Synthesis marxistischen Denkens gehört auch die Verarbeitung nichtwissenschaftlicher Weltanschauungs- und Wissensformen: von Alltagsbewusstsein und Sprache über Religion und Mythos bis zu den Künsten. Dabei geht es in diesem Zusammenhang primär um das Herausarbeiten ihrer Wahrheitsmomente in diesen Formen – es geht im exakten Sinn um die *Dialektik des Ideologischen*. In diesem Sinn wäre die Philosophie der Zukunft im marxistischen Sinn als *Synthesis von Wissensformen* zu konzipieren. Eine privilegierte Rolle bei dieser Ausarbeitung spielt die Kunst. Im Universum des Wissens ist sie als gleichrangige Partnerin der Wissenschaft zu behandeln. Bei aller Differenz zu dieser steht sie an ihrer Seite in der Arbeit der epistemischen Erschließung der Welt. Eine marxistische Philosophie der Zukunft wird die Kunst im Sinne produktiver Welterkenntnis in ihren Begriff aufzunehmen haben.

253 Th. Metscher, *Integrativer Marxismus. Dialektische Studien. Grundlagen*, Kassel 2017.

Zehner Teil.

Bewusstsein als gesellschaftliche Form, soziales Verhältnis und Institution: Ideologie

Alles Bewusstsein ist Geschöpf seines Zeitalters, bevor es in diesem theoretisch und praktisch wirksam wird. Weltbilder, Weltanschauungen, Weltanschauungsformen sind wie Bewusstsein überhaupt notwendig und unausweichlich in gesellschaftliche Prozesse eingebunden. Sie existieren, sobald sie aus dem Kopf eines Individuums heraus in die Welt treten, in materieller Gestalt: in der Form von Sprache, eines Buchs, eines Bildes, einer Partitur, von Rechtssystemen, Institutionen, staatlicher Organisation, ideologischen Apparaten usf. Sie sind von der Welt, in der sie sind und wirken, geprägt: formiert und deformiert in Urteil und Vorurteil. Sie sind eingebunden in Lüge, Täuschung, Schein – haben zugleich aber auch Anteil am Wissen von Welt.

Menschliches Bewusstsein individuell wie sozial ist in Unwahrheit und Wahrheit zugleich. Es existiert in der Ambivalenz von Erkenntnis und Trug, Einsicht und Täuschung, Wesen und Schein. Nach Genesis, Form und Funktion ist Bewusstsein gesellschaftlich determiniert und determinierend zugleich. Es konstituiert so ein besonderes soziales Verhältnis innerhalb eines historischen Ensembles gesellschaftlicher Verhältnisse. Es existiert in ihnen in vergesellschafteter Form. In diesem komplexen Sinn ist gesellschaftliches Bewusstsein *ideologisch*, sind Bewusstseinsformen *ideologische Formen*.

Im Folgenden soll diesem Gedankengang in zwei Schritten nachgegangen werden. Ein erster entwirft die Konturen eines dialektischen Ideologiebegriffs, ein zweiter will Aspekte dieses Begriffs am Beispiel einer kritischen Analyse gegenwärtiger Gesellschaft sichtbar werden lassen.

I. Konturen eines dialektischen Ideologiebegriffs

Kein anderer Grundbegriff marxistischen Denkens ist so umstritten wie der Begriff der Ideologie. Der Grund liegt nicht zuletzt darin, dass die Sachverhalte, die mit Ideologie und dem Ideologischen bezeichnet werden, höchst Disparates umfassen. Sie reichen von Phänomenen des Bewusstseins bis zu sozialen Institutionen, Vergesellschaftungsformen und Sachverhalten alltäglicher Lebenspraxis; in einem solchen Maß, dass hier von dem ‚Komplex Ideologie' (oder ‚des Ideologischen') geredet werden muss. Eine kohärente, alle Seiten dieses Komplexes umfassende Theorie liegt bis heute nicht vor. Was es gibt, sind Theorien, die bestimmte Aspekte des Ideologischen erfassen – meist zu Lasten anderer. Auch die im Folgenden vorgelegten Ausführungen stellen nicht den Anspruch, eine umfassende Theorie zu liefern. Alles, was sie tun wollen, ist, Elemente eines dialektischen Begriffs von Ideologie und des Ideologischen vorzustellen; dialektisch in dem Sinn, dass hier Widersprüchliches – ein Widerspruchszusammenhang – begrifflich gefasst wird. Der folgende Teil gibt den Aufriss des theoretischen Programms, wobei ich mich auf ein knapp formuliertes Exposé der zentralen Gesichtspunkte beschränke; ein zweiter entwickelt in begriffsgeschichtlicher Reflexion die Kernkategorien des hier vorgestellten Ideologiebegriffs.

1. *Der Komplex Ideologie. Exposé*

1. Ideologie, wie der Begriff hier verstanden wird, bezieht sich auf einen Komplex von Komplexen. Seinen Kern bildet der Begriff der *ideologischen Form*, wie ihn das Marxsche Vorwort von 1859 exponiert. Ihm zugeordnet ist, was ich die *Dialektik des Ideologischen* nenne: dass es verkehrtes Bewusstsein realer Sachverhalte ist, in ihm Unwahrheit und Wahrheit, Integration und Widerstand zusammentreten. An seinen Rändern steht auf der einen Seite *falsches Bewusstsein*, auf der anderen *ideologische Vergesellschaftung*. Zum Komplex der ideologischen Form gehören Zivilgesellschaft, Überbau und Staat, denen ideologische Formen eingelagert sind, gehört damit Bewusstsein als soziales Verhältnis in dem Sinn, dass Ideologien Teil des Ensembles gesellschaftlicher Verhältnisse mit bestimmten, oft widerstreitenden Funktionen sind. Zum Komplex falschen Bewusstseins gehören Trug, Lüge und ideologischer Schein sowie die diesen entsprechenden Weltbilder.

2. Der Komplex Ideologie geht epistemologisch über den Bereich gesellschaftlichen Bewusstseins hinaus, obwohl er in diesem seinen Kern hat. Er reicht in das gesellschaftliche Unbewusste hinein. Ideologische Formierung bedeutet nicht nur Formierung des Bewusstseins, sondern auch Formierung der

Psyche. Sie betrifft den ‚Menschen ganz'. Im ideologischen Streit wird um Bewusstsein, Seele und Körper gerungen. Von einer Theorie des gesellschaftlichen Bewusstseins ist der Gesamtkomplex des Ideologischen daher nicht vollständig zu erfassen; er bedarf der Ergänzung durch eine Theorie des gesellschaftlich Unbewussten.

3. Alle Komplexe des Ideologischen sind von Widerspruchsstrukturen geprägt. Ideologie als Komplex von Komplexen ist ein Widerspruchsfeld.

4. Der Ideologiebegriff ist, seiner Geschichte nach, ein kritischer Begriff.[254] An seinem Ausgangspunkt steht die Frage nach dem Charakter herrschenden Bewusstseins, seiner Genesis, Wirkungsweise und Funktion, in diesem Zusammenhang die Frage nach falschem Bewusstsein: nach Lüge, Trug, Vorurteil, epistemischem Schein. Die Frage wird dabei im erkenntnis- wie im herrschaftskritischen Sinn gestellt, oft in der Einheit beider – in der Perspektive aber wahrer Erkenntnis und der Aufhebung unterwerfender Verhältnisse. Die ideologiekritische Frage betrifft also alle ‚Seiten' des Begriffs des Ideologischen und der Ideologie. Dieser ist als Einheit seiner Seiten zu sehen – als Komplex von Komplexen. Er konstituiert sich nur in der Einheit seiner verschiedenen Momente als dialektischer Begriff. Die Herauslösung eines bestimmten Aspekts, die Trennung des Einen vom Anderen führt unausweichlich zu einem verengten Begriff des Ideologischen und der Ideologie. Sie führt zu theoretischem Reduktionismus.

2. *Kritik des Bewusstseins*

Die Theorie der Ideologie und des Ideologischen ist auf der ersten und grundlegenden Ebene *Kritik des Bewusstseins*. Kritik, erinnern wir, ist eine Grundkategorie marxistischen Denkens. Als konkrete Negation ist sie Bestandteil

254 Der Begriff der ‚wissenschaftlichen Ideologie' (Lenin; vgl. Th. Metscher, *Anmerkungen zum Ideologiebegriff des Marxismus und zum Ideologiebegriff des Projekts Ideologietheorie*, in: H.H. Holz u.a. (Hg.), Marxismus, Ideologie, Politik, Frankfurt a.M. 1984, S. 224–228) ist daher von Widersprüchen nicht frei. Ich würde ihn heute im positiven Sinn nicht mehr verwenden.

der Dialektik als Methode. Sie meint sie zweierlei: *Kritik materieller gesellschaftlicher Verhältnisse* und *Kritik des Bewusstseins*; wobei Bewusstsein als Ausdruck und Bestandteil materieller gesellschaftlicher Verhältnisse verstanden wird. Die Kritik des Bewusstseins ist also Teil der Kritik der gesellschaftlichen Verhältnisse. Sie ist kritische Analytik herrschenden Bewusstseins, seiner Formen, Inhalte und Funktionen. Kernkategorie dieses Zusammenhangs ist *Ideologie*. Die gesellschaftlichen Verhältnisse sind Gegenstand der Kritik, sofern sie Verhältnisse sozialer Herrschaft, der Unterwerfung und Ausbeutung sind. Die Kritik dieser Verhältnisse erfolgt in der Perspektive ihrer Aufhebung: mit dem Ziel umfassender menschlicher Emanzipation. Dieser Sachverhalt gilt auch für die Kritik des Bewusstseins. Er bildet den Kern des Begriffs der *Kritik von Ideologie*.

Ideologiekritik ist als erstes Kritik *falschen Bewusstseins*, das als gesellschaftlich produziert, im bestimmten Fällen auch als *notwendig* falsches Bewusstsein verstanden wird. So wenig ein dialektischer Begriff von Ideologie in der Kritik falschen Bewusstseins aufgeht – diese ist nach wie vor, und heute mehr als je zuvor die erste und grundlegende ideologiekritische Aufgabe: die Kritik wahnhafter Massenideologien, von Militarismus, Faschismus, Antisemitismus, Rassismus jeglicher Spielart; ganz gleich, in welchem Gewand sie sich zeigen. Unerreichtes Vorbild dafür ist Thomas Manns Kritik irrationalistischer Ideologeme (die bei weitem nicht auf Deutschland beschränkt waren) im *Doktor Faustus*; so in den Kridwiß-Gesprächen die Kritik der Mythen von Krieg und Gewalt in Sorels *Réflection sur la violence*: der „Prophetie des Buchs, dass populäre oder vielmehr massengerechte Mythen fortan das Vehikel der politischen Bewegung sein würden: Fabeln, Wahnbilder, Hirngespinste, die mit Wahrheit, Vernunft, Wissenschaft überhaupt nichts zu tun zu haben brauchen, um dennoch schöpferisch zu sein, Leben und Geschichte zu bestimmen und sich damit als dynamische Realitäten zu erweisen" – die Kritik der „Gewalt als dem siegreichen Widerspiel der Wahrheit" (Buch XXXIV/ Fortsetzung). Dazu gehört die Kritik der Mythen der Macht, des Eigentums und der Herrschaft, die nach wie vor ihren Spuk betreiben, doch auch der Ideologeme der Kulturindustrie, des Markts und des Alltagslebens in der historischen Gestalt der entwickelten imperialistischen Gesellschaft – das Aufdecken der Vernetzung von Lüge, Trug und ideologischem Schein, der die Menschen heute mehr als jemals zuvor in der bekannten Geschichte verfallen sind. Dazu gehört weiter die Kritik der Gewalten ideologischer Macht, zu denen heute an erster Stelle die medialen Apparate und die Fetische der Ware und des Markts zu rechnen sind. Und dazu gehört nicht zuletzt die Kritik der heute dominanten Herrschaftsideologie: der Neoliberalismus in seinen offenen und verdeckten, direkten und indirekten Gestalten. Zu den kategorialen Elementarformen falschen Bewusstseins gehören: Ideologem, Mythe, Fetisch und Idol.[255] Ideologiekritik heute bezieht sich auf das gesamte Feld der hier benannten Phänomene.

Kritik des Bewusstseins hat aber noch einen ganz anderen Sinn, nämlich den der *kritischen Reflexion*, die nach Möglichkeiten, Leistungen und Grenzen von Wissen und Erkennen fragt. Ideologie in diesem Zusammenhang – es ist ein epistemologisch- erkenntnistheoretischer – bezeichnet borniertes, seiner Voraussetzungen und Grenzen nicht bewusstes Bewusstsein, jede sich absolut setzende Theorie oder Weltanschauung, d.h. jede solche, die ihre Voraussetzungen, Interessen und Grenzen wie die Relativität ihres Wissens nicht reflektiert – unabhängig von ihrer Art und ihrem Charakter. Dies gilt für idealistische und materialistische Theorien in gleicher Weise – es gilt auch für Einzelwissenschaften, wenn sich diese, wie zuletzt Biologie und Neurowissenschaften, zur philosophischen Universalwissenschaft aufspreizen. Und es gilt nicht zuletzt auch für den Marxismus in seinen offiziösen und dogmatisierten Gestalten.

Die Kritik des Bewusstseins im epistemologisch-erkenntnistheoretischen Sinn wendet sich gegen jede sich ideologisch setzende Weltanschauung und Theorie. Sie schließt damit aber die Selbstkritik des Bewusstseins notwendig ein. Ich spreche hier von der *Selbstbezüglichkeit des kritischen Ideologiebegriffs*. Das will sagen: dieser wendet sich kritisch gegen den Mangel an Aufklärung über Voraussetzungen, Charakter und Ziele des eigenen Denkens. Ideologiekritik fängt im eigenen Hause an. Ideologiefreies Bewusstsein ist nur dort möglich, wo eine Theorie rigoros und methodisch stringent ihre politisch-sozialen wie epistemischen Voraussetzungen, Zielsetzungen und Interessen reflektiert. Auch der Marxismus ist nicht per se ‚ideologiefrei'. Er kann es sein, wenn er die genannten Bedingungen erfüllt.

255 Mit *Ideologem* sind Trivialformen des Ideologischen gemeint (die gleichwohl eine massenwirksame Kraft entfalten können), mit *Mythe* ideologische Vorstellungskomplexe, in denen unterschiedliche Momente (narrativer, figurativer, metaphorischer, ikonischer Natur) amalgamiert sind. Zu *Fetisch* und *Idol* siehe die folgenden Teile.

Der Marxismus ist ideologisch in dem Sinn, dass er, als Gestalt des Bewusstseins und Weltanschauungsform, in gesellschaftliche Prozesse eingebunden, Teil dieser Prozesse ist, in ihnen agiert, daher auch immer von ihnen geformt ist, in seinen organisatorischen und institutionellen Formen auch materiell existiert. Er ist somit alles andere als ‚voraussetzungslos'. Er ist jedoch, der Möglichkeit nach, ideologiefreies Bewusstsein, wenn er diese Voraussetzungen, seine Zielsetzungen und Grenzen (zu denen nicht zuletzt auch die Grenzen seines Wissens gehören) kritisch reflektiert – wenn er, mit anderen Worten, dem eingangs genannten *Relativitätsprinzip menschlichen Erkennens* entspricht. Mehr als bürgerliche Theorien freilich ist der Marxismus zu einer kritischen Selbstbezüglichkeit imstande – da sie zu den (freilich oft vergessenen) Prinzipien seines Selbstverständnisses gehört. *Selbstkritik ist Teil der Konstitutionsbedingungen des Marxismus als Wissenschaft.*

3. *Ideologie als dialektischer Begriff*

Ideologie als dialektischer Begriff meint mehr als falsches oder sich absolut setzendes Bewusstsein. Er schließt die Ebene der Kritik des Bewusstseins ein, geht aber über sie hinaus. Im Zentrum des dialektischen Ideologiebegriffs steht die Struktur einer *Verkehrung*. Für Marx und Engels sind Ideologien gesellschaftlich verursachte Verkehrungen des Bewusstseins. Mit der Herausbildung von Arbeitsteilung und Klassenverhältnissen entsteht die Form der Verkehrung, in der sich das Bewusstsein sich als Erstes setzt, das wirkliche Leben als Zweites. Auf dieser Grundlage erst entsteht die *Camera obscura* des Bewusstseins, in der die Menschen und ihre Verhältnisse „auf den Kopf gestellt erscheinen"[256]. *In Form der Camera obscura also wird Bewusstsein zu Ideologie.*

Das Falsche der Ideologie ist also nicht einfach ihre ‚Unwahrheit', es ist die *Form der Verkehrung*. D.h. aber, Ideologien sind prinzipiell ‚wahrheitsfähig' – sie können Momente von Wahrheit enthalten, doch sind diese der Form der Verkehrung abzugewinnen. Ideologien sind also epistemologisch *dialektisch* verfasst. Sie verkörpern Wahrheit und Unwahrheit – oder können sie doch verkörpern.

256 MEW 3, S. 26.

Seinen Kern hat der dialektische Ideologiebegriff im Konzept der *ideologischen Form*. Damit werden im Anschluss an Marx gesellschaftliche Bewusstseinsformen verstanden – so Politik, Recht, Religion, Kunst, Philosophie -, in denen sich die Menschen der Konflikte ihrer Epoche bewusstwerden und diese ausfechten. Sie sind Teil des sozialen, politischen und geistigen Lebensprozesses, in dem sie eine doppelte Funktion erfüllen: eine epistemische und eine praktische: Sie sind Ort einer Bewusstseinsbildung und eines Kampfs. Sie sind also bedeutend mehr als der bloße Reflex ökonomischer und sozialer Verhältnisse oder Instanzen der Integration und Unterwerfung (sie sind dies *auch*, aber sie sind dies nicht *nur* – ich werde darauf zurückkommen). Die ideologische Form in jedem Fall ist *Terrain eines Konflikts.*

Ideologie in diesem Zusammenhang bezieht sich auf jede Form institutionell verkörperten und sozial wirkenden Bewusstseins, unabhängig von seiner Art und Funktion. Solches Bewusstsein ist in der Regel in ein undurchschautes Konglomerat von Vorurteilen, Setzungen, Meinungen und Interessen eingebunden – ein ‚interesseloses' gesellschaftliches Bewusstsein gibt es nicht. Seine Vorstellung ist selbst eine ideologische Konstruktion. Ideologisch in diesem Sinn ist das Bewusstsein der Herrschenden wie der Beherrschten. Als herrschendes Bewusstsein besorgt Ideologie die Reproduktion existierender Herrschaft. Ihre Wirkung entfaltet sie über das ‚Innere' der Subjekte. Doch auch widerständige, einer gegebenen Herrschaftsform oppositionelle, ihrer Zielsetzung nach emanzipatorische Bewusstseinsgestalten sind im Sinn des Begriffs der ideologischen Form ‚ideologisch' – sie sind nicht kraft ihres oppositionellen Charakters per se ‚ideologiefrei'. Sie können dies sein, aber nur unter bestimmten Bedingungen. In der Regel sind auch sie eingebunden in ein Konglomerat von Meinungen und Interessen. Andererseits wiederum enthalten auch herrschaftskonforme Ideologien (im Bereich Politik, Religion, Recht, Kunst, Wissenschaft, Philosophie) oft enorme zivilisatorische, kulturell emanzipatorische Potentiale. Sie sind mehr oder können mehr sein als bloße „Kompromisse mit Dominante".[257] Die ideologischen Formen selbst sind *Terrain hegemonialer Kämpfe.*

In epistemologischer Hinsicht sind also zwei verbundene Ebenen zu unterscheiden: die Ebene *falschen Bewusstseins* und die der *Dialektik des Ideologi-*

257 W.F. Haug, *Elemente einer Theorie des Ideologischen*, Hamburg 1993, S. 17.

schen. Mit dieser wird die *Wahrheitsrelation* – die Frage nach dem Wahren in den Verkehrungen des Bewusstseins zu einer Grundfrage der Ideologietheorie. Ideologische Formen (Religion, Recht, Moral, Philosophie, Kunst) sind ihrem epistemischen Gehalt nicht nur ‚falsch', auch sind sie mehr als nur unterwerfende Mächte, die „die ‚ideelle' Reproduktion von Klassenherrschaft" über das Innere der Subjekte besorgen.[258] In ihnen ist Wahres und Falsches verschränkt, existieren Wahrheit und Unwahrheit als Momente des ideologischen Bewusstseins selbst – wie sie zugleich Motoren zivilisatorischen Fortschritts zu sein vermögen. Auch in diesem Sinn sind sie dialektischer Struktur. Sicher gibt es Ideologien von gewaltiger politischer Stärke und sozialer Macht (Faschismus, Antisemitismus, Rassismus), denen jedes Moment von Wahrheit mangelt, die eindeutig und unwiderruflich Mächte kulturellen Rückschritts – des Barbarischen – sind. Komplexe Ideologien jedoch werden verfehlt, will man sie auf falsches Bewusstsein oder die Reproduktion von Herrschaft reduzieren.

4. *Ideologische Verhältnisse als Teil des Ensembles der gesellschaftlichen Verhältnisse*

Die *ideologischen gesellschaftlichen Verhältnisse* bilden weniger einen Bereich innerhalb des Ensembles gesellschaftlicher Verhältnisse als dass sie die Verhältnisse dieses Ensembles auf allen Stufen durchdringen. Ihre Keimform ist der *Warenfetisch* (dies gilt für warenproduzierende Gesellschaften), ihr struktureller Kern die *ideologische Form*. Das Zentrum der ideologischen gesellschaftlichen Verhältnisse bildet die *Zivilgesellschaft*. Diese wird nach oben hin von den ideologischen Überbauten Staat, Recht, Religion begrenzt. Hier bietet sich, statt des Bereichsbegriffs, der Begriff der *ideologischen gesellschaftlichen Formation* an. Damit gemeint ist das Gesamt der ideologischen Verhältnisse innerhalb eines historischen Ensembles gesellschaftlicher Verhältnisse. Der Begriff der ideologischen Formation umfasst die Zivilgesellschaft und die sie eingrenzenden gesellschaftlichen Bereiche: ökonomische Basis und Staat. Er fasst sie als Einheit von Differentem.

258 Vgl.: W.F. Haug, *Einführung in marxistisches Philosophieren*, Hamburg 2006.

Die Elementarformen des Ideologischen sind *Warenfetisch, Idole des Markts* und *Fetische des Alltagslebens*. Ihnen zugeordnet ist das *Warenästhetische* – monopolkapitalistische Erscheinungsform des Warenfetischs – als Psyche, Bewusstsein und Körper formierende Kraft. Zu den Fetischen des Alltagslebens in der imperialistischen Gesellschaft gehören Leistung, Erfolg, Akzeptanz, Repräsentanz und Geltung, Sex, Jugend, Schönheit und Sport. Diese entfalten eine zwang- und wahnhafte Wirkung, in einer Weise, dass vom Zwangscharakter der ideologischen Elementarmächte im Imperialismus, von *ideologischer Gewalt* gesprochen werden muss. Als ideologische Elementarmächte fungieren sie in Konjunktion. Sie fundieren und ergänzen im Prozess der ideologischen Vergesellschaftung die Arbeit des ideologischen Überbaus. Zusammen mit diesen bilden sie die Grundlagen konzeptiver Ideologien. Sie wirken in Wissenschaft, Philosophie, Kunst hinein, in der Regel im Sinne sublimierender Reproduktion, doch können sie auch zum Gegenstand kritischen Bearbeitung werden. Unter *ideologischem Überbau* sind die ideologischen Mächte Staat, Recht, Religion, Bildung usf. gemeint – samt der ihnen zugeordneten Institutionen, Wirkungsweisen und Funktionen.

Die *Zivilgesellschaft* ist zwischen Basis und Überbau eingelagert. Der Begriff bezeichnet „die Gesamtheit der ideologisch-kulturellen Beziehungen" (Karin Priester). In ihr werden die formell vom Staat getrennten Institutionen und Organisationen wirksam, die das ideologische und kulturelle Profil einer Gesellschaft prägen und die Hegemonie der herrschenden Klasse und den gesellschaftlichen Konsens garantieren. In ihren Zusammenhang gehören die institutionellen Formen des Ideologischen: die Institutionen, Organisationen und Apparate, in denen das Ideologische in materiell existenter Form verkörpert ist, die seine Wirkungsweisen organisieren, steuern und regulieren.

Die Zivilgesellschaft ist der Ort *ideologischer Vergesellschaftung* – der Eingliederung der Subjekte in eine existierende gesellschaftliche Struktur, ihrer Formierung im Sinn einer gegebenen Gesellschaft. Freilich ist dieser Vorgang nicht eingliedrig als Bewegung ‚von oben nach unten' zu denken, sondern als ein solcher, der sich in mehrgliedriger Bewegung vollzieht, ja der seinen Ursprung in Basisprozessen hat bzw. in aus diesen entspringenden kulturellen Erscheinungen (Warenfetisch, Idole des Markts, Fetischformen des Alltagslebens), die als ideologische Elementarmächte das Werk einer ‚ursprünglichen' Vergesellschaftung betreiben. Erst als zweite Dimension tritt die ‚Vergesellschaftung von oben' – die Vergesellschaftung durch die zentralen ideologischen Mächte (Staat, Recht, Religion, Familie, Schule, Moral) hinzu. Als dritter Faktor sind explizite konzeptive Ideologien (Weltanschauungen, Leitbilder, Wertmuster) in Rechnung zu stellen. Ideologische Vergesellschaftung ist Resultat des Zusammenwirkens aller dieser Faktoren. An ihrem Prozess aber sind die Menschen auf allen Stufen als Tätige beteiligt: Sie vergesellschaften sich, indem sie vergesellschaftet werden. Insofern ist ihre Form auch die eines Widerstreits, in der sich mit Anpassung und Unterwerfung zugleich Subjektwerdung: kulturelle Bildung vollzieht – zumindest vollziehen kann. Die Struktur des Widerstreits betrifft die Zivilgesellschaft als ganze. Sie ist nicht nur Stätte der Eingliederung und Integration, sondern zugleich das Terrain sozialer Konflikte – der Ort des Widerstreits von Erster und Zweiter Kultur, die Arena, in der der Kampf um kulturelle Hegemonie ausgetragen wird.

Der Begriff der *Zwei Kulturen* fasst die ideologischen Verhältnisse als Klassenverhältnisse, die Beziehung zwischen ihnen als Kampf um Hegemonie. Zugleich bezeichnet der Begriff ideologische Qualitäten: Normen, Wertorientierungen, Weltbilder, die ihrerseits verschiedenen sozialen Welten (‚Kulturen') zugeordnet sind. *Erste Kultur* bezieht sich auf Formen und Inhalte, die eine herrschende Klasse zum Zweck der Reproduktion ihrer Herrschaft im Sinn einer Formierung der Gesellschaft ‚von oben' gebraucht. *Zweite Kultur* bezeichnet Formen des Widerstands, den beherrschte Klassen der herrschenden Kultur im Sinn einer Bewegung ‚von unten' entgegenstellen, denen ihrerseits bestimmte Inhalte (ideologische Qualitäten) entsprechen. Im Begriff der Zwei Kulturen treten also ideologische und kulturelle Momente zusammen – der Kampf der Klassen wird in ihm als ein ‚Kampf der Kulturen' sichtbar.

5. *Der nichthomogene Charakter von Bewusstseinsformen*

Eine Differenzierung sei vorgeschlagen, die, wenn sie zutrifft, eine Reihe von Schwierigkeiten der kritischen Analyse von Ideologien beheben könnte. Sie betrifft einen grundlegenden theoretischen wie methodologischen Gesichtspunkt dieser Kritik: den *nicht-homogenen* Charakter von Bewusstseinsformen.[259] Damit ist der *Tatbestand einer internen Differenzierung* innerhalb eines

259 Das Problem ist im Marxismus bislang wenig beachtet worden. In Haugs HKWM 6/I

zusammenhängenden Komplexes von Bewusstseinsformen gemeint, der, über den Gesichtspunkt der ‚Ungleichzeitigkeit' (Ernst Bloch) hinaus, auch für ‚gleichzeitige' Bewusstseinsformen Gültigkeit besitzt. Bewusstseinsformen sind nie völlig homogen. Sie sind bestimmt von Varianzen sozialen wie individuellen Charakters, durchsetzt von Widersprüchen, Rissen und Brüchen. Sie weisen oft enorme intellektuelle Niveauunterschiede auf (man denke, im Rahmen der modernen Philosophie, an die Unterschiede zwischen Nietzsche, Heidegger und Wittgenstein auf der einen, Spengler, Jaspers und Ayer auf der anderen Seite).

Bewusstseinsformen sind in mehr als einer Hinsicht nicht-homogen, und sie sind es auch dort, wo sie eine gemeinsame Grundstruktur, ein gemeinsames gedankliches Substrat besitzen und als einheitliche Formation (der Ideologie einer bestimmten historischen Zeit, sozialen Gruppe oder Klasse, gar als Epochenbewusstsein) zu identifizieren sind. Zu unterscheiden ist – als Unterscheidung *innerhalb* einer ideologischen Formation – zwischen einer homogenen ideologischen Basiskonstellation (Kernzone) und einem nicht-homogenen Bereich unterschiedlicher Differenzierungen *jenseits* der Kernzone. In einem bestimmten Sinn kann diese als Determinationsgefüge angesehen werden, das eine große (nicht a priori limitierbare) Zahl von Differenzierungen sozialer wie individueller Natur, nicht zuletzt auch erhebliche Differenzierungen der intellektuellen Qualität gestattet. Die Unterscheidung zwischen diesen Ebenen – einer homogenen Basiskonstellation und nicht-homogener Differenzierungen[260] – dürfte für die Analyse, Kritik und Geschichtsschreibung von Ideologien von nicht zu unterschätzender Bedeutung sein, macht sie doch erst eine differenzierte und angemessene Bewertung einzelner intellektueller Leistungen auch im Rahmen von im Ganzen reaktionären oder regressiven Ideologien möglich. Sie gestattet Differenzierungen, ohne kritische

(2004) taucht es nicht einmal als Fragestellung auf (vgl.: I. Garo, *Ideologie*, in: Ebd., S. 680–689; J. Rehmann, *Ideologietheorie*, in: Ebd., S. 717–760; T. Reitz, *Ideologiekritik*, in: Ebd., S. 689–717).

260 Das hier angesprochene Verhältnis lässt sich als ein solches von *Homogenität und Heterogenität in Bewusstseinsformen* beschreiben. Da das Problem bislang wenig bearbeitet wurde, darf es einer vorsichtigen theoretisch-begrifflichen Annäherung. Der Tatbestand gleichwohl ist evident und von so hoher Allgemeinheit mit Blick auf komplexe Gesellschaften, dass hier eine Gesetzmäßigkeit vorzuliegen scheint – also von dem *Gesetz der Nichthomogenität von Bewusstseinsformen* gesprochen werden kann.

Positionen aufzugeben.[261] Sie vermag vielleicht auch, das schwierige Problem des ,Falschen' und Wahren' in Ideologien ein Stück weit einer Lösung zuzuführen.

Je intellektuell bedeutender eine ideologische Formation ist, so lässt sich vermuten, desto komplexer wird auch der Bereich interner Differenzierungen, desto größer wird die Differenz der einzelnen Artikulationen zueinander wie zu der Basiskonstellation, dem gemeinsamen Substrat der einzelnen Artikulationen sein.[262] Bewusstseinsformen sind Teil eines Ensembles gesellschaftlicher Verhältnisse, das sie reflektieren und in dem sie wirken, und sie sind variabel, in sich different, vielschichtig, bis ins individuelle Bewusstsein hinein, mit diesem Ensemble vermittelt. Den Schnitt- oder Knotenpunkt nun zwischen einer Bewusstseinsform und den anderen Teilen dieses Ensembles (insbesondere seinen ökonomischen Basisfaktoren) bilden die Momente der ideologischen Kernzone. Diese sind es auch, die in einem direkten Zugriff gesellschaftsgeschichtlich ,ableitbar' (rekonstruierbar) sind. Die über diese Zone hinausgehenden und auf sie aufbauenden Differenzierungen sind nicht im gleichen Maße ableitbar, da zwischen ihnen und den Faktoren der Kernzone eine Reihe vermittelnder Momente stehen, die in hochkomplexen Bewusstseinsformen (wie den Künsten) bis in die individuelle Psyche hinein reichen. Zwar bleiben auch sie gesellschaftlich-geschichtlich erklärbar, bedürfen aber einer ausgearbeiteten materialistischen Hermeneutik. Je komplexer und individueller eine Bewusstseinsform, desto schwieriger ist ihre geschichtliche Deutung. Dies gilt nicht allein für Theorien, dies gilt gesteigert noch für die Künste.

261 Sie ist unabdingbar für das vorgestellte Projekt eines *integrativen Marxismus*, d. h. eines solchen, der die Wahrheitsmomente auch solcher Theorien erkennt und aufnimmt, die sich in der Grundposition im deutlichen Gegensatz zu ihm befinden (siehe den Ersten Teil dieser Arbeit).

262 Die griechische Philosophie, die Scholastik, die Aufklärung, die klassische deutsche Philosophie bilden Formationen von großer Geschlossenheit und mit einem durchaus homogenen ideologischen Substrat – wie groß aber sind innerhalb dieser Formationen die Differenzierungen im Einzelnen, d. h. zwischen den Denkern und ihren Theorien. Gleiches lässt sich auch von modernen Philosophien behaupten – ich denke an analytische Philosophie, Positivismus, Existentialismus, Hermeneutik –, ja das Modell eines homogenen Substrats und individueller Differenzierung ist auch auf den Marxismus anwendbar (man denke an die Differenzen im Denken von Bloch, Gramsci, Lukács, Brecht – heute Holz und Haug). Das Problemfeld eines ,pluralen Marxismus' könnte mit Hilfe eines solchen Modells differenzierter ausgearbeitet werden als bisher geschehen.

Es dürfte einsichtig sein, dass die kritische Analyse der Kernzone einer ideologischen Formation bzw. eines Bewusstseinskomplexes die erste, weil grundlegende Aufgabe der marxistischen Ideologiekritik ist. Erst wenn diese Aufgabe gelöst ist, kann dem Problem möglicher Differenzierungen – der Frage der Heterogenität – innerhalb eines Bewusstseinskomplexes nachgegangen werden. Wer den umgekehrten Weg gehen will, verliert nur allzu leicht den Boden unter den Füßen und sieht vor lauter Bäumen den Wald nicht mehr.

6. *Kernkategorien des dialektischen Ideologiebegriffs*

Im Folgenden sollen die Kernkategorien des dialektischen Ideologiebegriffs in einem begriffsgeschichtlichen Rückgriff des Näheren erläutert werden.

6.1. *‚Falsches Bewusstsein', Verkehrung und die Dialektik des Ideologischen*

Die Beschäftigung mit dem Phänomen falschen oder ‚trügerischen' Bewusstseins ist so alt wie die Geschichte europäischen philosophischen Denkens. Die von der griechischen Philosophie getroffene Unterscheidung zwischen der bloßen ‚Meinung' (*pistis*) und dem wirklichen ‚Wissen' (*gnosis, episteme*), die dann bei Platon ausgebildete Methode eines dialektisch-kritischen Hinterfragens scheinhaften Wissens, die Destruktion von ‚Vor-Urteilen' und die dadurch ausgelöste ‚Aporie' (Ratlosigkeit) als Ausgangspunkt des wirklichen Wissens – das dialektische Paradox des sokratischen ‚Ich weiß, dass ich nichts weiß' als kritischer Ausgangspunkt gesicherten Wissens – setzt die methodologische Unterscheidung von ‚wahrem' und ‚falschem' Bewusstsein voraus, impliziert auch Methoden bewusstseinskritischer Reflexion und einer dialektischen Erkenntnisgewinnung, die in moderne ideologietheoretische Konzeptionen eingegangen sind. Doch entsteht die Ideologietheorie im modernen Begriffssinn[263] – als besonderes Gebiet wissenschaftlichen Forschens mit be-

263 Ich unterscheide hier zwischen Begriffs- und Wortgeschichte: der ‚Begriff' des Ideologischen und der Ideologie ist früher in der Welt als seine terminologische Bezeichnung.

sonderem Gegenstand und besonderen Kategorien – erst im Zeitalter der bürgerlichen Aufklärung[264]. Ihre Vorläuferin ist die Idolenlehre Francis Bacons. Dieser vertrat die Auffassung, der Fortschritt des Wissens sei nur möglich unter der Voraussetzung der Befreiung von den *Idolen*, den Trugbildern, den Fesseln falschen Denkens, das zu diesem Zweck nach Herkunft und Wirkung zu untersuchen sei.[265] Mit Bacon nimmt die Ideologiekonzeption der Aufklärung ihren Ursprung. Auch hier ist die Kritik falschen Bewusstseins nicht Zweck an sich selbst, sondern die Voraussetzung wahrer Erkenntnis – das Konzept falschen Bewusstseins ist an der Suche nach richtigem Bewusstsein orientiert.

Wenn ‚Ideologie' auch erst im 18. Jahrhundert als theoretischer Terminus aufkam, so gehört das ‚Problemfeld Ideologie' von Beginn an in den Kernbereich der Bewusstseinsgeschichte bürgerlichen Denkens. Die Kritik trügerischen Bewusstseins, erzeugt von den herrschenden feudalen Mächten zum Schutz ihrer Macht, mit dem Zweck, die Menschen geistig in das feudale System einzubinden, ist Teil des Programms der radikalen Aufklärung. Gegen das trügerische Bewusstsein setzt das Bürgertum Aufklärung als Macht freien Denkens: Durch die Zerstörung von trügerischer Geistigkeit und Vorurteil soll das Subjekt zu wahrer Erkenntnis und selbstbestimmtem Handeln befähigt, soziale und politische Befreiung möglich, das Glück aller in einer harmonischen Gesellschaft wirklich werden können.[266]

In diesen Zusammenhang gehört bereits Bacons Lehre von den Trugbildern des Bewusstseins, die zerstört werden müssen, um die Menschen zum Gebrauch ihrer Vernunft, zu richtiger Wissenschaft und richtiger Praxis zu befähigen. Aufklärerisches Denken geht in die frühe Neuzeit zurück; ein Zusammenhang, in den auch das Drama Shakespeares gehört. Ihre entschiedenste Form freilich erhält das Konzept trügerischen Bewusstseins in der vom französischen Materialismus (Holbach) ausgearbeiteten Theorie vom „Priestertrug": der „Annahme einer Verschwörung der Mächtigen gegen das Volk, das in geistiger Unmündigkeit gehalten werden soll", „einer der wesentlichsten Bestandteile der gegen das ancien régime gerichteten Ideologie-

264 Vgl.: H.J. Sandkühler (Hg.), *Enzyklopädie der Philosophie*, Hamburg 1999, S. 608f.

265 Bacon unterscheidet zwischen *Idols of the Tribe*, *Idols of the Cave*, *Idols of the Market-place* und *Idols of the Theatre* „which beset men's minds" (Fr. Bacon, *Essays*, Harmondsworth 1985, S. 277).

266 K. Lenk (Hg.), *Ideologie, Ideologiekritik und Wissenssoziologie*, Neuwied 1961, S. 15.

kritik".[267] Diese betrifft vor allem die Religion, die als Instrument einer zielgerichtet bewerkstelligten – im heutigen Sinn: ‚manipulativen' – Integration der Beherrschten kritisiert wird: „Im Licht des überirdischen Charakters der Gebote und Verbote wird die reale Unterwerfung unter das Gesetz des absoluten Herrschers zu einem Akt der Bejahung des göttlichen Willens und Auftrags. Als Kinder des ewigen Schöpfergottes leisten die Untertanen nun aus freiem Willen ihre Pflichten, da die Auflehnung gegen die höchste, überirdische Gewalt von vornherein zum Scheitern verurteilt wäre".[268]

Die offizielle Begriffsgeschichte von Ideologie beginnt im Gefolge der Französischen Revolution im Sinne einer Wissenschaft von den Ideen, die, als Teil der Erkenntnistheorie, nach dem Ursprung der Ideen fragt. Ihr bedeutendster Vertreter ist A.-L.-C. Destutt de Tracy, dessen Hauptwerk *Élémens d'Idéologie* 1803 erschien. Die denunziatorische Phase der Begriffsgeschichte von Ideologie beginnt mit Napoléon in dem historischen Moment, „wo sich die nachrevolutionäre Macht ‚positives' Denken verordnet und mit Religion und Kirche arrangiert" (Sandkühler). Der wissenschaftlich-kritische Ideologiebegriff dann, der den Begriff zu einer Kernkategorie modernen Denkens macht, wird von Marx und Engels ausgearbeitet.

So sind Priestertrugtheorie und Idolenlehre Bacons zwar „als Vorstufe einer Lösung des Ideologieproblems zu werten"[269], sie erfassen jedoch nur die Oberfläche des von Marx und Engels exponierten Problems. So kommt dem Ideologiebegriff der bürgerlichen Aufklärung weder das Problem ‚notwendiger Selbsttäuschung' (Lenk) noch das Wahrheitsproblem von Ideologien in den Blick. Solche Fragen werden erst mit dem Marx/Engelsschen Ideologiebegriff aufgeworfen – der damit eine qualitativ neue Stufe der Theoretisierung erreicht. Sie wird allerdings durch Feuerbachs Religionskritik vorbreitet.

Marx und Engels setzen im Anschluss an die Aufklärung am Begriff falschen Bewusstseins an, sie verstehen dies aber nicht mehr als bewussten Betrug von Priestern und Despoten, sondern als notwendiges Produkt gesellschaftlicher Verhältnisse; ‚notwendig', weil aus dem „historischen Lebensprozess" der Menschen mit gleicher Gesetzmäßigkeit hervorgehend wie bei der Camera obscura „die Umdrehung der Gegenstände auf der Netzhaut aus

267 Ebd., 20.
268 Ebd., S. 21.
269 Ebd., S. 22.

ihrem unmittelbar physischen"[270] Ideologien sind gesellschaftlich verursachte Verkehrungen des Bewusstseins. Ihre Genesis haben sie in Arbeitsteilung und Klassenverhältnissen. Von dem Augenblicke an, „wo eine Trennung der materiellen und geistigen Arbeit eintritt", „*kann* sich das Bewusstsein wirklich einbilden, etwas Andres als das Bewusstsein der bestehenden Praxis zu sein"[271]. Auf dieser Grundlage erst entsteht die Verkehrung, in der sich das Bewusstsein, das in Wahrheit „in die materielle Tätigkeit und den materiellen Verkehr der Menschen" verflochten, „Sprache des wirklichen Lebens" ist[272], als Erstes setzt, das wirkliche Leben dagegen als abgeleitetes Zweites.[273] Auf dieser Grundlage erst „ist das Bewusstsein imstande, sich von der Welt zu emanzipieren und zur Bildung der ‚reinen' Theorie, Theologie, Philosophie, Moral etc. überzugehen"[274] – entsteht die *Camera obscura* des Bewusstseins, in der „die Menschen und ihre Verhältnisse (…) auf den Kopf gestellt erscheinen".[275]

Der Grundcharakter des Ideologischen ist also die Verkehrung des Bewusstseins – das *Falsche* der Ideologie ist nicht einfach ihre ‚Unwahrheit' (geschweige denn, dass sie bloße Lüge, Traum oder Trug sei), sondern es ist die *Form der Verkehrung*. Ideologien sind dieser Auffassung zufolge durchaus wahrheitsfähig – zumindest: sie können es sein –, doch ist die Wahrheit von Ideologien der Form der Verkehrung abzuringen. Sie sind, um im Bild zu bleiben (was Marx von der Hegelschen Philosophie auch gesagt hat), *vom Kopf auf die Füße zu stellen.*

Ideologien haben also eine dialektische Struktur (oder können sie haben): Sie verkörpern Widerspruchszusammenhänge, sind Terrain unterschiedli-

270 MEW 3, S. 26.
271 Ebd., S. 31.
272 Ebd., S. 26.
273 In aller Deutlichkeit und Klarheit heißt es – ich erinnere an den zwar bekannten, in seiner Tragweite aber wohl nicht immer voll erkannten Text, er formuliert eine axiomatische Grundeinsicht der Marx/Engelsschen Weltauffassung: „Die Menschen sind die Produzenten ihrer Vorstellungen, Ideen pp., aber die wirklichen, wirkenden Menschen, wie sie bedingt sind durch eine bestimmte Entwicklung ihrer Produktivkräfte und des denselben entsprechenden Verkehrs bis zu seinen weitesten Formationen hinauf. Das Bewusstsein kann nie etwas Andres sein als das bewusste Sein, und das Sein der Menschen ist ihr wirklicher Lebensprozess" (MEW 3, 26). Exakt dieses Verhältnis ist es, das im Camera-obscura-Effekt der Ideologie „auf den Kopf gestellt" erscheint.
274 MEW 3, S. 31.
275 Ebd., S. 26.

cher Kräfte, divergierender Tendenzen, von Kampf und Widerstreit, von Unwahrheit und Wahrheit. Zwar besitzen sie die Tendenz zur Homogenisierung, in sich sind sie jedoch, in ihren komplexen Formen zumindest, alles andere als homogen. In diesem Sinn ist von der *Dialektik des Ideologischen* zu sprechen.

Teil dieser Dialektik ist die Verschränkung von Wahrem und Falschem im ideologischen Bewusstsein selbst, die zumindest für hochkomplexe Ideologien (wie Religion, Recht und Philosophie) charakteristisch ist. Denn nichts könnte falscher sein, als das Ideologieverständnis von Marx und Engels auf die simple Notation ‚falschen Bewusstseins' zu reduzieren. „Das Schwierige am Marxschen Ideologiebegriff, das aber zugleich dessen Unentbehrlichkeit zur Analyse des widersprüchlichen Phänomens menschlichen Bewusstseins ausmacht", resümiert Peter Bürger, an Adorno anknüpfend, die Marxsche Religionskritik, „liegt darin, dass dieser „als falsches Bewusstsein ein Gedankengebilde denunziert, dem er doch zugleich Wahrheit nicht abspricht. (...) Eine nach dem Muster der Marxschen Religionskritik konzipierte Ideologiekritik zerstört nicht das vergangene geistige Gebilde, sie fördert dessen historische Wahrheit vielmehr erst zutage".[276] So ist die Religion für Marx „ein *verkehrtes Weltbewusstsein*", weil die Welt, die sie hervorbringt, eine „*verkehrte Welt*" ist: „in einem der *Ausdruck* des wirklichen Elends und in einem die *Protestation* gegen das wirkliche Elend" – die „*phantastische Verwirklichung* des menschlichen Wesens, weil das *menschliche Wesen* keine wahre Wirklichkeit besitzt".[277]

Die Dialektik religiösen Bewusstseins – der Religion als Ideologie – hätte prägnanter nicht formuliert werden können. Ein weiteres klassisches Beispiel für die Dialektik des Ideologischen ist die Hegelsche Philosophie. Im gewissen Sinn ist sie geradezu Paradigma für Ideologie als verkehrtes Bewusstsein, wird doch in ihr, wie in allem Idealismus, Bewusstsein als ontologisch Erstes gesetzt, und in der Tat könnte die Kritik an ihr, in den Frühschriften formuliert, größer nicht sein. Aus ihr gewinnt der junge Marx seine eigene Position. Zugleich aber arbeitet er von Beginn an auch die Bedeutung der Hegelschen Philosophie heraus, ihre in der idealistischen Form verborgenen Wahrheit: dass sie den geschichtlichen Prozess als Produktionsprozess des menschli-

276 P. Bürger, *Ideologiekritik und Literaturwissenschaft*, in: P. Bürger (Hg.), Vom Ästhetizismus zum Nouveau Roman. Versuche kritischer Literaturwissenschaft, Frankfurt a.M. 1975, S. 31f.

277 MEW 1, S. 378.

chen Wesens begreift. Und in den *Feuerbach-Thesen* greift er über Hegel hinaus programmatisch auf die philosophische Leistung des Idealismus zurück, wenn er diesem bescheinigt, im Gegensatz zum „alten Materialismus“, die „*tätige* Seite“ entwickelt zu haben, wenngleich in ‚abstrakter‘, also nicht sinnlich gegenständlicher Gestalt.[278] Seine eigene Grundposition, den ‚neuen Materialismus‘ entwickelt er so als Synthesis des alten Materialismus und der Hegelschen Philosophie – in der Grundkategorie ‚gegenständlicher Tätigkeit‘ sind die Wahrheitsmomente beider Positionen aufgehoben.

Eine dialektische Kritik von Ideologien hat also, als methodologisches Prinzip, neben der Freilegung des Falschen auch das Wahrheitsmoment in dem ideologischen Gegenstand auszuarbeiten. Die Funktion von Ideologien ist je-spezifisch und stets historisch-kontextuell zu bestimmen. So hat auch die Struktur der ‚Vergesellschaftung von oben‘ (Haug) keinen von sich her gegebenen, zeitlos unterwerfenden und anti-emanzipatorischen Charakter. Der ‚progressive Absolutismus‘ Englands und Frankreichs etwa hatte, als Prozess zentralistischer Vergesellschaftung, eine enorme zivilisatorische, politisch, rechtlich, kulturell progressive Bedeutung. ‚Jahrtausendwerke‘ wie die Dramen Shakespeares und die Schriften Bacons wären ohne ihn nicht möglich gewesen. Die Kritik des Bewusstseins, will sie konsequent dialektisch verfahren: enthält die Momente von Zerstörung und Bewahrung. Ideologiekritik ist Dekonstruktion und Rekonstruktion zugleich. Ja, sie vermag, in bestimmten Fällen, den Charakter einer ‚rettenden Kritik‘ (Walter Benjamin) anzunehmen. Die Gewichtung beider Seiten wird je nach einer historischen Situation, den ideologischen Verhältnissen in ihr unterschiedlich sein. Solange eine herrschende Ideologie unumschränkte Macht besitzt, wird ihre kritische Zerstörung die erste Aufgabe sein. Wenn diese gelöst ist, kann der Schwerpunkt auf die Erarbeitung ihres Wahrheitsmoments verlagert werden. Nicht immer jedenfalls wird beides gleichzeitig zu leisten sein, doch darf dialektische Kritik ihre doppelte Aufgabe nie aus dem Auge verlieren.

278 MEW 3, S. 5.

6.2. *Der Begriff der ideologischen Form*

Die Fassung des Ideologieproblems im Rahmen eines systematischen Begriffs von Gesellschaft wird im Vorwort von Marx' *Zur Kritik der politischen Ökonomie* von 1859 einen Schritt weiter vorangetrieben. Durch Einführung des Begriffs der *ideologischen Form* gewinnt Marx ein neues Niveau der ideologietheoretischen Konzeption. ‚Ideologische Form' bezieht sich auf die der „ökonomischen Struktur der Gesellschaft" entsprechenden „gesellschaftlichen Bewusstseinsformen". Marx unterscheidet zwischen

1. „ökonomischer Struktur" oder „realer Basis" („Gesamtheit der Produktionsverhältnisse"),
2. dem „juristischem und politischem Überbau" und
3. „bestimmten gesellschaftlichen Bewusstseinsformen", welche der ökonomischen Struktur „entsprechen".

Weiter spricht er von dem von der „Produktionsweise des materiellen Lebens" bedingten „sozialen, politischen und geistigen Lebensprozess" sowie den „juristischen, politischen, religiösen, künstlerischen oder philosophischen, kurz ideologischen Formen", in denen sich die Menschen des „Konflikts" zwischen Produktionsverhältnissen und Produktivkräften, der eine „Epoche sozialer Revolution" charakterisiert, „bewusst werden und ihn ausfechten".

Marx' Begrifflichkeit hier ist in mancher Hinsicht noch unfertig; der Text trägt die Handschrift eines theoretisch Suchenden, der erste Ergebnisse notiert. Er formuliert eine Zwischenbilanz, deren Einseitigkeiten wir eingangs notierten. Zugleich aber enthält er den Kern eines zu entwickelnden Programms. Halten wir fest, was er im positiven Sinn aussagt.

Die Begriffe der *ideologischen Form* und *gesellschaftlichen Bewusstseinsform* werden synonym verwendet. Sie sind den Strukturen des Überbaus eingelagert und beziehen sich in einem weiteren Sinn auf den Komplex des „sozialen, politischen und geistigen Lebensprozesses", der hier der umfassende Begriff ist. Dieser ‚Lebensprozess' wird bedingt durch die „Produktionsweise des materiellen Lebens" als seiner Grundlage. ‚Produktionsweise' und ‚Lebensprozess' bilden einen Zusammenhang – es ist der Zusammenhang einer gesellschaftlichen Formation.

Die ideologischen Formen besitzen, so lässt sich jetzt sagen, den Charakter autochthoner Strukturen, die Leistung und Grenzen des Behandelten feststellen. Ihre Funktion und Bedeutung besteht darin, dass sich die Menschen in ihnen eines ‚Konflikts',[279] der den Produktionsverhältnissen entspringt, „bewusst werden" und ihn „ausfechten". Was dies bedeutet, bleibt hier noch ungesagt und wird erst von Späteren – so Luxemburg, Gramsci und Lenin – des Näheren ausgeführt. Deutlich aber ist, dass hier von Ideologie im Sinn falschen Bewusstseins in keiner Weise mehr geredet werden kann. Ideologie im Sinne ihres dialektischen Begriffs markiert einen umkämpften Raum. Die ideologischen Formen müssen prinzipiell wahrheitsfähig sein, wenn in ihnen ein Bewusstsein der Lösung fundamentaler Konflikte möglich sein soll. So ist der dialektische Ideologiebegriff, wie ihn *Deutsche Ideologie* und andere Frühschriften entwickeln, für die Weiterentwicklung der Marxschen Theorie unverzichtbar, auch wenn ihre Formulierung zu einem früheren Zeitpunkt erfolgte als es die des Vorworts war. Weiterentwicklung kann nur heißen: die ideologischen Formen sind der Ort von Theorie und Praxis zugleich. Die ideologischen Formen – mit ihnen der Überbau – sind Ort theoretischer, kultureller, sozialer, politischer Kämpfe. Sie sind Ort des Widerstreits – in letzter Analyse *Ort des Klassenkampfs*. Dies zumindest liegt als Potenz der determinierten Struktur des Marxschen Vorworts zugrunde.

Kunst als Paradigma.

Exemplifizieren wir die Brauchbarkeit dieses Konzepts am Beispiel der Kunst. Der Begriff von Kunst als *ideologischer Form* soll sich an der kategorialen Unterscheidung zwischen ‚ökonomischer Struktur', ‚Überbau' und der ökonomischen Struktur ‚entsprechenden' ‚gesellschaftlichen Bewusstseinsformen' (‚ideologischen Formen') orientieren. In diesen Formen, heißt es, werden sich die Menschen des der ökonomischen Struktur entspringenden Konflikts bewusst und fechten ihn aus. ‚Ideologische Form' bzw. ‚gesellschaftliche Be-

279 Wir können hier von dem *Grundkonflikt* einer Epoche sprechen, dem weitere Konflikte (‚Partialkonflikte') in allen Bereichen des sozialen Lebens zugeordnet sind.

wusstseinsform' sind dem Komplex des sozialen, politischen und geistigen Lebensprozesses" zugeordnet, in dem sie eine doppelte Funktion erfüllen: eine epistemische und eine praktisch-funktionale. In diesen Formen werden sich Menschen sozialer, politischer und geistiger Konflikte *bewusst*, und in ihnen *kämpfen sie diese Konflikte aus*.

Beide Aspekte des Ideologiebegriffs sind in den Begriff von Kunst als ideologischer Form zu übernehmen. Kunst ist Bewusstseinsform (‚epistemische Form'), und sie ist Funktion im Kontext ideologischer Verhältnisse. Die Schwierigkeit, diese doppelte Bedeutung des Begriffs ideologischer Form ästhetiktheoretisch zu fassen, besteht darin, dass die Aspekte Bewusstseinsform und Funktion nicht als Seperata, sondern als Einheit zu denken sind: Kunst übt als Bewusstseinsform eine bestimmte Funktion (oder Funktionen) aus. Mit anderen Worten: die *Bewusstseinsform* ist *funktional* und die *Funktion epistemisch* zu fassen. Eine Trennung beider verfehlt die Komplexität des ideologischen Gegenstands. Gerechtfertigt ist sie allein in einem methodologischen Sinn.

Im funktionalen Sinn akzentuiert der Begriff von Kunst als ideologischer Form den Ort und die Wirkungsweise von Kunst innerhalb der Produktions- und Herrschaftsverhältnisse einer historischen Zeit. So ist Kunst in das Ensemble der gesellschaftlichen Verhältnisse, in denen sie steht und deren Teil sie ist, funktional eingebunden. In ihm erfüllt sie Funktionen im Spielraum zwischen Integration und Widerstand. Kunst hat so einen konkreten geschichtlichen Ort, von dem sie formal wie inhaltlich geprägt, oft deformiert ist. Zugleich ist Kunst mehr als Reflex und Funktion. Sie ist *Agens* im Zusammenhang gesellschaftlicher Konflikte, und zwar im doppelten Sinn eines Bewusstwerdens dieser Konflikte wie eines Handelns, das diese Konflikte zum Austrag bringt. Der Gesichtspunkt *gesellschaftlicher Handlung* ist also in den Begriff der ideologischen Form aufgenommen.

Die Bestimmung einer ästhetischen Form als einer ideologischen besagt also, dass Kunst im Zusammenhang ihrer institutionellen Vermittlung wie ihrer Funktion und Wirkung als ideologische Praxis zu betrachten ist, dass sie als Werkform an der Dialektik von Wahrheit und Falschheit teilhat, die alles gesellschaftliche Bewusstsein auszeichnet. In diesem zweifachen Sinn steht Kunst in der Doppelfunktion ihres herrschaftsstabilisierenden, apologetischen Gebrauchs und der Möglichkeit ihrer kritisch-emanzipativen Verwendung.

6.3. *Ideologie als soziales Verhältnis, institutionelle Realität, Vergesellschaftung und Funktion. ‚Ideologische gesellschaftliche Verhältnisse' und ‚ideologische gesellschaftliche Formation'*

Das Marxsche Vorwort, in seiner theoretischen Leistung erfasst, skizziert die Umrisse einer sozialen Topographie des Ideologischen: Es legt den Ort des Ideologischen, den es innerhalb des Gefüges gesellschaftlicher Verhältnisse einnimmt, frei. Der Begriff ‚ideologische Form' bezeichnet die ‚Schaltstelle' zwischen Ideologie als Bewusstseinsform und Ideologie als sozialem Verhältnis und Praxisform, Institution, Vergesellschaftung und Funktion. Das Vorwort skizziert diesen Bereich nur in den Umrissen und terminologisch unsicher – kein Wunder angesichts der Tatsache, dass hier theoretisches Neuland erschlossen wird. Wir erinnerten daran. Dennoch ist dieser Text der Grundlagentext eines theoretischen Programms, zu dem auch heute das letzte Wort noch nicht gesprochen ist. Die Theorieentwicklung nach Marx hat die Bedeutung des Vorworts durchaus erkannt – sie erinnerte daran und ist in Versuchen einer Konkretisierung und Weiterentwicklung immer wieder auf dieses zurückgekommen. Die feste Struktur allerdings war in allen diesen Formen rigoros zu durchbrechen. Zu lernen war, dass auf allen Feldern dialektisches Denken der unversöhnte Gegner des Strukturalismus ist. Dies zeigt sich dort am deutlichsten, wo mit den avanciertesten Mitteln an einer Weiterentwicklung des Marxschen Vorwort gearbeitet wurde.

‚Ideologische gesellschaftliche Verhältnisse'

So führt Lenin in seiner Lektüre des Vorworts das Begriffspaar *materielle gesellschaftliche Verhältnisse* und *ideologische gesellschaftliche Verhältnisse* ein.[280] Er schließt dabei an Marx an: Die Produktionsverhältnisse bilden die grundlegende, alle übrigen Verhältnisse bestimmende „Struktur der Gesellschaft". Ihr Begriff liefert das erste analytische Kriterium für die Bestimmung des konkreten Ganzen einer Gesellschaftsformation. Von ihm her sind Ort und Funktion der „ideologischen gesellschaftlichen Verhältnisse" dieser Forma-

280 LW 1, S. 128–131.

tion fassbar. Sie werden im Sinn einer strukturellen Grundbestimmung mit dem Begriff der „materiellen gesellschaftlichen Verhältnisse" gefasst. Diese stehen in dialektischer Beziehung zu den „ideologischen gesellschaftlichen Verhältnissen". Kriterium für die Unterscheidung beider ist, dass die einen entstehen, „ohne durch das Bewusstsein der Menschen hindurchgegangen zu sein", die anderen „vor ihrer Ausgestaltung durch das Bewusstsein der Menschen hindurchgegangen sind." So bilden sich die Produktionsverhältnisse infolge einer objektiven Gesetzmäßigkeit heraus. Sie entstehen nicht konzeptiv, nicht als Resultat willens- und bewusstseinsmäßiger Handlungen. „Indem die Menschen ihre Produkte austauschen, gehen sie Produktionsverhältnisse ein, sogar ohne sich der Tatsache bewusst zu werden, dass es sich dabei um ein gesellschaftliches Produktionsverhältnis handelt." Die ideologischen gesellschaftlichen Verhältnisse dagegen setzen genetisch immer „ein Bewusstsein von den gesellschaftlichen Verhältnissen voraus" – sie sind *konzeptiv produziert*. Sie sind in ihrer jeweiligen geschichtlichen Form nicht denkbar ohne Akte bewusster Zwecksetzung und willensmäßiger Entscheidungen, die ihrerseits auf einem (wie auch immer beschaffenen) Bewusstsein der gesellschaftlichen Verhältnisse aufbauen, in denen sie stattfinden.

Lenin fasst weiter die im Begriff der ideologischen Form bei Marx angelegte, aber unausgearbeitete Zuordnung von Bewusstseinsformen und materiell existenten sozialen Formen (ideologischen ‚Apparaten', Institutionen, Organisationsformen usw.) explizit als organischen Zusammenhang: als eine in sich differenzierte Einheit von Beziehungen, die einen konkreten gesellschaftlichen ‚Bereich' konstituieren. Damit wird implizit, der Gedanke entwickelt, die ideologischen gesellschaftlichen Verhältnisse als Ensemble von Bewusstseins- und sozialen Formen zu fassen – Überlegungen, die dann von Gramsci des Näheren ausgearbeitet werden. Dabei besitzt die bei Lenin angelegte Konzeption eines organischen Zusammenhangs von Bewusstseinsform und sozialer Form hohe Aktualität, weil in ideologietheoretischen Diskursen bis in die Gegenwart hinein die Tendenz vorliegt, diesen Zusammenhang in Abrede zu stellen und den Begriff des Ideologischen entweder der Seite der institutionellen Form oder der der Bewusstseinsform zuzuschlagen. Dagegen ist (mit Lenin wie mit Gramsci) ins Feld zu führen, dass ein an das Marxsche Denken anschließender Ideologiebegriff gerade den Zusammenhang von Bewusstseins- und sozialer Form im Blick behalten muss – im ideologischen Bewusstsein explizit als *soziales Verhältnis* gefasst wird; was die materielle soziale Existenz von Bewusstsein ebenso umfasst wie seine Wirkungsweise und Funktion, die gesellschaftliche Praxis von Bewusstseinsformen überhaupt. Auf der anderen Seite aber heißt das auch, dass soziale Praxen, ganz gleich welcher Art, nie ‚ohne Bewusstsein' gedacht werden können, wenn sie als ideologische begriffen werden sollen – dass auch das Unbewusste, sofern es im Umkreis des Ideologischen erscheint, nie ohne sein Verhältnis zum Bewussten analytisch und theoretisch erfasst werden kann.

Zivilgesellschaft als ideologischer Bereich. Begriff der ‚ideologischen gesellschaftlichen Formation'

Der Leninsche Beitrag ist positiv zu lesen als Ausarbeitung der Ideologieproblematik in Richtung einer Verzahnung der Bewusstseinsformen mit der materiellen Realität von Gesellschaft, der Entsprechung von Bewusstseinsform und Gesellschaftsform, der Bestimmung ihrer Topographie, ihrer Form, Funktion und Wirkung in einem historisch gegebenen Ensemble gesellschaftlicher Verhältnisse. Über ein skizzenartiges Konzept kommt aber auch Lenin nicht heraus. Ja, im Versuch der terminologischen Klärung der Marxschen Begrifflichkeit greift er zu Vereinfachungen, die die Ambivalenzen des Vorworts zwar glätten, seinen Bedeutungsspielraum aber auch einschränken. Eine tatsächliche inhaltlich-kategoriale Weiterentwicklung des von Marx Entworfenen liegt erst bei Gramsci vor. Dabei konzentriert dieser sich auf die Entwicklung einer Bereichstheorie des Ideologischen: den Komplex Ideologie im Sinne realer, materiell existenter und funktional wirkender ideologischer Formen in einem Sinn, der institutionelle wie organisatorische Formen einschließt und organisch an die Dimension von Bewusstseinsformen bindet.

Gramscis Ideologiebegriff bezeichnet durchgängig die *materielle Existenzweise*, die *organisatorische* und *institutionelle Realität* wie *soziale Funktion* von Bewusstsein. Den gesellschaftlichen Institutionen wie Familie, Kirche, Schule, Gewerkschaften, Parteien, Medien, Kunst, Literatur, Wissenschaft sind – ihnen entsprechend und durch sie vermittelt – lebenspraktische ‚Rituale' zugeordnet: Praxisformen, Verhaltensweisen, Normen und Orientierungen. Ideologie bedeutet damit soziale Verkörperung von Bewusstsein, Bewusstseinsform sozialer und politischer Bewegungen: *Ideen als Handlungen*. Als Ideologie gilt Gramsci „jede Weltanschauung, jede Philosophie, die zu einer kulturellen Bewegung, einer ‚Religion', zu einer praktischen Aktivität geworden ist".[281]

Diese materiell existenten ideologischen Formen in ihrer Gesamtheit bilden einen relativ eigenständigen gesellschaftlichen Bereich: die ‚zwischen' Basis und Überbau angesiedelte Zivilgesellschaft (*società civile*). Mit diesem Begriff bezeichnet Gramsci „die Gesamtheit der ideologisch-kulturellen Beziehungen." „In der ‚società civile' werden alle jene formell vom Staat (‚società politica') getrennten und insofern ‚privaten' Institutionen und Organisationen wirksam, die das ideologische und kulturelle Selbstverständnis einer Gesellschaft prägen und dadurch die Hegemonie der herrschenden Klasse und den gesellschaftlichen Konsensus garantieren. Die ‚società civile' vermittelt zwischen der ökonomischen Basis und dem Staat im engeren Sinn"[282] Die Zivilgesellschaft ist damit auch der Kernbereich, an dem sich das Bewusstsein der Mehrheit der Menschen formiert, an dem um dieses Bewusstsein gerungen wird, der Kampf um *Hegemonie* sich abspielt – der Ort von Unterwerfung, Widerstand, Emanzipation. In diesem Kampf geht es um *Konsens* oder *Dissens* der Menschen zu den bestehenden Herrschaftsverhältnissen, um die Alternative: Integration in die existierenden Verhältnisse oder Entwicklung eines widerständigen, in der Perspektive revolutionären Bewusstseins. Ziel der Herrschenden ist die Integration der Beherrschten, Ziel der Beherrschten die Erringung der Hegemonie: praktische politisch-moralische und ideologisch-kulturellen Führung und Vorherrschaft – als Voraussetzung schließlich der Bastionen staatlicher Gewalt und der revolutionären Umgestaltung der Verhältnisse von Eigentum und Macht.

Die hegemoniale Herrschaft der unterdrückenden Klasse wird durch die Ideologien, ihre Medien und Institutionen besorgt (Familie, Kirche, Schule, Universität, die publizistischen Medien usf.), die den Konsens der Massen durch Interiorisierung, die Umsetzung der herrschenden Gedanken ins Alltagsbewusstsein organisieren. Der Kampf um kulturelle Bildung der Beherrschten, um ihre Konstitution als Subjekte, ihr eigener Kampf um Befreiung und humane Emanzipation ist daher ein Kampf *gegen* die herrschenden Ideologien *innerhalb* der ideologischen Institutionen, Apparate, Medien,

281 A. Gramsci, *Philosophie der Praxis*, a.a.O., S. 134.
282 K. Priester, *Zur Staatstheorie bei Antonio Gramsci*, a.a.O., S. 516.

also innerhalb der sozialen Formen der *società civile*. Er schließt die Kritik herrschender Ideologie – der theoretischen ideologischen Systeme wie der interiorisierten Formen herrschender Ideologie im Alltagsbewusstsein – in sich ein, ja hat diese Kritik zur Voraussetzung. Er setzt an der Kritik des ‚Alltagsverstandes' an – an der ‚Selbstkritik' der ‚subalternen Klassen'. Die ‚subalternen' (unterdrückten) Klassen führen diesen Kampf unter Anleitung ihrer organischen Intellektuellen, deren kollektive institutionelle Verkörperung Gewerkschaft und politische Partei sind. Für die Durchführung dieses Kampfes schaffen sich die Beherrschten ihre eigenen Organisationen, Institutionen und Apparate: Gewerkschaften, Parteien, eigene publizistische Medien, Kunst, Literatur – eine ‚Zweite Kultur'. Der Sieg an der ‚kulturellen Front', die Erringung der Hegemonie (politisch-moralisch-kultureller Führung) im Bereich der *società civile* ist die Voraussetzung für die Erringung der politischen Macht, die erst den Aufbau einer neuen ‚integralen Kultur', der Kultur einer mündigen Gesellschaft: die praktisch durchgeführte Konstituierung aller Gesellschaftsmitglieder zu konkreten Subjekten – Menschen aufrechten Ganges – langfristig zu garantieren vermag.

Im Anschluss an Gramsci und dessen Ansatz weiterdenkend wäre der Begriff der *ideologischen gesellschaftlichen Formation* einzuführen, mit dessen Hilfe die unaufgelöste Opposition zwischen objektiv gegebener Struktur als Determinante sozialer Handlungen und diesen selbst im Sinn einer subjektiven Dynamik aufgelöst werden kann, Damit gemeint ist das Gesamt der ideologischen gesellschaftlichen Verhältnisse *innerhalb* eines historischen Ensembles gesellschaftlicher Verhältnisse, das in seiner Totalität wiederum eine gesellschaftliche Formation konstituiert. Die Zivilgesellschaft, sagten wir, ist eingegrenzt von den ökonomischen Verhältnissen (Basis) einerseits, dem Staat (der ‚politischen Gesellschaft') andererseits. Diese drei Faktoren bilden in ihrem Zusammenhang und Zusammenspiel die ideologische gesellschaftliche Formation. Steht auf der einen Seite der Warenfetisch und ihm zugeordnete Fetischformen und Idole als elementare ideologische Mächte, so stehen auf der anderen Seite die ideologischen Mächte des Überbaus – der Staat als „erste ideologische Macht"[283], Recht, Religion usw. – samt der ihnen zugeordneten Institutionen und Apparate (Althusser spricht hier von ‚ideologischen Staats-

283 MEW 21, S. 302.

apparaten'). Alle diese Mächte wirken in die Zivilgesellschaft hinein – damit auch in die in dieser wirksamen konzeptiven Ideologien. Sie brechen sich auf deren Terrain. In den ideologischen Formen werden sie zu Bewusstsein gebracht und ausgefochten.

Die institutionelle Form des Ideologischen

Gramscis Konzept des zivilgesellschaftlichen Bereichs hat eine folgenreiche und widersprüchliche Wirkungsgeschichte. In der theoretischen Hauptlinie des staatsoffiziellen Marxismus der sozialistischen Länder – dem sog. ‚Marxismus-Leninismus' – wurde es, sehr zu Schaden dieser Marxismusform gar nicht oder nur am Rande rezipiert; geschweige denn, dass es, was bitter nötig gewesen wäre, den neuen Bedürfnissen der sozialistischen Länder entsprechend weiterentwickelt worden wäre. Aufgenommen wird es gleichwohl, zumindest selektiv herausgegriffene Teile dieses Konzepts, im Strukturalismus der Althusser-Schule. Im Zentrum der Ideologietheorie Althussers steht folgende Auffassung: 1. Die Ideologie repräsentiert nicht die bestehenden Produktionsverhältnisse, sondern das ‚imaginäre Verhältnis' der Individuen zu ihnen, damit zu ihren realen Lebensbedingungen. Sie hat 2. eine ‚materielle Existenz'. Sie ruft 3. die ‚Individuen als Subjekte' an: konstituiert sie als unterworfene. ‚Materielle Existenz' des Ideologischen bezieht sich auf seine *institutionelle Form*. Diese wird durch die Reihe *Handlung-Praxis-Ritual-Apparat* konstituiert. Die Existenz der Ideen eines Subjekts ist materiell, „insofern seine Ideen seine materiellen Handlungen sind, die in materielle Praxen eingegliedert und durch materielle Rituale geregelt sind, die ihrerseits durch den materiellen ideologischen Apparat definiert werden, dem die Ideen dieses Subjekts entstammen"[284].

Im Hintergrund dieser Auffassung steht eine gründliche Revision des Denkens Gramscis, dem zwar das Konzept der institutionellen Form von Ideologien entnommen, dessen praxisphilosophischer Grundansatz aber über Bord geworfen wird. Dem ‚Humanismus' und ‚Historizismus' Gramscis stellt Althusser das streng strukturalistische Konzept eines ‚theoretischen

284 L. Althusser, *Ideologie und ideologische Staatsapparate*, Hamburg 1977, S. 133–140.

Anti-Humanismus' gegenüber, dem Marx-Gramscischen Grundansatz subjektiver (‚sinnlich menschlicher') Tätigkeit die ‚Struktur ohne Subjekt'. Der gegenständlich tätige Mensch verwandelt sich zum „durch das Produktionsverhältnis determinierten" „bloßen Träger ökonomischer Funktionen"[285]. An die Stelle des Subjekts tritt die Funktion[286]. Damit aber wird der Marxsche Grundansatz umgekehrt: das Objekt wird das Bestimmende, Erste, zugleich wird eine tiefgreifende Transformation ideologietheoretischen Denkens vollzogen. Was bei Gramsci ein Feld widersprüchlich bewegter Praxisformen war, wird bei Althusser zum starren Gerüst von ritualisierten Handlungen und Apparaten, was Terrain von Widerstreit, Gebiet eines Kampfes war, wird zum Mechanismus einsinniger Unterwerfung. Das Subjekt wird suspendiert, der tätige Mensch in die Struktur aufgesogen. Das aber bedeutet im Kern den Rückfall hinter die von Marx begründete und von Gramsci fortgesetzte Position. Die antihumanistische Wende des Marxismus wirft diesen auf den Objektivismus bürgerlichen Denkens zurück, den Marx in Gestalt des ‚alten' Materialismus einer radikalen Kritik unterzogen hatte[287]. In diesem Sinn ist die Althussersche Ideologietheorie selbst ideologisch. Das Zutreffende in ihr ist der Form einer Verkehrung abzugewinnen. Eine dialektische Theorie des Ideologischen hätte sie, will sie an sie anknüpfen, erneut vom Kopf auf die Füße zu stellen.

Ideologische Vergesellschaftung

Der Begriff der Ideologie und des Ideologischen, wie er von Haug und dem von ihm geleiteten Projekt Ideologietheorie (PIT) seit den 1970er Jahren ausgearbeitet wurde und in einer Reihe beeindruckender Publikationen Eingang fand,[288] hat, dem Selbstverständnis der Autoren nach, den Charakter eines

285 Ebd., S. 83f.

286 Vgl.: Th. Metscher, *Kunst, Kultur, Humanität I. Studien zur Kulturtheorie, Ideologietheorie und Ästhetik*, Fischerhude 1982, S. 54-68; H.J. Sandkühler (Hg.), *Betr. Althusser*, Köln 1977.

287 MEW 3, S. 5–7.

288 Projekt Ideologie-Theorie (PIT), Berlin 1979, *Theorien über Ideologie*; W.F. Haug, *Elemente einer Theorie des Ideologischen*, a.a.O.; ders. u.a. (Hg.), *HKWM*, a.a.O. (I. Garo, *Ideologie*, a.a.O.; J. Rehmann, *Ideologietheorie*, a.a.O.; T. Reitz, *Ideologiekritik*, a.a.O.); J. Rehmann, *Einführung in die Ideologietheorie*, Hamburg 2008.

„Paradigmenwechsels“ der Ideologietheorie. Das Unternehmen knüpft bewusst an Gramsci an,[289] versteht sich zugleich als Teil einer „marxistischen Erneuerung in der Ideologieforschung“, wie sie sich neben Althusser auch in England mit Stuart Hall herausgebildet hat. Die Übereinstimmung der verschiedenen Richtungen besteht darin, „das Ideologische nicht mehr primär als Bewusstseinsphänomen aufzufassen, sondern als materielle Apparatur, die in und über der Gesellschaft den Konsens herstellt, der die Beherrschten an die Herrschaft bindet. (…) zu untersuchen sind wirkliche Hegemonieapparate, Institutionen mit unterschiedlichen Ideologien, materiellen Praxen und Ritualen, die aufs Unbewusste einwirken und daher mit einer Kritik ‚falschen Bewusstseins‘ nicht erfasst werden können“[290]. Damit grenzt sich die Ideologietheorie nicht nur von der bloßen Bewusstseinskritik ab, sie nimmt auch „Abstand von Wahrheitsfragen“[291]. Rehmann spricht vom Paradigmenwechsel „vom Wahr-Falsch-Gegensatz zur Analyse der Wirkungsweise“ von Ideologien[292]. „Das Ideologische bezeichnet die Grundstruktur ideologischer Mächte ‚über‘ der Gesellschaft und damit den Wirkungszusammenhang einer ‚entfremdete Vergesellschaftung-von-oben‘“[293].

Der ideologische Vergesellschaftungsprozess wird so als hierarchische Anordnung gedacht, durch „Fremdvermittlung“ von „aus der Gesellschaft ausgelagerten, von ihr entfremdeten ideologischen Instanzen“[294]. „Das Ideologische“, so Haug in einer Schrift von 1993, die die Summe seiner Forschungen zieht, „ist die Reproduktionsform der Entfremdung, ideelle Vergesellschaftung im Rahmen staatsförmig regulierter Herrschaft“. Es ist „eine analytische Kategorie, die Wirkungszusammenhänge der Herrschaftsreproduktion (…) aussagt“[295], die kritische Theorie des Ideologischen eine „Theorie herrschaftsförmiger Vergesellschaftung und des Handelns in ihren Strukturen“[296]. Dabei bezieht Herrschaft die Beherrschten ein. Ihre Reproduktion hat den Charakter

289 In diesen Zusammenhang gehört die deutschsprachige Edition der Werke Gramsci, die unter Haugs Federführung im Argument Verlag erscheint.

290 J. Rehmann, Über Anforderungen an eine marxistische Ideologietheorie, in: Junge Welt vom 3./4. Januar 2009.

291 T. Reitz, *Ideologiekritik*, a.a.O, S. 692.

292 J. Rehmann, *Ideologietheorie*, a.a.O., S. 718.

293 J. Rehmann, *Einführung in die Ideologietheorie*, a.a.O., S. 155.

294 Ebd., S. 153.

295 W.F. Haug, *Elemente einer Theorie des Ideologischen*, a.a.O., S. 17.

296 Ebd.

„eines Kompromisses mit Dominante". Ein solcher Kompromiss leistet mehr als die bloße Legitimation von Herrschaft. „Strukturelle Kompromisse wie das Recht und die Religion bilden Arenen sozialer Kämpfe"[297]. Haug beruft sich dabei auf Althussers Theorie der ideologischen Staatsapparate und die *Gefängnishefte* Gramscis. Seine eigene Position lässt sich als Versuch einer Vermittlung zwischen dem strukturalen Objektivismus Althussers und dem Historizismus Gramscis verstehen. Ob diese Vermittlung gelingt, ja ob sie möglich ist, ist allerdings sehr die Frage.

Dem ideologietheoretischen Unternehmen Haugs und des PIT ist zunächst eine große Konsequenz zu bescheinigen. Die Grundlinien ihres Konzepts sind bereits in den frühen Veröffentlichungen präsent. So wird der Bruch mit repräsentativen Positionen schon in einem Grundlagentext von 1979 reklamiert[298]. „Ideologie" bzw. „das Ideologische", heißt es dort, soll „nicht mehr primär als Geistiges (...), sondern als Modifikation und spezifische Organisationsform des ‚ensembles der gesellschaftlichen Verhältnisse' und der Teilhabe der Individuen an der Kontrolle dieser Verhältnisse oder auch nur ihrer Einbindung in sie" verstanden werden[299]: als „Wirkungszusammenhang ideeller Vergesellschaftung-von-oben"[300].

Die erste ideologische Macht ist nach dieser Konzeption der Staat, die zweite das Recht. Unterschieden wird weiter zwischen bestimmten Ideologien und dem Ideologischen im Allgemeinen. Letzteres ist „die Grundstruktur der entfremdeten Vergesellschaftung-von-oben, unlösbar verbunden mit der staatsförmigen Aufrechterhaltung der Klassenherrschaft und der Funktionen des Gemeinwesens". Die Ideologien, als „Komplexe praktischer Normen und als Ideengebäude" bzw. „‚von oben' organisierte Weltanschauung", fungieren im Rahmen des Allgemein-Ideologischen, werden damit als sekundär im Verhältnis zu diesem bestimmt. Existiert das Ideologische im Allgemeinen stets „als Wirkungszusammenhang besonderer ideologischer Mächte", so determinieren diese wiederum „spezifische ideologische Formen" (Politik, Recht, Religion, Kunst, Moral, Philosophie), die ihrerseits „spezifische ideologische Praxen (definieren)". Deren Gehalt „ist die Regulierung be-

297 Ebd.
298 Projekt Ideologie-Theorie (PIT), Berlin 1979, S. 201.
299 Ebd., S. 179f.
300 Ebd., S. 181.

stimmter funktioneller Ausschnitte der Vergesellschaftung, und zwar stets in der ver-rückten gemeinsamen Grundstruktur des Von-oben-nach-unten“[301]. Der Ideologie und dem Ideologischen gegenübergestellt werden Kultur und Kulturelles (die ‚kulturelle Dimension‘). Sie bilden, im Sinne einer ‚horizontalen‘, ‚selbstzweckhaften‘ Vergesellschaftung den diametralen Gegensatz zum Ideologischen[302]. Ein weiterer Gegenbegriff zur Ideologie ist der Begriff der Wissenschaft. Folgerichtig wendet sich das PIT gegen die ‚positive‘ Verwendung des Ideologiebegriffs, so in der (auf Lenin zurückgehende) Charakterisierung des Marxismus als ‚wissenschaftlicher Ideologie‘ bzw. ‚Ideologie der Arbeiterklasse‘, wie sie im staatsoffiziellen Sozialismus gebräuchlich war. Zu Recht wird argumentiert, dass mit einer solchen Benennung der kritische Sinn des Ideologiebegriffs verloren geht.

Wollen wir ein Fazit ziehen, so ist zu sagen, dass mit dem Konzept der ideologischen Vergesellschaftung ein wesentlicher, bislang unterbelichteter Aspekt der Theorie des Ideologischen herausgearbeitet wurde, dessen Bedeutung nicht zuletzt darin besteht, Herrschaftsreproduktion in Klassengesellschaften analytisch verstehbar zu machen – als Beitrag vor allem zu einer Kritik der Herrschaftsreproduktion gegenwärtiger Gesellschaft. Keine dialektische Ideologietheorie kann deshalb auf dieses Konzept verzichten. Dennoch ist es in seiner gegenwärtigen Ausarbeitung von Widersprüchen und Schwächen nicht frei. Sein Hauptmangel ist, dass es ohne zureichende Begründung Ideologie als komplexen Begriff – als Komplex von Komplexen – auf *einen* seiner Aspekte reduziert. Zwar vereinfacht dies die Argumentation, doch kommt das Phänomen des Ideologischen nur noch partiell in den Blick. So fällt mit der Trennung von Vergesellschaftung und Bewusstsein auch die Frage nach dem Inhalt von Bewusstseinsformen, nach ihrer Wahrheit und Unwahrheit, damit die Dialektik des Ideologischen unter den Tisch. Der Preis ist hoch, wenn die Ideologietheorie „Abstand von Wahrheitsfragen“ nimmt[303].

Keineswegs wird einsichtig gemacht, warum diese Fragen unwesentlich geworden sind. Übersehen wird, dass im Phänomen ideologischer Vergesellschaftung Unbewusstes und Bewusstes eine untrennbare Symbiose eingehen, sind in ihm doch Intellekt und Psyche gleichermaßen betroffen. Zwar gibt

301 Ebd., S. 187f.
302 Ebd., S. 184f.
303 T. Reitz, *Ideologiekritik*, a.a.O., S. 692.

es ideologische Mächte, die weitgehend ‚unbewusst' fungieren – im Bereich der Fetischformen des Alltagslebens und Idole des Markts ist dies sicher der Fall. Doch wird durch sie auch Bewusstsein, insbesondere normatives Bewusstsein, werden Werte und Orientierungen formiert – sie wirken so auch in konzeptive Ideologien, Weltanschauungen und Verhaltensmuster hinein. Auch sind ideologische Praxen stets an Bedeutungen gebunden, die ihrerseits mit Wertorientierungen, praktischen Weltanschauungen usw. verknüpft sind – nicht umsonst spricht Gramsci von der ‚Religion des Alltagslebens'. Die Trennung von bewusst und unbewusst, Bewusstsein und sozialer Praxis im Begriff der ideologischen Vergesellschaftung hat in der Sache selbst keinen Grund.

Unverkennbar ist, dass trotz artikulierter Differenzen zu Althusser und die Annäherung an Gramsci vor allem in den Arbeiten von Haug der inhärente Objektivismus Althussers nicht überwunden wird.[304] So kehrt dessen Fixierung auf das Institutionelle im Begriff der durch die ideologischen Mächte (‚Instanzen') und ihre Institutionen besorgten Vergesellschaftung wieder, zumal diese einlinig ‚von oben' erfolgt. Zwar wird Herrschaft als ‚Kompromiss' zwischen Herrschenden und Beherrschten und ‚Arena sozialer Kämpfe' definiert, doch liegt die ‚Dominante' eindeutig auf der Seite deformierender Herrschaft. Die *subjektive* Seite ideologischer Vergesellschaftung, „dass Ideologie in ihrer primären Form nicht in das Leben eindringt (…), sondern sich innerhalb der Praxiszusammenhänge entwickelt"[305], wird, wenn nicht ausgeklammert, so doch klar unterbelichtet. Ideologische Vergesellschaftung ist in ihrem Kern ein *entfremdender* Prozess. Damit aber kehrt die Kategorie falschen Bewusstseins in Gestalt falscher Vergesellschaftung wieder – Dialektik im Begriff des Ideologischen wird suspendiert. Haug und das PIT wollen das Ideologische radikal historisch denken und postulieren seine Aufhebung ‚in kommunistischer Perspektive', doch wird das Historische nicht als Bewegung von Widersprüchen gedacht.

304 Umso verwunderlicher, als Haug in seinen letzten Arbeiten ausdrücklich die ‚Objektivismus-Kritik' zu einem Grundpfeiler des Marxschen Denkens erklärt – sehr zu Recht, doch kaum im Einklang mit seinem eigenen Begriff des Ideologischen.

305 W. Seppmann, *Marx' Pointe verpasst. Zu J. Rehmanns Einführung in die Ideologietheorie* (2008), in: Junge Welt vom 9. Februar 2010.

Damit aber wird das Dilemma Althussers nur verschoben. In Bezug auf staatsförmig organisierte Gesellschaften werden Ideologie und Ideologisches im Kern negativ bestimmt. Der Begriff der entfremdeten (‚ver-rückten') Vergesellschaftung-von-oben hat unzweideutig diesen Sinn. Für solche Gesellschaften besitzt das Ideologische in der Tat eine omni-historische, statische Struktur. Historische Differenzierungen kommen solcher Betrachtungsweise als *qualitative* Unterschiede nicht mehr in den Blick; ich denke an die ‚progressive', eindeutig zivilisatorische Funktion von Gesellschaften, die wie der ‚klassische' Absolutismus Englands und Frankreichs im 16. Jahrhundert von einem zentralistisch organisierten Überbau her, also streng staatsförmig strukturiert waren; ich denke auch an die zivilisatorische Funktion des Rechts (individuelles Recht, Menschenrecht, Völkerrecht).

Abstrakte Negation ‚des' Ideologischen und utopistische Konstruktion einer ‚kommunistischen Perspektive' ergänzen einander. Das eine ist Bedingung des anderen. Basis der ‚kommunistischen Perspektive' ist die ‚horizontale Vergesellschaftung' als Prinzip des Kulturellen. Kultur wird als selbstzweckhafte ‚Vergesellschaftung-von-unten' der Vergesellschaftung-von-oben entgegengesetzt. Damit wird auch an dieser Stelle Dialektik suspendiert. Denn die Opposition Ideologie-Kultur bezeichnet kein korrelatives Verhältnis, sondern einen strukturellen Gegensatz.[306] Die analytische Durchdringung beider Seiten wird durch die Konfrontation von negativ bewerteter ‚Ideologie' und ‚positiv bewerteter ‚Kultur', durch das Schema von ‚oben' und ‚unten' ersetzt. Der Tatbestand, dass sich Prozesse kultureller Bildung auch in ideologischer Form vollziehen (vollziehen können), rückt so wenig in den Blick wie sein Gegenteil: dass kulturelle Vergesellschaftung in der Klassengesellschaft nie frei ist von Ideologie – in einem bestimmten Sinn ‚ideologisch' erfolgt.

Diese Einwände sollen nicht verdecken, dass ideologische Vergesellschaftung eine Kernkategorie dialektischer Ideologietheorie ist. Das Verdienst ihrer Ausarbeitung bleibt – so sehr sie in ihrer Weiterführung auch verändert und erweitert werden muss.

306 Haug sieht das Problem (*Elemente einer Theorie des Ideologischen*, a.a.O., S. 85f.), doch sehe ich nicht, dass er es auflöst.

Warenfetisch und Ideologie

Es lässt sich argumentieren, dass die Struktur der Verkehrung, die das Ideologische charakterisiert, bereits in der Form der Ware angelegt ist. Im Abschnitt zum Fetischcharakter der Ware im *Kapital* führt Marx aus, dass die Ware, „auf den ersten Blick ein selbstverständliches, triviales Ding", in Wahrheit ein „sehr vertracktes Ding ist, voll metaphysischer Spitzfindigkeit und theologischer Mucken". Als Gebrauchswert „ist nichts Mysteriöses an ihr. Holz bleibt Holz, wenn man daraus einen Tisch macht, „ein ordinäres sinnliches Ding". Aber sobald der Tisch als Ware auftritt, verwandelt er sich in ein sinnlich übersinnliches Ding. Er steht nicht nur mit seinen Füßen auf dem Boden, sondern er stellt sich allen andren Waren gegenüber auf den Kopf, und entwickelt aus seinem Holzkopf Grillen, viel wunderlicher, als wenn er aus freien Stücken zu tanzen begänne."[307]

Es ist höchst signifikant, dass Marx hier den Warencharakter in der Form einer Verkehrung beschreibt – in einer Weise, dass hier vom ‚Camera-obscura-Effekt' der Warenform gesprochen werden kann (die Metapher aus der *Deutschen Ideologie* ist hier deutlich genug assoziiert). Das Geheimnisvolle der Warenform nun entspringt der Warenform selbst. Es besteht „einfach darin, dass sie den Menschen die gesellschaftlichen Charaktere ihrer eignen Arbeit als gegenständliche Charaktere der Arbeitsprodukte selbst, als gesellschaftliche Natureigenschaften dieser Dinge zurückspiegelt, daher auch das gesellschaftliche Verhältnis der Produzenten zur Gesamtarbeit als außer ihnen existierendes gesellschaftliches Verhältnis von Gegenständen."[308]

Was die Menschen produziert haben, erleben sie als verselbständigte Machtanordnung, als „irreversible Festgefügtheit der herrschenden Zustände" (Seppmann): als statische Struktur einer gegenständlichen Welt, die als gegeben, nicht gemacht, damit als geschichtslos und unveränderbar *erscheint*. Die hergestellte Welt tritt so ihren Produzenten gegenüber als Agens auf, die Produzenten werden zu Produzierten, den hergestellten Dingen Unterworfenen, diese zu Akteuren, denen die Produzenten willenlos ausgeliefert sind. Die Warenform ist religionsförmigen Charakters. „Die Warenform und das

307 MEW 23, S. 85
308 Ebd., S. 86.

Wertverhältnis der Arbeitsprodukte, worin sie sich darstellt, (hat) mit ihrer physischen Natur und den daraus entspringenden dinglichen Beziehungen absolut nichts zu schaffen. Es ist nur das bestimmte gesellschaftliche Verhältnis der Menschen selbst, welches hier für sie die phantasmagorische Form eines Verhältnisses von Dingen annimmt. Um daher eine Analogie zu finden, müssen wir in die Nebelregion der religiösen Welt flüchten. Hier scheinen die Produkte des menschlichen Kopfs mit eignem Leben begabte, untereinander und mit den Menschen in Verhältnis stehende selbständige Gestalten. So in der Warenwelt die Produkte der menschlichen Hand. Dies nenne ich den Fetischismus, der den Arbeitsprodukten anklebt, sobald sie als Ware produziert werden, und der daher von der Warenproduktion unzertrennlich ist."[309] In der Form der Ware also wird das Arbeitsprodukt zum Fetisch: als die Menschen beherrschende Macht, ganz so, wie der von Menschenhand geschnitzte Holzgötze in archaischen Kulturen den Menschen als fremde Gewalt erschien und von ihnen angebetet wurde.

In der Geschichte der Warenproduktion tritt der Warenfetischismus besonders markant im Geld zutage. In der Form des Geldfetischs wird er zur universalen Macht. Bereits in den Pariser Manuskripten beschreibt Marx das Geld, in Auslegung einer Stelle aus Shakespeares *Timon of Athens*, als „*verkehrende* Macht" und „verkehrte Welt"[310]. Es ist „die sichtbare Gottheit, die Verwandlung aller menschlichen und natürlichen Eigenschaften in ihr Gegenteil" und die „allgemeine Hure, der allgemeine Kuppler der Menschen und Völker".[311] Die „*göttliche* Kraft" des Geldes – die Fähigkeit zur „Verkehrung und Verwechslung aller menschlichen und natürlichen Qualitäten", zur „Verbrüderung der Unmöglichkeiten" – „liegt in seinem *Wesen* als dem entfremdeten, entäußernden und sich veräußernden *Gattungswesen* der Menschen". Das Geld ist „das entäußerte *Vermögen* der *Menschheit*"[312]. Die Struktur der Verkehrung nun teilt das Geld mit der Ideologie, wie es die Qualität, das entfremdete Wesen des Menschen zu sein, mit der Religion teilt. In diesem doppelten Sinn ist das Geld elementare ideologische Macht – und sie ist es in

309 MEW 23, S. 86f.
310 MEW, Ergbd. I, S. 566.
311 Diese Einsicht war in der englischen Renaissance nicht auf Shakespeare beschränkt. Man findet sie in gleicher Eindringlichkeit auch bei Shakespeares Zeitgenossen Ben Jonson (*Volpone* I, 1).
312 MEW, Ergbd. I, S. 565.

einer universalen Bedeutung: Sie ist es überall dort, wo es Warenproduktion gibt. Seine höchste Entwicklung erreicht der Warenfetischismus im Kapitalfetisch – insbesondere im Imperialismus als dem Zeitalter des freigesetzten Finanzkapitals. Das Kapital wird hier zur diktatorischen Macht: Es herrscht auf allen Ebenen des gesellschaftlichen Seins. Die Diktatur des Kapitals bedarf des Kapitalfetischs für die Zementierung seiner Macht. Er wird damit zum ersten Mittel der Herrschaftsreproduktion.

Als elementare ideologische Macht ist der Warenfetisch Glied ideologischer Vergesellschaftung: Er ist Macht der Formierung von Psyche und Bewusstsein (erneut zeigt sich, dass diese kein eingliedriger Prozess ‚von oben nach unten' ist, sondern in Selbstvergesellschaftungsprozessen seinen Grund hat). Er produziert Verkehrungen der Psyche und des Bewusstseins. Er produziert damit auch entfremdetes Bewusstsein in dem Sinn, dass Bewusstsein Wirklichkeit in phantasmagorischer Verzerrung, unauflösbarer Widersprüchlichkeit, ja als widersinnige und absurde Welt reproduziert. Es ist dies der Mutterboden irrationalistischer Ideologeme.

Marx erörtert den Vorgang bewusstseinsmäßiger Verkehrung gesellschaftlicher Wirklichkeit am Beispiel der trinitarischen Formel der bürgerlichen Ökonomie (Kapital-Zins, Boden-Grundrente, Arbeit-Arbeitslohn): „In dieser ökonomischen Trinität als dem Zusammenhang der Bestandteile des Werts und des Reichtums überhaupt mit seinen Quellen ist die Mystifikation der kapitalistischen Produktionsweise, die Verdinglichung der gesellschaftlichen Verhältnisse, das unmittelbare Zusammenwachsen der stofflichen Produktionsverhältnisse mit ihrer geschichtlich-sozialen Bestimmtheit vollendet: die verzauberte, verkehrte und auf den Kopf gestellte Welt, wo Monsieur le Capital und Madame la Terre als soziale Charaktere und zugleich unmittelbar als bloße Dinge ihren Spuk treiben."[313] Die ökonomischen Verhältnisse selbst erzeugen eine *Welt des Scheins*, eine *Religion des Alltagslebens*, die sich in den diese Verhältnisse spiegelnde Bewusstseinsformen reproduziert – sofern diese allein die geronnenen Tatsachen widerspiegeln und nicht zugleich auch die Bedingungen ihres Seins, ihre Genesis und Funktion. Diese Welt des Scheins objektiviert sich als verkehrte Welt des Bewusstseins in Gestalten, die allein noch die Irrationalität des Ganzen zu konstatieren vermögen. Die

313 MEW 25, S. 838.

erscheinende Welt selbst besitzt dabei Doppelcharakter: Sie ist unmittelbare Empirie, harte Faktizität und zugleich Schein, der ihre Genesis und Möglichkeit verbirgt, der verdeckt, dass sie eine werdend-gewordenen und als gesellschaftliche Welt eine von Menschen gemachte ist. In dieser Doppelheit bildet sie das ökonomische Sein, auf dessen Grundlage sich die Praxis der Klassen vollzieht. In diesem – gegenüber seinem inneren Zusammenhang in verkehrter Form – sich darstellende ökonomische Sein bilden sich praktische Erfahrungen heraus, die sich in Alltagsvorstellungen niederschlagen und im Alltagbewusstsein verdichten. Auf den verkehrten Formen baut ein verkehrtes Bewusstsein auf – dieses selbst wiederum bildet die Grundlage konzeptiver Ideologien in Theorie und den Künsten, die Grundlage nicht zuletzt der apologetischen, die gegebenen Verhältnisse stabilisierenden Kunst und Theorie. In einer Gesellschaft privat-arbeitsteiliger Warenproduktion gibt es keine Instanz gesellschaftlicher Vernunft, welche die allgemeine gesellschaftliche Reproduktion bewusst, also planmäßig steuern könnte. Das gesellschaftliche Gesamtsystem muss dem es spiegelnden Bewusstsein, insofern und solange dieses auf dem Standpunkt der warenproduzierenden Gesellschaft verharrt, in letzter Konsequenz als *System irrationaler Totalität* erscheinen.

III. Der Marxismus als Theorie des Gesamtzusammenhangs.

Ein Versuch zum Denken von Hans Heinz Holz

Der Marxismus in dem hier vertretenen Verständnis ist eine philosophisch begründete Form kohärenten Wissens, die auf ein perspektivisches Ganzes der Welterkenntnis zielt. Sein ultimatives Ziel ist nicht die Erkenntnis, sondern die Veränderung der Welt; Veränderung zum Zweck der Errichtung einer menschenwürdigen Gesellschaft. ‚Philosophisch begründet' ist dieses Denken, weil es seine Voraussetzungen reflektiert, weil es methodisch verfährt, weil seine Argumente begründet sind – ‚aus Gründen' erfolgen. Diese Gründe sind empirisch überprüfte und überprüfbare Prinzipien – Axiome im Sinne selbstevidenter Annahmen, hinter die kein philosophisch Denkender zurückgehen kann. Weltanschauung ist der Marxismus, insofern er eine Sicht auf Welt entwirft, die diese in Bezug auf den Menschen im Ganzen erfasst – als Theorie des Gesamtzusammenhangs menschlichen Seins im Ganzen der geschichtlich-natürlichen Welt.

Diese Sicht des Marxismus schließt an das Denken von Holz an, der wie kein Zweiter seiner Generation den Begriff des Marxismus als philosophische Theorie des Gesamtzusammenhangs ausgearbeitet hat. Neben der Klärung dieses Sachverhalts enthält der folgende Teil den Versuch einer kategorialen Konkretion des hier gebrauchten Grundbegriffs. Was heißt ‚Gesamtzusammenhang'? Die Klärung ist notwendig, weil der Begriff des Gesamtzusammenhangs im Holzschen Denken, seiner Schlüsselstellung ungeachtet, auf der Ebene einer hohen Abstraktion verbleibt, seine Bedeutung damit aber nicht erschöpft sein kann. Mein Vorschlag einer solchen Konkretion unterscheidet zwischen fünf kategorialen Ebenen des Gesamtzusammenhangs:

1. Alltag,

2. Gesellschaft / gesellschaftliche Formation,

3. Geschichte,

4. Menschliche Welt und Natur,

5. Wirklichkeit im Sinne von Ontologie, verstanden als das ‚Seiende im Ganzen'.

Den kategorialen Ebenen zugeordnet sind Überlegungen zur Genesis elementaren Weltwissens, zur Ontologie geschichtlicher Wirklichkeit, zu einem dialektischen Begriff der Kultur und zum Verhältnis von Marxismus und Religion.

Der Beitrag bewegt sich im Erbe des Holzschen Denkens; er hat im Einzelnen mit Holz nicht mehr diskutiert werden können. Er versteht sich nicht als Kritik, sondern, bestenfalls, als Konkretion dieses Denkens.

I. Der Marxismus als Weltanschauung und der Begriff des Gesamtzusammenhangs

1. *Der Marxismus als philosophisch begründete Weltanschauung*

Die Frage, die ich stelle und von der ich ausgehe, ist auf den ersten Blick eine sehr einfache Frage: Was ist eigentlich der Marxismus? Sehen wir uns die Antworten an, die gewöhnlich gegeben werden – auch von Marxisten –, so zeigt sich, dass die Frage nicht so einfach ist wie sie zu sein scheint. Der Marxismus, sagen die einen, ist eine *Ideologie* – und das ist dann, je nach Standpunkt des Sprechenden, mal positiv, mal negativ gemeint; negativ im Sinne der handelsüblichen Marxismuskritik, die den Marxismus als vorgefasste Meinung und Produkt von Ideologen denunziert, Menschen, welche die Welt nach ihren Vorstellungen modeln wollen; positiv im Sinne des Begriffs einer ‚wissenschaftlichen Ideologie', der auf Lenin zurückgeht und auch staatsoffiziell in den sozialistischen Ländern gebräuchlich war. Der Marxismus, sagen die anderen, ist eine *kritische Theorie der Gesellschaft*, der eine bestimmte Methodik und ein bestimmter Wissenskorpus entsprechen, die in ihrem Zusammenhang einen besonderen praxisorientierten Theorietypus konstituieren; eine Theorie also eines Teilbereichs menschlichen Seins und Wissens. Nicht aber ist sie eine Theorie des ‚Ganzen' von menschlicher Welt und Natur, somit im strengen Sinn auch keine ‚Weltanschauung', die ihrem Begriff nach auf das Ganze des Wirklichen zielt, was sie nach Meinung der kritischen Theoretiker ideologisch verdächtig macht. Dass aber der Marxismus eine *Weltanschauung sei, und zwar eine wissenschaftliche und philosophisch begründete* – eine ‚Philosophie der Praxis', mit Gramscis Begriff, – ist die Auffassung, die für große Teile des Marxismus verbindlich war und ist; auch dort, wo das Wort ‚Weltanschauung' als sprachlicher Ausdruck nicht Verwendung findet. Es ist erkennbar im marxschen Denken angelegt, ich erinnere an die *Feuerbach-Thesen*, die reichhaltigen philosophischen Entwürfe der *Pariser Manuskripte*, die in den *Grundrissen* und im *Kapital* ihre Spuren hinterlassen haben, an Engels *Anti-Dühring* und *Dialektik der Natur*, an Lenins philosophische Konspekte, an Gramsci, Lukács, Bloch, Kofler; viele andere mehr wären zu nennen, unter den Neueren vor allem Holz. Die folgenden Überlegungen schließen sich dieser Auffassung an. Sie versuchen, sie in einem bestimmten kategorialen Aspekt zu spezifizieren und zu erweitern.

Wir müssen freilich terminologisch sorgfältig differenzieren. Das *Wort* ‚Weltanschauung' ist begriffsgeschichtlich idealistischer Herkunft. Es findet sich bei Schleiermacher, und es spielt im Denken Diltheys eine zentrale Rolle. Hier bezeichnet Weltanschauung die Gesamtsicht von der Welt und der Stellung des Menschen in ihr. Im Kontext des spätbürgerlichen Irrationalismus avanciert ‚Weltanschauung' zu einem Kernbegriff deutscher Ideologie. Das Wort verkommt schließlich zu einem Allerweltsbegriff im Rahmen einer beliebigen, oft faschistoiden Jedermannsphilosophie. In der Nebelwelt bürgerlichen Alltagsbewusstseins wird es bis zur Sinnentleerung verhunzt. Es sollte, wenn materialistisch gebraucht, mit Vorsicht behandelt werden. *Weltanschauung als Begriff* bedarf daher einer genauen kategorialen Explikation, die seinen Sinn aus dem Un-Sinn seines Missbrauchs wiedergewinnt. In einem Buch, das u.a. dies zu tun versucht, *Logos und Wirklichkeit*, spreche ich vom „Weltbild als einer epistemischen Universalie" und von der Trias ‚Weltbild, Weltanschauung, Weltbegriff'. Was damit gemeint ist, sei in einem Exkurs erläutert.

2. *Zur Trias Weltbild, Weltanschauung, Weltbegriff*

Weltbild, Weltanschauung, Weltbegriff sind Kategorien hoher Komplexität. Es sind synthetische Begriffe. In ihnen ist der epistemische Kernkomplex sedimentiert: der dialektische Zusammenhang von Erkennen, Wissen und Verstehen in Akten und Formen der geistigen Aneignung und epistemischen Erschließung von Welt.

Des Näheren: In *Logos und Wirklichkeit* spreche ich von einem *elementaren Logos* als der basalen Stufe evolutionär entstandenen menschlich-gesellschaftlichen Bewusstseins. Der epistemische Logos ist Keimzelle einer Pluralität von Rationalitätsformen und Wissensgestalten – des logischen Universums historischer Vernunft. In ihm hat begriffliches Denken ebenso seinen Grund wie symbolisches, Wissen ebenso wie Verstehen und Deutung, die Metapher ebenso wie der Begriff. Dieser elementare Logos ist konstitutiver Bestandteil des Ensembles menschlicher Produktivkräfte: tätiges Vermögen, das in der gegenständlichen Praxis des Menschen seinen sozialen Ort hat. Er ist erkennendes und über Erkenntnis Wissen produzierendes Bewusstsein, der Grund der Formen der Rationalität und des Universums des Wissens. In dieser Eigenschaft gerade, als Grundform, ist er *epistemischer Logos*: der basale Grund von *Symbol*, *Metapher* und *Begriff* – symbolischen, metaphorischen und begrifflichen Denkens. Zum *symbolischen Denken* gehören Mythos, Religion und Kunst, zum *begrifflichen Denken* Wissenschaft und Philosophie. Die Metapher, in der Deutung von Hans Blumenberg, doch auch, weniger bekannt, von Holz, bewegt sich zwischen beiden: Symbol und Begriff, ist eine elementare Ebene der Künste.

Rationalität tritt in einer Vielfalt von Formen auf, die historisch und kulturell determiniert und als differente in dieser Determination zu beschreiben sind. Analog bildet sich *Wissen* zu einem vielgestaltigen Universum aus, zu dem Wissen des Alltags, mythisches, religiöses, ästhetisches, begriffliches Wissen, an privilegierter Stelle auch die Sprache gehören. Für den hier gebrauchten Wissensbegriff setze ich den Terminus der *Episteme*. Ihm zugeordnet sind, als weitere Kategorien von fundamentaler epistemologischer Bedeutung, *Verstehen*, *Interpretation* und *Deutung* – bezogen auf Welt und Welterfahrung. Sie bilden Stufen zunehmender Organik und Systematizität. Weltdeutungen kristallisieren sich in *Weltbildern* und (mythischen, religiösen, ästhetischen und theoretischen) *Weltanschauungen*. Verstehen, Interpretation und Deutung stehen in einem notwendigen, je-spezifischen Verhältnis zum

Wissen. Sie sind in ihrer jeweiligen Gestalt abhängig von einem historisch-gegebenen Stand des Wissens. Sie kooperieren mit dem Wissen in der epistemischen Erschließung: der Aneignung von Welt.

Weltbild, Weltanschauung, Weltbegriff benennen geschichtlich-ontologische Stufen der epistemischen Weltaneignung. Bezeichnet *Weltbild* die erste und allgemeinste Stufe (Weltbilder, wie rudimentär auch immer, sind in allen Formen des Bewusstseins und Wissens zu finden), so *Weltanschauung* einen Weltbildmodus intentional systemischen Charakters (Bild eines Welt-Zusammenhangs), der in allen entwickelten Formen kulturellen Bewusstseins zu finden ist. Von *Weltbegriff* ist zu reden, wenn dieser Zusammenhang theoretisch-begrifflich, also wissenschaftlich/philosophisch gefasst wird.

Das *Weltbild* ist epistemische Universalie. In ihm objektiviert sich der epistemische Logos auf allen Stufen menschlichen Bewusstseins. So finden sich Weltbilder bereits auf der Ebene alltagspraktischen Bewusstseins; jede und jeder hat ein bestimmtes Bild von Welt. Von Weltanschauung dagegen ist erst auf systemisch elaborierter Ebene, mit Blick auf Mythologie, Kunst, Religion, Philosophie und Wissenschaft zu sprechen. *Weltbegriff* meint die theoretisch artikulierte Form von Weltanschauung. Ästhetische Weltanschauung bezeichnet die Weltanschauung in den Künsten.

Weltanschauung ist ein Modus des Weltbilds, der nicht den gleichen universalen Rang wie dieses hat. Unter Weltanschauung verstehe ich *systemisch elaborierte Weltbilder*: Weltbilder von intern zusammenhängender Struktur, die auf ein Ganzes von Welt zielen, also einen bestimmten Umfang und eine bestimmte Qualität besitzen (so Weltbilder in Religion, Kunst, Wissenschaft, Philosophie). *Weltbegriff* meint explizit begrifflich artikulierte Weltanschauungen (Weltanschauung in Wissenschaft und Philosophie).

Weltanschauung ist ein Weltbild von einiger Extension und Geschlossenheit. Es zielt auf Totalität und Zusammenhang einer angeschauten Welt. Es kann unterschiedliche Komplexitätsgrade besitzen (der Komplexität der Welt bzw. des Weltgegenstands entsprechend, die es erfasst). Es bildet nicht ab, sondern es stellt dar: Es zeigt Welt in perspektivischer Brechung. Es ist Resultat von Vermittlungen: *perspektivische Konstruktion*.

Weltbilder gibt es in Sprache, Alltagsbewusstsein, Mythos, Religion, Kunst, Wissenschaft und Philosophie. Die Metapher hat den Rang der Vermittlung zwischen den Weltbild-Modi; von da her rührt ihr universaler Charakter.

Weltbild und Weltanschauung stehen in einem je-spezifischen Verhältnis zum Wissen ihrer Zeit. Sie sind in ihren jeweiligen Gestalten abhängig von dem gegebenen historischen Stand des Wissens. In ihnen sind Wissen und Verstehen in vergegenständlichter Form synthetisiert. Anthropologisch-genetisch haben sie ihren Grund im elementaren Logos. Sie sind Bestandteile der epistemischen Erschließung von Welt: Formen, in denen sich diese Erschließung objektiviert. Der gesamte Vorgang ist Teil des für eine materialistische Ontologie zentralen Aneignungsbegriffs.

3. *Zum Begriff der ‚wissenschaftlichen Ideologie'*

Eine Differenz zu Holz ist zu benennen. Sie betrifft den Grund, warum ich den Begriff der ‚wissenschaftlichen Ideologie' zur Charakterisierung des Marxismus nicht verwende. Der Begriff hat im marxistischen Denken eine respektable Tradition. Er geht auf Lenin zurück, und noch der späte Lukács vertritt einen ‚positiven' Ideologiebegriff. Er versteht unter Ideologie „jene Form der gedanklichen Bearbeitung der Wirklichkeit, die dazu dient, die gesellschaftliche Praxis der Menschen bewusst und aktionsfähig zu machen"[314]; eine Definition, die den marxistischen Theorietypus sehr exakt beschreibt. Aus folgenden Gründen werde ich den positiven Ideologiebegriff nicht übernehmen.

1. Ich halte aus theoretisch-argumentativen wie politischen Gründen den *kritischen Begriff von Ideologie*, wie ihn die *Deutsche Ideologie* exponiert, für unverzichtbar. Ideologie dort ist *ver-kehrtes*, d.h. auf dem Kopf stehendes Bewusstsein. Marx und Engels sprechen metaphorisch von der ‚camera obscura' des Bewusstseins, dessen Wahrheitsgehalte erst durch eine Um-Kehrung des Bewusstseins gewonnen werden können. Ideologie ist in jedem Fall Begriff einer Beschränkung, Einschränkung, Deformation menschlicher Erkenntnis und menschlichen Bewusstseins, demgegenüber der Begriff eines ideologiefreien Bewusstseins zu entwickeln ist. Zwar ist der Marxismus nicht per se

314 G. Lukács, *Zur Ontologie des gesellschaftlichen Seins*, Bd. 2, Neuwied 1984, S. 398.

‚nichtideologisch'.[315] Er kann es aber sein, wenn er und insofern er bestimmte Bedingungen erfüllt: die Motive, die Voraussetzungen und Grenzen seiner Erkenntnis sowie ihren historisch-politischen Kontext kritisch reflektiert, sich in diesem Sinn als *kritische Wissenschaft* konstituiert. Der Marxismus ist dies seinem Begriff nach, ja er ist es bereits in seinen methodologischen Prinzipien. Er wurde von seinen Gründervätern als kritische und dialektische Wissenschaft ausgearbeitet, wobei die Kritik notwendiges Moment des Dialektischen ist. Er trat in seiner Geschichte aber sehr häufig (so in seinen staatsoffiziellen Gestalten) in dogmatisch institutionalisierter Form auf – als Form eines quasi-absoluten Wissens, ja in religionsförmiger Gestalt. In solchen Formen aber geht der dialektisch-kritische Charakter des Marxismus verloren. Er wird selbst zur Ideologie. Genau diese Differenz – die Differenz zwischen kritischer Wissenschaft und Ideologie – gilt es begrifflich festzuhalten, was unmöglich ist, wenn man den Marxismus im ‚positiven' Sinn als eine Ideologie versteht.

2. In einem noch weiteren Sinn ist an der Differenz zwischen Wissenschaft und Ideologie festzuhalten. Wissenschaft, auch in ihrer ‚bürgerlichen' Form, ist nicht per se ‚ideologisch', sie wird es erst in Kontexten von Herrschaft und Eigentum, in Kontexten sozialer Praxis generell. Die Relativitätstheorie ist so wenig ideologisch wie es Marx' *Kapital* ist. Wie dieses kann sie wahr, falsch oder teilweise wahr und teilweise falsch sein. Ideologisch werden Theorien im Zusammenhängen ideologischer Verhältnisse; so in institutionalisierten Formen, die wissenschaftliches Arbeiten oft ideologisch präformieren, auch in bestimmten Anwendungsformen, durch verzerrende Verallgemeinerung oder falsche Interpretation; wir erleben dies zur Zeit in publizistischer Eindringlichkeit nicht allein am Beispiel postmoderner Forschung, zu der auch dominante Tendenzen der Gehirnforschung gehören, sondern gerade auch im medialen Umgang mit Erscheinungen des modernen Kriegs, heute auch des Kriegs in Europa. Der Umgang mit dem Ukraine-Krieg in den staatstragenden Medien, lässt sich sagen, ist nicht nur ideologisch, sondern oft genug lügenhaft und verlogen.

315 Marx und Engels haben ihr eigenes Denken keineswegs als ‚ideologisch' bzw. als Form von Ideologie verstanden; Marx selbst verwendet den Begriff der ‚freien geistigen Produktion' in einem Sinn, der nichtideologisches Bewusstsein einschließt (MEW 26.1, S. 257).

3. Ein Drittes kommt hinzu. Weltanschauungen gehen, sagte ich, auf das Ganze menschlich-gesellschaftlicher und natürlicher Welt wie auf das Bewusstsein dieses Ganzen, den *Begriff* von ihm, damit auch auf das Ganze des Wissens von Welt. Für dieses ‚Ganze' den Begriff ‚Ideologie' zu benutzen, würde ihn in einer Weise universalisieren, die seine Trennschärfe, ja seine analytisch-kritischen Potentiale nivelliert. In der ideologischen Nacht sind alle Katzen grau. Wir finden uns wieder mit dem nichtssagend-allgemeinen Ideologiebegriff bestimmter Linien der bürgerlichen Soziologie. Nichts wäre gewonnen, viel verloren.

Eine Weltanschauung entwirft diesem Konzept zufolge eine *Sicht auf Welt* – eine wissenschaftliche Weltanschauung einen *Begriff* von Welt –, die diese in geschichtlichem Bezug auf den Menschen *im Ganzen, also als Zusammenhang* erfasst. Eine Weltanschauung ist die *Konstruktion eines Gesamtzusammenhangs.*[316] Dies zu erläutern, bildet den Kern der hier vorgetragenen Überlegungen. Ihre erkenntnisleitende These lautet: *allein als Theorie des GZ ist der Marxismus als Weltanschauung – als kohärente Theorie der wirklichen Welt – zu entwerfen. Nur in solcher Gestalt kann der Marxismus seine historische Rolle als praxisorientierte und weltverändernde Theorie erfüllen.*

In diesem weiten und offenen Sinn wurde eingangs der Marxismus als eine philosophisch begründete Form kohärenten begrifflichen Wissens bestimmt. Er zielt auf ein perspektivisches Ganzes der Welterkenntnis – *das Ganze einer Welt, in Gedanken gefasst*, freilich mit dem Ziel nicht allein der Erkenntnis, sondern die Veränderung der Welt – *‚das Ganze einer Welt, in Gedanken gefasst, um das Ganze einer Welt zu verändern'*; Veränderung nicht um ihrer selbst willen, sondern zum Zweck der Errichtung einer friedensbereiten, von Gewalt und Angst befreiten, vom Hunger geheilten Welt. Sie kann, im marxistischen Verständnis, allein in Form einer sozialistisch-kommunistischen gesellschaftlichen Ordnung Wirklichkeit besitzen. ‚Philosophisch begründet' ist dieses Denken – dieser Kerngedanke sei hier wiederholt, weil es seine Voraussetzungen reflektiert, weil es methodisch verfährt, weil seine Argumente ‚aus Gründen' folgen, auf ein Ganzes der Erkenntnis zielen. ‚Philosophisch begründet' heißt weiter, dass die Gründe dieses Denkens keine dezisionis-

316 Im Folgenden auch abgk. *GZ* für ‚Gesamtzusammenhang'.

tischen Akte oder ideologischen Glaubenssätze sind, sondern empirisch geprüfte und stets überprüfbare Prinzipien.[317] Als axiomatische Voraussetzungen haben sie im Sinne selbstevidenter ‚erster Prinzipien' Gültigkeit.

‚Philosophisch begründete wissenschaftliche Weltanschauung' schließt ein, dass diese Weltanschauung ihre Voraussetzungen wie Folgerungen, ihre Ziele und Grenzen kritisch reflektiert. Nur auf diese Weise konstituiert sich der Marxismus als dialektisch-kritische Theorie.

Zum Begriff der wissenschaftlichen Weltanschauung gehört logisch zwingend das *erkenntnistheoretische Relativitätsprinzip*. Diesem zufolge, sagt Lenin, „sind die Grenzen der Annäherung unserer Kenntnisse an die objektive, absolute Wahrheit geschichtlich bedingt"[318]. Die ‚absolute Wahrheit' (d.i. die vollständige und adäquate Widerspiegelung der Realität im menschlichen Bewusstsein, im Einzelnen wie im Ganzen) existiert allein als Ideal (bzw. ‚regulative Idee') menschlicher Erkenntnis. Jede gegebene Wahrheit ist geschichtlich bedingt, also relativ: *perspektivisch bezogen auf den Standort, von dem aus ihre Formulierung erfolgt*. Zwar gibt es einen Prozess fortschreitender Erkenntnis – der Zunahme menschlichen Wissens –, doch ist dieser unendlich und unabschließbar, weil gebunden an den historischen Prozess. Nur mit dessen Ende würde auch der Prozess fortschreitender Erkenntnis ein Ende finden. Jede gegebene Erkenntnis ist endlich und begrenzt, da sie selbst Teil dieses Prozesses ist und so nur einen *perspektivischen Aspekt* desselben zu reflektieren vermag. Sie ist zudem bedroht durch stets möglichen Erkenntnisverlust. Gewonnenes Wissen kann verdrängt, unterdrückt, vergessen werden. Das bedeutet: der Gesamtprozess ist uns nie in seinem absoluten An-sich-Sein, sondern nur in seinem relativen *Für-uns-Sein* zugänglich. Daraus folgt nicht, dass das An-sich-Sein der Wirklichkeit (das berühmte ‚Ding an sich') unserem Wissen und Bewusstsein prinzipiell entzogen wäre (das ist die kantische Schlussfolgerung), sondern allein, dass das Ding an sich nur *in*

317 Ich orientiere mich hier am Begriff des Empirischen der *Deutschen Ideologie*, in der es heißt: „Die Voraussetzungen, mit denen wir beginnen, sind keine willkürlichen, keine Dogmen, es sind wirkliche Voraussetzungen, von denen man nur in der Einbildung abstrahieren kann. Es sind die wirklichen Individuen, ihre Aktion und ihre materiellen Lebensbedingungen, sowohl die vorgefundenen wie die durch ihre eigne Aktion erzeugten. Diese Voraussetzungen sind also auf rein empirischem Wege konstatierbar" (MEW 3, S. 20).

318 LW 14, S. 129.

Teilen und in *perspektivischer Brechung* doch nicht *im Ganzen* erkannt werden kann. Wie groß diese Teile sind, hängt ab vom Gesamt des Wissens, über das die Menschen zu einem historischen Zeitpunkt verfügen.

Aus dem erkenntnistheoretischen Relativitätsprinzip sind Folgerungen zu ziehen. So ist die konsequente kritische Reflexion zum methodologischen Grundprinzip marxistischen Denkens zu machen. Dazu gehören Prüfung des Erreichten, Revision; im Sinne des Neu-Betrachtens, Wieder-Ansehens, der erforderlichen Korrektur, der Fortentwicklung auf der Basis des Geprüften. Es sind dies unverzichtbare Bedingungen, die an marxistisches Erkennen zu stellen sind. Unverzichtbar, nicht zuletzt auch aufgrund der Erfahrungen seiner eigenen Geschichte, ist die immer wieder zu erneuernde rigorose Selbstbefragung, die Überprüfung seiner Voraussetzungen wie seiner Ergebnisse. Sein methodologisches Prinzip der Erkenntnisgewinnung lautet: ‚Wissen, gewonnen aus Zweifel', wie Brecht es im Galilei gefordert hat. Die für jede Wissenschaft gebotene Irrtumshypothese (dass ich in meinen wissenschaftlichen Aussagen auch irren kann) hat sich der Marxismus als methodologisches Postulat zu eigen zu machen.

Dem Komplex des hier Entworfenen soll im Versuch einer Vertiefung und Konkretisierung mit einigen Denkschritten nachgegangen werden. Im Mittelpunkt steht dabei der Begriff des *Gesamtzusammenhangs (GZ)* – als Kernkategorie des für den Marxismus reklamierten Weltanschauungsbegriffs. Konstitutiv für den besonderen Weltanschauungstypus, den der Marxismus repräsentiert, ist das *Prinzip der Einheit von Theorie und Praxis*. Es wird gleichfalls Erörterung finden.

II. Die Einheit von Theorie und Praxis und das Denken des Gesamtzusammenhangs

Im Versuch einer solchen Vertiefung und Konkretisierung komme ich auf das Denken von Holz zurück. Denn von den marxistischen Philosophen der Gegenwart hat kein zweiter den philosophischen Begriff des Marxismus, wie er hier erörtert wird, mit der gleichen Intensität durchdacht. Ich werde also an die Gedanken von Holz anknüpfen. Ich folge dabei nicht in jedem Punkt den von ihm vorgegebenen Denkschritten, sondern führe in Teilen den Gedanken weiter, gehe in anderen einen eigenen Weg. Ein solches Vorgehen gehört zum Charakter dialogischen Denkens. Der produktive Anreiz großer Philosophie besteht nicht zuletzt im Weiterdenken des Gedachten. Einen Philosophen ehrt man am besten durch die Erklärung und Erweiterung seiner Gedanken.

Ich werde des Näheren die zwei Gesichtspunkte ausarbeiten, die ich für den Begriff einer philosophischen Weltanschauung im marxistischen Sinn für zentral halte: Es ist *erstens* das Prinzip der *Einheit von Theorie und Praxis*. Es ist *zweitens* jener Begriff, der für Holz selbst die Kernkategorie seines systematischen Philosophierens war: *das Denken der Welt als ganzer – das ‚Denken des Gesamtzusammenhangs'*. Der Schwerpunkt liegt auf dem zweiten Gesichtspunkt.[319] Er bildet das eigentliche Problemfeld der hier vorgetragenen Erörterungen. Das Prinzip der Einheit von Theorie und Praxis findet Erörterung, weil es die Bedingung ist, in einem politischen wie logischen Sinn, die Kategorie des *GZ* und mit ihr den Weltanschauungstyp des Marxismus in seiner besonderen Form zu bestimmen. So steht dieses Prinzip im Kern der materialistischen Umkehrung des seiner Herkunft nach idealistischen Weltanschauungsbegriffs.

Bei meinen Überlegungen handelt es sich um einen Denk-Versuch. Sie verstehen sich dialogisch: als Teil eines Gesprächs, das ich, wenn ich es auch nicht mehr mit der Person führen kann, so doch mit ihren weiterlebenden Gedanken führen möchte.

Meinen Ausgangspunkt bilden zwei Zitate.

Zur Einheit von Theorie und Praxis:

„Aber der Sinn der Philosophie liegt darin, daß sie verbindliche Ziele unseres Handelns setzen und begründen kann, daß sie Orientierung in der Welt ermöglicht und Regeln der Lebensführung aufstellt. In diesem Sinn ist jede Philosophie zugleich praktische – und es kann keine praktische Philosophie geben, die nicht theoretisch ist."

319 Der *GZ* schließt begrifflich die Einheit von Theorie und Praxis ein, das *Denken* des *GZ* enthält diese Einheit aber nur als *gedachte* – ist folglich von *realer Praxis* strikt zu unterscheiden.

(Hans Heinz Holz: Die Verantwortung der Philosophie. Dankesrede aus Anlaß der Verleihung des Ehrendoktors der Universität Urbino am 2. Mai 2002[320])

Zum Denken der Welt als ganzer – der Begriff des Gesamtzusammenhangs (GZ):

„Der Marxismus ist eine Philosophie, die sich nicht bloß mit diesem oder jenem Aspekt der Welt befasst (...); er will eine Auffassung der Welt als ganzer, Natur und Gesellschaft, in ihrer Entwicklung geben und diese Auffassung von den Einsichten der Wissenschaften her und aus ihrer Interpretation zu einem Gesamtzusammenhang gewinnen."

(Hans Heinz Holz: Niederlage und Zukunft des Sozialismus, Essen 1991, S. 71)

1. *Die Einheit von Theorie und Praxis*

Der Satz, dass *jede theoretische Philosophie zugleich praktisch ist* und es *keine praktische Philosophie geben kann, die nicht theoretisch ist*, gilt gerade für Holz' eigene Philosophie und macht sie zu einer besonderen. Der Satz hat es in sich. Er legt ein Bekenntnis ab und stellt eine Norm auf. Will er doch sagen: *jede Philosophie von Rang*, jede Philosophie, die zählt, die heute *an der Front der Zeit steht* (wie sein Lehrer Bloch sagte), ist zugleich praktisch und theoretisch. Er bestimmt damit den Kern des nach Marx – mit der von ihm vollzogenen Transformation (‚Umstülpung') traditionellen Denkens – möglich gewordenen *neuen Theorietyps Philosophie*. In ihm ist Praxis – der Bezug zum Handeln – als konstituierendes Moment des theoretischen Gedankens gesetzt: nicht als bloßes Addendum, das der Theorie anzuhängen ist, sondern als wesentliche und logisch notwendige Dimension der Theoretischen selbst. In der Geschichte der Philosophie gibt es Vorläufer dafür, im Kern ist dieser Philosophietypus neu.

Dem Zeitgeist ist Holz' Satz entgegen gesprochen. Denn für die heute betriebene Philosophie, außer der marxistischen, gilt er *nicht*. In dieser fallen

320 H.H. Holz, *Philosophie und Politik. Die Verantwortung der Philosophie. Zwei Reden*, S. Abbondio 2003, S. 71.

Denken und Handeln auseinander, ist das eine vom anderen unwiderruflich getrennt. Ja, auf dem Gebiet philosophischen Denkens hat Praxis kaum noch einen Ort, allenfalls den einer disziplinären Randerscheinung in der Form ‚praktischer' (d.h. meist ‚moralischer') Philosophie. Sicher, es gibt Ausnahmen, Versuche, Praxis in die Philosophie zu integrieren (so in Deutschland Jürgen Habermas), die aber eben doch die Ausnahmen einer Regel sind.

Hinter dem Satz von Holz steht ein anderer – den er im gewissen Sinn ergänzt und kommentiert, und das ist die berühmte 11. Feuerbach-These von Marx, die da lautet: „Die Philosophen haben die Welt nur verschieden *interpretiert*, es kömmt drauf an, sie zu *verändern*". Es ist ein Leitsatz marxistischen Denkens, der oft falsch verstanden wird. Denn er bedeutet natürlich nicht, dass künftig ohne Begriff (ohne ‚Interpretation') gehandelt werden soll, nichts wäre falscher als diese Folgerung. Er bedeutet, dass Theorie (die *Interpretation der Welt*) und Praxis (die *Veränderung der Welt*) künftig eine Einheit bilden sollen; als Bedingung dafür, dass die Weltveränderung gelingt. *Denken ohne Handeln ist leer, Handeln ohne Denken ist blind*: man kann es auf diese Formel bringen. Jede Theorie, will sie mehr sein als bloße Rhetorik des Begriffs, muss den Bezug zur Praxis, wie immer vermittelt, als theoretisches Telos (als Ziel des Denkens) in sich tragen. Jede Praxis bedarf der Theorie als Bedingung des Handelns, jede Theorie bedarf der Praxis als Bedingung des Denkens. Theorie und Praxis sind dialektisch aufeinander bezogen: Diese Einsicht ist es, die den Charakter philosophischen Denkens nach Marx und damit den neuen Typus von Philosophie im Marxismus wesentlich bestimmt: dass *jede theoretische Philosophie zugleich eine praktische und jede praktische Philosophie zugleich eine theoretische ist.*

Ein weiteres kommt hinzu. Im Verhältnis von Theorie und Praxis hat in der Konzeption marxistischer Philosophie die Praxis Priorität. Die Philosophie als Theorie ist nicht mehr Zweck an sich selbst. Sie dient dem Zweck der Weltveränderung – dem Ziel, „die Mühseligkeiten der menschlichen Existenz zu erleichtern" (Brecht, *Leben des Galilei*). Die Veränderung der Welt: die Herstellung *menschlicher* Weltverhältnisse (‚menschlich' in einem normativen Sinn) ist das Ziel der Weltinterpretation. Damit aber *impliziert* dieses Konzept – die dialektische Einheit von Theorie und Praxis – eine politische Ethik, und zwar im Sinne eines normativen Horizonts praktischen Handelns. Marx selbst gebraucht dafür den Begriff des *kategorischen Imperativs* (den Grundbegriff des Kantschen ethischen Denkens), wenn er in *Zur Kritik der Hegelschen*

Rechtsphilosophie. Einleitung schreibt: „Radikal sein ist die Sache an der Wurzel fassen. Die Wurzel für den Menschen ist aber der Mensch selbst. (...) Die Kritik der Religion endet mit der Lehre, dass der Mensch das höchste Wesen für den Menschen sei, also mit dem kategorischen Imperativ, alle Verhältnisse umzuwerfen, in denen der Mensch ein erniedrigtes, ein geknechtetes, ein verlassenes, ein verächtliches Wesen ist."[321]

Diese Sätze enthalten Norm und Ziel des ‚neuen Denkens', das Marx in den *Feuerbach-Thesen* den „neuen Materialismus" nennt; jener auf Praxis bezogenen Theorie, die die Arbeit an einer menschenwürdigen Veränderung der Welt zum ultimativen Ziel hat: die Herstellung von Weltverhältnissen, in denen der Mensch nicht mehr erniedrigt, geknechtet, verlassen und verächtlich ist, sondern sich selbst bewusst zur vollen Würde erhebt – die ‚Kette abwirft' und die ‚lebendige Blume bricht'. Es ist dies auch, in einem sehr genauen Sinn, der Inhalt, der die Philosophie in den Stand setzt, *verbindliche Ziele unseres Handelns zu setzen, Orientierung in der Welt zu geben* und *Regeln der Lebensführung aufzustellen* – der Sinn dessen, dass *jede theoretische Philosophie zugleich eine praktische ist.*

2. *Gesamtzusammenhang als dialektischer Begriff*

„Die Konstruktion des Gesamtzusammenhangs ist das eigentliche Feld der theoretischen Philosophie", „ohne den sie ihre anderen Leistungen nicht begründen, nicht in einer ‚wissenschaftlichen Weltanschauung' fundieren könnte". So Holz in einem 2011 erschienenen Essay, „Philosophie", in dem er die Summe seiner philosophischen Auffassungen zieht.[322] Und in der Tat: das ‚Denken des *GZ*', die „Konstruktion des Ganzen", wie er auch an anderer Stelle sagt, steht von früh an im Zentrum seines Versuchs einer Grundlegung materialistischer Dialektik. Es ist ein Anspruch, der sich explizit auf die avanciertesten Positionen idealistischen Denkens stützt, die von Leibniz und Hegel, freilich in Form einer materialistischen Umkehrung. Er wird keineswegs von allen Vertretern und Vertreterinnen des heutigen Marxismus geteilt; im

321 MEW 1, S. 385.
322 H.H. Holz, *Philosophie*, in: TOPOS 35 (2011), S. 32.

Gegenteil, er stellt eher eine ‚Außenseiterposition' innerhalb des Marxismus dar, oder auch: *die Position einer philosophischen Avantgarde*. Und ganz sicher ist: soll der *Marxismus als Weltanschauungsform* im philosophischen Sinn – gar als ‚wissenschaftliche Weltanschauung' – begründet werden, im weitesten und präzisen Sinn des Begriffs, so ist er unterhalb dieses Anspruchs nicht zu haben. Weltanschauungen zielen auf das Ganze menschlicher Welt und Welterfahrung, Sie fragen nach dem Grund, und sie fragen nach dem Sinn, und kein nur kritischer oder analytischer Marxismus wird diese Fragen beantworten können.

Es ist also zutreffend zu sagen, dass die Kategorie des GZ – das ‚Denken des GZ' oder der ‚Welt als ganzer' – im Zentrum des Holzschen Philosophierens steht, seines systematischen zumal; geleitet von der Einsicht, dass erst das Denken des GZ das Wissensfundament bildet, das erforderlich ist, um die Einheit von Theorie und Praxis theoretisch zu fassen und das Ziel der Theorie, die menschenwürdige Umgestaltung der Welt, praktisch ins Werk zu setzen; geleitet von der Grundeinsicht, dass der *Marxismus als Weltanschauung* nur in dieser theoretischen Gestalt konstituiert werden kann. In jeder anderen, ob als kritische Theorie, als analytischer oder strukturaler Marxismus, wie auch immer, bleibt er bestenfalls die Theorie eines Partialbereichs – eine Theorie, die sich „mit diesem oder jenem Aspekt der Welt befasst" und die Anforderung der Einheit von Theorie und Praxis nicht zu erfüllen vermag. Nur als Denken des Ganzen, des ‚Ensembles von Weltverhältnissen' (wie auch in Anschluss an Marx gesagt werden kann)[323] nimmt er den Charakter einer handlungsorientierten Weltanschauung an und löst das Postulat weltverändernder Praxis ein.

Was aber heißt *‚GZ' genau*? Das ist hier die Frage, und das ist keine einfache und sicher keine beliebige Frage. Im Holzschen Denken wird der Begriff an vielen Stellen behandelt. Der entscheidende Gesichtspunkt aber ist nicht die Quantität seines Vorkommens, sondern die zentrale Rolle, die der Begriff des *GZ* im Begründungszusammenhang dieses Denkens, besonders der Spätphase erfüllt.

323 Ich denke an Marx' Begriff des ‚Ensembles der gesellschaftlichen Verhältnisse' in den *Feuerbach-Thesen*.

So wird in der *Problemgeschichte der Dialektik in der Neuzeit* der Begriff im 3. Kapitel des III. Hauptstücks, die „‚Umkehrung' Hegels durch den Marxismus" im Sinn einer „dialektischen Ontologie" exponiert, und zwar unter den Gesichtspunkten „Enzyklopädischer Realismus", „Politische Praxis und wissenschaftliche Weltanschauung" und „Gesamtzusammenhang und Dialektik der Natur"[324]. Das Kapitel enthält eine detaillierte begriffsgeschichtliche Herleitung des Begriffs, die diesen argumentativ überzeugend als Grundkategorie marxistischen Denkens etabliert. In Holz' systematischem Hauptwerk, das eine „Grundlegung der Dialektik" versucht, ist der *GZ*, als „Konstruktion des Ganzen", eine Leistung – *die* zentrale Leistung – der spekulativ aufgefassten Dialektik[325]; deshalb auch der programmatische Titel der Problemgeschichte: ‚Einheit und Widerspruch'. Der *GZ* wird als leitendes Konzept des Holzschen systematischen Entwurfs begründet – ja er ist *Integral des Gattungsprozesses des Denkens selbst.*

Auf das hochkomplexe Problem solcher Begründung in gebotener Gründlichkeit einzugehen, ist im Rahmen dieses kurzen Texts nicht möglich – dafür müsste der Kernbestand des späten Holzschen Denkens insgesamt aufgerollt werden. Allein einige Hinweise können an diesem Ort gegeben werden (für wichtige Anregungen dazu, auch Texthinweise, bin ich Richard Sorg sehr zu Dank verpflichtet). Auf der negativen Seite verweise ich auf die völlig inadäquate Kritik Renate Wahsners an Holz' Spätwerk und meinen, in der Sache kompromisslosen Kommentar dazu.[326]

Holz' Absicht war es, in seinem systematischen Hauptwerk, *Weltentwurf und Reflexion* eine „begründende Theorie der Dialektik" auszuarbeiten, die „die programmatischen Hinweise von Marx, Engels und Lenin" einzulösen imstande ist; d.i. eine solche, „die den Ursprung der dialektischen Form aus den materiellen Verhältnissen der Welt ableiten kann". „Die von mir vertretene These besagt, dass die dialektische Verfassung der Welt selbst aus dem universellen, ontologisch begriffenen Widerspiegelungs-Verhältnis abgeleitet werden kann und dass in dem Widerspiegelungstheorem das Modell einer

324 H.H. Holz, *Einheit und Widerspruch. Problemgeschichte der Dialektik in der Neuzeit,* Bd. 3, Stuttgart 1997, S. 311–360.

325 H.H. Holz, *Weltentwurf und Reflexion,* a.a.O., S. 190ff.

326 Th. Metscher, „Über Kultur der Kritik und den Mangel daran", in: Ders., *Integrativer Marxismus,* a.a.O., S. 253–265. Wahsners Kritik wie meine Antwort darauf wurden zuerst veröffentlicht in *Z. Zeitschrift marxistische Erneuerung.*

materialistischen Erklärung der Einheit der Welt in ihrer Mannigfaltigkeit vorliegt (...). Die sogenannte ,subjektive Dialektik' (als Inbegriff der dialektischen Denkgesetze und Methode) ist nach dieser Auffassung dann *apriori erweisbar* als Widerspiegelung der ,objektiven' Dialektik des Gesamtzusammenhangs des Seienden, also der ,materiellen Verhältnisse' – und der Grund dieser Apriorität liegt in der notwendigen Einheit von Begriffsform und Wirklichkeitsform bei der Kategorie der Totalität". Totalität' nun erklärt Holz, mit Rückgriff auf Engels, „durch die ,Theorie des Gesamtzusammenhangs'", ja es lässt sich sagen, dass hier ,Totalität' und ,GZ' zu synonymen Begriffen werden. In jedem Fall: ihre Schlüsselstellung in der Holzschen Theorie ist evident. Der *GZ* nun, da er endliche Erfahrung grundsätzlich übersteigt, ist uns „nie empirisch gegeben". Eine begründende Theorie der Dialektik wird daher diese nicht von den Gegenständen der Erfahrung her entwickeln, sondern wird sie „als die Form des Denkens der Gegenstände" darstellen. Sie wird „mithin das Verhältnis des Denkens zu seinen Gegenständen außer ihm, also zum Sein, zu bestimmen haben". Aus diesem Grund ist dann auch „die Frage nach dem Verhältnis von Sein und Denken (...) die ,Grundfrage der Philosophie'"[327]. Die Theorie des *GZ* grenzt so an die Grundfrage der Philosophie an, ja wird selbst nur als Antwort auf diese befriedigend gelöst werden können.

Diese Antwort nun ist nach Holz „in dem Widerspiegelungstheorem formuliert." Sein Kern liegt darin. „den erkenntnistheoretischen Realismus dadurch zu begründen, daß er aus einem Seinsverhältnis folgt, das entsprechend der Struktur des Spiegels beschrieben werden kann: so nämlich, daß das eine materielle Seiende (der Spiegel) die Eigenschaft habe, andere materielle Seiende und ihre Relationen (das Bespiegelte) abzubilden. Die Vermittlung zwischen Denken und Sein gründet dann in der Verfassung des Seins selbst, das reflektiert." Erst eine solche ontologische Fundierung der erkenntnistheoretischen Abbildbeziehung erlaubt es, hinter die transzendentale Subjektivität der cartesisch-kantischen Linie „auf die materielle Verfassung des Seienden zurückzugehen"[328]. Dieser „Übergang zur materialistischen Dialektik" wird nicht durch „die bloße Substituierung des Erkenntnissubjekts durch den arbeiten-

327 H.H. Holz, *Weltentwurf und Reflexion*, a.a.O., S. 16f.
328 Ebd., S. 17f.

den Menschen" geleistet, denn diese lässt „die Vermittlung von Subjekt und Objekt immer noch als bloß durch den Akt des Subjekts vollzogen erscheinen". „Dieser Übergang gelingt erst, wenn im Begriff der *gegenständlichen Tätigkeit* die materiellen Verhältnisse als das tätige Subjekt übergreifend gedacht werden, die Subjektivität mithin als Resultat eines Reflexionsprozesses der materiellen Natur selbst erkannt wird, die auch den Spiegel hervorgebracht hat, in dem sie sich (perspektivisch) darzustellen vermag. Das theoretische Weltverhältnis würde dann im praktischen zu fundieren sein."[329]

Das ausführliche Textreferat war notwendig, da hier der Grundansatz des Holzschen Denkens in prägnanter Formulierung hervortritt. Sichtbar wird so auch das Begründungskonzept der Theorie des *GZ*: seine zentrale Rolle im ontologischen Begriff der Dialektik. Hervor tritt zugleich die Grundfrage marxistischen Philosophierens, mit ihr die kategoriale Bedeutung *gegenständlicher Tätigkeit* für das Problem seiner fundamentalen Begründung.[330] Zugleich wird aber auch sichtbar, dass der *GZ* für Holz eine primär *ontologische Kategorie* ist – er damit aber auch auf der Ebene einer abstrakten Allgemeinheit verbleibt.

Meiner Auffassung nach ist damit die Bedeutung der Kategorie nicht erschöpft. An diesem Punkt setzen dann auch die folgenden Überlegungen an. Sie machen den Versuch einer *kategorialen Konkretion* – wie ich es nennen möchte. Dabei wird der Begriff des Kategorialen (bzw. der Kategorie) im Marxschen Sinn verwendet: als Ausdruck von „Daseinsformen, Existenzbestimmungen"[331]. Kategorien sind keine der Wirklichkeit oktroyierten Begriffe, sondern sie sind Wirklichkeitsbestimmungen in begrifflicher Form: *die wirkliche Welt, in Gedanken gefasst*. In der kategorialen Explikation, wenn sie denn philosophisch korrekt erfolgt, geht es um die theoretische Erläuterung – die ‚Interpretation' – von Wirklichkeit.

Dabei verstehe ich einen solchen Versuch nicht als Widerspruch, sondern als Erweiterung des Holzschen Denkens – als *produktives Weiterdenken* eines Vorgedachten; ein solches Weiterdenken gehört, ich sagte es, zum Charakter

329 Ebd., S. 18.
330 In *Logos und Wirklichkeit* nehme ich, unabhängig von Holz, den gleichen Ausgangspunkt ein: den Einsatz bei der gegenständlichen Tätigkeit, gehe dann aber auch, der unterschiedlichen Thematik entsprechend, einen anderen argumentativen Weg.
331 MEW 13, S. 637.

einer sich dialektisch und dialogisch verstehenden Philosophie. So sind die folgenden Überlegungen, auch wo sie nicht direkt an Holzsches Denken anschließen, dialogisch auf dieses bezogen, und ich bin mir sicher, dass Holz selbst ihnen sein Interesse nicht versagt hätte.

III. Kategoriale Konkretion: Stufen des GZ

Wie nun, weitergefragt, ist das Denken des *GZ möglich*? Es ist ganz sicher nur auf der Grundlage bestimmter Bedingungen möglich. Wenn Holz von der *Konstruktion* des *GZ* als der eigentlichen Arbeit der Philosophie spricht, so meint er: Konstruktion auf einer bestimmten Grundlage – der der *Wissenschaften*. Ohne diese bliebe die Konstruktion des *GZ* eine leere Reflexion. Folgerichtig bestimmt er (in dem oben zitierten Leitsatz) den Marxismus als *eine Philosophie, die eine Auffassung der Welt als ganzer, in ihrer Entwicklung geben will und diese Auffassung von den Einsichten der Wissenschaften her und aus ihrer Interpretation zu einem GZ gewinnt*. Die Nuancierung dieses Satzes ist sehr genau zu beachten: die Philosophie gewinnt ihre Auffassung der Welt als ganzer auf der Grundlage der Einsichten der Wissenschaften, und zwar auf dem Weg der Interpretation dieser Einsichten zu einem *GZ*. Die Konstruktion des *GZ*, den die Philosophie leistet, erfolgt also in der Interpretation der Erkenntnisse der disziplinären Wissenschaften (ich würde hinzufügen: in Kooperation mit dem durch die Künste erschlossenen Wissen von Welt – aber das wäre ein weiteres Thema). Die eigentliche Aufgabe der Philosophie ist diese Interpretation – die Interpretation der wissenschaftlichen Ergebnisse mit dem Ziel einer Konstruktion (eben: des *GZ*); eine Arbeit, die von den Wissenschaften selbst nicht geleistet werden kann. Damit ist die Eigenständigkeit der Philosophie gegenüber den Wissenschaften gewahrt, zugleich dem Tatbestand Rechnung getragen, dass Philosophie heute nur auf der Basis der Wissenschaften Gültigkeit haben kann. Es handelt sich also gerade *nicht*, was heute Konjunktur hat: um die Verallgemeinerung einzelwissenschaftlicher Ergebnisse zu einer Allerweltsphilosophie, verbunden mit der Prätention der ‚Lösung' angeblich bislang ‚ungelöster' philosophischer Kernprobleme (so der Anspruch bestimmter publizitätssüchtiger Zweige der Neurowissenschaften auf die Lösung ungelöster philosophischer Probleme wie dem der Willensfreiheit) – das Resultat solcher Bemühungen läuft in der Regel auf eine Trivialphilosophie hinaus.

Welche unerhörten Schwierigkeiten der Einlösung dieses Programm mit sich bringt, weiß jeder, der sich mit ihm eingelassen hat. Doch darf das kein Grund sein, es fallen zu lassen. An der Lösung schwerer Probleme beweist sich die Meisterschaft – und Existenzberechtigung – der Philosophie. Sie ist dann auch mehr als die bloße Summe der Wissenschaften, auf denen sie beruht. Ist sie ihrem Begriff gerecht, so wird sie, wie Hans-Gert Gräbe treffend schreibt, „– sich der Ergebnisse von science versichernd – weiter an den Außenposten menschlichen Denkens stehen und in die unerschlossenen Räume spähen“[332].

Leitlinie dieses Denkens „kann nur die 10. Feuerbachthese sein“. Das heißt aber auch, dass mit dem Holzschen Denken das Programm dieses Denkens nicht abgeschlossen, sondern vielmehr erst eröffnet ist.

Der Begriff des *GZ*, erinnern wir, geht auf Engels zurück. In den Planskizzen der Dialektik der Natur nennt dieser die Dialektik die „Wissenschaft des Gesamtzusammenhangs“[333], an anderer Stelle die „Wissenschaft von den Zusammenhängen“[334]. Der Begriff ist auf das Ganze der dem Menschen praktisch und theoretisch zugänglichen Wirklichkeit bezogen. Diese wird als dialektisch verfasst, damit gesetzmäßig konstruiert gedacht. Die Grundbestimmungen der Dialektik konstituieren als Gesetze den Zusammenhang des Wirklichen. Sie werden damit als Strukturbestimmungen des Seins in einem ontologischen Sinn aufgefasst.

GZ als Begriff lässt zudem an Marx' Begriff des *Ensembles* (so „Ensemble gesellschaftlicher Verhältnisse“ in den *Feuerbachthesen*) bzw. der *Totalität* denken. Ensemble heißt ein Ganzes, das organisch zusammengehört, dessen Glieder miteinander verbunden sind. ‚Totalität‘ meint gleichfalls ein zusammenhängendes Ganzes, hat jedoch die Konnotation von etwas Abgeschlossenem. Bei einem dialektischen Begriff des Ganzen kommt es freilich darauf an, dieses Ganze prozessual, als Prozesszusammenhang zu denken. Dieser Anforderung genügt der Begriff des ‚Zusammenhangs/ Gesamtzusammenhangs‘. Er meint ein Ganzes, das gleichwohl offen, prozessual, ein *Prozessganzes* sein kann. Ich möchte von einem *prozessual-ge-*

332 H.-G. Gräbe, „*Radical Thinking*“, in: Z. Zeitschrift Marxistische Erneuerung, 92 (2012), S. 192f.
333 MEW 20, S. 307.
334 Ebd., S. 348.

stuften, strukturierten Ganzen sprechen. Dabei unterscheide ich in einem ersten Zugriff zwischen fünf kategorialen Dimensionen (prozessualen Stufen) des *GZ*:[335]

1. *der Alltag als GZ,*
2. *der GZ einer Gesellschaft/gesellschaftlichen Formation,*
3. *der GZ des geschichtlichen Prozesses,*
4. *Einheit und Differenz von menschlicher Welt und Natur: GZ als ontologischer Begriff,*
5. *das Denken des Seienden im Ganzen und die Frage nach dem Grund und Sinn von Sein: der GZ als metaphysischer Begriff.*

Die kategorialen Stufen bilden in sich zusammenhängende Bereiche, die bereits für sich den Charakter eines *GZ* besitzen, die freilich miteinander verbunden sind, ineinander übergehen. *Insgesamt konstituieren* sie den *GZ als Totalität*. Diese Totalität wäre im Sinne von Holz als *universale Reflexivität* zu bestimmen – universaler Widerspiegelungszusammenhang. Der *GZ* als Totalität besteht aus Teilen von relativer Selbständigkeit.[336]

1. *Der Alltag als Gesamtzusammenhang und die Kategorie des Weltwissens*

Der Begriff des *GZ* hat kategorial seine Wurzeln in der Praxis des Alltagslebens. Dieses wird von den Individuen intuitiv als Zusammenhang erfahren; eine Erfahrung, die gleichwohl durch verschiedene Faktoren bestimmt, also gesellschaftlich konstituiert ist. Für das Alltagsleben konstitutiv ist ein Weltwissen, das Bedingung ist für die lebenspraktische Weltorientierung, damit aber auch Bedingung menschlicher Reproduktion. Es

335 Möglicherweise ließe sich hier auch von *Teil–Zusammenhängen* sprechen, die als *Ganzes* den *GZ* bilden – dies sind terminologische Finessen, über die noch verhandelt werden kann.

336 Der Begriff des *GZ* ist im strengen Sinn ein ontologischer Strukturbegriff, der menschliche Gesellschaft und Natur umgreift. Gleichwohl bedarf es für seine Konstitution der Akte des Bewusstseins. In diesem Sinn ist *GZ* ein zugleich epistemischer Begriff und muss als ein solcher expliziert werden. ‚Zusammenhänge' sind objektiv Gegebenes, und zugleich sind sie menschliche Konstruktion. Dies gerade konstituiert die Dialektik ihrer strukturellen Verfassung.

ist Teil der ‚Jedermannsphilosophie' (Antonio Gramsci), die dem alltäglichen Bewusstsein zugehört. Diese ordnet den Einzelnen in den Zusammenhang einer gesellschaftlichen Welt ein, in das Oben und Unten gegebener Weltverhältnisse – die hierarchische Anordnung der Verhältnisse von Herrschaft und Eigentum. Zugleich fungiert sie als Instanz der Sinngebung. Durch die hierarchische Einordnung in gegebene Weltverhältnisse wird, auf individueller wie sozialer Ebene, ‚Sinn' konstituiert. Der Alltag bildet so die Grundform des *GZ* und seines Bewusstseins. Dieses ist illusionär und real zugleich. Die Instanzen der Vermittlung eines solchen Zusammenhangsbewusstseins und der ihm entsprechenden psychischen Disposition sind traditionell Familie, Schule, Kirche. In der hochtechnologischen Zivilisation des entwickelten Kapitalismus treten die medialen Instanzen der Zivilgesellschaft, die ‚neuen' technologischen Medien (Fernsehen, Computer) wie die Fetische des Markts hinzu, die als neue Vergesellschaftungsformen von Psyche und Bewusstsein die alten teils ergänzen, teils ersetzen.

In der Jedermannsphilosophie des alltäglichen Bewusstseins sedimentiert ist aus der Welterfahrung stammendes Wissen (‚experientielles Wissen', ‚elementares Weltwissen'). Seinen genetischen Kern hat es in basalen Prozessen menschlicher Lebenspraxis: in Prozessen menschlicher Reproduktion, im Komplex gegenständlicher Tätigkeit, in der materiellen Arbeit (die hier als Modell dienen kann). Es mischt sich mit ideologischen Formierungen. Diese entstammen einerseits der Erfahrung gegebener Weltverhältnisse, ihrer Macht- und Herrschaftsformen, die von den Individuen mental verarbeitet werden (die Religion nach Marx ist eine solche Verarbeitungsform entfremdeter Weltverhältnisse), sind zugleich aber auch Niederschlag einer durch die ideologischen Institutionen bewirkten psychisch-mentalen Formierung. Die Individuen werden so in doppelter Weise ideologisch vergesellschaftet: durch die subjektive Verarbeitung entfremdeter Lebensverhältnisse und durch eine Formierung ‚von oben' (Haug). Funktion solcher Vergesellschaftung ist die Herstellung der Akzeptanz gegebener Weltverhältnisse (‚Akzeptanz-Habitus').[337] Sie wird durch Interiorisierung der diese Verhältnisse stützenden Werte bewirkt. Akzeptanz-Habitus und Wert-Interiorisierung dienen dem

337 Der Habitus-Begriff wird hier im Sinne Pierre Bourdieus gebraucht.

Zweck hegemonialer Herrschaft, die auf der Zustimmung der Unterworfenen zu den gegebenen Macht- und Eigentumsverhältnissen beruht. Hegemoniale Zustimmung ist Bedingung für deren Fortexistenz.

Eine prototypische Form des Akzeptanz-Habitus – sie wirkt in die höchsten geistigen Formen hinein, so in Kunst und Philosophie – ist die Auffassung einer Unveränderbarkeit der gegebenen Weltverhältnisse, so schlecht sie auch sein mögen: ihrer Gottgegebenheit, fatalistischen Unabänderbarkeit usf. Solche Schemata – hier können wir legitim von ideologischen Schemata sprechen – sind auswechselbar und müssen nach Konjunktur und politischer Lage ausgewechselt werden, sollen sie ihre stabilisierende Funktion nicht verlieren. So reüssiert das Schema der ‚bestmöglichen Welt' nur in den sehr seltenen Zeiten eines relativen Wohlstands der subalternen Klassen.

Das alltägliche Bewusstsein ist ideologisch komplex. In ihm ist richtige Erkenntnis in Form eines aus der Erfahrung stammenden, auch durch Tradition vermittelten Weltwissens sedimentiert. Dieses koexistiert mit einem der ideologischen Vergesellschaftung entstammenden verkehrten Bewusstsein. Für die imperialistische Gesellschaft ist die zunehmende Verarmung des experientiellen Anteils des Alltagsbewusstseins zu konstatieren – bei Zunahme des fetischisierten Bewusstseins. Gemeint damit ist, dass die Fetische des Alltags eine solche Macht über das menschliche Bewusstsein gewinnen (das gilt beileibe nicht nur für das Alltagsbewusstsein, es gilt für den geistigen Lebensprozess in dieser Gesellschaft insgesamt), dass es das Gegebene, und sei es noch so schlecht, als schlechterdings versteinert erlebt – als ‚schwarzes Loch', jenseits jeder Verbesserung; mit Folgen, die in psychotische Verhaltensweisen führen, in Vereinsamung, Resignation, Suizid und Gewaltexzess; zu Obsessionen jedweder Art, die in der Faschisierung des Bewusstseins kulminieren – oder in der infantilen Regression von Bewusstsein und Psyche ihr Ende nehmen.

Eine emanzipatorische Praxis, die sich das Ziel setzt, die Menschen *subjektfähig*, also zu selbsttätigen Subjekten ihres Handelns zu machen, hat exakt an diesen Tatbeständen anzusetzen: denen der Deformation wie an den humanen Potentialen des zerstörten Lebens. An dieser Schnittstelle von Deformation und Wahrheit im alltäglichen Bewusstsein setzt das Denken des *GZ* ein. Die Ursachen und die Struktur der Verschüttungen sind zu erkennen und den Betroffenen erkennbar freizulegen. Herzustellen ist der Blick auf die realen Verhältnisse, in denen die Menschen leben. Es sind, um das Grundverhältnis von Kapital und Arbeit gruppierte, Verhältnisse von Herrschaft und Eigentum – die unsichtbar auch den Alltag durchdringen und die Menschen bis in intime Bereiche ihrer Lebensweise bestimmen. Zu erkennen ist, wer die wirkliche Macht in dem Staatswesen hat, das sich Demokratie nennt, also Herrschaft der Vielen, des Volks, in Wahrheit aber eine verdeckte Diktatur ist: ‚Plutokratie', Herrschaft der Wenigen, die über das Kapital verfügen. Herzustellen ist ein umfängliches Orientierungswissen, das den Alltag in seiner wirklichen Verfasstheit erfahrbar und erkennbar macht; das auch die Mechanismen durchsichtig werden lässt, in der die alltägliche Reproduktion von Herrschaft erfolgt. Nur so kann ein Wissen entstehen, dass eine verlässliche Weltorientierung verschafft. Dazu gehört, dass die gegebenen Verhältnisse als *gewordene* erkannt werden – damit aber auch als werdende und der Möglichkeit nach veränderbare. Sie werden erkannt, im Ansatz zumindest, in ihrer internen Geschichtlichkeit. Aus dem ‚So war es immer' der resignierten Akzeptanz kann ein ‚So wird es nicht immer sein' der begriffenen Hoffnung werden.

Eine emanzipatorische Praxis, die dieses Ziel hat, ist ein anti-ideologisches Manöver. Sie setzt an beim Ringen um Psyche und Bewusstsein der Menschen. Die *Arbeit der Kritik* hat hier eine Schlüsselfunktion: Kritik der gegebenen Weltverhältnisse wie des sie reproduzierenden Bewusstseins. Kritik schließt Herrschaftskritik, Bewusstseinskritik und Selbstkritik ein. Fundiert ist sie durch das, was Marx *Kritik der politischen Ökonomie* nannte: die kritische Analyse der Basis-Struktur einer gegebenen Gesellschaft wie der ihr entspringenden sozialen Formen; eine Kritik, die mit der Entwicklung dieser Gesellschaft immer neu zu leisten ist. Zu durchbrechen ist der ideologische Schein, der die Welt auf den Kopf stellt. Sie ist auf die Füße zu stellen, wenn sie verändert werden soll. Den Dingen und Dingverhältnissen ist ihre wahre Kontur zurückzugeben. Dazu gehört, dass die Dinge des Alltags und ihre Verhältnisse als Teile eines größeren Ganzen erkennbar werden: einer *besonderen Gesellschaft*, die über die der Alltagswelt hinausgeht. Diese Gesellschaft besitzt eine spezifische Struktur (Architektonik) und ist Teil einer *Gesellschaftsformation*, die ihrerseits *mehr* ist als die besondere Gesellschaft. Die nächste Stufe im kategorialen Aufbau des GZ ist daher die der *Gesellschaft* mit den kategorialen Bestimmungen der *konkreten Gesellschaft*, *gesellschaftlichen Struktur* und *gesellschaftlichen Formation*.

2. *Arbeit als epistemische Kategorie: zur Genesis elementaren Weltwissens*

Elementarform bewusster Lebenstätigkeit und Modell gegenständlicher Tätigkeit ist die *Arbeit.*[338] Sie ist Elementarform, weil sie menschliches Überleben, die Reproduktion der Gattung in allen entwickelten Gesellschaften sichert. Sie ist damit auch das Fundament des Prozesses der Kultur. Zugleich ist sie – nicht isoliert, sondern im Zusammenhang mit dem Totum menschlicher Lebenstätigkeit – Keimform menschlichen Weltwissens, also konstitutiv für den *GZ* in einem alltagspraktischen (oder ‚lebensweltlichen') Sinn. Wie ist dieser Sachverhalt zu denken und wie ist dieses Wissen konstituiert?

Die menschliche Arbeit (ich folge Marx) ist ein Stoffwechselprozess zwischen Mensch und Natur, in dem sich eine „Naturmacht" mit einem „Naturstoff" vermittelt. Zur „Naturmacht" Mensch gehören als „Naturkräfte" Arme, Beine, Hand und Kopf. Der Kopf nun ist kein physisches Mittel, sondern ein ideell-konzeptives. Er ist der Träger des Gehirns: der somatische Ort des Logos. ‚Kopf' steht für Denken, Bewusstsein, die konzeptive Fähigkeit des Menschen, die den Arbeitsprozess vorbereitet, ordnet und begleitet, die strukturbildend in ihn eingeht. Bereits auf der anthropologisch elementarsten Stufe, der Bestimmung menschlicher Arbeitskraft als erster menschlicher Produktivkraft, kommt dem *Bewusstsein* also eine konstitutive Funktion im Ensemble menschlicher Vermögen („Naturkräfte") zu. Es ist notwendiger Bestandteil dieser Vermögen. Jede gegenständliche Tätigkeit ist konzeptives Tun: bewusstes zielgerichtetes Handeln in einer objektiv gegebenen gegenständlichen Welt. Damit aber wird Bewusstsein als Teil des materiellen Seins begriffen. Ja, die Arbeit als erste Produktivkraft ist Einheit physischer und ideeller (‚logischer') Momente, das Menschlich-Materielle *ist* diese Einheit, dies ist sein Spezifikum. Es ist konstituiert als *Synthesis,* es besitzt eine *dialektische Struktur.*

338 Ich gebe hier den Kern dessen wieder, was ich in meinem Logos-Buch (insbes. im Kap. ‚Logos als gesellschaftliches Bewusstsein') umfassender und innerhalb größerer argumentativer Zusammenhänge entwickelt habe.

Im Arbeitsprozess gesetzt sind ein *Subjekt der Arbeit*, ein *Objekt der Arbeit*, die *Instrumente der Arbeit*, das *Ziel der Arbeit* und der *Arbeitsprozess selbst*. Dieser ist als Tätigkeit zur Herstellung von Gebrauchswerten zugleich ein Akt der Aneignung der Natur. Er ist allgemeine Bedingung des Stoffwechsels von Mensch und Natur und ewige Naturbedingung des menschlichen Lebens. Als Bedingung jeder Form dieses Lebens ist er von allen seinen besonderen Formen unabhängig. Er ist das materielle Fundament dieser Formen, die allen Gesellschaftsformen gleich gemeinsame Bedingung ihrer Existenz. Die Rolle des Bewusstseins für diesen elementaren Zusammenhang besteht darin, dass es diesen Prozess konzeptiv strukturiert: ihn plant und sein Ende antizipierend vorwegnimmt. „Am Ende des Arbeitsprozesses kommt ein Resultat heraus, das beim Beginn desselben schon in der Vorstellung des Arbeiters, also schon ideell vorhanden war". Dies unterscheidet „von vornherein den schlechtesten Baumeister vor der besten Biene". Arbeit bedeutet Formveränderung *des* Natürlichen und bewusste menschliche Zweckverwirklichung *im* Natürlichen, und diese Bestimmung gilt, in einem grundlegend-anthropologischen Sinn, für jede Gestalt menschlicher Arbeit und für jede Form menschlicher Kultur – bis in die archaischen Stufen zurück. Sie gilt für den Arbeitsprozess „unabhängig von jeder bestimmten gesellschaftlichen Form", in einer Form allerdings, worin er „dem Menschen ausschließlich angehört". Unterschieden wird also zwischen von den Arbeiten der Spinne und Biene wie auch von den „erst tierartig instinktmäßigen" Formen menschlicher Arbeit in der Phase der Bildung des Anthropos. Auf dieser Ebene („der Mensch einmal gesetzt [...], als beständige Voraussetzung der Menschengeschichte [...], als beständiges Produkt und Resultat"[339] gilt, dass der Produzent das Arbeitsprodukt erst im Kopf produziert, bevor er es durch praktische Tätigkeit gegenständlich in die Welt setzt. Menschliche Arbeit besitzt, als Formveränderung des Natürlichen und Zweckverwirklichung im Natürlichen, eine *teleologische Struktur* – sie ist „zweckmäßige Tätigkeit",[340], eine „teleologische Setzung" (Lukács). Ich spreche hier vom *teleologischen Bewusstsein*, das mit dem Arbeitsprozess, mit gegenständlicher Tätigkeit überhaupt, in der Welt ist.

339 MEW 23, S. 192f.
340 Ebd., S. 193.

Zu diesem Bewusstsein und als Bestandteil ihm zugeordnet gehört weiter das Wissen des Mittels – *instrumentelles Bewusstsein*. Das Arbeitsmittel ist „ein Ding oder ein Komplex von Dingen, die der Arbeiter zwischen sich und den Arbeitsgegenstand schiebt und die ihm als Leiter seiner Tätigkeit auf diesen Gegenstand dienen“[341], und sein Gebrauch setzt ein komplexes Wissen über den Charakter des Mittels, das Verhältnis von Mittel und Gegenstand sowie die Mittel-Zweck-Relation voraus.[342] Der Mensch ist „ein Werkzeuge fabrizierendes Tier“, „der Gebrauch und die Schöpfung von Arbeitsmitteln (…) charakterisieren den spezifisch menschlichen Arbeitsprozess“ (ebd.). In dem elementaren instrumentellen Bewusstsein liegt der genetische Grund für den Rationalitätstypus der instrumentellen Vernunft, der unter den Bedingungen kapitalistischer Herrschaft zum heute dominanten Rationalitätstypus geworden ist.

Zum Arbeitsprozess gehört also ein komplexes System des Wissens. Es umfasst innerhalb der teleologischen Struktur neben dem instrumentellen Wissen und an dieses gekoppelt die genaue *Kenntnis des Arbeitsgegenstands*. Dieser muss in seinen Eigenschaften erkannt und bekannt sein. Nur dann kann er in Präferenz vor anderen Gegenständen als je besonderer ausgewählt, der geeignete dem ungeeigneten vorgezogen werden, kann eine Selektion unter zuhandenen Seienden erfolgen. In diesem Sinn ist das teleologische Bewusstsein *objektbezogen*, ja seine Objektbezogenheit hat Vorrang vor dem Bewusstsein des Mittels. Je nach Beschaffenheit des Objekts wird das Mittel gewählt.

Zum teleologischen Bewusstsein gehört neben dem objektbezogenen und gleichrangig mit ihm das *subjektbezogene* Bewusstsein und damit ein Moment von Selbstreflexivität: ein Wissen des Arbeiters von sich selbst; so die Fähigkeit, seine eigenen Kräfte einzuschätzen und auszubilden. Ja, die Fähigkeit, einen Arbeitsgegenstand zu erkennen und auszuwählen – als identischen (A = A) zu setzen –, hat im intelligiblen Vermögen des Subjekts seinen Grund. Weiter gehört zu diesem Bewusstsein ein *methodisches* Wissen: die Fähigkeit, die einzelnen Arbeitsschritte zu planen und in Arbeitsverfahren umzusetzen. Das Bewusstsein auf dieser Ebene ist ein solches einer expliziten Subjekt-Objekt-Relation.

341 Ebd., S. 194.

342 Heidegger behandelt diesen Gesichtspunkt im zweiten und dritten Kapitel von *Sein und Zeit*.

Der Arbeitsprozess ist dem Subjekt der Arbeit also in seiner gesamten kategorialen Blüte *gewusst*. Zu sprechen ist also von einer hochgradigen Komplexität des durch ihn konstituierten Bewusstseins und Wissens, das innerhalb des Komplexes menschlicher Lebenstätigkeit die Funktion orientierenden Weltwissens in einem hohen Maß erfüllt.

3. *Der Gesamtzusammenhang einer Gesellschaft. Konkrete Gesellschaft, gesellschaftliche Struktur und gesellschaftliche Formation*

Ein Alltag, wenn er als *GZ* erfahren und begrifflich erfasst werden soll, verweist auf das größere Ganze, in dem er steht und dessen Teil er ist, und das ist zunächst das Ganze einer *besonderen (konkreten) Gesellschaft*. Diese kann als regionaler Raum beschrieben werden, der seinerseits Teil einer größeren Einheit ist wie sie historisch etwa in der Form der Polis oder des Nationalstaats auftreten. Letzterer ist die politische Form, in der sich die neuzeitliche Geschichte, der Kapitalismus als Formation in seiner ‚klassischen' Phase konstituierte. In dieser Phase bildete er den politischen *GZ* kapitalistischer Gesellschaften. Wer bewusst handelnd, politisch handelnd tätig sein will, sei es auch nur in dem begrenzten Raum, den er als Alltag kennt, wird sich ein Bild von diesem Ganzen der besonderen Gesellschaft machen müssen, in dem der Alltag, in dem er lebt und handelt, eingelagert ist. Er wird sich einen *konkreten Begriff* ihrer ökonomischen, sozialen, kulturellen, ideologischen Verhältnisse zu verschaffen haben, wenn überhaupt sein Handeln Erfolg haben soll. Es wird ein anderes Bild sein als das, das der ideologische Schein vortäuscht, ein Bild der konkreten gesellschaftlichen Verfasstheit der ökonomischen Struktur wie der Verhältnisse von Politik, Recht, Kunst, Wissenschaft, Philosophie und Religion.

Die leitende Kategorie für diese Erkenntnis ist der Begriff der *gesellschaftlichen Struktur*. Die Gesellschaft ist als strukturierter Zusammenhang zu begreifen: in der Architektonik von Basis/Überbau/ziviler und politischer Gesellschaft (im Sinne von Marx und Gramsci); in einer Architektonik, die gleichwohl nicht starr, sondern in geschichtlicher Bewegung, als Einheit von Raum und Zeit (‚Raum-Zeit-Kontinuum') zu denken ist, mit der *Produktionsweise* als Grundschema dieser gesellschaftlichen Struktur.

Zu erkennen ist weiter, wer die Macht in diesem gesellschaftlichen System hat, wer sie vertritt, wer sie durchsetzt, wer gegen sie opponiert, wer gegen sie kämpft. Es darf kein illusionäres, es muss ein genaues Bild sein, und es muss möglichst vollständig sein – ein Bild eben des *GZ* dieser Gesellschaft. Es ist keine leichte Aufgabe. Erfordert ist die ‚Anstrengung des Begriffs'. Sie wird nur zu lösen sein, wenn die Gesellschaft von ihrem formativen Kern her begriffen wird, und dieser besteht in dem Verhältnis von Kapital und Arbeit in einer bestimmten historischen Form – heute: in der imperialistischen Form dieser Gesellschaft.

Teil dieser Aufgabe ist nicht zuletzt auch, neben der Kenntnis der Kräfte, die das existierende Herrschaftssystem stützen, das Erkennen der Kräfte des Widerstands: derer, die es in einem emanzipatorischen Sinn verändern wollen, mit denen es gilt, sich zusammenzuschließen. Auch solche Erkenntnis ist, unter den gegebenen Weltverhältnissen, eine teuflisch schwere Aufgabe, an der schon mancher gescheitert ist. Man kann sich leicht in seinen Bündnispartnern täuschen. Denn auch hier arbeitet eine ganze Ideologieindustrie daran, die wahren Verhältnisse, auch die Kräfteverhältnisse zu vertuschen oder auf den Kopf zu stellen.

Zum Begriff gegenwärtiger Gesellschaft gehört, dass diese nicht mehr die Form einer abgeschlossenen nationalen Einheit besitzt. Der Kapitalismus in seiner heutigen hochentwickelten Phase hat, wie bereits von Marx und Engels erkannt, einen *kosmopolitischen* Charakter. „Mit der Exploitation des Weltmarkts", schreiben diese im *Kommunistischen Manifest*, hat die Bourgeoisie „die Produktion und Konsumtion aller Länder kosmopolitisch gestaltet. Sie hat (...) den nationalen Boden der Industrie unter den Boden weggezogen. Die uralten nationalen Industrien sind vernichtet worden (...). Sie werden verdrängt durch neue Industrien (...), die nicht mehr einheimische Rohstoffe, sondern den entlegensten Zonen angehörige Rohstoffe verarbeiten und deren Fabrikate (...) in allen Weltteilen zugleich verbraucht werden. An die Stelle der alten lokalen und nationalen Selbstgenügsamkeit und Abgeschlossenheit tritt ein allseitiger Verkehr, eine allseitige Abhängigkeit der Nationen voneinander."[343] Dies gilt für die materielle wie für die geistige Produktion. Antizipiert ist hier – in ungleich präziserer Begrifflichkeit –, was heute unter dem

343 MEW 23, S. 193.

Namen der ‚globalen Welt' in aller Munde ist. Die Gesellschaft, in der wir leben und handeln, ist ‚Weltgesellschaft' – wie in Analogie zum Begriff der ‚Weltgeschichte' zu sagen ist. Der ‚weltgesellschaftliche Charakter ist konstitutiver Bestandteil des Imperialismus als Formation. Wollen wir also die Gesellschaft, in der wir leben und handeln, als *GZ* beschreiben, so ist von einer *gesellschaftlichen Formation* zu sprechen, die weit umfassender ist als die nationale Formation, die wir zunächst im Auge hatten.

Gesellschaft als Formation heißt: sie wird als ein von der ökonomischen Basis (Produktionsweise) her strukturiertes Ganzes mit interner Geschichte begriffen, die „die Tatsachen der gesellschaftlichen Entwicklung" dadurch erklärt, dass sie die „Existenz einer Struktur und zugleich ihrer Geschichtlichkeit" miteinander verbindet (Eric Hobsbawm). Bei Marx bezieht sich der Begriff Gesellschaftsformation auf „eine „Gesellschaft auf *bestimmter, geschichtlicher Entwicklungsstufe* (...) mit eigentümlichem, unterscheidendem Charakter",[344] wobei den „Produktionsverhältnissen in ihrer Gesamtheit" eine den Charakter dieser Gesellschaft bestimmende Funktion zukommt. Im Formationsbegriff wird der historische Formierungsprozess der menschlichen Gesellschaft in seiner gesamtgeschichtlichen Dimension erfasst. Unterschieden werden verschiedene historische Grundtypen von Gesellschaft seit der Urgesellschaft, und zwar im Sinne einer „progressiven Formierung durch fortschreitende Existenzsicherung".[345] So unterscheidet Marx „in großen Umrissen" „asiatische, antike, feudale und modern bürgerliche Produktionsweisen als progressive Epochen der ökonomischen Gesellschaftsformation". Der Begriff des *GZ* erweist sich hier also als Begriff einer historischen Raum-Zeit-Struktur, und zwar in gattungsgeschichtlicher Perspektive.

4. *Der Gesamtzusammenhang des geschichtlichen Prozesses*

Mit dem Begriff der Gesellschaftsformation ist der Begriff der Geschichtlichkeit in die Beschreibung von Gesellschaft explizit einbezogen. Diese kann vollständig nur als Teil des historischen Prozesses verstanden werden. In die-

344 Ebd.
345 MEW 13, S. 9.

sem Sinn ist Gesellschaft Teil des *GZ* ‚Geschichte'. So ist die gegenwärtige Gesellschaft Glied eines geschichtlichen Ablaufs, der in früheste historische Stufen zurückreicht, in Europa in das ‚Eurasische System'[346], den Alten Orient und die Europäische Antike, der über den Feudalismus in die nationalen kapitalistischen Gesellschaften der Neuzeit führt, die ihrerseits in bestimmte formationsgeschichtliche Phasen untergliedert ist, in deren bislang letzter der Imperialismus ist, in dem wir heute leben.

Mit der Entwicklung der kapitalistischen gesellschaftlichen Formation zum kosmopolitischen Kapitalismus der Gegenwart ist die menschliche Geschichte in die Epoche der *Weltgeschichte* getreten – „die Geschichte Europas wurde zur Geschichte der Welt" (Karl Löwith): Resultat des Kosmopolitismus der kapitalistischen Produktionsweise. Ein solcher Begriff von Geschichte stellt die Gegenwart, die der Zeitpunkt unserer unmittelbaren Erfahrung ist und von deren Standpunkt aus wir reden, in den Zusammenhang eines geschichtlichen Prozesses, der letztendlich in die Ursprunggeschichte der Menschheit zurückreicht – wiederum ist ein offener *GZ* gemeint. „Tief ist der Brunnen der Vergangenheit, sollen wir ihn unerschöpflich nennen?" (Thomas Mann). Hier zeigt sich: die Unmittelbarkeit unserer alltäglichen Erfahrung wie des Bewusstseins von ihr ist auf komplexeste Weise vermittelt. Die scheinbar geschichtslose, versteinerte Welt des Faktischen – Welt als „Gesamtheit der Tatsachen" (Ludwig Wittgenstein) – gibt sich als prozesshaft zu erkennen, als werdend gewordene: historisch geworden, im Werden begriffen, nach vorn offen – als schwanger mit Möglichkeit. Geschichte zeigt sich in der Trinität von *Gegenwart, Vergangenheit und Zukunft.* Brecht hat diesen Sachverhalt im Sinne einer historischen Erfahrung im „Lied von der Moldau" auf eine unnachahmlich einfache, einprägsame Formel gebracht:

Am Grunde der Moldau wandern die Steine
Es liegen drei Kaiser begraben in Prag.
Das Große bleibt groß nicht und klein nicht das Kleine.
Die Nacht hat zwölf Stunden, dann kommt schon der Tag.

346 Vgl. I. Geiss, *Geschichte griffbereit*, a.a.O.

Erst in seiner geschichtlichen Dimension, als diese Trinität, erhält der Begriff des *GZ* jene Konkretion, die ihn als Grundbegriff für die Konstitution des Marxismus als Weltanschauung tauglich macht. Dieser ist in historischer Dreidimensionalität das Denken der Gegenwart wie des historischen Prozesses, der zu ihr führte, und er ist Denken des Möglichen im Wirklichen: begriffene Zukünftigkeit (Ernst Bloch). In diesem Sinn ist er *begriffene Geschichte und konkrete Utopie*. Dies, so die hier vertretene Grundthese, steht im Zentrum des Marxismus als einer philosophischen Weltanschauung. Es ist ihr Kern, der aus dem geschichtlichen Charakter des Marxismus notwendig folgt. Denn Zukunft ist nichts der Geschichte Äußerliches. Sie gehört im wesentlichen Sinn zu ihrer Struktur. Die Wirklichkeit im Marxismus wird begriffen als gewordene und werdende.

Erst als geschichtliches kann das Denken des *GZ* also zu einem umfassenden Orientierungswissen werden, zeigt es den historischen Ort an, an dem wir stehen – woher wir kommen, wohin wir gehen (oder gehen können). Erst in diesem Sinn erhält auch der Begriff menschlicher Freiheit – als ‚determinierte' Freiheit – eine konkrete Bedeutung. Allein solches Wissen setzt uns in den Stand, auch in Zeiten der Niederlage nicht den Boden unter den Füßen zu verlieren, gibt Mut in der Verzweiflung, behält auch in finsteren Zeiten das Ziel einer Welt im Auge, in der „der Mensch dem Menschen ein Helfer ist" (Brecht, „An die Nachgeborenen"). Allein ein historischer Blick vermag mit dem Vergangenen auch das Gegenwärtige und Zukünftige zu erkennen – in der Latenz seiner Möglichkeiten zwischen Weltkatastrophe und Utopie.

5. *Dreidimensionalität des geschichtlichen Wissens: historisches Erkennen, Gegenwartsdiagnose und antizipatorisches Denken*

Wirklichkeit als gewordene und werdende heißt: sie ist Einheit von Gegenwart, Vergangenheit und Zukunft. Die Wirklichkeit, die der Marxismus als Theorieform erforscht, ist als geschichtliche dreidimensional strukturiert. Sie ist auf die drei Dimensionen der Zeitlichkeit: Vergangenheit, Gegenwart und Zukunft gerichtet. Zum nicht hintergehbaren Relativitätsprinzip des Erkennens gehört, dass diese Forschung in einer je gegebenen Gegenwart den Standort hat, von dem her sie Vergangenheit und Zukunft erschließt. Der Tigersprung historischen Erkennens erfolgt vom Standpunkt der Gegenwart. In diesem strukturierten Sinn ist der Marxismus dreierlei: Er ist *historisches Erkennen*, insofern er die Vergangenheit erforscht; er ist *antizipatorisches Denken*, insofern er die Zukunft erkundet, und er ist *Diagnostik der Gegenwart*, insofern er die Zeit begreift, in der er steht. Diese zeitliche Dreidimensionalität des Erkennens bildet einen Zusammenhang. So wird die Diagnose einer Gegenwart ohne Kenntnis der Vergangenheit und Durchdenken der Zukunft (der Möglichkeitsdimension eines historisch Wirklichen) nie vollständig zu haben sein. Historisches Erkennen ohne Bezug zur Gegenwart ist steriler Historismus, antizipatorisches Denken ohne Grund im Gegebenen abstrakte Utopie. Der Ort der Gegenwart nun ist der Punkt in der Zeit, der dauerndem Wechsel unterworfen ist. So stellt sich auch die Frage nach Zukunft und Vergangenheit in jeder neuen historischen Lage neu. Auch in diesem Sinn ist der Marxismus eine nie abgeschlossene, prinzipiell unabschließbare Theorie. Sicher: der Fundus des gesicherten Wissens wächst, und auf ihm ist aufzubauen. Der Prozess der Erweiterung aber ist unabgeschlossen. Zudem ist das überlieferte Wissen stets neu anzueignen, es ist für die Lösung anstehender Aufgaben produktiv zu machen. Nur als produktives Wissen hat es einen Sinn, der über seinen museal-historistischen Wert hinaus geht. Wie das gesamte Universum der überlieferten Kultur ist auch das überlieferte Wissen von jedem neuen historischen Zeitpunkt neu anzueignen.

6. *Konkrete Utopie: das Denken einer neuen Kultur. Dystopie: das Denken der Barbarei. Friedensordnung oder Weltuntergang*

Der Marxismus ist nicht nur das Denken gegebener Wirklichkeit, sondern auch das Denken des Möglichen als Teil dieser Wirklichkeit. Die Welt, die er in Gedanken fasst, enthält als geschichtliche die Zukunft im Sinn historischer Möglichkeit. Gerade weil der Marxismus auf das Ganze einer historischen Welt geht, ist er mit dem Denken des Gegenwärtigen und Vergangenen auch Denken des Zukünftigen: antizipatorisches Denken im Sinn eines Denkens konkreter Utopie. Seine Kernkategorie ist der Begriff einer neuen Kultur. Die Frage nach konkreter Utopie ist zu stellen als Frage nach den Konturen dieser neuen Kultur. Mit dieser Frage geht es um keinen Rückfall in einen utopischen Sozialismus, vielmehr um das Einbringen eines utopischen Moments in das marxistische Denken selbst.

Neue Kultur meint die Kultur einer *sozialistischen, in historischer Perspektive kommunistischen Gesellschaft*, d.h. einer solchen, die auf gesellschaftliches Eigentum an den Produktionsmitteln aufbaut, in der die große Mehrheit der Menschen, idealiter alle Menschen die bestimmenden Subjekte politischen Handelns sind, deren Geschichte durch kooperative Planung geregelt ist, die juristisch die Form einer universal geltenden materialen Rechtsgesellschaft besitzt (d.h. einer solchen, in der uneingeschränkt Rechtsgleichheit herrscht, die individuellen und kollektiven Menschenrechte universal verwirklicht sind), in der Freiheit, Gleichheit, Solidarität als selbstverständliche Prinzipien menschlicher Vergesellschaftung Existenz haben – eine Gesellschaft, deren „Grundprinzip die volle und freie Entwicklung jedes Individuums ist."[347] Eine solche Gesellschaft ist vorstellbar nur als Gesellschaft kultureller Individualitäten, einer Pluralität von Kulturen, deren Verhältnis zueinander durch gegenseitige Achtung und praktische Toleranz geregelt wird. Erst eine solche Gesellschaft wäre die Gesellschaft einer voll entwickelten, im exakten Wortsinn *realen Demokratie*.[348]

Allen Vorurteilen entgegen: *Kommunismus* meint eine friedliche, solidarische Welt; die Aufhebung von Ausbeutung und Unterdrückung, ökonomisch, sozial, kulturell, die Überwindung also auch des patriarchischen Geschlechterverhältnisses; Befreiung von materieller Not als Bedingung kultureller Bildung; gerechte Verteilung des gesellschaftlichen Reichtums als Voraussetzung für die Reichtumsentfaltung individuellen Lebens; Individualität als Kernkategorie; Erhaltung und Pflege der Natur. Im Begriff einer solchen Kultur haben auch Ideen einer religiösen Ethik, sofern diese den Postulaten von Frieden, Gerechtigkeit, Toleranz, Bewahrung der Natur verpflichtet sind, ihren Ort. Atheismus ist für eine solche Gesellschaft kein Glaubensprinzip.

Der Begriff dieser Kultur bedeutet nicht, dass diese frei von Konflikten sei. Kein Missverständnis könnte größer sein. Die Idee einer konfliktfreien Gesellschaft ist schlechter Utopismus – ein romantischer Kindertraum, der mit historischer Realität nichts gemein hat. Die existentiellen Grundtatsachen menschlichen Lebens, zu denen Zeugung, Geburt, Liebe und Freude, doch auch Krankheit, Leiden und Tod gehören, sind *anthropologisch unaufhebbar*. Sie

347 MEW 23, S. 618.

348 Ich greife hier auf den Demokratiebegriff Wolfgang Abendroths zurück (vgl.: P. Römer, *Recht und Demokratie bei Wolfgang Abendroth*, Marburg 1968).

bilden den Grund von Krisen und Konflikten – im gleichen Maß wie sie der Grund für ein geglücktes Leben sind. Diese Konflikte freilich würden in der neuen Kultur auf eine Weise ausgetragen, die von der aller vorhergehenden Gesellschaften grundverschieden ist. Wie jede Form von Gewalt wird auch der Krieg als Mittel der Lösung von Konflikten in dieser Gesellschaft undenkbar sein, da an die Stelle der Gewalt der rationale Konsens tritt. So wenig individuelle Tragödien aus dem menschlichen Leben eliminierbar sind, den Charakter einer historischen Katastrophe werden Tragödien in dieser Gesellschaft nicht mehr besitzen.

Der Begriff einer solchen Kultur ist mehr als das „kühne Traumbild eines neuen Staates" (Schiller, *Don Carlos*, IV/219), das der Idealismus als heroische Intellektuellenutopie in seinen besten Bestrebungen konstruierte. Sicher: ein solcher Begriff ist Idee und Ideal, doch ist diese Idee im materiellen Geschichtsprozess verwurzelt. Sie ist reale Möglichkeit im Wirklichen, und sie ist dies kraft einer geschichtlichen Lage, die aus der Entwicklung der Produktivkräfte im neuzeitlichen Kapitalismus resultiert. Erst diese kapitalistische Gesellschaft hat, wie Marx und Engels mit großer Klarheit erkannten, die Bedingungen für die neue Formation geschaffen, die ich hier als ‚neue Kultur' bezeichne. Erst kraft dieser Bedingungen wurde Möglichkeit, was zuvor allein ein kühnes Traumbild war. Doch hat nicht erst die bürgerliche Gesellschaft dieses Traumbild hervorgebracht. Es geht aus den Tiefen des Geschichtsprozesses hervor, wurde in den Kämpfen und Träumen der Unterdrückten aller Zeiten und Völker geboren (es ist in zahlreichen Dokumenten, meist Werken der Kunst, überliefert). Nicht zuletzt ist der Begriff der neuen Kultur ein Kind der Aufklärung – verstanden als weltgeschichtlich-interkulturelles, nicht exklusiv europäisches Projekt.

Der Marxismus als antizipatorisches Denken ist aber auch das Denken anderer Möglichkeit der menschlichen Geschichte: das Denken der Dystopie. Rosa Luxemburg hat, im Anschluss an Engels, dieser Möglichkeit zu Beginn des Ersten Weltkriegs Worte gegeben. Marxistisches Denken, sagt sie, bewegt sich in der Alternative: Sozialismus oder Barbarei, und Barbarei heißt: die Kontinuität von Kriegen. Am Beginn eines neuen Weltkriegs stehend, klingen diese Worte wie ein Stück eschatologischer Prophetie, als Warnung vor dem drohenden Weltuntergang. Im Kampf gegen diesen und im Kampf für die Friedenordnung einer sozialistischen Welt hat Rosa Luxemburg ihr eigenes Leben gelassen.

7. *Einheit und Differenz von menschlicher Welt und Natur. Der Gesamtzusammenhang als ontologischer Begriff*

Der Begriff des *GZ* ist mit den bisherigen kategorialen Bestimmungen keineswegs vollständig erfasst. Mit großem Nachdruck hat Holz, wie eingangs gezeigt, die ontologische Bedeutung des Begriffs des *GZ* herausgearbeitet, ja hat diesen explizit als ontologische Kategorie exponiert. Der Marxismus, erinnern wir, will ihm zufolge als Philosophie eine Auffassung der Welt als ganzer – von Natur und menschlicher Gesellschaft – in ihrer Entwicklung geben. Soll der Marxismus als Weltanschauung verteidigt oder begründet werden, so kann hinter diesen Anspruch sicher nicht zurückgefallen werden. Bezogen auf den Begriff des *GZ*: der Marxismus, als Denken des *GZ*, schließt Natur wie das Verhältnis von menschlicher Welt und Natur in sich ein – der Begriff des *GZ* umfasst die *Einheit von Natur und menschlicher Gesellschaft*; die menschliche Gesellschaft verstanden als Teil des umfassenden Naturganzen. In diesem Sinn ist der Begriff des *GZ* ein ontologischer Begriff. Er betrifft das naturhaft und menschlich-gesellschaftlich Seiende in seiner Totalität: in seinem Zusammenhang und in seinen Strukturen, und er betrifft es (dies sei hinzugefügt, obwohl es hier nicht ausgeführt werden kann) in seiner inhärenten prozessual-dialektischen Verfasstheit: als *Dialektik des Geschichtsprozesses und als Dialektik der Natur*; Geschichte dabei verstanden als übergeordneter Begriff (nicht nur die menschliche Gesellschaft, auch die Natur ‚hat Geschichte': ist prozessual verfasst, Entwicklungen unterworfen). Er betrifft es weiter (im Holzschen Sinn) als *Widerspiegelungssystem*.

Erst ein solcher Begriff des *GZ* begründet die *fundamentale Diesseitigkeit* des Marxismus; er begründet diese in einem ontologischen Sinn. Er legt damit das Fundament des Marxismus als philosophischer Weltanschauung – begründet den *Materialismus als dialektisch-historischen*; setzt ihn in Kontrast zu jedem Idealismus wie zu jedem Denken jenseitiger Welt, ganz gleich welcher Spielart, bestimmt seine Differenz zu allen Formen religiösen Bewusstseins. Seine ontologische Basisprämisse lautet: Das Sein, von dem wir philosophisch-wissenschaftlich reden und allein reden können, ist der uns in Praxis und Theorie zugängliche natürlichen Kosmos und die menschlich-gesellschaftliche Welt als einem Teil von ihm. Es ist dieses ‚Sein', in dem wir erkennend und handelnd tätig sind: die Welt als Gesamtheit werdend-gewordener Tatsachen.

So kann auch jede Sinnsetzung nur unter Bezugnahme auf die Diesseitigkeit menschlichen Seins und als Handeln des Menschen – als *menschliche Sinnstiftung* – erfolgen. Menschliche Welt und Geschichte ist Teil der Naturgeschichte – eine Stufe der Evolution, die freilich, in Differenz zur Geschichte allen anderen uns bekannten Seins, durch *bewusste Lebenstätigkeit* (Marx): zwecksetzendes menschliches Handeln (‚teleologische Setzung', wie Lukács sagt) bestimmt, zumindest mitbestimmt ist. Menschliche Geschichte ist so gesehen eine Naturgeschichte ‚zweiten Grades'; Bewusstsein, als Ergebnis evolutionärer Prozesse, wird mit menschlichem Sein zum Moment der Weiterentwicklung der Naturgeschichte bis hin zur hochtechnologischen Zivilisation der Gegenwart, die alle Formen der Naturähnlichkeit abgestreift hat und sich den Schein gibt, das ‚ganz Andere' gegenüber der Natur zu sein. Demgegenüber hält materialistisch-dialektischen Denken an der – im ontologischen Sinn – ‚Naturhaftigkeit' menschlichen Seins in allen seinen Stufen fest. Das Verhältnis von menschlicher Welt und natürlicher Welt ist ein solches der Einheit in der Differenz.

Erinnert sei in diesem Zusammenhang, dass die Grundlage allen Materialismus seit der frühgriechischen Naturphilosophie die Auffassung einer vom menschlichen Denken und Handeln unabhängigen, gesetzmäßig verfassten Wirklichkeit ist (‚Kosmos', ‚Physis', ‚Natur'), der der Mensch als ihr Teil untrennbar angehört. Dem naturhaften, in diesem Sinn materiellen Sein kommt dabei, im Verhältnis zum ‚geistigen Sein' (Logos, Bewusstsein) ein genetisches und logisches Primat zu; so zwar, dass das materielle Sein das Umgreifende ist, das das geistige Sein (Bewusstsein) in sich einschließt. Bewusstsein ist Produkt und damit Modus des Materiellen und so gegenüber diesem *sekundär*, wobei hier freilich mit Engels das „Gesetz" des „Umschlags von Quantität in Qualität" zur Geltung kommt: die Qualität von Bewusstsein ist von jeder anderen uns bekannten Seinsqualität unterschieden. Materialismus ist also die Position, die in Materie oder Natur das im ontologischen Sinn Erste und Ursprüngliche anerkennt; menschliche Welt – Geschichte, Gesellschaft, Individualität – partizipiert an der umfassenden Naturwirklichkeit: „this tangible planet which is our habitat"[349]. „Stephen Dedalus / Class of El-

349 D. Craig, *Native Stones*, London 1987, S. 140.

ements / Clongowes Wood College / Sallins / County Kildare / Ireland / Europe / The World / The Universe", so lautet nach James Joyce die ontologische Adresse des Menschen (*A Portrait of the Artist as a Young Man.*).

Menschliche Geschichte und in ihr der Prozess der Kultur sind so verstanden ein Vorgang *in* der Natur und, wie immer vermittelt, im Rahmen ihrer Gesetze. Der Gedanke des Aristoteles, dass sich alles menschliche Herstellen, mithin der gesamte Prozess der Zivilisation innerhalb der Natur vollzieht – alles menschliche Herstellen, sagt er, bilde entweder „die Gebilde der Natur nach" oder bringt sie „zu einem Abschluss", „wo sie die Natur nicht selbst zu einem Abschluss zu bringen vermag"[350] – ist hier voll in sein Recht einzusetzen. In einem solchen Geist ist auch Engels' weitreichende (in ihrer Tragweite kaum erkannte) Feststellung zu verstehen, dass „wir keineswegs die Natur beherrschen, wie ein Eroberer ein fremdes Volk beherrscht, wie jemand, der außer der Natur steht – sondern dass wir mit Fleisch und Blut und Hirn ihr angehören und mitten in ihr stehn, und daß unsre ganze Herrschaft über sie darin besteht, im Vorzug vor allen andern Geschöpfen ihre Gesetze erkennen und richtig anwenden zu können".[351] Die „wirkliche menschliche Freiheit", so der *Anti-Dühring*, ist die „Existenz in Harmonie mit den erkannten Naturgesetzen".[352]

8. *Zu einem dialektischen Begriff der Kultur*

Von dieser Einsicht her wächst auch dem marxistischen Kulturbegriff eine besondere Bedeutung zu. Grundlegend für ihn ist, Kultur als *menschliches Naturverhältnis* zu denken – in allen ihren Formen als vermittelten Zusammenhang mit ihr.

Bereits die ursprüngliche Wortbedeutung des lateinischen *cultura* hält fest, dass es sich bei dem mit dem Wort Bezeichneten ein Naturverhältnis handelt, das Veränderung, Veredelung, auch Pflege und Bewahrung von Natur einschließt. ‚Cultura' heißt: Bearbeitung, Anbau, Ackerbau, Anpflanzung, Ausbildung, auch Ehrung und Verehrung, mit einem Bedeutungsfeld, das bis zu Kult und Religion reicht; festgehalten auch in den angeschlossenen meta-

350 Aristoteles, *Physik*, II, 8, 199a.
351 MEW 20, S. 453.
352 Ebd., S. 107.

phorischen Wendungen wie ‚animi culti', ‚cultura animi', ‚tempora cultiora', ‚cultus literarum' (mit diesen Bedeutungen ist der Kulturbegriff in den europäischen Humanismus eingegangen). An diesem Bedeutungsfeld ist durchaus im Sinne einer Grundorientierung festzuhalten. Es liefert Kriterien für kulturelle Wertung wie kulturelles Handeln. Es erinnert, dass der kulturelle Prozess – die Bildung des *homo humanus* und seiner Welt – nicht die Konstruktion eines total Neuen und ‚ganz Anderen' sein kann, sondern die Veränderung, Entwicklung und Formung eines von Natur aus Gegebenen – dass kulturelle Bildung unumkehrbar auf Natur bezogen ist. In Marx' Formel der *Humanisierung der Natur* und der *Naturalisierung des Menschen* (Ökonomisch-philosophische Manuskripte) wird dieser Gedanke aufgenommen.

Grundlage des marxistischen Kulturbegriffs (und hier unterscheidet sich dieser sich von allen anderen Begriffen zur Kultur vor und nach ihm) ist die folgende Auffassung. Der Mensch, wie er als Produkt eines evolutionären Prozesses in die Welt tritt, ist in seinem Wesen unfertig. Was wir ‚menschliches Wesen' oder ‚menschliche Natur' nennen, ist zunächst lediglich als Latenz vorhanden: als ein mit dem Naturwesen Mensch gegebenes entwicklungsfähiges Potential: ein Vermögens- und Möglichkeitsfundus, der Bedingung kultureller Bildung – mit ihr der Bildung der menschlichen Natur ist.[353] Das bedeutet, der *homo sapiens* stellt sich im Prozess der Kultur (mit Norbert Elias ließe sich hier auch vom ‚Prozess der Zivilisation' sprechen) als menschliches Wesen erst her. Er bildet seine als Latenz angelegte menschliche Natur aus, und er tut dies kraft seines gegenständlichen Handelns, als bewusstes Naturwesen; durch die Summe seiner Tätigkeiten, in deren Kern die menschliche Arbeit steht. Er tut dies durch *Transformation von Natur*: der natürlichen Welt, in der er als dieses mit Bewusstsein ausgestattetes Naturwesen handelt, und er tut dies durch die Produktion einer ‚zweiten Welt' innerhalb der ‚ersten Welt', in der er sich vorfindet. Er tut dies durch die *Produktion von Kultur als menschlicher Welt*.[354] In diesem Prozess – es ist logisch gesprochen der Vor-

353 Für diesen Sachverhalt führe ich den Begriff des *energetischen Potentials* ein (Th. Metscher, *Logos und Wirklichkeit*, a.a.O., S. 408f.).

354 Die heute mit medialem Aplomb geführte Diskussion über das sog. ‚Anthropozän' geht auf die geowissenschaftliche Einsicht zurück, dass die menschengemachte Veränderung des Planeten Erde mittlerweile eine Qualität erreicht hat, die von einem „neuen Erdzeitalter" zu sprechen nötigt. Nach einem Vorschlag britischer Geologen soll als Beginn des Anthropozäns – und dies weist auf die Verursachung dieser Veränderungen hin – der

gang einer Subjekt-Objekt-Dialektik – bildet er sein ‚menschliches Wesen' aus. Dieses ist also Resultat, geschichtliches Resultat, und es ist immer offen, nie abgeschlossen, so wenig wie der Geschichtsprozess jemals abgeschlossen ist. Es ist also konkret-historisch, und auch nur historisch zu fassen. Es ist in diesem Sinn „das Ensemble der gesellschaftlichen Verhältnisse" (*Feuerbach-Thesen*). Es ist dies, in der Essenz, eine Grundeinsicht, die der frühe Marx seiner kritischen Lektüre der Hegelschen *Phänomenologie* entnahm.

So schafft der Mensch durch Transformation von Natur *Kultur* als spezifisch menschliche Welt; ein Prozess, der gleichwohl im Rahmen des Natur-Gegebenen verbleibt. Menschliche Welt ist *kulturelle Konstitution* (Konstitution einer spezifisch menschlichen Welt) innerhalb einer natürlichen Umwelt. So sehr sich menschliche Welt dabei von jedem ursprünglich Gegebenen differenziert, nie vermag sie sich gegründet und dauerhaft jenseits oder außerhalb der natürlichen Wirklichkeit, die ihr Grund ist, einzurichten. Wo sie dies tut oder zu tun versucht, tut sie es zum Preis der Selbstzerstörung; die ökologische Krise der Gegenwart legt ein bedrohliches Zeugnis dafür ab.

Menschliche Geschichte ist also Teil der allgemeinen Naturgeschichte, menschliche Welt ein Sich-Einformen in das umgreifende Naturganze. So verstanden bezeichnet der Kulturbegriff ein je bestimmtes, historisch-gesellschaftlich und individuell unterschiedenes menschliches Naturverhältnis, das Naturverhältnis damit auch einer je bestimmten geschichtlichen Formation. Die Unterscheidung zur Natur kann nie eine andere sein als eine *Differenz in der Identität.*

9. *Wirklichkeit als das Seiende im Ganzen und die Frage nach Grund und Sinn von Sein: der GZ als metaphysischer Begriff. Die Aufhebung der Metaphysik in Dialektik*

Der *GZ* im Sinne traditioneller Philosophie bezieht sich auf die Wirklichkeit als die ‚Gesamtheit des Seienden' – alles, was ‚ist' –, wie auf das Sein des

Beginn der Industrialisierung festgelegt werden (so Wikipedia). Solche wissenschaftlich-empirischen Befunde passen genau in das hier vorgetragene kulturphilosophische Konzept: Sie illustrieren die These menschlicher Weltkonstitution als Transformation von Natur samt der mit ihr verbundenen geschichtlichen Konsequenzen.

Seienden, dessen ‚Grund' und ‚Sinn'. Die Disziplin, die sich mit solchen Fragen befasst, trägt seit Aristoteles den Namen *Metaphysik*. Warum überhaupt Seiendes ist „und nicht vielmehr nichts" ist nach Heidegger die „Grundfrage" der Metaphysik und die „erste aller Fragen". Sie ist in der Tat die Grundfrage der ‚prima philosophia', wie die Metaphysik, Aristoteles folgend, traditionell genannt wird. Aristoteles charakterisiert sie als „die Wissenschaft von den ersten Prinzipien und Ursachen".[355]. Entsprechend wird sie lexikalisch als „Lehre von den letzten Gründen des Seins, seinem Wesen und Sinn" definiert[356]. „Daß ich erkenne, was die Welt / Im Innersten zusammenhält" – Goethes Faust hat der metaphysischen Frage eine sehr prägnante Form gegeben; wobei hier noch nicht die Differenz zwischen Metaphysik und Ontologie in die Überlegung einbezogen ist.[357]

Der ‚Grund' und ‚Sinn' von Sein in traditioneller Philosophie heißt in der Regel ‚Gott', wobei das Wort ‚Gott' sehr Unterschiedliches bedeuten kann: der ‚erste selbst unbewegte Beweger' des Aristoteles, der persönliche Gott christlichen Denkens, Gott als Logos des Thomas von Aquin, der rein logische Gott des ontologischen Gottesbeweises, Gott als natura naturans (Spinoza): schöpferische Kraft in der Natur, die Goethe als ‚göttlich-schön' begriff, Gott als Postulat der praktischen Vernunft bei Kant, Gott als Weltgeist und Weltkonstrukteur bei Hegel, als ‚Transzendenz' in bestimmten Linien existentialistischen Denkens, als ‚Gott über Gott' bei Paul Tillich – und vieles mehr. In jedem Fall, so oder so, der Gott der Philosophen ist der metaphysische Gott.

355 Aristoteles, *Metaphysik* I 2. 982 b 9.

356 J. Hoffmeister u.a., *Wörterbuch der philosophischen Begriffe*, a.a.O.

357 Geht der Begriff der Metaphysik auf die klassische griechische Philosophie zurück, so ist der Begriff der Ontologie eine Neubildung der frühen Neuzeit. Er bezieht sich auch keineswegs auf die metaphysische Grundfrage, warum Seiendes ist und nicht Nichts, sondern auf die Frage nach den Bau-Prinzipien der seienden Welt: „dass ich erkenne, was die Welt / Im Innersten zusammenhält". Faust fragt mitnichten, warum Seiendes ist und nicht nichts. Im Gegenteil: er setzt in seinem Fragen die seiende Welt qua Natur als existent voraus und fragt, in Nachfolge von Averröes und Bruno nach Grund und Gesetz ihres Seins. Er ist im Grunde ein Spinozist, der mit Goethe nach dem Gott in der Natur fragt, sehr nahe einem Alexander von Humboldt, der die real existierende Natur als Ausdruck des Göttlichen fasste. Dazu des Näheren: Th. Metscher, *„Ontologie, Dialektik und die zwei Grundfragen der Philosophie"*, S. 192-200 und 207-214 in: Ders., *Integrativer Marxismus*, a.a.O.

Marxistisches Denken versteht sich als Denken ‚nach der Metaphysik' – wie es sich als ‚Denken nach der Theologie' versteht. Der ‚neue Materialismus', als den Marx sein Denken in den *Feuerbach-Thesen* konzipiert, ist ein Denktypus ohne metaphysico-theologischen Restbestand, und sofern er noch ‚Philosophie' ist, so eine Form derselben, die sich von den traditionellen Formen der Philosophie fundamental unterscheidet. Der wesentliche Unterschied liegt nicht allein in der Differenz zu den überkommenen Gestalten metaphysisch-theologischen Denkens, sondern in Differenz zum Idealismus jeglicher, auch der neueren und neuesten Spielarten (kantianisch, nietzscheanisch, existentialphilosophisch, analytisch, konstruktivistisch, neurowissenschaftlich, postmodern – wie immer) – d.h. zu jedem Denken, das ‚Bewusstsein', ‚Geist', Vernunft, ‚Sprache', ‚neuronale Tätigkeit', oder ‚Wille' als Erstes setzt, ‚Materie / Natur' als Zweites. War die Metaphysik in der Geschichte der Philosophie eine Domäne des Idealismus – „the playground of idealism", hat sie Bertrand Russell einmal spöttisch genannt –, so tritt dieser heute dominant in nichtmetaphysischen, oft programmatisch antimetaphysischen Formen auf, nicht zuletzt auch im Mantel positiver Wissenschaft. Marxistisches Denken nun hat sich mit der Verabschiedung von Metaphysik und Theologie auch vom Idealismus jeglicher Spielart verabschiedet, ja seine theoretische Integrität besteht nicht zuletzt in seiner prinzipiellen Differenz zu diesem in jeder seiner Gestalten.

Dies bedeutet zum einen, dass der Marxismus nur als kritische Wissenschaft Existenz haben kann: als Kritik von Metaphysik, Theologie, Idealismus. Er ist zum einem nicht nur als Kritik der politischen Ökonomie, sondern zugleich auch als Kritik der Ideologie begründet worden, und er wird die Arbeit der Kritik in diesem doppelten Sinn immer zu leisten haben – immer neu mit den Veränderungen der historischen Lage. Ideologie aber im Verständnis der marxistischen Klassiker ist, wie ausgeführt, mehr als nur ‚falsches Bewusstsein' (‚falsch' im Sinne von unwahr, trügerisch) oder Form entfremdeter Vergesellschaftung (Haug).[358] Sie ist – in ihren komplexen Gestalten zumindest – deformiertes, d.h. ver-kehrtes (auf dem Kopf stehendes) Bewusstsein, dem Wahrheit keineswegs abgeht. Ideologie kann ‚verkehrte Wahrheit' sein, die

358 Zum Ideologiebegriff des Näheren: J. Rehmann / Th. Metscher, *Betr. Ideologietheorie – ein Briefwechsel*, in: Z. Zeitschrift Marxistische Erneuerung, 92 (2012), S. 93–109.

freilich erst durch die ‚Um-Kehrung' – oder sagen wir besser: *kritische Aneignung* – des ideologischen Bewusstseins zu gewinnen ist. ‚Wahrheit' ist dem ideologischen Bewusstsein also erst abzuringen; klassische Beispiele dafür sind die Marxschen Kritiken der Hegelschen Philosophie und der Religion. Die Kritik ist, im Marxschen Sinn, immer als dialektische zu betreiben. Für die Kritik von Metaphysik und Religion bedeutet dies: diese sind aufzudecken im Verkehrten und Verkehrenden ihrer Bewusstseinsinhalte wie im Unterwerfenden ihrer institutionalisierten Formen (dies gilt insbesondere für die institutionalisierten Formen der Religion): in ihrer Herrschaftskonformität und Funktionsweise im Sinne einer entfremdenden Vergesellschaftung. Die Kritik hat aber auch, und dies erst qualifiziert sie als dialektische, die gegenläufigen Momente in Metaphysik und Religion freizulegen: die in ihnen artikulierte Erfahrung wie die Fragen, die aus solcher Erfahrung erwachsen – sofern sie Erfahrungen und Fragen realer Lebenspraxis sind. Mit anderen Worten: Metaphysik und Religion sind nicht nur als Erscheinungen der Ideologie, sie sind auch als solche der Kultur zu behandeln; als Ausdruck und Form selbstbestimmter Lebensgestaltung (wie rudimentär auch immer das Moment der Selbstbestimmung sein mag): eines sinnhaften Sich-Einrichtens in der Welt, als Lösungen nicht zuletzt für Probleme, die sich im Zusammenhang der Lebenspraxis ergeben.

So wurde und wird in der marxistischen Kritik der Metaphysik meist (fast immer) außer Acht gelassen, dass mit ihrer theologischen oder idealistischen Form die *Fragen* der Metaphysik als Fragen nicht aus der Welt sind. So stellt sich die Frage nach dem *Grund* und *Sinn* – dem Sinn von Sein, dem ‚Sinn des Lebens' zumal, individuell wie kollektiv und geschichtlich – unausweichlich in bestimmten Lebenslagen, die mit existentiellen Grunderfahrungen (Geburt, Tod, Leid, Liebe, Freude) zu tun haben. Metaphysische Fragen sind in einem bestimmten Sinn unabweisbar. Mit der Reife, dem Selbstbewusstsein und der Selbstbestimmtheit einer Gesellschaft werden sie, wie nicht auszuschließen ist, eher zunehmen als abnehmen, da die Sensibilität der Menschen für solche Fragen zunehmen wird. Will der Marxismus diese Fragen nicht der Religion überlassen – damit vor dem religiösen Bewusstsein abdanken, die Theologie theoretisch sanktionieren –, will er sich im vollen Umfang als *diesseitige* Weltanschauung konstituieren, wird er sich diesen Fragen stellen müssen. Er wird sie in seiner Sprache, also *materialistisch-dialektisch* stellen müssen, und er wird sie materialistisch-dialektisch zu beantworten haben.

Angemerkt sei, dass diese Fragen, anders als in der Philosophie, in der sozialistischen Kunst seit langem zuhause sind. Auch in den Künsten der sozialistischen Länder – in Literatur, bildender Kunst, Musik – wurden sie artikuliert –, so wenig sie von der offiziellen Ideologie aufgenommen wurden. Sie werden sich erneut stellen, wann immer der Aufbau einer sozialistischen Gesellschaft neu auf der historischen Tagesordnung steht.

Die metaphysische Frage bildet die höchste, zugleich auch abstrakteste Stufe im kategorialen Aufbau des *GZ*. Von allen marxistischen Philosophen und Philosophinnen der Gegenwart hat Holz, dies nicht zuletzt zeigt die Kühnheit seines Denkens, dem Problem der Metaphysik wie auch ihrer Geschichte die größte Aufmerksamkeit geschenkt. Was ihn dabei von anderer marxistischer Philosophie unterscheidet, ist, dass er die Metaphysik nicht einfach als durch den marxschen Materialismus erledigt betrachtet, sondern sich der metaphysischen Frage stellt. Er behandelt sie unter dem Gesichtspunkt ihrer Aufhebung – der „Aufhebung der Metaphysik in Dialektik"[359]; ein Versuch der Rehabilitation metaphysischer Fragen auf materialistischer Grundlage, im Rahmen eines Philosophietypus, der erst mit und nach Marx möglich wurde. Die Diskussion darüber, die Darstellung und Bewertung dieses Versuchs hat kaum begonnen. Die vorliegenden kritischen Äußerungen dazu, die ich kenne, haben auch nicht im Ansatz den Umfang des Problems erfasst.

Die Auseinandersetzung mit Holz' Versuch hätte die Schlüsselbegriffe seines Denkens: *GZ*, *Dialektik* und *Widerspiegelung* im vollen Umfang einzubeziehen. Es sind dies die Begriffe, mit denen Holz die Frage nach der *Verfasstheit des Wirklichen*, seinen Bauformen, Bauprinzipien und Gesetzen, schließlich die nach dem Grund und Sinn von Sein, also die metaphysische Frage, auf eine bestimmte Weise beantwortet.

Eine kritische Untersuchung dieser Antwort ist im Rahmen dieses Texts nicht möglich; lediglich erste Gedanken dazu seien notiert. Es sind *Folgerungen*, die sich aus dem Prinzip der *Aufhebung der Metaphysik in Dialektik* in meiner Sicht ergeben; Folgerung von nicht nur theoretischer Relevanz gerade auch in einigen aktuellen Fragen, mit denen der Marxismus heute befasst ist.

359 H.H. Holz, *Weltentwurf und Reflexion*, a.a.O., S. 46ff.

Zur Aufhebung der Metaphysik in Dialektik

1. Die Aufhebung der Metaphysik in Dialektik hat zur Folge, dass keine unveränderlichen Substanzen mehr als ‚Grund' des Seins angenommen werden können, mithin auch keine geschichtslosen Wesenheiten oder ‚erste Prinzipien', geschweige denn ein ‚Gott', der den Sinn von Sein und den Gesamtzusammenhang des Seienden garantiert; ganz gleich, wie solche Gründe, Wesenheiten oder Prinzipien gedacht werden. Den Gott der Philosophen gibt es nicht; er ist eine Schimäre. Wenn es ihn in der Erfahrung von Marxisten noch gibt, so außerhalb der Philosophie – etwa in den Künsten. Sofern es Substanzen im Aufbau des Wirklichen gibt, sind diese als *prozesshaft*, als *werdend-gewordene*, also der *Bewegung unterworfen* und *veränderlich* zu denken. Dialektik, wie immer im Einzelnen gedacht, ist Bewegung, Entwicklung, Prozess – bereits die „Hauptgesetze der Dialektik", die Engels in der Planskizze zur *Dialektik der Natur* im Umriss skizziert, weisen darauf hin: „Umschlag von Quantität in Qualität – Gegenseitiges Durchdringen der polaren Gegensätze und Ineinander-Umschlagen, wenn auf die Spitze getrieben – Entwicklung durch den Widerspruch oder Negation der Negation – Spirale Form der Entwicklung".[360] Jede Substantialität eines Ursprungs wie jede Gegenständlichkeit im Einzelnen wird dialektisch in Prozess und Bewegung aufgelöst oder in prozessuale Zusammenhänge eingegliedert. Diese Einsicht trifft kritisch auch den scheinbar radikalen Weltbegriff Wittgensteins und der von ihm begründeten Linie des Positivismus – Welt als „Gesamtheit der Tatsachen" (*Tractatus Logico-Philosophicus*) – als dem Ersten, mit dem er seine Philosophie beginnt.

2. Mit der Aufhebung der Metaphysik in Dialektik ist jedem philosophischen Reden über ‚Gott' irreversibel der Grund entzogen. Die Philosophie verabschiedet jeden theologischen Restbestand, wie er noch in den idealistischen Systemen der klassischen deutschen Philosophie und bei seinen Nachfolgern vorliegt. Das Denken des Ganzen als dialektisches übt Verzicht auf jeden substantiellen ersten Grund. An dessen Stelle tritt der Gesamtzusammenhang als unendlicher Progress, der allein in Form einer Konstruktion philosophisch fassbar ist. Das bedeutet aber auch: ein solches Denken ist Konstruktion in-

360 MEW 20, S. 307.

nerhalb bestimmter Grenzen des Erkennens, die sowohl von der historischen Perspektivik des Erkennenden wie auch von der Verfasstheit unseres Denkapparats abhängig sind. Hier kommt ins Spiel, was ich oben das ‚Relativitätsprinzip des Erkennens' nannte. Diesem zufolge ist jede gegebene Wahrheit geschichtlich bedingt, deshalb relativ: perspektivisch bezogen auf den Standort, von dem aus ihre Formulierung erfolgt. Zwar gibt es einen Prozess fortschreitender Erkenntnis, der Zunahme menschlichen Wissens, doch ist dieser unendlich und unabschließbar, weil gebunden an den historischen Prozess. Jede gegebene Erkenntnis vermag daher auch nur einen Teil des Gesamtprozesses zu reflektieren. Ein ‚absolutes Wissen' gibt es in diesem Denkzusammenhang so wenig wie es einen ersten Grund gibt. Wird innerhalb eines solchen Denkens die Frage nach ‚ersten Gründen' gestellt, so nur im Rahmen der empirisch erforschbaren elementaren Bauprinzipien des Universums, die nie im metaphysischen Sinn als ‚erste Prinzipien' gelten können. Das Fragen nach ihnen hat den Charakter eines infiniten Regresses. Die Ontologie tritt an die Stelle der Metaphysik. – Solche Problemstellung geht, das sei angemerkt, auf die atomistische Linie antiken Denkens (Demokrit, Epikur, Lukrez) zurück.[361]

3. Die Fragen der Metaphysik, pointiert gesprochen, finden ihre Antwort letztlich im Konzept *gegenständlicher Tätigkeit* als dem Ersten, vom dem das Denken des marxschen Materialismus und damit auch die materialistische Dialektik ausgeht. So wird auch die Frage nach dem ‚Sinn' (als ‚Bedeutung', die das Seiende im ganzen oder ein Teil von ihm für Menschen hat oder haben kann) materialistisch nur so zu beantworten sein, dass es ein ‚Sinn von Sein' *an sich*, d.h. menschenunabhängig nicht gibt und geben kann. Das Universum ist gesetzmäßig verfasst, es besitzt Struktur und Zusammenhang, doch besitzt es keinen ‚Sinn', der etwa die Sinnhaftigkeit des ganzen garantieren könnte. Ein solcher Sinn wäre nur als göttliche Setzung denkbar, er setzt ein substantiell Gegebenes voraus, das dem Gesamtzusammenhang des Seienden im metaphysischen Sinn unterliegt. ‚Sinn', materialistisch gesehen, existiert allein als menschliche Setzung – wie auch der ‚Sinn des Lebens' allein als

361 Eine auch philosophisch relevante Rehabilitierung des Lukrez für modernes materialistisches Denken gibt S. Greenblatt, *The Swerve. How the World Became Modern*, New York 2011.

menschliche Setzung existiert.[362] Sinn ist Menschenwerk. *Wir selbst*, kein Gott, geben dem Sein einen Sinn – wie auch nur wir selbst dem Sein oder einem Teil von ihm *Sinn absprechen* können (es ist dies die Kerndimension des modernen Nihilismus). Sinn also ist *menschliche Konstitution*, Sinngebung ein kultureller Akt, an dem ein Komplex von Instanzen beteiligt ist.[363]

4. Ist mit der Aufhebung der Metaphysik in Dialektik jede Rede über Gott philosophisch verabschiedet, so gilt dies in dem doppelten Sinn: eine solche Philosophie kann weder ‚theistisch' noch kann sie ‚atheistisch' sein. Innerhalb ihres Diskurses hat der Begriff des ‚wissenschaftlichen Atheismus' *logisch* keinen Sinn. Er ist so unsinnig wie es der Begriff des ‚wissenschaftlichen Theismus' wäre. Dies aber hat Konsequenzen für die sehr praktische und heute höchst aktuelle Frage des Verhältnisses des Marxismus zur Religion. Ihm sei eine abschließende Überlegung gewidmet.

10. *Marxismus und Religion*

Der Marxismus geht traditionell davon aus, dass die Religion mit der Errichtung einer nichtentfremdeten Gesellschaft absterben wird. Die Religion, heißt es bei Marx, sei ‚positiv aufzuheben'[364] – ihre Wahrheit ist in eine humanistische, *diesseitig* orientierte Weltanschauung zu überführen. Das Absterben der Religion ist eine sachliche Prognose, kein atheistischer Glaubenssatz. Als philosophische Weltanschauung kennt der Marxismus keine ‚Glaubenssätze' – auch keine atheistischen. Wie es mit dem religiösen Bewusstsein steht, wird eine zukünftige Gesellschaft ohne Zwang selbst entscheiden. *Pluralität des Bewusstseins* ist für diese Gesellschaft nicht nur vorstellbar, sondern notwendig und wünschenswert. Mit großer Wahrscheinlichkeit ist anzunehmen, dass eine zukünftige Gesellschaft auch in den profanen Gestalten ihres Bewusstseins bestimmte Funktionen, die die Religion traditionell ausübt, zu er-

362 Einer der wenigen Marxisten, die sich dieses Problems angenommen haben, ist Terry Eagleton (T. Eagleton, *The Meaning of Life*, Oxford 2007).

363 Siehe das Kapitel „*Eudaimonie, Autarkie und die Immanenz des Sinns*" in: Th. Metscher, *Logos und Wirklichkeit*, a.a.O., S. 420–427.

364 MEW 1, S. 385.

setzen haben wird. Sie wird dafür Formen finden müssen, so ist zu vermuten, die man *profane Rituale* nennen kann. Dabei handelt es sich um die kulturelle Bearbeitung existentieller Grunderfahrungen, die ich oben kurz ansprach, deren historische Gestalten wechseln, die als Grundtatsachen menschlicher Existenz unhintergehbar mit dem menschlichen Leben, wie wir es kennen, verbunden sind. So stellt sich auch dem profanen Bewusstsein das Problem der *Transzendenz* im Sinne eines *Sinnhorizonts*, der das begrenzte individuelle Leben wie auch die Individualität einer bestimmten geschichtlichen Stufe überschreitet, die Individualitäten in größere Zusammenhänge – die einer Gruppe, eines Kollektivs, einer Gesellschaft, schließlich der Gattung – einordnet; in Zusammenhänge, die das Ganze individuellen, kollektiven, geschichtlichen und kosmischen Seins betreffen. Die Frage nach dem Sinn ist, so oder so, ein Stachel im Fleisch der Lebenden.

Die zentrale Artikulationsform solcher Erfahrungen und Bedürfnisse in der nichtentfremdeten Gesellschaft ist die *Kunst* – dies zumindest ist eine begründete Vermutung. Denn in der Fähigkeit des Kunstästhetischen zur Synthesis geistiger Kräfte, in der Eigenschaft, Bild und Begriff, Anschauung und Theorie zu verbinden, besitzen die Künste das Vermögen zur Artikulation dieser Erfahrungen. Sie sind es neben der Philosophie und über diese hinaus, wobei denkbar ist, dass die Philosophie selbst Denkformen entwickelt, die das Kunstästhetische einschließen. So gibt es von der Seite der Künste her durchaus Modelle für den Einschluss des Philosophischen in die ästhetische Form: so bereits in der griechischen Tragödie, in entwickelter Gestalt bei Dante, Shakespeare und Goethe. Für die Moderne wären Brecht, Thomas Mann, Neruda und Weiss als hervorragende Beispiele zu nennen. Sicher scheint mir zu sein, dass in einer profanen Gesellschaft allein die Kunst die doppelte Rolle zu übernehmen vermag, die in den traditionellen Gesellschaften die Religion bzw. quasireligiöse Ideologien auszuüben pflegen: die Herstellung psychischer und ideeller Akzeptanz der gegebenen gesellschaftlichen Verhältnisse (bei aller Widersprüchlichkeit, die diesem Vorgang innewohnt), zugleich aber auch die der Konstitution von Lebenssinn – Aufgaben, die in einer nichtentfremdeten Gesellschaft keineswegs wegfallen. In dieser werden Bewusstseinsformen – ich spreche von *kulturellen Bewusstseinsformen* – zu finden sein, die diese Aufgaben übernehmen können. Individuen werden immer in eine gegebene Gesellschaft einzugliedern sein, gerade auch als kritische und bewusste. Und zu den menschlichen Grundbedürfnissen gehört das Verlangen, in einer als sinnhaft erfahrenen Welt zu leben, in der die Stufen individueller Biographie – Geburt, Kindheit, Jugend, Erwachsensein, Alter, Tod – einen identifizierbaren Ort besitzen, Teile eines Ganzen sind, in dem auch die Extreme individueller Erfahrung Bewältigung finden können. Wie die zu entwickelnden kulturellen Formen aussehen, ist im Einzelnen nicht zu prognostizieren. Zu denken ist an die Ausarbeitung einer *profanen Ikonographie des Erfahrungsraums menschlichen Lebens*, an die Entwicklung ‚diesseitig' ausgerichteter Rituale und Formen des Fests, in denen, als Beispiel, Glückserfahrungen zelebriert, Leidenserfahrungen bewältigt werden können. Zu denken ist weiter an die Ausarbeitung populärer Bewusstseinsformen, die komplexes theoretisches Wissen verstehbar und einsichtig machen – die Produktion von ‚*Mythen der Vernunft*', in denen Anschauung und Begriff in jedem verständlicher Form zusammentreten, „Aufgeklärte und Unaufgeklärte sich die Hand reichen", „das Volk vernünftig" und „die Philosophie (…) sinnlich" wird,[365] die Kluft zwischen Wissenschaft und Alltagsbewusstsein, Intellektuellen' und ‚Volk' sich schließt.

Von der Sache her ist es also höchst zweifelhaft, ob ein prinzipieller Atheismus notwendig zum Marxismus gehört. Theismus wie Atheismus bewegen sich auf einer Diskursebene, die jenseits der wissenschaftlichen Wissens liegt – auf der theologischen Denkens, seit Kant nicht einmal mehr auf der der Metaphysik. Auf der Ebene wissenschaftlichen Wissens aber, keiner anderen, ist der Marxismus angesiedelt. Wenn der Marxismus religionsförmig wird, deformiert er sich zur Ideologie. Er bleibt, wie ausgeführt, als philosophisch begründetes wissenschaftliches Wissen an die Grenzen gebunden, die solchem Wissen gesetzt sind. Es gibt wissenschaftlich kein absolutes Wissen, sondern nur relatives, relativ, weil notwendig bezogen auf die Perspektivik einer historischen Erkenntnissituation. So gesehen okkupiert der Marxismus nicht die Ebene des religiösen Glaubens und seine Erfahrungen. Solange es Menschen gibt, die sich auf solche Erfahrungen berufen, werden diese zu respektieren sein. Jeden Anschein von Religionsförmigkeit, jede Vermengung von Wissen und Glauben hat der Marxismus zu vermeiden, will er sich konsequent als wissenschaftliche Weltanschauung konstituieren – und nur so wird er theo-

365 So das Älteste Systemprogramm des deutschen Idealismus.

retisch wie praktisch eine Zukunft haben. Der Atheismus ist im gleichen Maß ‚Glaubenssache' – ‚negativer' Glaube – wie es der Theismus als ‚positiver' Glaube ist.

Wenn Metaphysik tatsächlich in Dialektik aufgehoben wird, gibt es keinen Ort mehr weder für einen Gott noch einen Nicht-Gott. Aus der Perspektive materialistischer Dialektik ist jeder Theismus metaphysisches Pfaffentum – wie es aber auch jeder Atheismus ist, ist er doch die Kehrseite der gleichen Münze. Eine solche Auffassung kann sich auf Wolfgang Abendroth berufen. So sprach dieser bereits in den zwanziger Jahren von den „Pfaffen des Atheismus", die „ihr Anathema gegen alle Ungläubigen des Unglaubens schleudern" und dadurch die christlichen Arbeiter „auf die andere Seite der Barrikade zurückdrängen"[366]. Erinnert sei, dass bereits zu Beginn des vorigen Jahrhunderts der hierzulande fast unbekannte irische Marxist James Connolly publizistisch und politisch offensiv sehr ähnliche Auffassungen vertrat[367]; heute lassen sie sich im Denken Fidel Castros wiederfinden.[368]

Die strikte Unterscheidung zwischen Wissen und Glaube sollte für den Marxismus verbindlich werden. Mit dieser Unterscheidung wird nicht nur der Bereich theoretischen Wissens von jedem Restbestand an metaphysisch-theologischem Plunder befreit, den es in mancherlei Gestalt noch mit sich herumträgt, auch der Glaube wird frei als Erfahrungsform und Haltung eigenen Rechts; als eine solche, die auf fundamentalen ethisch-existentiellen Überzeugungen beruht, die nicht notwendig wissenschaftlich fundiert sein müssen. Die Legitimität solcher Überzeugungen kann auch auf anderer Grundlage beruhen. In einem bemerkenswerten Beitrag zur Erneuerung marxistischer Religionskritik plädiert Jan Rehmann dafür, „zwischen der Form des Religiösen und den darin gebundenen Glaubensgehalten zu unterscheiden". Der Glaubensbegriff, argumentiert er, verweist „auf eine Sozialethik zuverlässiger Beziehungen, insbesondere auf den Komplex Vertrauen, Treue, Wahrhaftigkeit, die bindende Verpflichtung des Vereinbarten u.ä.", die nicht notwendig an Religion gebunden ist. Der Glaube tritt vielmehr „als Dimension sowohl in

366 Zitiert nach: F.-M. Balzer, *„Prüfet alles, das Gute behaltet". Auf Spurensuche*, Bonn 2010, S. 200.
367 Siehe: Th. Metscher, *The Marxism of James Conolly*. CPI–Publication, Dublin 2015.
368 Siehe: F. Castro, *Mein Leben. Fidel Castro mit Ignazio Ramonet*, Berlin 2008 (2. Aufl.), passim.

religiösen als auch in nicht-religiösen Formen auf. Indem er die unterschiedlichen ‚weltanschaulichen' Bereiche sozusagen ‚quer' durchzieht, ist er auch geeignet, sie miteinander zu vermitteln. Die Glaubensdimension kann damit zum gemeinsamen Bezugspunkt christlich-marxistischen Denkens und zur Grundlage für die Zusammenarbeit zwischen religiösen und nicht-religiösen Emanzipationsbewegungen werden".[369]

Gegenstand marxistischer Religionskritik kann also nicht der religiöse Glaube sein, es ist die Religion als ideologische Macht, und es sind *religiöse Ideologien*; vor allem die Kirchen als Institutionen, die nach ihren Inhalten wie nach ihrer Praxis zu beurteilen sind. Der Raum für ‚kommunistische Christen und Christinnen (wie für die Angehörigen anderer Religionen, die politisch progressive Auffassungen vertreten), für eine Theologie der Befreiung', einen religiösen Sozialismus, für jeden Glauben, der die sozialistisch / kommunistische Zielsetzung bejaht, muss seitens des Marxismus wie seiner Organisationen ohne Vorbehalt offen sein; von der Sache her sind hier die alten Vorurteile abzubauen. Entscheidend ist, dass solche Menschen das wissenschaftliche Wissen im Umfang seiner Geltung akzeptieren und das aus wissenschaftlicher Theorie folgende politische Handeln mittragen. Auch hier ist wieder die Praxis das entscheidende Kriterium.

Allzu schnell wird bei den scholastischen Querelen über wissenschaftlichen Atheismus vergessen, wer der Hauptfeind ist. Es ist, wie Abendroth als „zorniger alter Mann" 1979 formulierte, „der Monopolkapitalismus, der erst die Schande des Kolonialismus und seiner zynischen Verbrechen, dann die Barbarei zweier Weltkriege und in der Verzweiflungssituation der großen Krise nach 1929 die auch in ihrer Zielsetzung totale Inhumanität des deutschen Faschismus geschaffen hat". Wenn wir den Hauptfeind schlagen wollen, so Abendroth, und wir müssen es, „bevor er in schlimmen inneren Widersprüchen noch furchtbarere Katastrophen für die Menschheit bewirken kann", „dann", so Friedrich-Martin Balzer in einem klugen Kommentar, „müssen wir allem Sektierertum eine Absage erteilen und religiös gebundene Menschen, wenn sie den Klassenkampf von unten mit dem Ziel der Verteidigung demokratischer und sozialer Rechte mitkämpfen und sich gegen Krieg und

369 J. Rehmann, *Für eine ideologietheoretische Erneuerung marxistischer Religionskritik*, Das Argument 299, 2012.

Kriegsgefahren stellen, als das ansehen, was sie sind: nicht bestenfalls nützliche Idioten, sondern gleichberechtigte Partner im Kampf für die beste Sache der Welt."[370]

370 F.-M. Balzer, *„Prüfet alles, das Gute behaltet"*, a.a.O., S. 214f.

Literatur

Albrecht, E., *Sprache und Sprachphilosophie*, Berlin 1975

Althusser, L., *Ideologie und ideologische Staatsapparate*, Hamburg 1977

Aristoteles, *Hauptwerke*, hg. von W. Nestle, Stuttgart 1953

Bacon, Fr., *Essays*, Harmondsworth 1985

Balzer, F.-M., *„Prüfet alles, das Gute behaltet". Auf Spurensuche*, Bonn 2010

Bell, D., *The Cultural Contradictions of Capitalism*, 1973

Benjamin, W., *Schriften*, 2 Bde., Frankfurt a. M. 1955

Beutin, W., *Das Weiterleben alter Wortbedeutungen in der neueren deutschen Literatur bis gegen 1800*, Hamburg 1972

Bloch, E., *Das Prinzip Hoffnung*, Frankfurt a.M. 1959

Bloch, E., *Das Materialismusproblem, seine Geschichte und Substanz*, Frankfurt a.M. 1985

Brecht, B., *Gesammelte Werke*, 20 Bde., Frankfurt a.M. 1967

Bürger, P., *Ideologiekritik und Literaturwissenschaft*, in: Bürger, P. (Hg.), Vom Ästhetizismus zum Nouveau Roman. Versuche kritischer Literaturwissenschaft, Frankfurt a.M. 1975

Burgio, A., *Verstand/Vernunft*, in: Sandkühler, EEPW, Bd. 4, S. 709–716

Cassirer, E., *Philosophie der symbolischen Formen*, Darmstadt 1994 (9. Aufl.)

Craig, D., *Native Stones*, London 1987

Destutt de Tracy, A.-L.-C., Élémens d'Idéologie, Paris 1803

Eagleton, T. *The Meaning of Life*, Oxford 2007.

Eliade, M., *Mythen und Mythologie*, in: Golowin, S. / Eliade, M. / Cambell, J., Die großen Mythen der Menschheit, Freiburg 1998, S. 10–29

Emmrich, I., *Weltbild und ästhetische Struktur*, Dresden 1982

Engels, Fr., *Einführungen in „Das Kapital" von Karl Marx*, Berlin (5. Aufl.) 1967

Fergusson, Fr., *The Idea of a Theatre*, New York 1949

Förster, W., *Zur „Geschichte der Aufklärung und des Atheismus" von Hermann Ley*, in: Z. Zeitschrift Marxistische Erneuerung, 81 (2010), S. 98–109

Füssel, K. / Huber, S. / Walpen, B., *Religion*, in: Sandkühler, EEPW, Bd. 4, S. 101–114

Gadamer, H.-G. (Hg.), *Philosophisches Lesebuch*, 3 Bde., Frankfurt a.M. 1988

Garber, K. / Klaus, H.G. (Hg.), *Die Wunde der Geschichte. Aufsätze zur Literatur und Ästhetik. Festschrift für Thomas Metscher*, Köln 1999

Garo, I., *Ideologie*, in: Haug, W.F. u.a. (Hg.), HKWM, Bd. 6 / I, Hamburg 2004, S. 680–689

Geiss, I., *Geschichte griffbereit. Die universale Dimension der Weltgeschichte*, München 2002

Gräbe, H.-G., *„Radical Thinking"*, in: Z. Zeitschrift Marxistische Erneuerung, 92 (2012), S. 190–193.

Gramsci, A., *Philosophie der Praxis*, Frankfurt a.M. 1967

Gramsci, A., *Marxismus und Kultur*, Hamburg 1982

Graßhoff, G., *Normal Star Observations in Late Astronomical Babylonian Diaries*, in: N.

Swerdlow (Hg.), Ancient Astronomy and Celestial Divination, MIT Press 1999, S. 97–147
Graves, R., *The Greek Myths*, 2 Bde., Harmondsworth 1957
Greenblatt, S., *The Swerve. How the World Became Modern*, New York 2011
Gunkel, H./Zscharnack, L. (Hg.), *Die Religion in Geschichte und Gegenwart* (RGG), 2. Aufl., 5 Bde., Tübingen 1927ff.
Harich, W., *Schriften aus dem Nachlass*, 16. Bde., hg. von A. Heyer, Baden-Baden 2013ff.
Haug, W.F., *Elemente einer Theorie des Ideologischen*, Hamburg 1993
Haug, W.F. u.a. (Hg.), *Historisch-kritisches Wörterbuch des Marxismus* (HKWM), Hamburg 1994ff.
Haug, W.F., *Einführung in marxistisches Philosophieren*, Hamburg 2006.
Hegel, G.W.F., *Werke*, 20 Bde., hg. von E. Moldenhauer und K.M. Michel, Frankfurt a.M. 1971 – zitiert als HW
Heidegger, M., *Was ist Metaphysik?*, Antrittsvorlesung 1929
Heidegger, M., *Sein und Zeit*, Tübingen 1953
Hoffmeister, J. u.a., *Wörterbuch der philosophischen Begriffe*, Darmstadt 1998
Holz, H.H., *Dialektik und Widerspiegelung*, Köln 1983
Holz, H.H., Ästhetik, in: Sandkühler, EEPW, Bd. 1, S. 53–70
Holz, H.H., *Metapher*, in: Sandkühler, EEPW, Bd. 3. S. 378–383
Holz, H.H., *Philosophie*, in: Sandkühler, EEPW, Bd. 3, S. 672–688
Holz, H.H., *Widerspiegelung*, in: Sandkühler, EEPW, Bd. 4, S. 825–844
Holz, H.H., *Niederlage und Zukunft des Sozialismus*. Essen 1991
Holz, H.H., *China im Kulturvergleich*, Köln 1994
Holz, H.H., *Einheit und Widerspruch. Problemgeschichte der Dialektik in der Neuzeit*, 3 Bde., Stuttgart 1997
Holz, H.H., *Rationalität, Totalität, Widerspiegelung*, in: TOPOs. Internationale Beiträge zur dialektischen Theorie, Heft 20 (2002), S. 11–23
Holz, H.H., *Philosophie und Politik. Die Verantwortung der Philosophie. Zwei Reden*, S. Abbondio 2003
Holz, H.H., *Weltentwurf und Reflexion*, Stuttgart 2005
Holz, H.H./Metscher, Th., *„Widerspiegelung/Spiegel/Abbild"*, in: Barck, K. u.a. (Hg.), Ästhetische Grundbegriffe, Stuttgart 2005, Bd. 6, S. 617–669
Holz, H.H., *Sprachformen des Mythos*, in: TOPOS 31 (2009), S. 95–124
Holz, H.H., *Dialektik. Problemgeschichte von der Antike bis zur Gegenwart*, 5 Bde., Darmstadt 2010
Holz, H.H., *Philosophie*, in: TOPOS 35 (2011), S. 11–44
Hüllinghorst, A., *Grundlose Kritik. Renate Wahsner zur Antwort*, in: Z. Zeitschrift Marxistische Erneuerung, 81 (2010), S. 120–132
Humboldt, A.v., *Kosmos. Entwurf einer physischen Weltbetrachtung*, Frankfurt a.M. 2004
Kant, I., *Werke in 6 Bänden*, hg. von W. Weischedel, Darmstadt 1966
Lenin, W.I., *Werke*, 42. Bde., Berlin 1956ff. – zitiert als: LW
Lenk, K. (Hg.), *Ideologie, Ideologiekritik und Wissenssoziologie*, Neuwied 1961
Ley, H., *Geschichte der Aufklärung und des Atheismus*, 9 Bde., Berlin 1966ff.
Lipps, H., *Untersuchungen zu einer hermeneutischen Logik*, Frankfurt a.M. 1938
Lukács, G., *Die Eigenart des Ästhetischen*, Neuwied 1963

Lukács, G. *Zur Ontologie des gesellschaftlichen Seins*, 2 Bde., Neuwied 1984

Marx, K./Engels, Fr., *Werke*, 44 Bde., Berlin 1956ff. – zitiert als: MEW

Marx, K./Engels, Fr., Über Sprache, Stil und Übersetzung, Berlin 1974

Metscher, Th., *Kunst, Kultur, Humanität I. Studien zur Kulturtheorie, Ideologietheorie und Ästhetik*, Fischerhude 1882

Metscher, Th., *Anmerkungen zum Ideologiebegriff des Marxismus und zum Ideologiebegriff des Projekts Ideologietheorie*, in: Holz, H.H. u.a. (Hg.), Marxismus, Ideologie, Politik. Frankfurt a.M. 1984, S. 218–238

Metscher, Th., *Herausforderung dieser Zeit. Zu Philosophie und Literatur der Gegenwart*, Düsseldorf 1989

Metscher, Th., *Form/Inhalt, ästh*, in: Sandkühler, EEPW, Bd. 2, S. 80–88; *Tätigkeit, ästh.*, in: Ebd., Bd. 4, S. 520–528; *Widerspiegelung, ästh.*, in: Ebd., S. 844–854

Metscher, Th., *Shakespeares Spiegel I. Shakespeare und die Renaissance*, Hamburg 1995

Metscher, Th., *Shakespeares Spiegel II. Klassik, Romantik und Aufklärung*, Hamburg 1998

Metscher, Th. u.a. (Hg.), *Mimesis und Ausdruck*, Dialectica minora 13, Köln 1999

Metscher, Th., *Mimesis*, Bielefeld 2001

Metscher, Th., *Imperialismus und Moderne*, Essen 2009

Metscher, Th., *Logos und Wirklichkeit. Ein Beitrag zu einer Theorie des gesellschaftlichen Bewusstseins*, Frankfurt a.M. 2010

Metscher, Th., Ästhetik, Kunst und Kunstprozess, Berlin 2013

Metscher, Th., *The Marxism of James Conolly*, CPI–Publication, Dublin 2015

Metscher, Th., *Integrativer Marxismus. Dialektische Studien. Grundlagen*, Kassel 2017

Metscher, Th., *Kunst. Ein geschichtlicher Entwurf.* Zweite Auflage, Kassel 2020.

Metscher, Th., *Faust und die Dialektik, Studien zu Goethes Dichtung*, Berlin 2022

Mies, T./Wittich, D., *Weltanschauung/Weltbild*, in: Sandkühler, EEPW, Bd. 3, S. 783–797

Mies, T./Tjaden, K.H., (Hg.), *Gesellschaft, Herrschaft, Bewusstsein. Symbolische Gewalt und das Elend der Zivilisation*, Kassel 2009

Mies, T., *Das gesellschaftliche Unbewusste. Zur Kritik der cartesianischen Bewusstseinsauffassung: Begriffsgeschichte und theoretische Anmerkungen*, in: Mies, T./Tjaden, K.H., (Hg.), Gesellschaft, Herrschaft, Bewusstsein. Symbolische Gewalt und das Elend der Zivilisation, Kassel 2009, S. 131–189

Moritz, R., *Die Philosophie im alten China*, Berlin 1990

Pasternack, P., *Von der Auslegungslehre zur Konstitutionstheorie. Diltheys Hermeneutik des gegenständlichen Auffassens*, in: Garber, K./Klaus, H.G. (Hg.), Die Wunde der Geschichte. Aufsätze zur Literatur und Ästhetik. Festschrift für Thomas Metscher, Köln 1999, S. 175–197

Priester, K., *Zur Staatstheorie bei Antonio Gramsci*, Das Argument, 104, Projekt Ideologie-Theorie (PIT), Theorien über Ideologie, Berlin 1979

Projekt Ideologie-Theorie (PIT), Berlin 1979, *Theorien über Ideologie*

Rehmann, J., *Ideologietheorie*, in: Haug, W.F. u.a. (Hg.), HKWM, Bd. 6/I, Hamburg 2004, S. 717–760

Rehmann, J., *Einführung in die Ideologietheorie*, Hamburg 2008

Rehmann, J., Über Anforderungen an eine marxistische Ideologietheorie, in: Junge Welt vom 3./4. Januar 2009

Rehmann, J., *Für eine ideologietheoretische Erneuerung marxistischer Religionskritik*, Das

Argument 299, 2012.
Reitz, T., *Ideologiekritik*, in: Haug, W.F. u.a. (Hg.), HKWM, Bd. 6/I, Hamburg 2004, S. 689–717
Ritter, J. u.a. (Hg.), *Historisches Wörterbuch der Philosophie*, 13 Bde., Basel 1971ff. – zitiert als: Ritter, HWP
Römer, P., *Recht und Demokratie bei Wolfgang Abendroth*, Marburg 1986
Said, E.W., *Culture and Imperialism*, London 1994
Sandkühler, H.J. (Hg.), *Betr. Althusser*, Köln 1977
Sandkühler, H.J. (Hg.), *Europäische Enzyklopädie zu Philosophie und Wissenschaft*, 4 Bde., Hamburg 1990 – zitiert als: Sandkühler, EEPW
Sandkühler, H.J., *Homo Mensura. Übersetzung von Welt in Kultur und die Fragwürdigkeit realistischer Ontologie*, in: K. Garber/H.G. Klaus, (Hg.), Die Wunde der Geschichte. Aufsätze zur Literatur und Ästhetik. Festschrift für Thomas Metscher, Köln 1999, S. 199–216
Sandkühler, H.J. (Hg.), *Enzyklopädie der Philosophie*, Hamburg 1999 (2. Aufl. 2010)
Schaff, A., *Sprache und Erkenntnis*, Reinbeck 1974
Schreiter, J., *Hermeneutik*, in: Sandkühler, EEPW, Bd. 2, S. 538–548
Seppmann, W., *Marx' Pointe verpasst. Zu J. Rehmanns Einführung in die Ideologietheorie* (2008), in: Junge Welt vom 9. Februar 2010
Tetens, H., *Wissenschaft*, in: H.J. Sandkühler, Enzyklopädie der Philosophie, Hamburg 1999 (2. Aufl. 2010), S. 1763–1773
Wahsner, R., *Ermöglicht die Einheit der Vernunft eine Vielfalt der Rationalitätstypen*, in: TOPOS 20 (2002), S. 25–48
Wittgenstein, L., *Tractatus Logico-philosophicus* (1921), Stuttgart o.J.
Ziegler, K/Sontheimer, W (Hg.), *Der kleine Pauly. Lexikon der Antike in fünf Bänden*, München 1979
Zeleny, J., *Dialektik der Rationalität*, Köln 1986
Zeleny, J., *Rationalität*, in: Sandkühler, EEPW, Bd. 4, S. 26–34
Zimmer, J., *Metapher*, Bielefeld 1999

Der Autor

Thomas Metscher, geboren 1934 in Berlin, studierte Anglistik, Philosophie und Germanistik in Berlin (FU), München, Bristol und Heidelberg. Promotion über Sean O'Casey 1966. 1961 bis 1971 Dozent für neuere deutsche Literatur an der Queen's University of Belfast, Irland. 1971 bis 1999 Professor für Literaturwissenschaft und Ästhetik an der Universität Bremen. Zahlreiche Veröffentlichungen zur Geschichte und Theorie der Literatur, Ästhetik und Kulturtheorie. Gegenwärtige Forschungsgebiete: philosophische Grundlagen ästhetischer Theorie, Literaturanalyse, Theorie des Bewusstseins, Fundierungsprobleme marxistischer Theorie.
Zu seinen wichtigsten jüngeren Veröffentlichungen zählen: *Logos und Wirklichkeit. Ein Beitrag zu einer Theorie des gesellschaftlichen Bewusstseins* (2010) sowie *Kunst. Ein geschichtlicher Entwurf* (2012), in der Neuauflage 2020 im Mangroven Verlag erschienen, *Integrativer Marxismus* (2017), *Pariser Meditationen* (2019).